Detlev Lück/Waltraud Cornelißen (Hrsg.)

Geschlechterunterschiede und
Geschlechterunterscheidungen in Europa

I0094879

Der Mensch als soziales und personales Wesen

Herausgegeben von
Fabienne Becker-Stoll
Joachim Kahlert
Klaus A. Schneewind
Norbert F. Schneider

Die Reihe „Der Mensch als soziales und personales Wesen" versteht sich als innovatives Forum für die Sozialisationsforschung. In interdisziplinärer Zusammenarbeit analysieren Autorinnen und Autoren der Bände wichtige Träger von Sozialisation wie Familie, Schule, Betrieb und Massenmedien, deren Veränderung im Rahmen gesellschaftlicher Entwicklungen, wechselseitige Einflüsse zwischen diesen Einrichtungen sowie ihre sozialisatorischen Wirkungen auf Kinder, Jugendliche und Erwachsene. Die veröffentlichten Arbeiten enthalten kritische Bestandsaufnahmen des Forschungsstandes, entwickeln fachübergreifende Konzepte und bereiten Untersuchungen zu Lücken in der Forschungsthematik vor. Themen und Darstellung richten sich nicht nur an Fachwissenschaftler in Forschung und Lehre, sondern sollen darüber hinaus die an den Sozialwissenschaften interessierte Öffentlichkeit ansprechen.

Band 24

Geschlechterunterschiede und Geschlechterunterscheidungen in Europa

Herausgegeben von
Detlev Lück und Waltraud Cornelißen

Lucius & Lucius · Stuttgart

Anschrift der Herausgeber:

Dr. Detlev Lück
Bundesinstitut für Bevölkerungsforschung (BiB)
Friedrich-Ebert-Allee 4
65185 Wiesbaden
detlev.lueck@bib.bund.de

PD Dr. Waltraud Cornelißen
DJI München
Deutsches Jugendinstitut e.V.
Nockherstr. 2
81541 München
cornelissen@dji.de

Bibliographische Information der Deutschen Nationalbibliothek

Die Deutsche Nationalbibliothek verzeichnet diese Publikation in der Deutschen National-
bibliographie; detaillierte bibliographische Daten sind im Internet über http://dnb.ddb.de
abrufbar

ISBN 978-3-8282-0598-7

© Lucius & Lucius Verlagsgesellschaft mbH · Stuttgart · 2014
Gerokstraße 51 · D-70184 Stuttgart · www.luciusverlag.com

Druck und Einband: Rosch-Buch, Scheßlitz
Printed in Germany

Inhalt

Sabine Toppe

Bedeutung von Elternschaft und deren Ausgestaltung

durch Frauen und Männer **259**

Detlev Lück und Waltraud Cornelißen

Geschlechterunterschiede und Geschlechterunterscheidungen in

Europa – vorläufiges Fazit und Ausblick **289**

Detlev Lück

Geschlechterunterschiede und Geschlechterunterscheidungen in Europa – eine Einführung ins Thema[1]

Das Geschlecht, die Unterscheidung zwischen Frau und Mann, erscheint uns im Alltag als eine selbstverständliche, vertraute und banale Erfahrung. Die wissenschaftliche Auseinandersetzung der vergangenen Jahrzehnte mit dem Geschlecht vermittelt uns jedoch ein ganz anderes Bild: Danach erweist sich Vieles von dem, was wir als „weiblich" und „männlich" wahrnehmen, als ein Stereotyp: als eine Zuschreibung, die je nach Milieu und kulturellem Kontext unterschiedlich ausfallen oder auch ganz unterbleiben kann. Selbst die grundsätzliche Einteilung in Frau und Mann lässt sich hinterfragen. Insofern ist das Geschlecht keineswegs selbstverständlich, und je nachdem, wo und wie es uns begegnet, muss es uns auch nicht mehr vertraut erscheinen. Zudem ist die Unterscheidung zwischen Frau und Mann politisch hoch brisant, denn in den meisten Gesellschaften werden Rechte und Pflichten, Chancen, Ressourcen und Macht auf der Grundlage dieser Einteilung ungleich verteilt. Dies sind Gründe genug dafür, dass sich zahlreiche wissenschaftliche Disziplinen mit der Kategorie Geschlecht beschäftigen. Und es sind auch gute Grund dafür, dass dieser Band versucht, den in Teilen durchaus umstrittenen und widersprüchlichen aktuellen Stand des Wissens zusammenzutragen und zu sichten.

Einerseits dienen Sexualität und Zweigeschlechtlichkeit der Evolution schon seit vielen Jahrmillionen als bewährtes Prinzip der Fortpflanzung. Auch kein Menschenkind kommt zur Welt ohne Sexualität zwischen Frau und Mann (oder zumindest deren Ei- bzw. Samenspende). Insofern darf es uns selbstverständlich erscheinen, dass wir Menschen in Frauen und Männer unterscheiden und dass es zwischen Frauen und Männern den verschiedenen Funktionen im Zeugungsakt entsprechende biologische Unterschiede gibt – auch wenn diese nicht in jedem Fall eindeutig sind[2].

Andererseits erschöpft sich das Phänomen Geschlecht keineswegs in verschiedenen Funktionen beim Zeugungsakt und den damit verbundenen körperlichen Merkmalen: Die Gebär- und Zeugungs*un*fähigkeit hindert uns in der Regel nicht daran, auch diese Menschen eindeutig als Frauen oder Männer wahrzunehmen.

---

[1] Ich danke herzlich Waltraud Cornelißen für wertvolle Hinweise und konstruktive Kritik!
[2] Vergleiche dazu ausführlicher den Abschnitt „Ist das biologische Geschlecht immer eindeutig bestimmbar?".

Wir identifizieren Frauen und Männer in der Regel auf der Basis von Merkmalen, die mit Sexualität oder Fortpflanzung wenig oder nichts zu tun haben: Die Fähigkeit, ein Auto rückwärts einzuparken, das Bedürfnis, bei Filmen zu weinen, Kleidung, Haartracht, Schmuck und Make-up sind nur einige Beispiele. Diese Art von Geschlechtsunterscheidungen und Geschlechterunterschieden, die uns offenbar nicht von der Evolution in die Wiege gelegt wurden, werden unter dem Begriff *soziales Geschlecht* oder *Gender* gefasst, um sie vom *biologischen Geschlecht* bzw. *Sex* zu differenzieren.[3]

Bei genauerem Hinsehen scheint es, als mache es in fast jeder Lebenssituation einen mitunter gehörigen Unterschied, ob wir Frau oder Mann sind, oder genau genommen: ob wir uns als Frau oder Mann fühlen und von anderen als Frau oder Mann wahrgenommen werden. Findet ein Kind eine Puppe oder eine Modelleisenbahn unter dem Weihnachtsbaum? Ist der Mensch, in den man sich verliebt, älter oder jünger man selbst? Wird man von Mitmenschen wegen seines Aussehens oder seines Einkommens beneidet (oder gering geschätzt)? Die Antworten auf solche Fragen sind natürlich nicht vom Geschlecht determiniert, aber doch für Frauen und Männer in unserer Gesellschaft sehr ungleich wahrscheinlich. Häufig sind wir uns gar nicht bewusst, wie sehr unser Alltag und unsere Lebensplanung durch unser soziales Geschlecht bestimmt sind.

Es ist das soziale Geschlecht – Gender –, das uns nicht selbstverständlich erscheinen kann: die Tatsache, dass es Unterschiede zwischen Frau und Mann gibt bzw. dass Unterschiede zwischen ihnen gemacht werden, obwohl dafür keine biologisch-evolutionäre Notwendigkeit existiert. Dass dies nicht selbstverständlich ist, wird dadurch unterstrichen, dass soziale Geschlechterunterschiede variabel sind: Viele heute belegbare durchschnittliche soziale und psychische Unterschiede zwischen den Geschlechtern erscheinen im historischen oder interkulturellen Vergleich als Besonderheit unserer Gesellschaft, und viele Geschlechterunterschiede, die einmal als unumstößlich galten, existieren heute nicht mehr (vgl. Opitz-Belakhal in diesem Band). Harte körperliche Fabrikarbeit hätte in den 50er Jahren niemand einer Frau zumuten wollen – obwohl Frauen erst wenige Jahre zuvor, im Krieg, in großer Zahl in die Fabriken geholt worden waren. Dass Frauen wählen, studieren oder Fußball spielen, ist in Europa noch Anfang des 20. Jahrhunderts kaum vorstellbar gewesen, und es ist auch heute nicht in jedem Land der Welt selbstverständlich. Dunkle Bitterschokolade heißt deswegen auch „Herrenschokolade", weil es sich für einen Mann des 19. Jahrhunderts nicht

---

[3] Vergleiche auch den Abschnitt „Wie nennt man Geschlechterunterschiede, die auf gesellschaftlicher Zuschreibung beruhen?".

geschickt hätte, sich an süßer Vollmilchschokolade zu erfreuen. Geradezu „tuntig" könnten heute Männer erscheinen, die wie die adligen Männer im Feudalismus Parfum nutzen, üppige bunte Gewänder tragen und sich gelegentlich zu hysterischen Emotionsausbrüchen hinreißen lassen. Viele Unterschiede bzw. Unterscheidungen zwischen den Geschlechtern variieren also in ihrer Stärke und in ihrem Inhalt. Sie sind demnach keineswegs in unseren Genen festgeschrieben. Doch wenn das so ist: Warum gibt es sie dann? Warum sind sie – hier und heute – so, wie sie sind? Warum sind sie zu anderen Zeiten und an anderen Orten anders? Sind sie beliebig umdefinierbar?

Die Flut an Fragen, die sich aus diesen einfachen Beobachtungen ergeben, beschäftigt die verschiedenen wissenschaftlichen Disziplinen, deren Vertreterinnen und Vertreter an diesem Sammelband mitgeschrieben haben: die Biologie, die Soziologie, die Psychologie, die Demografie, die Pädagogik, die Geschichtswissenschaften, um nur die wesentlichen zu nennen. Viele dieser Fragen werden in den nachfolgenden neun Beiträgen in diesem Sammelband besprochen. Einige wenige zentrale Fragen sollen an dieser Stelle schon einmal angerissen werden.

Ist das biologische Geschlecht immer eindeutig bestimmbar?

Das biologische Geschlecht eines Menschen lässt sich anhand von mindestens vier Kriterien bestimmen (vgl. u. a. Küppers, 2012, S. 4): Enthält seine DNA ein XX- oder ein XY-Chromosomenpaar (*genetisches* oder *chromosomales Geschlecht*)? Sind als innere Fortpflanzungsorgane Eierstöcke und Gebärmutter oder Hoden angelegt (*gonadales Geschlecht*)? Überwiegt die Estrogen- (bzw. Östrogen-) oder die Testosteron-Produktion und -Konzentration im Blut (*hormonelles Geschlecht*)? Sind als äußere Geschlechtsorgane und sekundäre Geschlechtsmerkmale Vagina und Brüste oder Penis und Hodensack ausgebildet (*morphologisches Geschlecht*)? Ein fünftes Kriterium könnte das *neuronale Geschlecht* sein: die Beschaffenheit des Hypothalamus, einer bestimmten Hirnregion (vgl. Hannover et al. in diesem Band).

Bei wahrscheinlich mehr als 99% der Menschen entsprechen sich diese Kriterien weitgehend und deuten konsistent in Richtung weiblich oder männlich, wenn auch mit graduell unterschiedlichen Ausprägungen.[4] Aber es gibt durchaus

---

[4] Es gibt Arbeiten, die aus dieser Unschärfe ableiten, dass die Biologie gar kein objektives Kriterium zur Bestimmung des Geschlechtes bereitstellt und letztlich auch nur Teil eines soziale Konstruktionsprozesses ist, indem sie arbiträre Kriterien definiert und Kontinuen an Aus-

Fortsetzung nächste Seite

Menschen, bei denen das nicht der Fall ist. Entweder widersprechen sich die unterschiedlichen Kriterien. Beispielsweise kann sich trotz männlicher XY-Chromosomen eine weibliche Brust entwickeln („Gynäkomastie"). Oder das Geschlecht lässt sich bereits anhand eines einzelnen Kriteriums nicht eindeutig definieren. So tritt zum Beispiel vereinzelt eine XXY-Chromosomen-Kombination auf („Klinefelter-Syndrom"). Die Liste solcher Konstellationen, die unserer Alltagserfahrung widersprechen, dass sich jeder Mensch in genau eine von zwei Geschlechterkategorien einordnen ließe, ist lang und vielfältig. Zusammengefasst werden sie unter dem Begriff der *Intersexualität*.

Intersexualität galt bis vor kurzem als eine Fehlbildung, die man medizinisch korrigieren müsse, um dem Menschen sein eindeutiges und „richtiges" Geschlecht wiederzugeben. Operationen, die morphologische „Fehlbildungen" bei Neugeborenen korrigieren, sind bis heute üblich. Doch in jüngster Zeit scheint sich die Auffassung zu verbreiten, dass man Intersexualität als eine Tatsache akzeptieren und anerkennen sollte. Immerhin für einige Tage attestierte das Standesamt im australischen New South Wales im Frühjahr 2010 Norrie May-Welby, weder Frau noch Mann zu sein, ehe diese avantgardistische Entscheidung wieder zurückgenommen wurde (ZEIT ONLINE, 2010a, 2010b). Neuer Rückenwind für diese Haltung kommt im Frühjahr 2012 vom Deutschen Ethikrat und dessen Forderung: „Es sollte geregelt werden, dass bei Personen, deren Geschlecht nicht eindeutig feststellbar ist, neben der Eintragung als ‚weiblich' oder ‚männlich' auch ‚anderes' gewählt werden kann." (Deutscher Ethikrat, 2012, S. 177). Eine Gesetzesreform, die im November 2013 in Kraft tritt, kommt dieser Forderung in Teilen nach (süddeutsche.de, 2013). Das führt uns zu einer zweiten grundlegenden Frage:

---

prägungen in Dichotomien zwingt und sich so ihr Stereotyp von einer zweigeschlechtlichen Welt selbst bestätigt (z. B. Butler, 1991). Zwar ist es richtig, darauf hinzuweisen, dass die biologischen Kriterien zur Bestimmung des Geschlechts Interpretationsspielräume lassen, die durch soziale Konstruktionsprozesse gefüllt werden. Aber es muss dem auch entgegengehalten werden, dass diese Spielräume vergleichsweise klein sind: Hätte ein (Alien-) Forscher kein Vorwissen über Geschlecht, so würde er doch *empirisch* feststellen, dass eine auffallend große Mehrzahl der Menschen anhand aller verfügbarer Kriterien in eine dichotome Ordnung passt.

Gibt es wirklich nur zwei Geschlechter, Frau und Mann, oder noch mehr?

Wie eben dargestellt, gibt es bereits hinsichtlich des biologischen Geschlechts Menschen, die weder eindeutig Frau noch Mann sind. Man könnte also (der Empfehlung des Deutschen Ethikrates folgend) Intersexualität als ein drittes Geschlecht auffassen. Man könnte auch die zahllosen Variationen von Intersexualität *jeweils* als Ausprägungen von Geschlecht auffassen und so auf eine stattliche Anzahl kommen. Doch diese Auffassung hat sich bislang gesellschaftlich nicht etabliert. Offenbar bewegt sich das Phänomen der Intersexualität unterhalb der Wahrnehmungsgrenze von sozio-kulturellen Definitionsprozessen. Jeder Mensch mag einen oder zwei intersexuelle Mitmenschen kennen, aber anscheinend nicht so viele, dass er zur alltäglichen praktischen Bewältigung des Denkens, Kommunizierens und Handelns eine dritte Geschlechtskategorie bräuchte.

Dennoch gibt es Gesellschaften, die ein drittes (oder gar viertes) Geschlecht kennen. In Indien gibt es beispielsweise die Hijra, die auch von staatlicher Seite als drittes Geschlecht wahrgenommen werden. Sie leben in eigenen Gemeinschaften, kleiden sich typischerweise sehr „feminin", obwohl sie, biologisch betrachtet, selten Frauen sind, und treten oft als Tänzer(innen) auf Familienfesten auf (Nanda, 1990). In Juchitán de Zaragoza, einer mittelgroßen Stadt im Süden Mexikos, leben Muxe' und Marimachas (Bennholdt-Thomsen, 1994). Ein Muxe' ist ein biologischer Mann, der sich „weiblich" kleidet und schminkt und frauentypische Tätigkeiten übernimmt (was in der matriarchalischen Gesellschaft Juchitáns einen Gewinn an sozialem Status bedeutet). Bei einer Marimacha ist es umgekehrt.

Was macht Hijra, Muxe' und Marimachas zu einem jeweils eigenen Geschlecht? Zwar gibt es unter den Hijra auch Transsexuelle, doch die Mehrzahl der Menschen, die einem „dritten Geschlecht" angehören, würde von Medizinern im biologischen Sinne eindeutig als Frau oder Mann identifiziert werden: Marimachas als Frau, Muxe' als Mann und Hijra zumeist als Mann (wenn auch häufig kastriert). Muxe' und Marimachas werden dadurch zu einem jeweils eigenen Geschlecht, dass sie biologisches und soziales Geschlecht „spiegelverkehrt" kombinieren. Die Geschlechterordnung im mexikanischen Juchitán basiert also grundsätzlich auf den gleichen Dichotomien aus weiblich und männlich, wie an den meisten anderen Orten auf der Erde, mit dem Unterschied, dass sich die Ausprägungen des biologischen und des sozialen Geschlechts nicht entsprechen müssen. Im Falle der Hijra in Indien ist das tendenziell auch der Fall. Für sie ließe sich allerdings auch argumentieren, dass sie ein eigenes, spezifisches soziales Geschlecht repräsentieren: Während sie sich kleiden, schminken und schmücken, wie es auch Frauen in Indien tun, sind die Tätigkeiten, die sie übernehmen, die Form der Lebensgemeinschaften, in denen sie leben, sowie ihr gesellschaftlicher Status spezifisch für Hijra.

Auch in Europa gibt es Menschen, bei denen Kleidung, Aufmachung und Auftreten anders sind, als es für ihr jeweiliges biologisches Geschlecht typisch wäre. Der Begriff *Transgender* beschreibt diesen Widerspruch zwischen Sex und Gender. Allerdings gelten diese Menschen hierzulande nicht als eigenständiges „drittes Geschlecht", sondern lediglich als eine Abweichung von der Norm bzw. von unserer Normalitätsvorstellung, die zu Irritationen führt. Statt gleichwertig neben Frauen und Männern zu stehen, müssen „Transfrauen" und „Transmänner" Diskriminierung und Ausgrenzung fürchten. Was macht den Unterschied aus? Was unterscheidet Devianz und „drittes Geschlecht"?

Möglicherweise spielt die Zahl eine Rolle, in der das Phänomen in der jeweiligen Gesellschaft auftritt. Doch diese Zahl ist nicht (nur) Ursache, sondern zumindest auch Folge der sozialen Akzeptanz. Letztlich ist es ein sozialer Konstruktionsprozess, der den Unterschied ausmacht. Eine Gesellschaft definiert, welche Ausprägungen von Geschlecht es „normalerweise" gibt. Für Hijra in Indien, für Muxe' und Marimachas in Juchitán hat die jeweilige Gesellschaft einen Namen und Leitbilder, wer die Menschen in dieser Geschlechterkategorien sind und wie sie sich verhalten. So steht es Menschen in Juchitán offen, frei von Stigmatisierung oder Ausgrenzung als Muxe' oder Marimacha zu leben. Von der Akzeptanz ihres sozialen Umfelds werden sie in ihrer Identität bestärkt. Durch ihr Auftreten in der Öffentlichkeit prägen sie wiederum die Normalitätsvorstellungen ihrer Mitmenschen und dienen anderen Muxe' oder Marimacha als Leitbild. Warum es gerade in diesen Gesellschaften diese Geschlechterkategorien mit diesen Attributen gibt, scheint beliebig. Zumindest ist es kontingent und wohl nur mit einem detaillierten Blick auf die historisch-kulturelle Entwicklung der jeweiligen Gesellschaft zu verstehen. Doch der interaktive Prozess aus Vorleben, Wahrnehmen und Bestätigen reproduziert die Normalitätsvorstellungen von Geschlecht täglich aufs Neue und stabilisiert sie so über Generationen hinweg.

Warum gibt es, über das biologische Geschlecht hinaus, gesellschaftliche Zuschreibungen dessen, was als weiblich oder männlich gilt?

Die These, dass Frauen und Männer von klein auf durch ihr soziales Umfeld zu dem gemacht werden, was in unserer Vorstellungswelt zum Frau-Sein bzw. Mann-Sein dazugehört, wirft unter anderem die Frage auf: Warum kommt es überhaupt dazu, dass Geschlecht sozial konstruiert wird? Warum gibt es ein soziales Geschlecht? Auf diese Frage(n) kann es unterschiedliche Antworten geben, jedoch noch keine konsensfähige. Zwei mögliche Antworten sollen hier angedeutet werden: eine psychologische und ein differenzierungstheoretische.

Dem psychologischen Ansatzpunkt zufolge braucht der Mensch Stereotype oder Vorurteile[5] fast so nötig wie die Luft zum Atmen (Lippmann, 1990; Dröge, 1967; Allport, 1971; Konrad, 2006). Sie sind eine der Strategien, um die enorme Komplexität der Informationen und Sinneseindrücke, die sekündlich auf uns einprasseln, zusammenzufassen und auf ein Maß zu reduzieren, das der Mensch kognitiv verarbeiten kann. Und genau deswegen haben wir alle – auch die „Vorurteilsfreiesten" unter uns – Stereotype und Vorurteile: In öffentlichen Verkehrsmitteln und öffentlichen Gebäuden folgen wir den Anweisungen uniformierter Menschen, weil wir davon ausgehen, diese seien autorisiert, Anweisungen zu geben. Wenn wir dunkelhäutige Menschen ansprechen, verwenden wir eine einfache Sprache, weil wir erwarten, dass diese (wenn überhaupt) nur rudimentär Deutsch sprechen. Manche dieser Unterstellungen sind angemessener und treffen in der Realität häufiger zu als andere. Doch sie alle sind letztlich Stereotype in dem Sinne, dass sie von einer häufiger oder seltener gemachten Erfahrung oder auch nur von einer bloßen Behauptung auf eine verlässliche Gesetzmäßigkeit schließen. Unterschiede gibt es nur dahingehend, ob wir uns unserer Stereotype bewusst sind, wie kritisch wir sie (von Zeit zu Zeit) hinterfragen, wie sehr wir uns um eine möglichst große Nähe zur Realität bemühen und wie konsequent wir uns im Handeln von unseren Vorurteilen leiten lassen.

Dann, wenn eine unterstellte Regel zumindest der Tendenz nach mit der Realität übereinstimmt, kann sie im Alltagshandeln eine Hilfe sein: Möglicherweise hat ein Polizist, der auf der Suche nach illegalen Einwanderern stichprobenartig

---

[5] Der Begriff „Vorurteil" wird zuweilen synonym für „Stereotyp" gebraucht, teilweise als eine in Relation zum Stereotyp emotional stärker aufgeladene, stärker ausgeprägte und/oder negative Zuschreibung (Konrad, 2006; Ohde, 1994).

Bahnreisende überprüft, eine höhere Trefferquote, wenn er sich auf dunkel-häutige Menschen konzentriert (so wie im Dezember 2010 auf einer Bahnfahrt von Kassel nach Frankfurt am Main geschehen und im Oktober 2012 vom Oberverwaltungsgericht Rheinland-Pfalz für rechtswidrig erklärt). Wenn der Polizist annimmt, dass es unter dunkelhäutige Menschen mehr illegale Einwan-derer gibt als unter hellhäutigen, muss ihm diese Vorgehensweise zweckmäßig erscheinen. Und selbst wenn die Annahme falsch sein sollte, ist diese Entschei-dungsregel – solange die dunkle Hautfarbe nicht *negativ* mit illegalem Einwandern korreliert – zumindest genauso tauglich wie eine reine Zufallsauswahl. Insofern macht es aus Sicht des Polizisten, der möglichst viele illegale Einwanderer finden will, auch dann Sinn, nach dieser Praxis zu verfahren, wenn sie nur auf einer vagen Annahme basiert, deren Wahrheitsgehalt er vielleicht nie überprüfen können wird. (Dass er durch sein Tun gegenüber allen Anwesenden die Assoziation „dunkelhäutig = illegal" zusätzlich bekräftigt oder erst entstehen lässt und damit vielen unbescholtenen Menschen Schaden zufügt, ist eine wahrscheinlich unintendierte Folge.)

In ähnlicher Weise legen sich alle Menschen anhand aller möglichen Attribute behelfsmäßige Verhaltensregeln zurecht, die ihnen im Alltag schnellere und einfachere Entscheidungen ermöglichen (oder zumindest versprechen), auch anhand der Merkmale „männlich" und „weiblich". Äußerlich erkennbare Attri-bute sind für solche Strategien besonders geeignet. So wird jemand, der Hilfe beim Installieren einer Software benötigt, möglicherweise zunächst einmal unter seinen männlichen Bekannten um Rat fragen, und jemand, der sich beim Rezept für Mousse au Chocolat nicht so ganz sicher ist, eher unter den Frauen, die er kennt (zumindest solange er keine Ahnung hat, wer in seinem sozialen Umfeld sich *tatsächlich* gut auskennt). Sollten die Annahmen, dass Männer mehr von Computern und Frauen mehr vom Kochen verstehen, tatsächlich stimmen, kommt der Hilfesuchende so wahrscheinlich schneller zum Ziel. Stimmt sie nicht, hat er zumindest ähnlich gute Aussichten wie, wenn er ausgewürfelt hätte, wen er anruft. Aus seiner Sicht schadet es also zunächst einmal nicht, so zu verfahren – solange er nur halbwegs sicher ist, dass nicht die Männer in seinem Umfeld mehr Ahnung vom Kochen und Frauen mehr Ahnung von Computern haben. (Einen Bärendienst erweist er sich allerdings, wenn er selbst nach mehreren erfolglosen Versuchen ein Geschlecht kategorisch aus seiner Suche ausblendet, denn auf diese Weise könnte er kompetente Personen in seinem Umfeld übersehen, weil sie das „falsche" Geschlecht haben.) So oder so ist eine unintendierte soziale Folge seines Handelns, dass Männer – dadurch, dass sie um Rat gefragt werden – lernen, dass sie für Computerprobleme zuständig gemacht werden, und dass Frauen lernen, dass sie kochen können sollten. Zusätzlich bestätigt der Hilfesuchende – so er denn mit seiner Strategie erfolgreich ist – sich selbst seine Annahme, denn dass sich Frauen mit Computern und Männer mit Mousse au Chocolat auskennen können, erfährt er nicht. So entsteht eine der Zuschreibungen, die das soziale Geschlecht ausmachen, oder sie wird, wenn sie vorher schon existierte, neu bekräftigt und reproduziert.

Neben dem psychologischen gibt es auch einen differenzierungstheoretischen Ansatz, der verständlich machen kann, warum eine Gesellschaft Unterschiede zwischen Frau und Mann konstruieren sollte, die von Natur aus gar nicht existieren. Eine grundlegende Feststellung der Differenzierungstheorie lautet, dass Arbeitsteilung im Allgemeinen Effizienzsteigerung bzw. Kraftersparnis bewirkt (Smith, 2007, S. 8ff.; Simmel, 1995; Parsons, 1976, S. 144ff.) und dass „alle Kultur [dahin] geht [...], jeden [unserer Zwecke] auf immer kraftsparenderem Wege durchzusetzen" (Simmel, 1995, S. 61).[6] Gemäß dieser Annahme neigen Kollektive generell dazu, interne Strukturen mit klaren Aufgabenteilungen aufzubauen.[7] Das gilt für nationale Gesellschaften, für Unternehmen oder andere Organisationen wie auch für Familien oder Paare: Für regelmäßig anfallende Aufgaben wird eine feste Zuständigkeit vereinbart; und wo das nicht geschieht, stellt sie sich oft unterschwellig ein. Wer eine Aufgabe – sei es Einkommenssteuerformulare ausfüllen oder Autoreifen wechseln – einmal gemeistert hat, der tut sich beim zweiten Mal damit leichter.

Anders als in einem Unternehmen, in dem nach Qualifikation und Stellenbeschreibungen entschieden werden kann, gibt es auf die Frage, wer welche Aufgabe übernehmen soll, in privaten Haushalten nicht immer eine rationale Antwort. Zwar findet sich auch in Familien oder in Paarbeziehungen oft jemand, der sich mit einem bestimmten Thema besser auskennt als die anderen. Aber im Zweifel ist offenkundig auch eine willkürliche Entscheidungsregel gefragt. Dann greift entweder das Zufallsprinzip und die Zuständigkeit wird ausgelost. Oder es findet sich eine Regel, die „immerhin" auf einem mehr oder minder begründeten Verdacht oder einem Stereotyp basiert, wie zum Beispiel: „Mütter können ihr Kind auf natürlichem Wege stillen; daher bauen sie auch eine intensivere emotionale Bindung zu ihrem Kind auf als der Vater". Naheliegend sind auch Argumente wie „Andere (Paare) machen es auch so" oder „Es war schon immer

---

[6] Bei Émile Durkheim (1999, S. 101ff.) wird ergänzend zu dem Argument der Effizienzsteigerung auch angeführt, dass Arbeitsteilung eine wechselseitige Abhängigkeit erschafft, die Solidarität stiftet – die also im Falle einer Arbeitsteilung innerhalb der Partnerschaft Frauen und Männer einander wechselseitig attraktiv erscheinen lässt. Auf dieses Argument wird hier jedoch nicht eingegangen.
[7] Auch ökonomische Theorien formulieren dieses Argument – heruntergebrochen auf die Mikroebene, mit Verweis auf Investitionserträge (vgl. z. B: Becker, 1993, S. 30f.).

so". Daher haben selbst willkürliche Entscheidungsregeln das Potential, sich gesellschaftlich zu verbreiten, an künftige Generationen vererbt und fester Bestandteil einer Kultur zu werden.

Sicher sind Effizienzgründe oft auch vorgeschoben, und selbst in wissenschaftlichen Debatten wird mitunter übersehen, dass Arbeitsteilung nicht in jeder Situation und in jeder Form per se effizient ist. So kann sie beispielsweise höchst ineffizient sein, wenn sie sich von vornherein nur am Geschlecht festmacht und dadurch die vorhandenen Kompetenzen und Kompetenzunterschiede nicht zur Kenntnis nimmt. Inneffizient ist Arbeitsteilung natürlich auch dann, wenn sie von einem Partner mit mehr Definitionsmacht einseitig entschieden wird und dazu dient, unangenehme Arbeiten an den anderen Partner zu delegieren. Generell kann Arbeitsteilung nur dann effizient sein, wenn die regelmäßig anfallenden Aufgaben mehr oder minder gleich verteilt sind. Andernfalls kann eine starre Aufgabenteilung dazu führen, dass der eine „Spezialist" über- und der andere unterfordert ist. Die „klassische" Arbeitsteilung etwa, wie Talcott Parsons (1973) sie für die Kernfamilie der 1950er Jahre postuliert, bringt überhaupt nur solange Vorteile, solange in Haus- und in Erwerbsarbeit ähnlich viel Zeit investiert werden muss, damit das Haushaltseinkommen stimmt und der Haushalt funktioniert. Dieses Gleichgewicht kann sich aber verschieben: zum Beispiel historisch im Zuge der Technisierung der Hausarbeit oder im Lebenslauf durch die Gründung einer Familie. Auf solche Verschiebung müsste die Familie aus differenzierungstheoretischer Sicht (wenn auch nicht aus Parsons' Sicht) reagieren und die Aufgabenteilung neu ordnen. Darin könnte möglicherweise ein Grund liegen, warum einerseits die Frauen- und Müttererwerbsarbeit im Laufe der vergangenen Jahrzehnte zunimmt, sich aber andererseits im Beziehungsverlauf sehr oft wieder eine komplementäre Aufgabenteilung einschleicht (vgl. Grunow in diesem Band).[8]

Wenn eine Arbeitsteilung *kurzfristig* mit Effizienzvorteilen lockt, ist auch keineswegs ausgeschlossen, dass sie sich *langfristig* als ineffizient oder zumindest kontraproduktiv erweist. Denn oft verursacht die Spezialisierung dort, wo zunächst keine oder nur marginale Kompetenzunterschiede existierten (wie es heute in vielen jungen Paarbeziehungen der Fall ist) einen einseitigen Kompetenzverlust. Eine Frau, die trotz Führerscheinbesitzes über viele Jahre keine

---

[8] Weniger plausibel lässt sich die Differenzierung zwischen den Geschlechtern aus Sicht der Gesellschaft erklären: Wenn beispielsweise Frauen bestimmte Branchen meiden, dann lässt sich das kaum mit Effizienz begründen – zumal wenn dort Fachkräfte gebraucht werden und Frauen ebenso hohe (Aus-) Bildungsgrade erreichen wie Männer (vgl. Busch in diesem Band).

Fahrpraxis bekommt, traut sich wahrscheinlich irgendwann nicht mehr ans Steuer und kann dann de facto nicht mehr Auto fahren – selbst wenn ihr Partner sich im Urlaub das Bein bricht. Die Kompetenzverluste verenge den Spielraum für spätere Veränderungen oder Neuaushandlungen einer Arbeitsteilung, die jedoch nötig werden können, wenn zum Beispiel ein Partner pflegebedürftig wird, wenn ein Partner aus beruflichen Gründen für längere Zeit verreist oder wenn sich das Paar trennt. Effizienz ist also weder ein allgemeingültiger noch ein notwendigerweise guter Grund für Paare, eine Arbeitsteilung einzuführen. Dennoch kann die Verlockung einer vermeintlichen kurzfristigen ebenso wie die Erfahrung einer realen Effizienzsteigerung ein Zugang sein, um zu erklären, warum es in Partnerschaften zu starren Formen der Arbeitsteilung kommt.

Wenn in einer Familie oder einer Paarbeziehungen eine Aufgabenteilung vorgenommen wird, eignet sich gerade das (biologische) Geschlecht hervorragend als Entscheidungskriterium, nicht nur weil es im „Normalfall" eindeutig bestimmt ist, sondern auch weil es meistens eindeutig differenziert: Welcher der beiden Partner höher gebildet, beruflich erfolgreicher oder talentierter ist, wird in vielen Paaren strittig oder schwer zu entscheiden sein. Aber die große Mehrzahl der Paare ist heterosexuell, das heißt es gibt genau eine Frau und genau einen Mann. Deshalb sind Entscheidungsregeln, die Zuständigkeiten nach dem Geschlecht zuweisen, eher als andere dafür prädestiniert, von anderen Paaren kopiert und zu einem gesellschaftlich-kulturellen Standard zu werden. So können die Zuständigkeiten, die in Paaren typischerweise ausgehandelt werden, auch Teil des sozialen Geschlechts in der Gesellschaft werden.

Geschlechterunterschiede oder Geschlechterunterscheidungen?

Das Phänomen des sozialen Geschlechtes lässt sich aus verschiedenen theoretisch-heuristischen Perspektiven betrachten (vgl. Cornelißen in diesem Band). Eine zentrale Frage ist die, ob man es als einen Zustand oder als einen Prozess auffasst: Ist Zweigeschlechtlichkeit ein Tatbestand? Sind weiblich und männlich Eigenschaften von Menschen? Oder sind dies die Ergebnisse unseres tagtäglichen Verhaltens im Umgang miteinander? Gibt es zwischen Frau und Mann einen *Unterschied* oder eine *Unterscheidung*?

Die erste dieser beiden Perspektiven lässt sich an dem Begriffspaar Sex und Gender festmachen. Gender meint dabei jene Geschlechterunterschiede, die nicht genetisch bedingt, sondern von sozialer Natur sind und die die überschaubaren biologischen Unterschiede um ein Vielfaches überzeichnen. Durch die Verknüpfung mit dem biologischen Geschlecht als Kristallisationspunkt für die soziale Konstruktion ist für die meisten Menschen vorgegeben, ob sie als Frau oder als Mann wahrgenommen werden. Auch die allgemeine Auffassung, dass das Geschlecht zwei Ausprägungen hat, ist vorgezeichnet. Worin sich beide Geschlechter unterscheiden, ist sozial konstruiert, lässt sich aber ebenfalls als sozialer Tatbestand, und damit als Unterschied beschreiben. Ein Beispiel ist der § 1356 BGB, wie er zwischen 1958 und 1977 Bestand hatte, nach dem in der Ehe die Ehefrau die Verantwortung für die Haushaltsführung hatte und einer Erwerbsarbeit nur nachgehen durfte, soweit dies mit ihren Pflichten in Ehe und Familie vereinbar war und sie dafür die Zustimmung ihres Ehemannes erhielt. Frauen und Männer hatte also in West-Deutschland bis Ende der 1970er Jahre, gesetzlich geregelt, unterschiedliche Rechte und Pflichten. Diese Tatsache lässt sich als ein Zustand beschreiben: Losgelöst von einzelnen Personen, Handlungs- und Interaktionszusammenhängen bestand über einen Zeitraum von etwa zwei Jahrzehnten ein für jeden nachlesbarer, also objektiv nachweisbarer Unterschied zwischen den Geschlechtern – so objektiv wie der Unterschied in den Chromosomenpaaren, nur eben sozial konstruiert und somit zeit- und kultur- bzw. nationenspezifisch. Was (Ehe-) Frauen und (Ehe-) Männer in diesem Zeitraum in West-Deutschland tagtäglich taten, insbesondere wie sie Haus- und Erwerbsarbeit untereinander aufteilten, war von diesen gesetzlich geregelten Rechten und Pflichten stark beeinflusst.

Soziale Geschlechterunterschiede sind aber keineswegs nur in Gesetzestexten zu finden. So lassen sich beispielsweise soziale Normen, Erwartungen, Leitbilder, Stereotype und andere kulturell-normative Phänomene beschreiben, die spezifisch für Frauen oder Männer gelten und somit ebenfalls möglicherweise handlungsrelevante Geschlechterunterschiede darstellen. Dazu gehört etwa das Stereotyp, dass Frauen mehr Talent im Umgang mit Säuglingen haben. Es kommt vor, dass sich solche kulturell-normativen Phänomene physisch bemerkbar machen, wie etwa in Form eines Wickeltisches, der auf einer öffentlichen Damentoilette angebracht ist. Meist werden sie sich allerdings weniger leicht empirisch nachweisen lassen. Dennoch lässt sich auch von ihnen behaupten, dass sie – in bestimmten Gesellschaften und in bestimmten Zeiträumen situationsübergreifend gelten. Menschen wissen um Normen und Stereotype, auch wenn sie nicht in einem Gesetzbuch nachzulesen sind. Somit existieren auch sie in gewisser Weise unabhängig von einzelnen Handlungen und Interaktionen. Sie stellen strukturelle Rahmenbedingungen dar, innerhalb derer alle Interaktionen in einer bestimmten Gesellschaft und einem bestimmten Zeitraum ablaufen, und sie prägen sie auf diese Weise.

Doch zu dieser Sichtweise lässt sich eine Gegenposition formulieren. Denn soziale Normen, Erwartungen, Leitbilder und Stereotype sind im Gegenzug auch abhängig von einzelnen Interaktionen. Eine soziale Norm beispielsweise existiert nur solange bzw. nur in dem Maße, in dem Menschen sie entweder befolgen oder für ihr abweichendes Verhalten sanktioniert werden. Beginnen Menschen gegen die Norm zu verstoßen, ohne dass andere sie dafür zur Verantwortung rufen, so verliert die Norm an Gültigkeit. So führten letztlich einzelne Normverletzungen und deren wiederholte Duldung dazu, dass Frauen heute „normalerweise" ihre berufliche Karriere eigenständig planen können, auch wenn dies sicher dem Zusammenwirken sehr vieler Menschen in einer langen Reihe von Interaktionen bedurfte. Anders als die Norm, dass eine Ehefrau primär für den Haushalt zu sorgen habe, verliert ein Gesetz seine Gültigkeit nicht durch die veränderte Alltagspraxis, sondern erst durch den formalen Akt der Gesetzesänderung. Doch die Gesetzesänderung lässt sich als Konsequenz aus der Abschaffung der Norm deuten. So gesehen sind selbst die formalisierten und physisch manifesten Geschlechterunterschiede letztlich Produkte von sozialen Interaktionen.

Das führt uns zu der zweiten der beiden Perspektiven. Sie ist maßgeblich durch den *Doing Gender*-Ansatz (West & Zimmerman, 1987; Gildemeister, 2004) geprägt worden und erfreut sich heute in der Geschlechterforschung großer Popularität.[9] In ihrer reinen Form fasst die konstruktivistische Perspektive das soziale Geschlecht als einen Prozess auf bzw. als etwas, das nicht fortbesteht, sondern erst im Moment durch einen interaktiven Prozess entsteht. Dabei werden im *Doing Gender*-Ansatz vor allem die Zugehörigkeit eines Menschen zu einem bestimmten Geschlecht und die Dichotomie in diesem Kategorienschema als Ergebnis von Interaktionen beschrieben: Menschen wissen um die kulturell vereinbarten Zuschreibungen, was Frau- und Mannsein jeweils ausmacht. Ausgestattet mit diesem Wissen, verhalten sie sich selbst „ihrem" Geschlecht entsprechend, erhalten von ihren Mitmenschen dafür Verständnis und Akzeptanz und erwarten gleichzeitig ihrerseits von ihren Mitmenschen ein entsprechendes Verhalten. Erst in diesem und durch dieses Tun werden Menschen zu Frauen oder zu Männern.

---

[9] Der *Doing Gender*-Ansatz lässt sich über das soziale Geschlecht hinaus auch auf andere soziale Phänomene anwenden, etwa auf soziale Unterschiede im Allgemeinen („doing difference", West & Fenstermaker, 1995; Fenstermaker & West, 2001), auf die Familie („doing family", Jurczyk & Lange, 2004) oder auf Kultur im Allgemeinen („doing culture", Hörning & Reuter, 2004). Allerdings ist er in keiner anderen Fachdiskussion vergleichbar populär.

Auch die Attribute, die eine Frau als Frau oder einen Mann als Mann kenn-
zeichnen, lassen sich als Prozess auffassen: Indem ein Mensch in seinem sozialen
Handeln zwischen Frauen und Männern *unterscheidet*, produziert er Gender. Er
tut dies etwa indem er eine bestimmte Erwartung zielgerichtet nur an Männer
richtet – ähnlich wie es im vorangegangenen Abschnitt am Beispiel des Hilfe-
suchenden mit Softwareproblemen illustriert worden ist. Andere Mitmenschen
„lernen" daraus, etwa dass die betreffende Erwartung (angeblich) typischerweise
nur für Männer gilt, und sie verhalten sich dem entsprechend. In jedem Moment,
in dem sie das tun, reproduzieren sie Gender. Und jede(r) von ihnen ist damit
jeweils wiederum Beispiel für andere, inklusive für den ersten Akteur, der sich
mit seiner Unterscheidung bestätigt sieht. Das soziale Geschlecht – also zum
einen die Zweigeschlechtlichkeit, zum zweiten die Kategorisierung eines bestimmten Menschen als weiblich oder männlich und zum dritten das, was Frau-
und Mannsein jeweils ausmacht – existiert, der konstruktivistischen Perspektive
zufolge, in Form der vielen einzelnen sozialen Handlungen im Rahmen dieser
„Kettenreaktion" – und *nur* in diesen.

Auch hier lässt sich Kritik erwidern: Wären es tatsächlich nur die Interaktionen,
die Gender ausmachten, so müssten wir erwarten, dass solche Prozesse immer
wieder abbrechen und dass bei neuen Begegnungen in neuen sozialen Kreisen
auch immer wieder völlig neue Unterscheidungen entstehen. Das soziale
Geschlecht müsste facettenreich, wechselhaft und bunt sein. Ein stabiles Grund-
muster wie das uns vertraute, das seit Jahrzehnten zumindest in West-Europa
und Nordamerika in nur graduell unterschiedlichen Schattierungen fortbesteht,
wäre kaum vorstellbar. Daher geht der *Doing Gender*-Ansatz davon aus, dass
Menschen eine Normalitätsvorstellung haben. Ihr soziales Handeln und die
Unterscheidungen, die sie dabei treffen, basieren auf kulturell geteilten Vorstellungen von der Beschaffenheit der Welt, wie sie ist und wie sie sein soll. Das
soziale Geschlecht existiert also nicht nur in den Interaktionen selbst, sondern
auch in den Stereotypen und Leitbildern der Akteure. Diese werden in den
gleichen Interaktionen erlernt, die Gender (re-) produzieren, und sie dienen als
Schablone für die nächste Interaktion. Dabei werden sie auch in neue soziale
Kreise und Situationen getragen. So überbrücken sie Zeit und soziale Kontexte
und sorgen (meist) für das Fortbestehen der einmal produzierten Geschlechterunterscheidung.

So schließt sich ein Kreis reziproker kausaler Einflüsse: Unterschiede und Unterscheidungen, Tatbestände und Interaktionsprozesse beeinflussen einander wechselseitig. Menschen agieren und interagieren vor dem Hintergrund bestehender,
graduell eigenständiger Strukturen, seien sie rechtlicher, materieller oder kultureller Natur. (Dass dabei nicht nur Normalitätsvorstellungen eine Rolle spielen,

sondern auch Institutionen und Makrostrukturen, kommt beispielsweise bei Erving Goffman (2001) oder Pierre Bourdieu (2005) deutlicher zur Sprache als im *Doing Gender*-Ansatz.) Doch mit ihren Interaktionen produzieren und reproduzieren die Menschen eben diese Strukturen, mal unmittelbarer, mal mittelbarer. Die verschiedenen Theorien betonen die beiden Richtungen der Kausalität in unterschiedlicher Intensität oder beschränken sich ganz darauf, eine der beiden zu thematisieren.

Der Versuch, eine primäre Einflussrichtung oder gar nach einem Ausgangspunkt objektiv nachweisen zu wollen, dürfte meist ebenso wenig erfolgversprechend sein wie jede andere „Henne-Ei-Diskussion". Dennoch wird diese Diskussion geführt, und zwar mitunter leidenschaftlich und emotional, denn aus den beiden Perspektiven ergeben sich unterschiedliche Konsequenzen, die auch ethische Fragen berühren: Unterstellt man, dass es (sozial konstruierte) Geschlechterunterschiede gibt, die sich in der täglichen Interaktion niederschlagen, so erscheint der Hinweis auf einen solchen Geschlechterunterschied im Zweifel hilfreich. Das gilt gerade dann, wenn dieser als illegitim beurteilt wird, denn die Diagnose eines Missstandes – so würden viele soziale Ungleichheitsforscher argumentieren – ist notwendige Voraussetzung für seine Beseitigung. Unterstellt man, dass Gender erst durch die Interaktion bzw. durch eine Unterscheidung entsteht, so gerät dagegen jedes Reden über (angebliche) Genderunterschiede – unabhängig ob am Stammtisch oder im Hörsaal – in den Verdacht, die entsprechenden Unterschiede selbst (mit) zu (re-) produzieren. Die Feststellung oder Behauptung einer (angeblichen) Geschlechterdifferenz kann dann im Sinne einer self fulfilling prophecy (mit) schuld daran sein, dass es sie gibt. Angesichts dieser Verantwortung, muss die wissenschaftliche Kommunikation über Geschlecht ihre Aussagen sorgsam überprüfen und ihre Formulierungen sorgsam wählen. Besonders problematisch erscheint dabei die Mutmaßung, es könne ein biologisch-genetisch bedingter Geschlechterunterschied vorliegen, denn eine Unterschiedlichkeit, die in Wahrheit vielleicht nur auf Stereotypen beruht, würde durch eine solche „Naturalisierung" jeder möglichen Kritik und Dekonstruktion entzogen.

Welche Bedeutung hat das Geschlecht in unserer und für unsere Gesellschaft?

Es ist einleitend schon an einigen Beispielen verdeutlicht worden: In sehr vielen Situationen in unserem Leben, macht es einen Unterschied, welches Geschlecht wir haben bzw. uns zugeschrieben wird – nicht jedes Mal in gleicher Weise, aber doch zumindest der Tendenz nach: Wir werden von Mitmenschen unterschiedlich behandelt. Wir entwickeln unterschiedliche Interessen und Fähigkeiten. Man traut oder mutet uns unterschiedliche Dinge zu, beispielsweise für eine Feier einen Kuchen zu backen oder den Grill in Gang zu setzen. Auch in privaten Entscheidungen werden wir von anderen ermutigt oder entmutigt, bestimmte Dinge zu tun, etwa wenn es um die Wahl des Studienfaches oder das Wechseln oder Wechseln-Lassen der Winterreifen geht. Es ist, als hätten die Menschen eine Liste von Eigenschaften, Talenten und selbst von ästhetischen Vorlieben im Kopf, die binär in weiblich und männlich codierte sind. Begriffe wie „pink, hellblau, Ballett, Boxen, Germanistik, Ingenieurwissenschaften, Salat und Schweinebraten" könnten auf dieser Liste stehen. Tätigkeiten, Berufe, Objekte und Eigenschaften werden geschlechtlich konnotiert bzw. *vergeschlechtlicht*.

Solche Codes sind in unserer heutigen Gesellschaft fast nie besonders verbindlich. Bis vor kurzem hat auch das deutsche Recht noch einen Unterschied zwischen Frau und Mann gemacht (beispielsweise bis 1991 bei der Wahl des gemeinsamen Nachnamens bei der Eheschließung). Heute jedoch finden sich formal unterschiedliche Regeln nur noch selten – seltener als jemals zuvor in unserer Geschichte. Meist gelten sie nur in bestimmten Institutionen oder Organisationen, wie zum Beispiel in der katholischen Kirche, in Studentenverbindungen oder in diversen Clubs und Discotheken, wenn sie eine „Ladies Night" ausrufen. Selbstverständlich kann eine Frau heute beruflich Karriere im Management machen oder mit Bierdose in der Fankurve eines Fußballstadions stehen. Es geschieht nur unter Frauen seltener als unter Männern.

Stellt dieser Umstand ein gesellschaftliches oder gar ein politisches Problem dar? Unter bestimmten Umständen muss die Frage eindeutig bejaht werden: und zwar dann, wenn das tendenziell unterschiedliche Verhalten nicht Ausdruck tendenziell unterschiedlicher Fähigkeiten oder eines tendenziell unterschiedlichen freien Willens ist, sondern ungleicher Chancen, ein Ziel zu erreichen. Anders als ein Bildungsabschluss ist das Geschlecht keine erworbene, sondern eine angeborene Eigenschaft. Im Weltbild des modernen, aufgeklärten Europas kann es somit kein legitimer Grund für eine Ungleichbehandlung sein. Damit wird die Frage politisch wichtig, inwieweit Geschlechterunterschiede auf unterschiedliche Veranlagungen zurückzuführen sind, auf unterschiedliche Präferenzen oder auf ungleiche Chancen. Dass ungleiche Chancen zumindest für bestimmte Geschlechterunterschiede (bzw. -unterscheidungen) auch eine Ursache sind, erscheint offensichtlich, wenn man sich vor Augen führt, dass Frauen und auch frauentypische Berufe schlechter bezahlt werden (vgl. Busch in diesem Band) und dass Frauen in nahezu allen Branchen in den oberen Führungsebenen stark unterrepräsentiert sind. Metaphern wie die „gläserne Decke" oder die „leaking pipeline" beschreiben das Phänomen, dass der Anteil der Frauen auf der Karriereleiter nach oben hin von Stufe zu Stufe sinkt. Die ungleiche Karrierebilanz könnte dadurch begründet sein, dass viele (männliche) Chefs Vorurteile gegenüber Frauen haben und sie mehr oder weniger bewusst diskriminieren. Sie könnte auch dadurch zustande kommen, dass es strukturelle Rahmenbedingungen (oder auch nur *vermeintliche* Rahmenbedingungen) gibt, die dafür sorgen, dass es auch (ansonsten) vorurteilsfreien Chefs zweckmäßig erscheint, Männern bei der Besetzung gehobener Positionen den Vorzug zu geben. Die Erwartung, dass bei einer Frau das Risiko höher sei, dass sie aufgrund einer Familiengründung für viele Monate ausfällt, könnte eine solche (vermeintliche) Rahmenbedingung sein. So oder so lassen sich Phänomene wie die „gläserne Decke" wohl nur mit einer systematischen Benachteiligung plausibel erklären. Demzufolge wird zu Recht die politische Diskussion geführt, ob dieser Benachteiligung nicht eine gesetzlich verordnete Frauenquote entgegengesetzt werden sollte und wie sich Rahmenbedingungen umgestalten lassen, um implizite Diskriminierungen abzubauen.

Dass es zwischen Frauen und Männern in bestimmter Hinsicht tendenziell auch unterschiedliche Veranlagungen gibt, ist ebenfalls offenkundig. Wenn aufgrund solcher Veranlagungen Ungleichverteilungen entstehen, sind diese wiederum leicht zu akzeptieren. So würde wohl niemand fordern, für die Sopran- oder Bass-Sektion eines Chores jeweils eine Geschlechterquote einzuführen. Allerdings ist die Liste der Beispiele kurz, von denen wir sicher annehmen können, dass sie tatsächlich (nur) auf unterschiedlichen biologischen Veranlagungen beruhen.

Wie verhält es sich mit anderen Unterschieden in Bezug auf Kompetenzen und Fähigkeiten? Wie verhält es sich mit Unterschieden in Bezug auf Neigungen und Präferenzen? Dass Frauen lieber in soziale und Männer lieber in technische Berufe gehen, dass Frauen geschickter im Umgang mit Waschmaschinen und Männer geschickter im Umgang mit Bohrmaschinen sind, müsste ebenfalls akzeptiert werden, wenn man unterstellte, dass Frauen und Männer für die entsprechenden Tätigkeiten von Natur aus mehr Talent oder mehr Interesse haben. Allerdings gibt es dafür keinen empirischen Nachweis und auch kein zwingendes Argument. Im Gegenteil: Der Umstand, dass solche Unterschiede kulturell und historisch variabel sind, legt nahe, dass sie nicht auf biologischen Veranlagungen beruhen. Die Mehrzahl der Sozialwissenschaftler vertritt daher heute die Auffassung, dass sowohl die Kompetenzen als auch die Interessen gesellschaftlich hergestellt werden. Sie entwickeln sich, weil Mädchen und Jungen von Geburt an in unterschiedlicher Weise gefördert, gefordert, ermutigt und entmutigt werden und weil sie von ihren Geschlechtsgenossinnen bzw. -genossen unterschiedliche Verhaltensweisen vorgelebt bekommen. Wann, wo und wie dies im Einzelnen geschieht, ist nach wie vor Gegenstand von Forschung und Theoriebildung (vgl. Cornelißen & Pinhard sowie Hannover et al. in diesem Band). Doch im Ergebnis, so die These, interessieren sich Frauen und Männer stärker für bestimmte Dinge und haben darin mehr Kompetenzen, weil sie von klein auf stärker damit konfrontiert wurden – nicht umgekehrt. Ob das auch wirklich *in jeder Hinsicht* zutrifft, ist noch umstritten. Vor allem zwischen Biologen und Sozialwissenschaftlern gibt es noch leidenschaftliche Grenzstreitigkeiten darüber, wo die biologische Veranlagung aufhört und die soziale Konstruktion beginnt (vgl. Euler & Lenz in diesem Band). Dass Prozesse der sozialen Konstruktion aber zumindest *auch* eine Rolle spielen, gilt als gesichert.

Auch an dieser Stelle werden Geschlechterunterscheidungen und Geschlechterunterschiede also wieder zum Politikum. Wenn sich Frauen für bestimmte Berufe und Positionen von sich aus weniger interessieren und seltener bewerben, mag dies in einem bestimmten Sinn eine freie Willensentscheidung sein; doch es lässt sich fragen, wie frei der Willen sein kann, wenn er doch durch geschlechtsspezifische Sozialisationsprozesse „kanalisiert" wurde. Für ein Mädchen gehört sehr viel Phantasie und Selbstvertrauen dazu, wenn es den Traum entwickelt, Profifußballerin zu werden, solange im Fernsehen fast nur männliche Idole zu sehen sind, auf der Straße nur Jungs kicken und die eigenen Eltern finden, dass der Sport zu hart für ein Mädchen sei. Für Mädchen der jüngeren Generation, die immerhin schon eine Frauen-Fußball-WM im eigenen Land erlebt haben, wirkt dieser Traum schon ein kleines Stückchen realistischer und wird nun vermutlich etwas häufiger geträumt. Es stimmt zwar, dass es mehr männliche Fußball-Profis gibt, weil Jungs häufiger Interesse am Fußball haben; aber es gilt genauso umgekehrt, dass Jungs häufiger Interesse am Fußball haben, weil es mehr männliche Fußball-Profis gibt. Somit muss hinterfragt werden, ob geschlechtsspezifische Neigungen und Fähigkeiten wirklich immer eine Legitimation für Ungleichverteilungen sind, oder ob ihnen ihrerseits politisch entgegengewirkt werden sollte, um die Chancengleichheit von Frauen und Männern zu verbessern.

Zu fragen, was Frauen und Männer täten, wenn sie nicht nur in ihrem Tun, sondern auch in der Entwicklung ihrer Neigungen und Fähigkeiten von klein auf völlig unbeeinflusst wären, macht keinen Sinn, denn die Gesellschaft kann den einzelnen Menschen nicht *nicht* beeinflussen. Sinnvoll fragen kann man nur danach, wo die gesellschaftliche Prägung zwischen Frauen und Männern Unterschiede macht. Allerdings lässt sich so etwas wie das „Saldo" der Ungleichbehandlungen oft nur dadurch schätzen, dass man statistische Verteilungen vergleicht und deren Unterschiedlichkeit als Ergebnis von Ungleichbehandlung deutet, beispielsweise in Bezug auf die Studienfachwahl. Wie angemessen diese Deutung ist, lässt sich freilich von Fall zu Fall diskutieren. So herrscht, zumindest disziplinübergreifend, keine Einigkeit darüber, wie viele und welche Geschlechterunterschiede ihre Ursache nicht doch (auch) in der Biologie haben und somit nicht nur akzeptabel, sondern sogar wünschenswert sein können. Deswegen bleibt die Diskussion kontrovers.

Wichtig und zuweilen hitzig ist die Diskussion, weil viel von ihr abhängt. Unter den vielen Facetten der Unterschiede zwischen Frauen und Männern ragt vor allem die ungleiche ökonomische und soziale Stellung, also die vertikale Dimension von Ungleichheit, heraus. In fast allen uns bekannten Gesellschaften herrsch(t)en mehr oder weniger deutlich ausgeprägte Patriarchate. Und so sehr sich die Vordenker der frühen Moderne auch bemüht haben, die komplementären Geschlechterrollen als gleichwertig und gleichrangig zu konzipieren (vgl. zum Beispiel Durkheim, 1999, S. 101ff.), so eindeutig erweisen sie sich doch in der Praxis als eine weitere Spielart eines Patriarchats: Die Zuständigkeit der Frau für Hausarbeit und Kindererziehung macht sie ökonomisch abhängig und bindet ihre soziale Stellung an ihren männlichen Partner und „Ernährer". Wer darin eine funktionale Notwendigkeit, eine naturgegebene oder gar eine göttliche Ordnung sieht, muss in den politischen Bemühungen der vergangenen Jahrzehnte um Gleichberechtigung „eine Verwirrung in der Anthropologie [sehen], die Schaden bringt" (Ratzinger & Amato, 2004, S. I.2). Wer in der ökonomischen Abhängigkeit und der Stabilisierung des Patriarchats den eigentlichen Zweck der komplementären Geschlechterrollen sieht, müsste eher Friedrich Engels Diagnose zuzustimmen: „Der Mann [...] ist in der Familie der Bourgeois, die Frau repräsentiert das Proletariat. [...] Die Befreiung der Frau [...] hat die Wiedereinführung des ganzen weiblichen Geschlechts in die öffentliche Industrie [zur ersten Vorbedingung]." (Engels, 1975, S. 60). Zwischen diesen Polen bewegen sich die ideologischen Standpunkte und lassen viel Raum für Konflikt.

Wie nennt man Geschlechterunterschiede, die auf gesellschaftlicher Zuschreibung beruhen?

Es ist klar, dass es gesellschaftliche Zuschreibungen gibt, was als weiblich und was als männlich gilt. Es ist auch klar, dass diese Zuschreibungen in Teilen soziale Ungleichheit zwischen den Geschlechtern produzieren und daher wissenschaftlich wie politisch hochgradig wichtig sind. Umso ärgerlicher ist, dass sich gar nicht immer leicht darüber reden lässt, denn die Terminologie ist in weiten Teilen strittig oder sperrig.

Der Begriff *Geschlecht* umfasst zunächst einmal die Unterscheidung in *Frauen* und *Männer*. Zu den Geschlechterunterschieden gehören also sowohl die biologisch bedingten weiblichen und männlichen Geschlechtsmerkmale als auch die sozial konstruierten Attribute, was in unserer Gesellschaft zu unserer Zeit als weiblich oder männlich gilt. Diese beiden Kategorien gilt es zunächst zu differenzieren, zumal sich sowohl der sozialwissenschaftliche als auch der politische Diskurs meist nur auf sozial konstruierte Geschlechterunterschiede sinnvoll beziehen kann. Um biologisch Vorgegebenes und sozial Konstruiertes zu unterscheiden, haben sich im englischen die Begriffe *sex* und *gender* etabliert. Im deutschsprachigen sozialwissenschaftlichen Diskurs werden sie meist übernommen und nur gelegentlich als *biologisches* und *soziales Geschlecht* übersetzt. Dabei hat der Begriff „soziales Geschlecht" einen Vorteil: Man kann, auch wenn es sperrig klingt, vom „weiblichen" oder „männlichen sozialen Geschlecht" sprechen. Vom weiblichen oder männlichen Gender zu sprechen, hat sich dagegen im Deutschen (im Gegensatz zum Englischen[10]) nicht etabliert.

Unter den zahlreichen Begriffen, die etwas Ähnliches wie Gender bezeichnen, gibt es generell ein Defizit an Begriffen, die die beiden Ausprägungen von Gender unabhängig voneinander benennen können: die soziale Konstruktion des Weiblichen und die des Männlichen. Außerdem lässt sich zu vielen Begriffen kein Plural bilden, was jedoch ebenfalls hilfreich wäre, denn immerhin existieren in unterschiedlichen Gesellschaften und in unterschiedlichen Jahrzehnten verschiedene Arten, Geschlecht sozial zu konstruieren, und über diese Pluralität muss gesprochen werden können. Problematischer aber ist es, dass nahezu jeder Begriff mit einem bestimmten theoretischen Standpunkt verknüpft ist. Es lässt sich kaum über Gender sprechen, ohne bereits mit der Wortwahl Stellung für eine bestimmte theoretische Deutung und gegen alternative Deutungen zu beziehen. Das erschwert es, theorie- und disziplinübergreifende Diskurse zu führen.

Ein Beispiel wurde bereits im vorvorherigen Abschnitt („Geschlechterunterschiede oder Geschlechterunterscheidungen?") erwähnt: Statt von *Sex* und *Gender* als zwei Formen von Geschlechterunterschieden zu sprechen, wird in konstruktivistischer Perspektive oft von Geschlechter*unterscheidungen* gesprochen.

---

[10] „Female" und „male gender" sind gebräuchliche Begriffe für das weibliche und männliche soziale Geschlecht.

Eine ganze Reihe von Begriffen bezeichnet ebenfalls Konzepte, die mit Gender verwandt sind, oder Teilaspekte davon: *Geschlechterstereotype* sind die Vorstellungen davon, wie Frauen und Männer (angeblich) sind. Die *Geschlechteridentität* ist das Selbstverständnis, weiblich oder männlich zu sein, das tendenziell mit der Selbstzuschreibung entsprechender Geschlechterstereotype verbunden ist (vgl. dazu ausführlicher Hannover et al. in diesem Band). Der an Pierre Bourdieu angelehnte Begriff des *Geschlechterhabitus* erweitert den der Geschlechteridentität um geschlechtsspezifische regelmäßige Handlungsweisen, die auch den eigenen Körper spezifisch formen (etwa durch das regelmäßige Rasieren von Körperhaar oder das Trainieren des Bizeps). Er entspricht vielleicht am ehesten dem sozialen Geschlecht. Der Begriff der *Geschlechterbeziehungen* meint die regelmäßigen Formen des sozialen Handelns von Frauen mit Männern und umgekehrt, wie zum Beispiel das Auffordern oder Sich-Auffordern-Lassen zum Tanz. Der Begriff *Geschlechterverhältnisse* meint das gesamtgesellschaftliche Verhältnis von Frauen zu Männern (zum Beispiel hinsichtlich ihres durchschnittlichen Verdienstes), das als Ergebnis vieler Interaktionen sowie institutioneller und struktureller Rahmenbedingungen entsteht. Der Begriff *Geschlechterordnung* fasst all diese und andere Aspekte der Geschlechterspezifika zusammen. (Für eine ausführlichere Erläuterung vgl. Lenz & Adler, 2010, S. 20f.) Leicht handhabbar aber potentiell missverständlich ist die Praxis, lediglich die Begriffe *Geschlecht, weiblich* und *männlich* zu verwenden und damit ausschließlich das soziale Geschlecht zu meinen (vgl. ebd.) – es sei denn, man steht auf dem theoretischen Standpunkt, dass Geschlecht insgesamt eine soziale Konstruktion oder insgesamt eine biologische Tatsache sei.

Relativ weit verbreitet ist der Begriff der *Geschlechterrollen* (englisch: *sex roles* oder auch *gender roles*). Allerdings ist auch er zwischen den (Teil-) Disziplinen sehr umstritten: Unter quantitativ ausgerichteten Forscher(inne)n, wie sie sich beispielsweise um die Sektion „Familiensoziologie" der Deutschen Gesellschaft für Soziologie (DGS) organisieren, ist er etabliert; von qualitativ arbeitenden Wissenschaftler(inne)n, die sich beispielsweise um die DGS-Sektion „Frauen- und Geschlechterforschung" organisieren, wird er weitgehend abgelehnt. Wie Waltraud Cornelißen (in diesem Band) ausführt, wird er unter anderem deshalb kritisiert, weil eine Rolle („Ansprüche der Gesellschaft an die Träger von Positionen", Dahrendorf, 1977, S. 33) immer an eine Position geknüpft ist, und weil Frauen und Männer in unserer Gesellschaft, je nach sozialer Lage und Kontext, offensichtlich sehr unterschiedliche Positionen und Rollen einnehmen. Man könne von „Geschlechterrollen" ebenso wenig sprechen wie von „Klassen-" oder „Rassenrollen" (Lenz & Adler, 2010, S. 23).

Die Kritik beruht allerdings, zumindest in Teilen, auf einem Missverständnis des Rollenbegriffs. Dass an den Inhaber einer Position in verschiedenen Kontexten unterschiedliche Erwartungen gerichtet werden, trifft generell zu; sie alle machen in ihrer Summe seine Rolle aus. Auch dass sich solche Erwartungen nur zum Teil und oft nur mittelbar auf das Handeln des Akteurs auswirken, dass sie sich im Laufe der Zeit verändern und dass sich ihr Einfluss mit dem anderer Rollen überlagert, trifft auf Rollen ganz allgemein zu. Ungeachtet dessen gibt es durchaus konkrete Erwartungen seitens des sozialen Umfeldes, die sich spezifisch an Frauen oder spezifisch an Männer richten, beispielsweise hinsichtlich der Kleiderordnung.[11] Es mag sein, dass sich die Tatsache, in dieser Gesellschaft Frau oder Mann zu sein, intuitiv weniger eindeutig als Position („Ort in einem Koordinatensystem sozialer Beziehungen", Dahrendorf, 1977, S. 30) nachvollziehen lässt als der Umstand, Lehrer an einer Schule zu sein. Doch bei der Konzeption der Rollentheorie – zumindest der nach Ralf Dahrendorf – wird ganz explizit sowohl „die ganze Gesellschaft" als mögliche Bezugsgruppe (ebd., S. 51) als auch „Mann" als Beispiel für eine (zugeschriebene) Position angeführt (ebd., S. 54) – genauso übrigens wie „Deutscher", „Erwachsener" oder „Katholik" (ebd., S. 54f.). Insofern ist es grundsätzlich legitim, von „Geschlechterrollen" zu sprechen. Ob es in einem bestimmten Kontext angemessen ist, bleibt dem wissenschaftstheoretischen Standpunkt einer jeden Autorin und eines jeden Autors überlassen.

Genau hier kann und muss es zu unterschiedlichen Einschätzungen kommen, denn Theorien wie auch ihre Begriffe sind nicht per se richtig oder falsch, sondern immer nur in Bezug auf eine bestimmte Frage und eine bestimmte Perspektive mehr oder weniger angemessen. Die qualitative Forschung kann mit ihren Methoden die komplexen interaktiven Vorgänge, die zu dem führen, was uns als soziales Geschlecht begegnet, relativ detailliert und facettenreich beschreiben – und erhebt auch genau diesen Anspruch. Insofern muss sie daran interessiert sein, diese Komplexität und diesen Facettenreichtum auch in ihren Begriffen und Theorien abzubilden. Die quantitative Forschung kann das nicht und erhebt auch nicht diesen Anspruch. Ihre Stärke liegt darin, zum einen mittels repräsentativer Studien die Verbreitung und Relevanz bestimmter Muster in der Gesellschaft zu bestimmen und zum anderen statistische Zusammenhänge auf-

---

[11] Ein Beispiel: Anlässlich des Einzugs der Piraten-Partei in den nordrhein-westfälischen Landtag im Mai 2012 und der für Parlamentarier teils unkonventionellen Kleidung der neuen Abgeordneten forderte die Vizepräsidentin des Landtags, Corinna Gödecke, männliche Abgeordnete auf, sie sollten „zumindest ein Jackett tragen", und weibliche Abgeordnete, bei ihnen sollten „die Schultern bedeckt sein" (Spiegel Online, 2012).

zuzeigen, die auf mögliche Ursachen, Konsequenzen und Begleiterscheinungen bestimmter Genderkonstruktionen schließen lassen. Sie tut das um den Preis der Standardisierung ihrer Messinstrumente, bei der Unterschiede zwischen Stereotypen, sozialen Rollen, Habitus etc. verschwimmen. Eine Theorie oder ein Begriffsrepertoire, das auf diese Unterschiede wert legt, wäre für sie wenig praktikabel.

Die Autorinnen und Autoren in diesem Band kommen von verschiedenen Disziplinen, Teildisziplinen und wissenschaftstheoretischen Standpunkten. Es kommen nicht nur qualitative und quantitative Sozialwissenschaftlerinnen und Sozialwissenschaftler zu Wort, sondern mit Harald Euler auch ein evolutionärer Psychologe, der also der biologisch orientierten Verhaltungsforschung nahe steht. Die Verwendung der Begriffe in den einzelnen Beiträgen ist daher notgedrungen ebenso heterogen wie in der Forschungslandschaft insgesamt. Der Titel dieses Sammelbandes fasst das gemeinsame Thema mit den Begriffen *Geschlechterunterschiede* und *Geschlechterunterscheidungen* zusammen, die einem kleinsten gemeinsamen Nenner zumindest vergleichsweise nahe kommen.

Weitere Fragen und die Beiträge in diesem Sammelband

Von der Flut an Fragen, von der zu Beginn dieses Beitrages die Rede war, sind hier nur einzelne diskutiert worden. Es gibt viele weitere, zum Beispiel: Wie viel Biologie und wie viel soziale Konstruktion steckt in dem, was uns als weiblich oder männlich begegnet? Wie sehen die Zuschreibungen dessen, was als weiblich und als männlich gilt, in unserer Gesellschaft aus? Warum sehen sie so aus und nicht anders? Wie variieren sie über verschiedene Gesellschaften und Epochen, über verschiedene Regionen und soziale Milieus, über verschiedenen Generationen und Phasen im Lebenslauf? Die folgenden neun Beiträge in diesem Sammelband greifen diese Fragen, meist im Kontext bestimmter Aspekte von Gender und bestimmter gesellschaftlicher Teilbereiche, auf.

Zunächst diskutieren *Harald Euler und Karl Lenz* in einem Streitgespräch (Kapitel 2) die keineswegs entschiedene Frage, inwieweit Geschlecht etwas ist, was die Biologie vorgibt, und inwieweit es sozial konstruiert ist. Dabei geht es notwendigerweise auch um die Bestimmung der unterschiedlichen Interessen und Perspektiven von Biologie und Soziologie, um die Missverständnisse und wechselseitigen Vorbehalte, die manchmal aus diesen unterschiedlichen Perspektiven erwachsen, und um die Chancen eines interdisziplinären Austauschs, wie er viel zu selten stattfindet.

Im dritten Beitrag gibt *Waltraud Cornelißen* einen Überblick über die unterschiedlichen theoretischen Zugänge zum Thema Geschlecht innerhalb der Sozialwissenschaften, deren Vertreterinnen und Vertreter ebenfalls viel zu oft dazu neigen, einander zu ignorieren und voneinander unabhängige wissenschaftliche Diskurse zu führen. Der Beitrag vertritt, wie jeder Beitrag in diesem Band, einen eigenen Standpunkt. Er gibt aber vor allem einen Überblick über die Argumente, Stärken und Grenzen, die jeder der theoretischen Zugänge hat, und zeigt so auch die Notwendigkeit einer Theorievielfalt auf.

Ergänzt wird dieser Überblick durch einen historischen Blick auf die Entwicklung der wissenschaftlichen Auseinandersetzung mit dem Geschlecht (Kapitel 4). Darin beschreibt *Claudia Opitz-Belakhal* einerseits, wie Wissenschaft Frauen und Männer im Laufe ihrer Geschichte betrachtet und wie eine feministische Sicht bestehende Stereotype infragegestellt hat. Andererseits sind die Vorstellungen, die sich die Wissenschaft von Frauen und Männern macht, geprägt durch und gleichzeitig prägend für den jeweiligen Zeitgeist. Somit spiegelt sich darin auch ein Teil der historischen Entwicklung des sozialen Geschlechtes selbst.

Wie werden aus Kindern Mädchen und Jungen bzw. Frauen und Männer? In welchen Lebensstadien wird das soziale Geschlecht auf welche Weise geformt, und wie wirken die verschiedenen Sozialisationsinstitutionen daran mit? Dieser empirischen Frage nehmen sich *Waltraud Cornelißen und Inga Pinhard* im fünften Beitrag an.

Einen weiteren hochauflösenden Blick auf die Mikroebene der Geschlechterkonstruktion werfen *Bettina Hannover, Ilka Wolter, Jochen Drewes und Dieter Kleiber* in Kapitel 6. Sie beschäftigen sich mit der Geschlechteridentität. Neben methodischen Fragen geht es dabei unter anderem um die Unterschiedlichkeit der Geschlechteridentitäten in Abhängigkeit von Geschlecht und sexueller Orientierung, um Konsequenzen der Geschlechteridentität für das Verhalten oder die psychische Entwicklung, vor allem aber auch um die Entwicklung der Geschlechteridentität. Dabei gehen die Autorinnen und Autoren notwendigerweise auch auf die Unterschiede zwischen verschiedenen biologischen und sozialen Bestimmungsmerkmalen von Geschlecht und deren Beziehung zueinander ein.

Birgit Pfau-Effinger verfolgt in Kapitel 7 eine makrosoziologische Perspektive. Am Beispiel der Erwerbsbeteiligung von Müttern beschreibt sie Genderunterschiede zwischen den Gesellschaften Europas im internationalen Vergleich. Sie diskutiert bestehende Erklärungsansätze, die solche Unterschiede wahlweise auf Politik und andere Institutionen oder auf Kultur zurückführen, und sie zeigt auf, dass erst das Zusammenspiel dieser beiden Ansätze zu einer empirisch überzeugenden Erklärung führt. Mit ihrer Theorie der Geschlechter-Arrangements stellt sie ein Modell vor, das strukturelle und kulturelle Einflüsse in ihrem Zusammenspiel modelliert.

Im achten Beitrag beleuchtet *Anne Busch* Geschlechterunterschiede in der Berufswahl von Frauen und Männern in Deutschland: die Geschlechtersegregation am Arbeitsmarkt. Sie beschreibt die Verteilung der Berufe in „Frauen-", „Männer-" und „Misch-Beruf" sowie die Verteilung der Männer bzw. die Konzentration der Frauen auf vergleichsweise wenige Berufe im Zeitverlauf. Sie diskutiert in diesem Zusammenhang sowohl die Methoden zur Messung von Segregation als auch die Theorien zu ihrer Erklärung. Auch die Frage nach den Konsequenzen der Segregation für den Verdienst von Frauen und Männern kommt zur Sprache.

Die Genderkonstruktion aus Paar-Perspektive untersucht *Daniela Grunow* in Kapitel 9. Hier geht es um die Aufteilung von Erwerbs-, Haus- und Familienarbeit und um die Frage, wie sich diese Aufteilung einerseits im Beziehungsverlauf und andererseits im Laufe der Geschichte bzw. in der Abfolge von Generationen verändert. Auch der europäische Vergleich diesbezüglich wird gezogen. Es zeigt sich, dass Trends in Richtung Egalität in der Generationenfolge teilweise wieder durch Retraditionalisierungsschritte in der Paarbiografie gebrochen werden und dass sozialpolitische Weichenstellungen dazu führen, dass sich die Formen der Aufgabenteilung in verschiedenen Teilen Europas unterschiedlich entwickeln.

Schließlich wirft *Sabine Toppe* im zehnten Beitrag einen Blick auf die Konstruktion von Mutter- und Vaterrollen in der Familie. Sie beschreibt die Vorstellungen von und die Erwartungen an Mütter und Väter, einerseits europäisch vergleichend und andererseits im Zeitverlauf. Die Vereinbarkeit von Erwerbs- und Familienleben erweist sich dabei erneut als ein Kernproblem. Einerseits wird sie unter anderem durch steigende Erwartungen an Eltern verschärft; andererseits unterbleiben teilweise strukturelle familienpolitische Unterstützungsmaßnahmen, die dies kompensieren und die Vereinbarkeit verbessern könnten.

In einem abschließenden Beitrag (Lück & Cornelißen am Ende dieses Bandes) werden die Herausgeber dieses Sammelbandes versuchen, einige der Erkenntnisse aus diesen neun Beiträgen zu einigen allgemeineren Antworten auf die oben gestellten Fragen zusammenzufassen.

Literatur

Allport, G. W. (1971). *Die Natur des Vorurteils.* Köln: Verlag Kiepenheuer & Witsch (orig. 1954).

Becker, G. S. (1993). *A Treatise on the Family.* Cambridge / Massachusetts: Harvard University Press (orig. 1981).

Bennholdt-Thomsen, V. (Hrsg.) (1994). *Juchitán – Stadt der Frauen. Vom Leben im Matriarchat.* Reinbek: Rowohlt.

Bourdieu, P. (2005). *Die männliche Herrschaft.* Frankfurt a. M.: Suhrkamp (orig. 1998).

Butler, J. (1991). *Das Unbehagen der Geschlechter.* Frankfurt a. M.: Suhrkamp.

Dahrendorf, R. (1977). *Homo Sociologicus. Ein Versuch zur Geschichte, Bedeutung und Kritik der Kategorie der sozialen Rolle.* Opladen: Westdeutscher Verlag (orig. 1958).

Deutscher Ethikrat (2012). *Intersexualität. Stellungnahme.* Berlin: Deutscher Ethikrat. Online publiziert unter: http://www.ethikrat.org/dateien/pdf/stellungnahme-intersexualitaet.pdf (Stand: 28.11.2012).

Dröge, F. W. (1967). *Publizistik und Vorurteil.* Münster: Regensburg.

Durkheim, É. (1999). *Über soziale Arbeitsteilung. Studie über die Organisation höherer Gesellschaften.* Frankfurt a. M.: Suhrkamp (orig. 1893).

Engels, F. (1975). Der Ursprung der Familie, des Privateigentums und des Staats. In K. Marx & F. Engels, *Werke.* Band 21 (56-79). Berlin (DDR): Dietz (orig. 1884).

Gildemeister, R. (2004). Doing Gender: Soziale Praktiken der Geschlechterunterscheidung. In R. Becker & B. Kortendiek (Hrsg.), *Handbuch der Frauen- und Geschlechterforschung* (132-140). Wiesbaden: VS.

Goffman, E. (2001). Das Arrangement der Geschlechter. In E. Goffman, *Interaktion und Geschlecht* (105-158). Hrsg. von H. A. Knoblauch. Frankfurt a. M.: Campus.

Fenstermaker, S. & West, C. (2001). „Doing Difference" revisited. Probleme, Aussichten und der Dialog in der Geschlechterforschung. In B. Heintz (Hrsg.), *Geschlechtersoziologie* (236-249). Sonderheft Nr. 41 der Kölner Zeitschrift für Soziologie und Sozialpsychologie.

Hörning, K. H. & Reuter, J. (Hrsg.) (2004). *Doing Culture. Neue Positionen zum Verhältnis von Kultur und sozialer Praxis.* Bielefeld: transcript.

Jurczyk, K. & Lange, A. (2004). Familie und die Vereinbarkeit von Arbeit und Leben. Neue Entwicklungen, alte Konzepte. In M. M. Jansen & M. Veil (Hrsg.), *Familienpolitiken und Alltagspraxis* (21-34). Polis Nr. 41 (zuerst erschienen in *DISKURS*, 3/2002, 9-16).

Konrad, J. (2006). *Stereotype in Dynamik. Zur kulturwissenschaftlichen Verortung eines theoretischen Konzepts.* Tönning: Der andere Verlag.

Küppers, C. (2012). Soziologische Dimensionen von Geschlecht. *Aus Politik und Zeitgeschichte, 62* (20-21/2012), 3-8.

Lenz, K. & Adler, M. (2010). *Geschlechterverhältnisse. Einführung in die sozialwissenschaftliche Geschlechterforschung.* Band 1. Weinheim: Juventa.

Lippmann, W. (1990). *Die Öffentliche Meinung*. Bochum: Universitätsverlag Brockmeyer (orig. 1922).

Nanda, S. (1990). *Neither Man nor Woman. The Hijras of India*. Belmont / California: Wadsworth Publishing.

Ohde, C. (1994). *Der Irre von Bagdad. Zur Konstruktion von Feindbildern in überregionalen deutschen Tageszeitungen während der Golfkrise 1990/91*. Frankfurt a. M.: Peter Lang.

Parsons, T. (1976). Der Begriff der Gesellschaft. Seine Elemente und ihre Verknüpfungen. In T. Parsons, *Zur Theorie sozialer Systeme* (121-160). Hrsg. von S. Jensen. Opladen: Westdeutscher Verlag (orig. 1966).

Parsons, T. (1973). *Beiträge zur soziologischen Theorie*. Hrsg. von D. Rüschemeyer. Neuwied: Luchterhand (orig. 1954).

Ratzinger, J. & Amato, A. (2004). *Schreiben an die Bischöfe der katholischen Kirche über die Zusammenarbeit von Mann und Frau in der Kirche und in der Welt*. Online publiziert unter: http://www.vatican.va/roman_curia/congregations/cfaith/documents/ rc_con_cfaith_doc_20040731_collaboration_ge.html (Stand: 9.11.2012).

Simmel, G. (1995). Die Differenzierung und das Prinzip der Kraftersparnis. In G. Simmel, *Schriften zur Soziologie. Eine Auswahl* (61-77). Hrsg. von H.-J. Dahme & O. Rammstedt. Frankfurt a. M.: Suhrkamp (orig. 1890).

Smith, A. (2007). *An Inquiry into the Nature and Causes of the Wealth of Nations*. Hrsg. von S. M. Soares. MetaLibri, 2007, v.1.0p. Online publiziert unter: http://www.ibiblio.org/ml/libri/s/SmithA_WealthNations_p.pdf (Stand: 23.12.2012) (orig. 1776).

Spiegel Online (2012). *NRW-Landtagspräsidentin fordert strengeren Dresscode*. Online publiziert am 17.6.2012 auf: http://www.spiegel.de/spiegel/vorab/landtagspraesidentin-goedecke-fordert-strengeren-dresscode-a-839268.html (Stand: 28.11.2012).

Süddeutsche.de (2013): *Männlich, weiblich, unbestimmt*. Online publiziert unter: http://www.sueddeutsche.de/leben/geschlechter-im-deutschen-recht-maennlich-weiblich-unbestimmt-1.1747380 (Stand: 30.8.2013)

West, C. & Zimmerman, D. H. (1987). Doing Gender. *Gender & Society*, 1, 125-151.

West, C. & Fenstermaker, S. (1995). Doing Difference. *Gender & Society*, 9, 8-37.

ZEIT ONLINE (2010a). *Weder Mann noch Frau*. Online publiziert unter: http://www.zeit.de/gesellschaft/zeitgeschehen/2010-03/geschlecht-adrogyn (Stand: 28.11.2012).

ZEIT ONLINE (2010b). *Androgyner Mensch muss doch Mann oder Frau sein*. Online publiziert unter: http://www.zeit.de/gesellschaft/zeitgeschehen/2010-03/australien-androgyn-geschlecht (Stand: 28.11.2012).

Harald A. Euler und Karl Lenz

Geschlechterunterschiede zwischen Biologie und sozialer Konstruktion – ein Streitgespräch

Die Fragen stellte Detlev Lück

LÜCK: Es ist ein immer während Streit zwischen den Disziplinen: Sind die Unterschiede zwischen Frau und Mann biologischer Natur? Oder sind sie von kultureller Art und damit sozial konstruiert? Herr Lenz, Herr Euler, wie denken Sie darüber?

LENZ: Für eine sozialwissenschaftliche Geschlechterforschung reicht es keineswegs aus, Geschlecht bzw. die Geschlechterdifferenzen als natürliches Faktum aufzufassen. Das, was uns als geschlechtsspezifische Eigenheiten und Unterschiede entgegentritt, existiert nicht unabhängig von der Einbettung in eine bestimmte Gesellschaft, Kultur und historische Epoche. Geschlecht ist deshalb immer als eine gesellschaftlich konstruierte und kulturell bestimmte Kategorie zu verstehen (als Überblick vgl. Lenz & Adler, 2010).

Gegen ein Natur-Modell der Geschlechter spricht aus sozialwissenschaftlicher Sicht eine Reihe von Argumenten, die in drei Komplexe gebündelt werden können. Ich möchte sie eingangs nur kurz andeuten und hoffe, dass wir später noch genauer darauf zurückkommen werden: (1) Ethnologische und historische Studien (vgl. Bretell & Sargent, 2001; Duby & Perrot, 1997) liefern einen reichen Fundus an Materialien, die zeigen, dass die Ausfüllung der geschlechtlichen Differenzierung kulturell und historisch höchst variabel ist. Sogar die Zweigeschlechtlichkeit ist kein universelles Muster (vgl. Nanda, 2000). (2) Auch halten viele der immer wieder herausgestellten, scheinbar naturbedingten Geschlechterunterschiede im Handeln, Denken und Fühlen einer kritischen Prüfung nicht stand (vgl. Hagemann-White, 1984) (3) Schließlich richtet sich gegen das Natur-Modell ein Ideologieverdacht. Die biologischen Differenzen werden nicht nur mit den Zuweisungen spezifischer Aufgaben und Fertigkeiten verknüpft, sondern auch in starkem Maße dazu verwendet, um ungleiche Lebenslagen und - chancen von Frauen und Männern – die patriarchale Ordnung – als unverrückbar, weil naturgegeben zu legitimieren (vgl. als Klassiker de Beauvoir, 2002).

Ein erster und weiterhin in den Sozialwissenschaften verbreiteter Ansatz, das Natur-Modell der Geschlechter zu überwinden, war und ist das Sex-Gender-Modell (vgl. ausführlich Gildemeister & Hericks, 2012). In diesem wird Geschlecht als soziokulturelles Phänomen aufgefasst, ohne jedoch die biologische

Fundierung zu negieren. Konsens in den Sozialwissenschaften ist dabei, dass die soziokulturelle Überformung – Gender also – ein Übergewicht gegenüber der biologischen Grundausstattung hat. Das Meiste, was wir als Geschlechterdifferenzen wahrnehmen, sind nach diesem Modell nicht Effekte natürlicher Unterschiede (also Sex-Differenzen), sondern das Resultat soziokultureller Prozesse (also Gender-Differenzen). In der Geschlechterforschung dominiert inzwischen jedoch eine konstruktivistische Perspektive (vgl. Butler, 1991; Goffman, 1994; West & Zimmerman, 2002). Nach dieser Perspektive wird die Unterscheidung von Sex und Gender und damit die in diesen Begriffen zum Vorschein kommende Dichotomisierung von Natur und Kultur verworfen bzw. zumindest deutlich zurückgestellt. Demgegenüber wird – wie es Stefan Hirschauer (1993, S. 21) treffend formuliert hat – die „größere Eigenständigkeit des Sozialen" akzentuiert. Alles das, was uns als Spezifikum eines Geschlechts bzw. als Differenz zwischen den Geschlechtern begegnet, ist – so die Grundprämisse der konstruktivistischen Geschlechterforschung – als in einem sozialen Kontext eingebettete kulturelle Hervorbringung oder – kurz gesprochen – eben als soziale Konstruktion aufzufassen und zu rekonstruieren.

EULER: Alle Lebewesen entwickeln sich in dynamischer Interaktion zwischen genetischen Vorgaben und umweltlichen Eingaben. Die relativen Wirkanteile von Genen und Umwelteinflüssen sollten empirisch und nicht wissenschaftsideologisch bestimmt werden, auch nicht im sozialwissenschaftlichen Konsens. Hier sind transparente Methoden gefordert, die die Wirkanteile und das angebliche Übergewicht quantifizieren können.

Im Speziesvergleich stellen sich Geschlechterunterschiede vielfältig dar, von extremen Geschlechtsunterschieden über minimale bis hin zu „Geschlechtsrollenumkehr". Homo sapiens ist vergleichsweise mäßig geschlechtsunterschiedlich („geschlechtsdimorph").

Im Kulturvergleich erweist sich die Arbeitsteilung zwischen den Geschlechtern ebenfalls als vielfältig. Einige Tätigkeiten werden in allen Kulturen nur von einem Geschlecht ausgeübt (z. B. Angriffskriege, Großwildjagd, Versorgung von Kleinkindern). Viele Arbeiten (z. B. Feldarbeit) werden gleichermaßen oft von beiden Geschlechtern übernommen. Dies ist ein Bereich, in dem konstruktivistische Ansätze essentiell beitragsfähig sind.

Geschlechterunterschiede stellen sich in Mittelwertsunterschieden und in Varianzunterschieden dar. Viele menschliche Geschlechterunterschiede sind von geringer, einige jedoch von großer Effektstärke (z. B. dreidimensionales Vorstellungsvermögen, erotisierendes Geschlecht). Je direkter ein Verhalten reproduktive Konsequenzen hat (Partnerwahl, Sexualität, elterliche Fürsorge), desto bedeutsamer ist die Biologie und desto größer sind die Unterschiede.

Geschlechtsdimorph können körperliche Merkmale (z. B. Körpergröße), psychische (z. B. Empathiebereitschaft) oder Lebensverlaufsmerkmale sein (z. B. Menopause). Eine Theorie der Geschlechterunterschiede muss alle drei Merkmalsarten abdecken und darf zudem nicht auf eine Spezies beschränkt sein. Eine Theorie, die nur psychische Merkmale nur beim Menschen abdeckt und sich als kategorial anders darstellt als umfassendere Theorien, ist unangemessen und unnötig menschenzentriert. Der Mensch ist keine besondere Spezies, weil jede Spezies qua Definition („Spezies") besonders ist.

Geschlechtsdifferentielle Varianzunterschiede sind zum Teil theoretisch interessant. Zum Beispiel gibt es Reproduktionsvarianz, die darin besteht, dass die Anzahl der Nachkommen zwischen männlichen Säugetieren stärker variiert als zwischen weiblichen. Andere Varianzunterschiede sind von besonderer gesellschaftlicher Bedeutung und müssen ebenfalls von einer Theorie der Geschlechterunterschiede erklärt werden. Beispielsweise haben Männer eine größere Varianz (Streubreite) des IQ. Deswegen finden sich bei Männern überproportional viele Genies, aber ebenso auch überproportional viele Debile.

Die menschlichen Geschlechterunterschiede im Verhalten sind bereichsspezifisch. Fragen, ob Männer aggressiver seien oder Frauen emotionaler, sind falsch gestellt. Die Natur des Menschen wurde durch bereichs- und geschlechtsspezifische Selektionsdrücke geformt, und es gilt, die Natur an den natürlich vorgegebenen Stellen aufzubrechen. Dabei kommt es weniger auf geschlechtsunterschiedliche Leistungen oder Fähigkeiten an, sondern auf Neigungen, Präferenzen und Lernbereitschaften, die in Interaktion mit Umwelteinflüssen („Gen wählt Umwelt") erst sekundär zu geschlechtsunterschiedlichen Leistungen und Fähigkeiten führt.

Viele Geschlechterunterschiede tauchen schon bald nach Geburt auf (Blickkontakt, Lächeln), so dass Sozialisierungswirkungen ausgeschlossen sind. Versuche einer geschlechtsneutralen oder gegengeschlechtlichen Erziehung sind bei vielen Verhaltensweisen (z. B. Spielzeug- und Spielpartnerpräferenzen) wirkungslos geblieben. Jungen sind nicht Raufbolde, weil sie dafür von Eltern verstärkt werden, sondern obwohl sie dafür ständig getadelt werden.

Die Theorie der natürlichen und sexuellen Selektion ist einfach, robust und weitreichend. Für Evolutionsbiologen ist der essentielle Anteil von Umwelteinflüssen selbstverständlich. Es gilt aber anzuerkennen, dass auch der Mensch selbst eine Natur hat und nicht als Krone der Schöpfung über seine Natur erhaben ist. Der Vogel kann nicht fliegen, indem er die Gesetze der Natur (Physik) leugnet, sondern weil er sie nutzt.

LÜCK: Ich nehme an, Herr Euler, wenn Sie von „umweltlichen Eingaben" sprechen, sind damit unter anderem Prozesse sozialer Konstruktion und soziokulturelle Einflüsse gemeint. Ist das so? Welche anderen Umwelteinflüsse halten Sie für besonders relevant? Und würden Sie auch von kulturellen Einflüssen sagen, dass sie unsere Gene beeinflussen können?

EULER: Ja, das ist so. Andere relevante Umwelteinflüsse, neben intrazellulären, interzellulären, intrauterinen und perinatalen, sind alle sozialen Einflüsse, die auch bei Tieren wirksam sind und deswegen nicht sozial konstruiert sein können, wie die bloße Anwesenheit von anderen Individuen (verwandte versus nichtverwandte, vertraute versus unvertraute). Wie könnten etwa die unbewusst durch Geruch vermittelten sozialen Effekte bei der Partnerwahl sozial konstruiert sein? Erst seit 1995 ist bekannt (Wedekind et al., 1995), dass die emotionale Bewertung des natürlichen Körpergeruchs einer anderen Person durch eine bestimmte Gengruppe (MHC) beeinflusst wird, so dass Personen, die reproduktiv-genetisch nicht gut zueinander passen, sich nicht so „gut riechen können". Bei manchen Tieren können die oben genannten sozialen Einflüsse z. T. auch soziokultureller Natur sein, etwa die Modellierung und Nachahmung von tradiertem Werkzeuggebrauch bei Schimpansen.

Über den Einfluss von Kultur auf Gene bietet die Epigenetik einen reichen Fundus, wenn man „kulturell" nicht extrem eng definiert. In der Överkalix-Studie (Bygren et al., 2001) wurde gezeigt, dass die Enkelsöhne von schwedischen Männern, die im 19. Jahrhundert als Buben unter wiederholtem Hunger gelitten hatten, signifikant seltener an Herz-Kreislauf-Erkrankungen starben. Kürzlich wurde veröffentlicht (Radtke et al., 2011), dass die Kinder von Frauen, die von Misshandlung durch den Partner in der Schwangerschaft berichteten, aufgrund genetischer Veränderungen im späteren Leben ängstlicher und stressempfindlicher waren und eher psychisch erkrankten als Kinder der Kontrollgruppe.

Umweltliche Einflüsse können also dauerhafte Spuren im Erbgut hinterlassen. Dabei wird nicht die DNA-Sequenz selbst verändert, sondern die genetische Expressivität (Aktivität). Bemerkenswert ist, dass diese Erkenntnisse nicht aus den Sozialwissenschaften, sondern aus der Biologie stammen. Ähnlich verhält es sich mit der Verhaltensgenetik, die vielfältig belegt hat, dass die elterliche Erziehung die kindliche Persönlichkeit nicht dauerhaft prägt (Euler & Hoier, 2008; Plomin et al., 2001), entgegen aller gängigen sozialisationstheoretischen

Behauptungen. Die Verhaltensgenetik hat also tiefgreifende Erkenntnisse über die tatsächlich wirksamen Umwelteinflüsse geliefert.

LÜCK: Lassen Sie mich zunächst einmal die Gemeinsamkeiten festhalten: Wir sind uns einig, dass Geschlechterunterschiede mit Biologie und mit Kultur bzw. mit sozialer Konstruktion zu tun haben. Niemand von uns glaubt an einen biologischen Determinismus; und niemand zweifelt, dass es biologische Grundlagen gibt. Biologie und Kultur beeinflussen einander wechselseitig. Biologie und Kultur prägen die Geschlechterunterschiede, so wie wir sie im Alltag erleben, in Wechselwirkung miteinander, so dass man generell schwer sagen kann, was wie viel Anteil daran hat. Insofern verbietet sich auch der Versuch, Geschlechterunterschiede in einen dichotomes Natur-Kultur-Kategorienschema einsortieren zu wollen. Dafür, dass die Disziplinen zum Teil gar nicht miteinander reden wollen, sind das doch schon eine ganze Menge Gemeinsamkeiten. Sehen Sie das auch so? Habe ich etwas vergessen?

LENZ: Neben den Unterschieden gibt es durchaus auch Gemeinsamkeiten. Jedoch sollte auch nicht unerwähnt bleiben, dass aus dem Blickwinkel der Biologie offensichtlich einiges, was in den Sozialwissenschaften diskutiert wird, falsch verstanden wird. Beginnen wir aber zunächst mit Gemeinsamkeiten. Wenn Euler bezogen auf die Ausgangsfrage davon spricht, dass die Wechselwirkung zwischen Genen und Umwelt entscheidend ist, dann stellt das eine klare Absage gegen einen genetischen Determinismus dar, der im Alltagsdenken weit verbreitet und auch in stark popularisierenden Werken aus der Biologie immer noch anzutreffen ist. Sichtbar wird hier eine gemeinsame Ablehnung von dem, was ich eingangs als Natur-Modell bezeichnet habe. Was als Wechselwirkung zwischen Genen und Umwelt aus biologischer Perspektive angesprochen wird, hat auch in der Soziologie bereits eine lange Tradition; ist also für das Fach nichts Neues. Das bereits von mir erwähnte Sex-Gender-Modell, das aus der konstruktivistischen Sicht allerdings in den Fokus der Kritik geraten ist, ist damit weitgehend deckungsgleich. Eine weitere und für mich noch wichtigere Gemeinsamkeit ergibt sich dadurch, wenn auf das hohe Maß an Vielfalt in den Erscheinungsformen hingewiesen wird. Die Natur ist ungleich vielfältiger als es kulturelle Polarisierungskonstruktionen der Geschlechter wahrhaben wollen und wahrnehmen können (vgl. auch Lorber, 1999).

Allerdings lassen sich in den vorangegangenen Aussagen auch grobe Missverständnisse und Fehlaussagen zur Soziologie finden. Dass Aussagen zu Einflüssen auf das Erbgut aus der Biologie kommen, ist nicht „bemerkenswert", sondern selbstverständlich. Das ist eine Frage der Biologie, nicht aber der Soziologie. Das ist auch kein Thema, das von ihr vernachlässigt wird. Diese

Frage liegt nicht im Arbeitsfeld der Soziologie. Auch ist die Behauptung, der Soziologie falle es schwer anzuerkennen, dass der Mensch eine Natur habe, unverständlich, wenn man die wichtige Traditionslinie der Philosophischen Anthropologie, für die Namen wie Helmuth Plessner oder Arnold Gehlen stehen, im Fach kennt (als Überblick vgl. Fischer, 2009). Schwer fällt es, die Aussage, dass die elterliche Erziehung die kindliche Entwicklung nicht dauerhaft prägt, als eine neue Erkenntnis aus der Verhaltensgenetik aufzufassen. Die Umstellung des Begriffs der Erziehung auf die Sozialisation ging in den Sozial-wissenschaften mit der grundlegenden Erkenntnis einher, dass alle intentionale Einflussnahme auf Kinder, sei es von Seiten der Eltern oder Lehrer, auf Grenzen stößt. Mit dem Begriff der Sozialisation wird schon eine Absage an diese Aussagen getroffen (vgl. Böhnisch et al., 2009). Wenn die Biologie glaubt, dass die Soziologie immer noch behauptet, dass die Kinder durch die Eltern geprägt werden, dann ist das keine Aussage über den Diskussionsstand im Fach, sondern zeigt nur auf, auf welchem Stand die Rezeption der Soziologie in der Biologie ist.

EULER: Inhaltlich gäbe es viele Gemeinsamkeiten und Anknüpfungspunkte für Zusammenarbeit. Aber zwischen Soziologie und Biologie gibt es einen wissen-schaftshistorisch entstandenen Graben. Viele Soziologen scheinen mir immer noch Durkheims Fehlschluss zu bekräftigen, dass soziale Phänomene nur mit sozialen Konstrukten erklärbar seien, und haben ausgeprägte einseitige Berüh-rungsängste mit der Biologie. Das interessante Gebiet der Tiersoziologie wird so überhaupt nicht von Soziologen beforscht, sondern von biologisch orientierten Wissenschaftlern (z. B. Primatologen, Entomologen, Anthropologen).

Im Übrigen sollte man wesentliche Unterschiede zwischen beiden Ansätzen nicht übersehen. Herr Lenz spricht von der biologischen „Grundausstattung", die beim Menschen weniger Gewicht habe als die kulturelle Überformung. Das legt die Annahme nahe, die Biologie lege bis zur Geburt die körperliche Ausstattung vor, und darauf setze dann die Kultur an. Weiterhin scheint es die obsolete Annahme zu implizieren, der Mensch sei instinktarm. Die biologischen Programme wirken aber lebenslang in stetiger Wechselwirkung mit umweltlichen und damit auch kulturellen Eingaben, und der Mensch zeichnet sich durch eine besonders große Vielfalt von sogenannten evolvierten psychischen Mechanismen (früher: „Instinkte") aus, die in ihrer ontogenetischen Entwicklung die Umwelt nach Informationen absuchen und sich wechselnden Kontexten anpassen.

Weiterhin sagt Herr Lenz, dass Geschlecht „immer als eine gesellschaftlich kon-struierte und kulturell bestimmte Kategorie zu verstehen" sei. Würde er sagen, dass Geschlechtsunterschiede beim menschlichen Verhalten immer auch, oder sehr oft auch, als kulturelle Kategorie zu verstehen sei, würde ich ohne Einschränkung zustimmen.

LÜCK: Die wichtigsten Unterschiede scheinen mir in der Gewichtung der Einflüsse und in der Bewertung einiger Befunde zu liegen: Wie weit reicht der Einfluss der Biologie, wie weit der der sozialen Konstruktion? Darüber werden wir gleich noch reden.

Ich möchte aber mit einer formalen Frage beginnen: Herr Lenz, würden Sie zustimmen, dass eine Theorie der Geschlechterunterschiede nicht auf eine Spezies beschränkt sein darf? Und ist das die sozialwissenschaftliche Geschlechterforschung?

LENZ: Die Soziologie als Wissenschaft befasst sich nicht mit allen Lebewesen, sondern hat es – aus Sicht der Biologie gesprochen – mit einer Spezies zu tun, mit dem Menschen. Ihr geht es um die sozialen Prozesse, die im Mit-, Für- und Gegeneinander von Menschen ablaufen, und um die vielfältigen Phänomene der Objektivierung, die aus diesem sozialen Prozess resultieren. Vergleiche mit Tieren sind folglich immer nachrangig und haben nur den Zweck die Besonderheit des Menschen als Menschen sichtbar zu machen. Und daraus ergibt sich auch die Kritik an dem Versuch einer spezies-übergreifenden Theorie der Geschlechterunterschiede. Die Philosophische Anthropologie von Arnold Gehlen oder Helmuth Plessner hat ausführlich gezeigt, dass sich der Mensch durch eine Weltoffenheit oder exzentrische Positionalität auszeichnet. Der Mensch ist – um in Anlehnung an einen berühmten Satz von Gehlen zu sprechen – von Natur aus ein Kulturwesen. Während Tiere im Hier und Jetzt aufgehen, mit starkem Umweltbezug und vorgegebenem Verhaltensprogramm, transzendieren Menschen als Sprachwesen diesen engen Rahmen. Durch die Sprache verfügen die Menschen über eine Repräsentation der Welt, in die das Mögliche, Vergangene und Zukünftige Eingang findet. Die Verhaltensstabilität bei Menschen wird immer erst durch die Kulturleistung hergestellt und aufrechterhalten, wobei der Sprache als Speicher- und Vermittlungsmedium eine zentrale Funktion zukommt. Nur der Mensch ist auf dieser Grundlage in der Lage, komplexe Wissenssysteme, wie die Biologie oder die Soziologie, zu schaffen. Einer spezies-übergreifenden Theoriebildung steht dieser fundamentale Unterschied entgegen. Aus Sicht der Soziologie würde man damit versuchen, Gleiches bei sehr Ungleichem aufzufinden.

EULER: Zu sagen, nur der Mensch erbringe Kulturleistungen, ist nur richtig bei einer anthropozentrischen Definition von Kultur, die immer wieder revidiert werden muss, wenn neue tierliche Kulturleistungen bekannt werden. Früher galt beispielsweise die Werkzeugherstellung als Alleinstellungsmerkmal des Menschen. Nun weiß man, dass Schimpansen und Laubenvögel Werkzeuge erstellen, diese mit sich tragen, um sie an anderer Stelle zweckmäßig einsetzen. Schimpansen fertigen sich biegsame Zweige von optimaler Länge, um nach Termiten zu angeln. Laubenvögel, die im Unterschied zu Schimpansen einen echten Kunstverstand haben, stellen sich aus Zweigen Borstenpinsel her, um damit ihre Lauben anzumalen, und die Ausstattung der Lauben wird von anderen Laubenvogelmännchen abgeschaut, sodass von Tal zu Tal unterschiedliche Laubenstile (Laubenkulturen) beobachtbar sind. Und Blattschneiderameisen „kultivieren" Pilze zur Nahrungsherstellung. Es ist also m. E. scholastisch, den Mensch aufgrund einer fragwürdigen Definition von Kultur als kategorial anderes Wesen zu betrachten als andere Tiere.

LENZ: Dass es bei Tieren rudimentäre Formen von kulturellen Leistungen gibt, ist völlig unumstritten. Aber von den Kulturleistungen, die man bei Tieren beobachten kann, zu der ausdifferenzierten Kulturproduktion der Menschen – oder bildlich gesprochen: vom Umgang mit Nahrungsmitteln zur Gourmetküche der Menschen – ist ein sehr weiter Weg, der es durchaus rechtfertigt von einer kategorialen Differenz zu sprechen.

EULER: Eine Kontrastierung von „Mensch" und „Tier" ist überholt. Jede Spezies ist eine eigene Kategorie. Die Unterschiede zwischen Mensch und Schimpanse sind insgesamt geringer als die zwischen Schimpanse und Gibbon, es sei denn, man frönt einem ungerechtfertigten Anthropozentrismus.

LÜCK: Ein erster Unterschied zwischen den Disziplinen besteht also schon im Anspruch und im Selbstverständnis. Das sollten wir noch einmal festhalten, denn es macht sicher manche der übrigen Unterschiede verständlicher und vielleicht auch legitimer. Auf eine kurze Formel gebracht: Was will die Soziologie, was will die Biologie, wenn sie sich mit Geschlecht beschäftigen?

LENZ: Für die Soziologie als eine Wissenschaft der sozialen Prozesse und der daraus erwachsenen Objektivierung ist Geschlecht nichts Substanzielles, sondern eine Kategorie, die im sozialen Prozess hergestellt und verwendet wird und darüber hinaus die Struktur nachhaltig bestimmt. Der Fokus ist darauf gerichtet, wie die Gesellschaft mit Geschlecht umgeht, nicht angestrebt werden dagegen essentialistische Aussagen über das Geschlecht.

EULER: Die biologischen Ansätze zur Erklärung menschlichen Verhaltens, d. h. die Verhaltensökologie, die biologische Anthropologie und die evolutionäre Psychologie, beabsichtigen, die gesamte Vielfalt von Geschlechtsunterschieden evidenzbasiert zu erklären, diese Erklärungen zur Gestaltung humaner Gesellschaften zu nutzen und sinnvolle neue Fragen aufzuwerfen.

LÜCK: Das klingt, als hätte die Biologie den umfassenderen Anspruch. Die Biologie will die gesamte Vielfalt von Geschlechtsunterschieden evidenzbasiert erklären. Die Soziologie beschränkt sich darauf, zu untersuchen, wie die Gesellschaft mit Geschlecht umgeht. Herr Lenz, stimmen Sie dem so zu?

LENZ: Einen umfassenderen Anspruch kann ich hier nicht erkennen, sondern lediglich einen anderen Erklärungsfokus. Die Biologie versucht, zwischen allen Lebewesen eine kontinuierliche Reihe herzustellen, und ist bestrebt, bei allen vorhandenen Unterschieden, die weitgehend ausgeblendet werden, die Gemeinsamkeiten zu betonen. Dies ist prinzipiell möglich, wie die Biologie zeigt, aber dem, was den Menschen auszeichnet, wird man damit nur eingeschränkt gerecht. Vieles, was sein Spezifikum ist, wird damit nicht erfassbar. Anders formuliert, wenn der Mensch primär als biologisches Wesen aufgefasst wird, dann wird nur ansatzweise und unzureichend sichtbar, was ihn als kulturellen Akteur auszeichnet.

LÜCK: Herr Lenz, darf sich eine Theorie der Geschlechterunterschiede nur auf psychische oder nur auf physische Merkmale beziehen? Tut das die sozialwissenschaftliche Geschlechterforschung überhaupt? Herr Euler kritisiert das ja.

LENZ: Ich wüsste keine Arbeit, die Geschlechterunterschiede nur auf eine dieser Ebenen bezieht. Vielmehr wird immer wieder darauf hingewiesen, dass Körperunterschiede auch dazu dienen, daraus Unterschiede im Erleben und Verhalten abzuleiten und diese als geschlechtsdifferent darzustellen. Diese Kritik trifft die Soziologie nicht; sie zielt am Gegenstand des Faches vorbei.

LÜCK: Herr Lenz hat eingangs den „Ideologieverdacht" angesprochen: Selbst wenn Biologen das gar nicht im Sinn haben, kann die These, dass Geschlechterunterschiede in unserer Biologie verankert sind, dazu missbraucht werden, die Diskriminierung eines Geschlechts zu rechtfertigen. Zum Beispiel die Diskriminierung von Frauen auf dem Arbeitsmarkt. Herr Euler, sehen Sie die Gefahr auch? Und wenn ja, welche Konsequenz ziehen Sie daraus?

EULER: Den „Ideologieverdacht" muss ich zurückweisen. Dies ist ein Totschlag-Argument, weil unterstellt wird, dass Biologen aus dem politisch konservativen Lager kämen (was nicht stimmt, sie kommen aus allen Lagern) und unterschwellig die rassistischen nationalsozialistischen, faschistischen Entgleisungen der Vergangenheit mitgedacht werden. Ich sage auch nicht mit Verweis auf Stalin, Mao und Pol Pot, dass die Milieutheorie Teufelswerk ist, weil die flächendeckenden Umerziehungsmaßnahmen dieser Despoten höllische Folgen hatten. Dabei erscheinen mir gelegentlich die Bemühungen um „Dekonstruktion" wie subtile Umerziehungsanliegen. (Manchmal sind sie nützlich, z. B. wenn es um das Urinieren von Männern geht!)

Das „Natur-Modell" ist ein Strohmann. Kein Biologe würde den Einfluss der Umwelt negieren. Selbst die Geschlechtsbestimmung in der ontogenetischen Entwicklung, also ob das Individuum weiblich oder männlich wird, hängt bei manchen Spezies (z. B. Fischen, Reptilien) von Umweltfaktoren ab (Temperatur, vorhandene Geschlechtsverteilung in der Population). Mir ist nicht einsichtig, warum auf die Berücksichtigung der Natur des Menschen gleich mit einem Ismus reagiert wird („Naturalismus", „Biologismus"). Haben Sie schon mal gehört, dass Biologen den Sozialwissenschaftlern „Kulturismus" vorwerfen? (Na gut, ich selbst habe es als Retourkutsche getan.) Die Frage beim Menschen ist, welche Merkmale in welchen Anteilen „gesellschaftlich konstruiert und kulturell" bestimmt sind. Diese Frage ist jeweils empirisch zu beantworten, nicht apodiktisch, etwa, dass alles außer den körperlichen Geschlechtsmerkmalen völlig gesellschaftlich konstruiert sei.

Die psychischen Geschlechterunterschiede beim Menschen äußern sich nicht primär in Fähigkeiten, sondern in Neigungen und Interessen. Wenn man nicht wahrhaben will, dass Mädchen und Frauen eine stärkeres Interesse an anderen Menschen haben, während Jungen und Männer im Mittel mehr an Dingen interessiert sind, und daraus Vorschriften für die Berufswahl ableitet (im Sinne des gender mainstreaming dürfen idealerweise nur 50% der Bergbauingenieure Männer und nur 50% der Erzieherinnen weiblich sein), wird man den Interessen der Menschen nicht gerecht. Ich gebe Herrn Lenz aber völlig und leidenschaftlich recht, dass die frauentypischen Tätigkeiten und Berufe nicht weniger materiell oder ideell honoriert werden dürfen. Der fachlich beste Chirurg im Krankenhaus darf nicht mehr verdienen als die engagierteste und einfühlsamste Krankenschwester!

Die Leugnung von natürlich vorgegebenen Geschlechterunterschieden kann anti-emanzipatorisch sein. Beispiel: Die in allen Textbüchern aufgeführte Reaktion auf akute Bedrohung ist fight-or-flight. Da diese Reaktion für Frauen aber evolutionspsychologisch wenig Sinn macht, haben Taylor et al. (2000) als typische weibliche biobehaviorale Reaktion auf akuten Stress tend-and-befriend statt fight-or-flight postuliert und belegt. Mittlerweile gibt es dazu eine Fülle von empirischen Untersuchungen.

Ist das weibliche Geschlecht nicht das stärkere Geschlecht? Der beste Indikator für „Stärke" ist die Lebenserwartung. Weltweit leben Frauen länger als Männer, obwohl Frauen über Kulturen hinweg typischerweise härter arbeiten als Männer, weniger zu essen und schlechtere medizinische Versorgung bekommen. Sind in unseren westlichen Kulturen nur die Mädchen und Frauen benachteiligt, nicht auch die Jungen und Männer, je nach Aspekt?

LENZ: Wenn von einem Ideologieverdacht die Rede ist, dann soll hiermit keineswegs an „rassistische, nationalsozialistische bzw. faschistische Entgleisungen" erinnert werden. Auch war ich mehr als überrascht, wenn Umerziehung mit Dekonstruktion in Verbindung gebracht wird. Was herkömmlich unter Dekonstruktion verstanden wird, wird damit voll verfehlt. Einen Zusammenhang zwischen Totalitarismen linker Couleur und der Geschlechtersoziologie bzw. einer konstruktivistischen Perspektive herzustellen, ist mehr als abwegig. Aber nicht mehr zu dieser Polemik. Mit Ideologieverdacht ist nur gemeint, dass wissenschaftliche Aussagen immer auch hinterfragt werden müssen, inwieweit sie zur Legitimation gesellschaftlicher Machtkonstellationen verwendet werden. Nur das ist gemeint und keineswegs eine politische Positionierung. Diese Gefahr ergibt sich insbesondere dann, wenn graduelle Unterschiede als kategoriale Unterschiede aufgefasst werden. So mag es ja durchaus sein, dass sich Jungen mehr für Dinge, Mädchen mehr für andere Menschen interessieren. Wobei nicht ausgeschlossen ist, dass man in unterschiedlichen Kulturen zu unterschiedlichen Ergebnissen kommen kann. Wenn aber mehr oder minder geringe prozentuelle Unterschiede im Interesse an Dingen oder Menschen zu Wesensunterschieden hypostasiert werden, dann setzt man sich einem Ideologievorwurf aus. Die Wissenschaft wird so selbst zur gesellschaftlichen Produzentin, die das, was sie beschreibt oder erklärt, als eindeutige Tatsache erst schafft und das, was vorhanden ist, als unverrückbare Faktizität zementiert.

Unter Gender Mainstreaming lediglich zu verstehen, dass überall genau 50% Männer und 50% Frauen sein müssen, ist ein starkes Missverständnis bzw. eine Verzerrung dieses Gleichstellungskonzepts (als Einführung vgl. Meuser & Neusüß, 2004). Das zentrale Anliegen dieses Konzepts ist es, Geschlechterthemen und insbesondere Geschlechterungleichheiten nicht weiterhin als bloßes Randthema, sondern als Top-Thema aufzufassen, das alle angeht. Dass Männer und Frauen verschiedene Präferenzen haben, ist kein Umstand, der veränderungsbedürftig ist. Veränderungsbedürftig ist aber, wenn es strukturelle Barrieren gibt und wenn damit strukturelle Vor- oder Nachteile für eine der beiden Gruppen in Verbindung stehen. Um bei Ihrem Beispiel zu bleiben: Es geht nicht darum, dass Chirurg und Krankenschwester gleich viel verdienen, sondern darum, dass Frauen und Männer die gleichen Chancen haben, diese Berufe auch auszuüben. Im Medizinstudium erleben wir seit einiger Zeit einen starken Umschwung (vgl. Lenz & Adler, 2010). Deutlich mehr Frauen als Männer wählen dieses Fach. In den Spitzenpositionen in diesem Feld dominieren aber weiterhin Männer. Wenn die strukturelle Diskriminierung von Frauen überwunden werden kann, dann müsste sich das in den kommenden Jahren massiv verändern.

LÜCK: Mir scheint, die Ansprüche sind graduell verschieden – beide Disziplinen kommen von unterschiedlichen Grundfragen und betonen infolgedessen unterschiedliche Aspekte, ohne dass man eine klare Grenze ziehen könnte. Für die Biologie ist Geschlecht als erstes einmal eine biologische Kategorie. Die Kultur wird überhaupt nur deswegen mitgedacht, weil sich empirisch gezeigt hat, dass sie empirisch beobachtbare Unterschiede mit beeinflusst und sogar auf die biologischen Grundlagen zurückwirkt. Die Soziologie interessiert sich für soziale Prozesse und die daraus resultierenden Objektivierungen. Das Geschlecht ist deswegen ein Thema, weil es eine solche Objektivierung ist, die ihrerseits wiederum soziale Prozesse strukturiert. So thematisieren die beiden Disziplinen dort, wo beides eine Rolle spielt, entweder vorrangig die Einflüsse von Genen oder vorrangig die Prozesse der sozialen Konstruktion. Infolgedessen fällt es eher der Soziologie auf, wenn die Unterschiede zwischen Frau und Mann größer gemacht werden, als sie sind, und eher der Biologie, wenn sie gänzlich ignoriert oder negiert werden.

Kommen wir zu den unterschiedlichen Sichtweisen auf die Befundlage. Sie haben es bereits angesprochen: Wenn wir uns ethnologische oder historische Vergleiche anschauen, finden wir einige Gemeinsamkeiten, einige Unterschiede, und wir finden eine ganze Menge Muster, die zwar sehr weit verbreitet sind, aber eben doch nicht ganz universell. Wie viel Universalität und wie viel Varianz sehen Sie in den Zuschreibungen dessen, was als männlich oder weiblich gilt? Und was schließen Sie daraus für die Frage, wie viel Kultur und wie viel Biologie in diesen Zuschreibungen steckt?

LENZ: Wichtig aus der Perspektive der Soziologie ist es, die kulturelle Variabilität sichtbar zu machen und damit eben den Nachweis zu führen, dass es sich hier nicht um universelle Muster handelt. Karl Popper hat aufgezeigt, dass für die Falsifikation einer Hypothese ein einziger Fall ausreicht. Dagegen ist eine Bestätigung der Hypothese gar nicht möglich, weil es immer noch andere Fälle geben könnte, die dem widersprechen. Fragen nach dem Verhältnis von Kultur und Biologie sind nachrangig; zumindest aus einer konstruktivistischen Perspektive sind sie nicht von primärem Interesse. Aus dieser Perspektive sind Kultur und Biologie Kategoriensysteme, mit denen in der Welt der hegemonialen Zweigeschlechtlichkeit die Geschlechterdifferenz hergestellt und aufrecht gehalten wird.

EULER: Die Frage nach den relativen Anteilen ist, wie gesagt, empirisch zu klären, nicht apodiktisch. Die Verhaltensgenetik hat gezeigt, wie dies machbar ist und hat erstaunliche robuste Befunde geliefert, die einen Paradigmenwechsel über Sozialisationseinflüsse angestoßen haben. Die Erblichkeit der menschlichen Persönlichkeit, also der Anteil der Unterschiedlichkeit in einer Population, die auf genetische Unterschiede zurückzuführen ist, liegt bei etwa 40% bis 50% und steigt mit zunehmendem Alter. Der verbleibende Anteil, abzüglich Messfehler, geht auf Umwelteinflüsse zurück, aber nicht auf familiäre Sozialisation, sondern vermutlich auf außerfamiliäre Sozialisation in Peer-Gruppen (Harris, 1995). Bemerkenswert ist, dass die Verhaltensgenetik mehr über wirksame Umwelteinflüsse erhellt hat als über genetische Einflüsse (Plomin et al., 2001).

LENZ: Die Empirie ist kein exklusiver Besitz der Biologie. Beide Wissenschaften, die Biologie und die Soziologie, sind empirische Disziplinen. Sie sind Beobachtungswissenschaften, die unterschiedliche Objekte zum Gegenstand ihrer Beobachtungen machen. Ein Unterschied besteht darin, dass zumindest große Teile der Biologie stark positivistisch ausgerichtet sind. Das, was beobachtet wird, wird als Wirklichkeit genommen, ohne dass dies in umfassender Weise zum Gegenstand methodologischer Reflexion wird. Auch die Soziologie hat eine positivistische Vergangenheit und Gegenwart. Was die Möglichkeiten des wissenschaftlichen Erkennens betrifft, hat die Soziologie jedoch eine breite theoretische Reflexion fest in ihrem Forschungsprogramm etabliert. Sie fragt sehr viel stärker nach den Möglichkeiten und den Voraussetzungen der Beobachtung und macht die Ergebnisse zum Gegenstand der Reflexion. Gerade am Gegenstand Geschlecht wird dies in hohem Maße deutlich. In der Soziologie wird von einem komplexen Verhältnis von Theorie und Empirie ausgegangen. Eine gute soziologische Forschung ist eine theoriegeleitete Empirie und schließt immer auch eine Reflexion über die Wirklichkeitszugänge mit ein.

LÜCK: Geschlechterunterschiede finden wir auch, wenn wir Wahrnehmung, kognitive Leistungen oder Verhaltensmuster betrachten. Herr Euler hatte beispielsweise das dreidimensionale Vorstellungsvermögen und die Empathiebereitschaft angesprochen. Wo gibt es noch Unterschiede? Und was belegen sie?

EULER: Empirisch belegte und teilweise weitgehend kulturuniversale Geschlechterunterschiede finden sich in allen anthropologischen Bereichen, in körperlichen Merkmalen, im Lebenszyklus und in psychischen Merkmalen, also in Wahrnehmung, Kognition, Emotion, Motivation, Kommunikation, Motorik, Sprache, Sozialverhalten, Familienbeziehungen, und so fort (z. B. Euler, 2010; Geary, 1998; Mealey, 2000). Statt eine ermüdend lange Liste aufzuzählen, möchte ich zwei Fragen aufwerfen: Bei vielen Merkmalen ist die Varianz bei Männern größer als bei Frauen, z. B. bei Intelligenztests (Irwing & Lynn, 2005), bei High-School Erfolg (Nowell & Hedges, 1998), bei verbaler Kompetenz (Gallagher et al., 2000) und bei Körpergröße (Bell et al., 2002). Männer sind überrepräsentiert bei Nobelpreisträgern, bedeutsamen Künstlern und Workaholics, aber auch bei Schwachsinnigen, Junkies, Kriminellen und „Losern". Diese Befunde und damit auch die zugrunde liegenden Ursachen haben sehr große gesellschaftliche Bedeutung, z. B. unter anderem für die Überrepräsentation von Männern in statushohen Berufen. Wie soll dies konstruktivistisch erklärt werden?

Schließlich adressieren die biologischen Theorien feingliedrige Geschlechter-unterschiede, die von evolutionspsychologischen Aspekten nahegelegt, nach meiner Kenntnis von konstruktivistischen Ansätzen jedoch übersehen werden: Warum zeigen Frauen höhere Leistungen beim Platzgedächtnis, Männer aber höhere bei der Orientierung im Gelände und bei dreidimensionaler Raumvor-stellung? Warum findet sich die Rot-Grün-Blindheit so häufig bei Männern ebenso wie ein nur schwach ausgeprägtes Geruchsvermögen? Und warum unter-scheiden sich die Geschlechter so markant auch bei psychischen Merkmalen, die in gesellschaftlichen Normen und Werten und somit auch im Alltagsdiskurs nicht thematisiert werden, wie die ausgeprägte weibliche Neigung zu dem, was ich Geruchstrost nenne? Geruchstrost bezeichnet Verhaltensweisen, bei denen eine Person die getragene ungewaschene Kleidung des Partners anzieht, wenn dieser abwesend ist. Zum Beispiel schläft sie in seinem Pyjama (McBurney et al., 2012).

LENZ: Dass Männer bei Nobelpreisträgern und bedeutsamen Künstlern über-repräsentiert sind, ist ein guter Beleg für das, was ich vorher als Ideologie-verdacht angesprochen habe oder was man auch als Gefahr einer affirmativen Wissenschaft bezeichnen könnte. Dass es mehr Männer als Nobelpreisträger bzw. in dieser Geschlechtsgruppe mehr namhafte Künstler gibt, wird als Beleg für das höhere Potential von Männern genommen, ohne zu berücksichtigen, dass die Chancen, herausragende Leistungen zu erbringen, sehr ungleich verteilt waren und – man schaue nur den Anteil der Frauen in der deutschen Profes-sorenschaft an – auch weiterhin sind (vgl. Lenz & Adler, 2010). Der Zugang zum Bildungssystem, aber auch zu den entsprechenden Förderkreisen waren bzw. sind immer noch geschlechtsspezifisch ungleich verteilt. Ein häufig genanntes Beispiel sind die Kinder des langjährigen Kantors der Leipziger Thomas-Kirche und heute weltberühmten Barock-Komponisten Johann Sebastian Bach (vgl. Koch-Kanz & Pusch, 1988). Die vier überlebenden Söhne Bachs sind alle namhafte Komponisten geworden. Bach hatte aber auch vier Töchter, die die Kindheit überlebten. Wie sollte es möglich sein, dass Bach sein Genie zielgerichtet nur an seine Söhne vererbt hat? Nur ein historisches Beispiel von einer massiven Ungleichbehandlung von Jungen und Mädchen, die sich in dem, was dann als besondere Leistungsfähigkeit von Männern aufgefasst wird, unmittelbar niederschlägt. Und zugleich ein Bespiel dafür, dass scheinbare Fakten einer kritischen Reflexion bedürfen.

LÜCK: Kleine Jungs lieben Bob, den Baumeister. Kleine Mädchen sorgen sich liebevoll um ihre Baby-Puppe. Sind das die biologischen Instinkte, die in dem Alter noch ungetrübt zutage treten? Oder ist es das Vorbild von Eltern, Peers und Medien, dem die Kleinkinder noch unkritischer nacheifern? Was können wir lernen, wenn wir Mädchen und Jungen im Kleinkind- oder gar Säuglingsalter studieren?

LENZ: Am interessantesten finde ich an diesem Beispiel die geschlechtsspezifischen Wahrnehmungsmuster, die gerade durch die fortlaufende Bestätigung diese „Realität" herstellen. Dass es auch Gegenbeispiele gibt, wird dabei immer schnell ausgeblendet. Damit möchte ich überhaupt nicht leugnen, dass es im Spielverhalten von Kindern geschlechtsspezifische Muster gibt. Alles andere wäre in einer zweigeschlechtlichen Welt mehr überraschend, in der immer noch die Mechanismen, was Jungen dürfen oder nicht dürfen, was Mädchen machen sollen oder nicht, bestens funktionieren.

EULER: Unterschiedliche Geschlechtsrollen beginnen sich schon im zweiten Lebensjahr auszubilden, zu einem Zeitpunkt, an dem das Kind noch gar nicht weiß, welches Geschlecht es hat und dass das Geschlecht unveränderlich ist. So kann ein kleiner Junge den ehrlichen Wunsch äußern, später „Mutter" werden zu wollen. Diese Beobachtung widerspricht kognitiven Theorien der Geschlechtsunterschiede.

Das Vorbild der Eltern spielt nach Erkenntnissen aus den letzten Jahrzehnten keine maßgebliche Rolle (Harris, 2006), ebenso wenig wie direkte Medienangebote. Selbst Kinder aus Familien, bei der die Mutter arbeitet und der Vater Hausmann ist, behaupten beim Mutter-Kind-Spiel, dass der Mann arbeiten geht! Auch Jungen sehen weibliche Vorbilder in Massenmedien, sogar exzessiv gekleidete tuntige Transvestiten, aber wer schafft es, seinen siebenjährigen Sohn zum Karneval mal als Mädchen zu verkleiden? Die Peers hingegen, also die etwas älteren gleichgeschlechtlichen Spielgenossen, haben einen stark prägenden

Einfluss auf geschlechtstypisches Verhalten. Die in den Peergruppen vermittelten Normen scheinen in erheblichem Ausmaß durch Medieneinflüsse geformt zu sein. Diese Einflüsse bestimmen aber anscheinend nur die Inszenierungen, nicht den Plot selbst. Kleine Jungen betätigen sich liebend gerne in Raufkämpfen, überall auf der Welt. Die Wahl der eingesetzten Waffen und der Kampfstil hingegen wierden vom kulturellen Angebot bestimmt. In einer traditionalen Kultur ohne Massenmedien wird mit Fäusten, Stöcken und Steinen gekämpft, in modernen Kulturen mit nachgemachten oder vorgetäuschten Laserwaffen oder MPs.

LÜCK: Auch der Mensch ist ja aus dem Evolutionsprozess hervorgegangen. Daher macht es Sinn, anzunehmen, dass sich auch bei uns Verhaltensweisen durchgesetzt haben und in unsere Gene eingeschrieben wurden, die unsere Überlebenschancen verbessert haben. Verhaltensweisen, die das Überleben oder das Zeugen von Nachwuchs wahrscheinlicher machen. Sind das Argumente dafür, dass bestimmte Geschlechterunterschiede durch die Evolution geformt wurden? Und wenn ja, welche Geschlechterunterschiede?

EULER: Je reproduktionsrelevanter ein geschlechtsunterschiedliches Merkmal in der anzestralen Umwelt war (also in der Umwelt unserer Vorfahren), desto größer waren und sind noch die Unterschiede. Beispielsweise war die Wahl des reproduktionsdienlichen Geschlechts höchst fortpflanzungsrelevant. Deswegen sind die Geschlechtsunterschiede in der sexuellen Orientierung nach wie vor extrem: Die übergroße Mehrzahl von Männern findet ein anderes Geschlecht erotisierend als eine ähnlich große Mehrzahl von Frauen. Aggressionsbereitschaft, Fürsorgebereitschaft, Wettbewerbsneigung und Risikobereitschaft sind andere reproduktionsrelevante Merkmale mit großen Geschlechterunterschieden. Bei der Frage aber, welcher Mathematikbeweis der elegantere ist, dürften keine Geschlechterunterschiede zu erwarten sein, ebenso nicht bei Merkmalen, die für beide Geschlechter gleichermaßen reproduktionsbedeutsam waren, wie die eigene Wertschätzung oder der Wunsch, komfortabel zu leben. Allgemein gilt, dass Unterschiede in Neigungen größer sind als in Fähigkeiten.

Dabei ist zu beachten, dass unsere anzestralen Programme mit der Sesshaftigkeit oder der Erfindung effektiver Empfängnisverhütung kaum verändert wurden. Die Evolution kann nicht innerhalb von 10.000 oder 100 Jahren ein Update machen. Das steinzeitliche reproduktionsmaximierende Erbe bleibt bei uns trotz Empfängnisverhütung. Männer zahlen für Prostituierte, obwohl sie wissen, dass sie damit keine Nachkommen produzieren, und sie werden bezahlt für Spermienspenden, obwohl die Zahlungen umgekehrt sein müssten, wenn die

Menschen nach der reinen Vernunft handelten und nicht nach der „Vernunft ihrer Gefühle" (Zimmer, 1981).

LENZ: Wenn von Seiten der Biologie die Geschlechterunterschiede im Umfeld der Reproduktion betont werden und dabei eine geradlinige Kontinuität in den Verhaltensmustern zwischen Tieren und Menschen unterstellt wird, bleibt völlig ausgeblendet, dass sich bei den Menschen inzwischen eine Entkoppelung von Sexualität und Fortpflanzung fest etabliert hat (vgl. Lenz & Adler, 2011; Villa et al., 2011). In den modernen Gesellschaften „schöpfen" Frauen ihr Reproduktionspotenzial nur zu einem geringen Bruchteil aus. Die allermeisten sexuellen Aktivitäten bei Menschen sind nicht auf Fortpflanzung ausgerichtet. Im Gegenteil: Die Verhinderung einer möglichen Schwangerschaft ist eine feste Praxis. Auch wenn dennoch eine Schwangerschaft eintritt, ist das Paar oder die Frau in einer Entscheidungssituation für oder gerne das Kind. Und die Reproduktionsmedizin macht eine Schwangerschaft möglich, ohne vorangegangene gemeinsame Sexualität. Das sind wesentliche Unterschiedezwischen Mensch und Tier, die nicht negiert werden können. Ganz abgesehen davon, dass auch die Reproduktionsmuster bei den Tieren viel bunter sind als die monoton wiederholte Kontinuitätshypothese es nahelegt.

Aus soziologischer Sicht ist eine zentrale Schwachstelle der Evolutionsbiologie bzw. Evolutionspsychologie der weitgehend unhinterfragt verwendete Begriff von Evolution, der schlicht mit Hyperstabilität gleichgesetzt wird. Verhaltensmuster, von denen angenommen wird, sie haben sich zu einem weit zurückliegenden, jedoch unbestimmten Zeitpunkt im Selektionsprozess herausgebildet, werden als seither und immerfort konstant vorausgesetzt. Diese allzu ferne Vergangenheit ist allerdings auch dem biologischen Blick empirisch nicht zugänglich. Hier kann man den von Herrn Euler mehrfach an die Adresse der Soziologie gerichteten (unberechtigten) Vorwurf, sie sei nicht empirisch, sondern apodiktisch, mit gutem Recht umdrehen. Alles das, was von Anfang an scheinbar war oder durch frühe Selektionsprozesse sich durchsetzte, kann nur den erkenntnistheoretischen Status einer spekulativen Setzung haben.

Fatal ist zudem, dass dabei immer angenommen wird, dass der Selektionsprozess lediglich eine biologische Programmierung bewirke, die dann – von einen nicht bestimmten und nicht bestimmbaren Zeitpunkt – hyperstabil bleibt. Ausgeblendet bleibt, dass unsere Vorfahren durch die Bewältigung von Problemkonstellationen fortlaufend gelernt und vielfältige Verhaltensroutinen aufgebaut haben, die in der Generationenabfolge weitergegeben und weitervermittelt wurden. Dieses kulturelle Wissen wird in der Evolutionsbiologie völlig negiert. Dies trägt ganz wesentlich dazu dabei, dass Evolution – zumindest ab einem bestimmten Punkt – zur Hyperstabilität wird. Wenn aber das, was weitergegeben wird, nicht bloß als genetische Manifestation, sondern auch oder gar vorrangig als kulturelles Wissen aufgefasst wird, dann erscheint – um die Worte von Euler zu gebrauchen – „ein Update" „innerhalb von 10.000 oder 100 Jahren" alles andere als abwegig. Die eingangs von einem Gesprächspartner betonte Interaktion von Genen und Umwelt hätte dabei m. E. durchaus das Potential, zu komplexen Erklärungsmustern zu kommen. An dieser Stelle könnte für die Biologie die Rezeption soziologischer Evolutionstheorien sehr nützlich sein.

Zu den Einzelbefunden über geschlechtsspezifische Unterschiede, die Euler kursorisch angesprochen hat, gibt es aus der Biologie bzw. den Neurowissenschaften selbst zunehmend eine kritische Auseinandersetzung. Stellvertretend möchte ich nur die beiden Bücher von Anne Fausto-Sterling (1988) oder Cordelia Fine (2012) nennen. Gezeigt wird, dass viele der empirischen Studien, die Geschlechterunterschiede ausweisen, massive methodische Probleme aufweisen. Aber das Hauptproblem ist, dass graduelle Unterschiede schon in der Ergebnisdarstellung oder später in der Rezeption als Wesensdifferenz ontologisiert werden. Völlig außer Acht gelassen wird dabei, dass die Ergebnisse eine Variationsbreite mit einem großen Überlappungsbereich aufweisen. Im Gesamtergebnis wird aber so getan, als ob man daraus einen prinzipiellen Unterschied zwischen Männer und Frauen folgern könne. Für eine konstruktivistische Geschlechterforschung ist diese Art von biologischer Forschung ein sehr breites Forschungsfeld, weil man sehr genau beobachten kann, wie die Geschlechterunterschiede fortlaufend durch die Forschung selbst produziert werden.

EULER: Evolution bedeutet keineswegs Stabilität, sondern fortwährende Anpassung. Allerdings können sich komplexe Anpassungen nicht in wenigen Generationen ändern, während einfache Anpassungen, wie etwa die Fähigkeit, noch im Erwachsenenalter Milchzucker verdauen zu können, sich in wenigen Generationen in einer Ethnie, die den Nutzen der Viehwirtschaft entdeckt, ausbreiten kann. Die Möglichkeit einer wirkungsvollen Geburtenkontrolle verändert in der Tat alle bisherigen Anpassungsvorgänge. Aber die evolutionäre Erbschaft, die sich in unseren Motivationsstrukturen niederschlägt, ist derzeit davon noch unbeeinflusst.

Dass kulturelle Evolution in der Evolutionsbiologie völlig negiert werde, ist eine abwegige Behauptung. Es vielmehr seit fast einem Jahrhundert ein heiß diskutiertes Thema, das allerdings schwierig formal (mathematisch) zu modellieren ist.

In der außerakademischen Rezeption werden leider die immer graduellen Geschlechterunterschiede kategorisiert („typisch Mann, typisch Frau"). Diese Kategorisierungsneigung ist selbst eine zweckmäßige Anpassung aus Gründen der kognitiven Ökonomie; im Winter ist es halt kalt, im Sommer warm, auch wenn das Thermometer differenziertere Angaben macht. In der Forschung müssen Verteilungsunterschiede und damit auch Geschlechterunterschiede immer als Effektstärken ausgewiesen werden.

Das Buch von Frau Fausto-Sterling (1988) als „aus der Biologie selbst" zu bezeichnen, kann ich nur mit höflichem Erstaunen zur Kenntnis nehmen, da es von einseitiger Polemik strotzt und in der Biologie völlig ignoriert wird, mit Recht. In ihren späteren Publikationen nimmt Frau Fausto-Sterling anscheinend auch kaum noch Bezug auf diese Publikation. Frau Cordelia Fine schließlich kommt ebenfalls nicht aus der Biologie, zumindest nicht nach ihren im Web of Knowledge aufgeführten wenigen Publikationen.

LÜCK: Herr Lenz hatte es eingangs angesprochen: Zweigeschlechtlichkeit ist kein universales Muster. In Indien zum Beispiel werden die „Hijra" als eine Art drittes Geschlecht angesehen. Das spricht einerseits dafür, dass schon die Einteilung in männlich und weiblich ein soziales Konstrukt ist. Andererseits muss man schon sehr lange suchen, um solche Ausnahmen von der Regel zu finden. Ist Zweigeschlechtlichkeit also unsere Natur oder nur unser Bild davon?

LENZ: Wichtig ist zunächst einmal, unseren Blick dahingehend zu erweitern, dass es auch Gesellschaften mit mehr als zwei Geschlechtern gibt (vgl. Nanda, 2000). In der Welt hegemonialer Zweigeschlechtlichkeit wird das fortlaufend als unmöglich angesehen. Gleichwohl dominieren die Gesellschaften, die nur zwei Geschlechtern kennen bzw. anerkennen. Dies muss eine konstruktivistische Geschlechterforschung herausfordern, bringt sie aber nicht in Erklärungsnot: Hartmann Tyrell (1989) ist der Frage, wie diese Dominanz aus einer sozial-wissenschaftlichen Perspektive erklärt werden kann, nachgegangen. Geschlechts-differenzierung ist für Tyrell eine „Klassifikationsangelegenheit". Ihr kommt dabei der generelle Vorteil von binären Klassifikationen zu. Das Geschlecht bietet sich in unvergleichbarer Weise als Referenz für eine binäre Klassifikation an. Wenn der Blick geschärft ist, dann drängt sie sich auf und ihre Eindeutigkeit kann gesteigert werden. Eine Klassifikation nach der Geschlechtszugehörigkeit – so Tyrell (1989) – besitzt auch besondere Anschluss- und Ausbauchancen, die ihre starke Verbreitung plausibel machen.

EULER: In der Ontogenese des Menschen wird das Geschlecht in einer langen Entwicklungskaskade bestimmt, so dass man von seriellen Geschlechtern sprechen kann: chomosomales Geschlecht, hormonelles Geschlecht, gonadales Geschlecht, zugeschriebenes Geschlecht oder auch Ammengeschlecht ("Es ist ein Mädchen!"), Geschlechtsrolle, Geschlechtsorientierung und Geschlechtsidentifikation.[1] Ein chromosomales Mädchen kann, wenn es durch bestimmte Umstände pränatal mit einer Überdosis von männlichen Geschlechtshormonen überschüttet wird, ein männlich typisiertes Gehirn entwickeln und, je nach Hormondosis, männliche Geschlechtsorgane ausbilden (z. B. adrenogenitales Syndrom). Auch die Geschlechtsorientierung ist nicht streng binär, wohl aber bipolar. Aus Gründen der kognitiven Effizienz neigen wir zur Stereotypisierung ("typisch Mann!"), aber die Geschlechtsstereotype folgen eher aus den graduellen Verteilungsunterschieden zwischen den Geschlechtern als dass sie diese verursachen (Bischof-Köhler, 2006).

LÜCK: Heute gibt es relativ häufig Geschlechtsumwandlungen, weil Menschen das Gefühl haben, im "falschen" Körper geboren zu sein. Ist das ein Beleg dafür, dass Geschlecht doch nur ein Konstrukt ist?

EULER: Ich bin kein Fachmann auf diesem Gebiet, aber für mich ist es erst einmal nur ein Beleg dafür, dass es verschiedene Stufen der Geschlechtsbestimmung in der ontogenetischen Entwicklung gibt. Die Geschlechtsidentität scheint dabei der Kern des Geschlechts zu sein (Seligman, 1993), nicht eine spätere Zugabe. Die Geschlechtsidentität ist eine andere Kategorie von Geschlecht als etwa die Geschlechtsorientierung oder das geschlechtstypische Verhalten. Das Problem der Spaltung von gefühltem und organischem Geschlecht (Transsexualität) kann kein Beleg für Geschlecht als Konstrukt sein, weil Transsexualität trotz drängenden Wunsches der Betroffenen nicht "dekonstruiert" werden kann (z. B. durch intensive Psychotherapie). Nur eine chirurgische und hormonelle Geschlechtsumwandlung kann helfen, obwohl diese Behandlungen langwierig und objektiv gesehen von mäßigem organischem Erfolg sind.

LÜCK: Bei solchen Geschlechtsumwandlungen spielen Hormone eine entscheidende Rolle, die man sich spritzen muss. Es ist beeindruckend, was zum Beispiel eine Testosteronbehandlung mit Körper und Psyche einer (ehemaligen) Frau macht. Ist das nicht ein Beleg dafür, dass es – wenn wir nicht medizinisch eingreifen – doch unsere Biologie ist, die uns zu Frau oder Mann macht?

---

[1] Vergleiche zu dieser Differenzierung auch den Beitrag von Hannover et al. in diesem Band.

LENZ: Dies ist zunächst einmal ein Beleg dafür, wie man in unserer Gesellschaft zu einer Frau oder einem Mann wird und wie man zu sein hat, um als Frau oder Mann zu gelten. Entscheidend ist, dass unser Umgang mit Transsexualität mit einer klaren Vorstellung von Mann und Frau in Verbindung steht und beim Geschlechterwechsel die Wege dominieren, genau das, was man sich darunter vorstellt, auch herzustellen (vgl. Hirschauer, 1993).

Transsexualität ist keine Überwindung der Zweigeschlechtlichkeit, sondern reproduziert diese immer wieder. Das hat Harold Garfinkel (1967) bereits in seiner Agnes-Studie gezeigt. Darüber hinaus ist zu fragen, welches gesellschaftliche Interesse es gibt, dass es immer diese Eindeutigkeiten geben muss. Warum ist es eigentlich so wichtig, dass im Pass das Geschlecht in binärer Klassifikation fixiert wird? Wir schreiben auch nicht rein, ob jemand einer bestimmten Klasse oder einem sozialen Milieu angehört. Warum ist es so wichtig, eine andere Person in einer Interaktion als Frau oder Mann zu identifizieren?

LÜCK: Zeit für ein Fazit. Wie sehen Sie das Verhältnis von biologischer und sozialwissenschaftlicher Geschlechterforschung? Hat eine von beiden einfach Recht? Oder mehr Recht als die andere? Widersprechen sich die Perspektiven überhaupt oder ergänzen sie einander komplementär?

LENZ: Es geht nicht darum, wer Recht bzw. wer möglicherweise mehr Recht hat. Es geht vielmehr darum, die paradigmatischen Differenzen in diesen beiden Arbeitsfeldern zu erkennen. Aus meiner Sicht wäre es nützlich, wenn es einen stärkeren Austausch zwischen einer biologischen und sozialwissenschaftlichen Geschlechterforschung geben würde. Nicht um Überzeugungsarbeit zu leisten, also die andere Position für die eigene Sache zu gewinnen. Der Hauptnutzen dieses Dialogs könnte und sollte sein, das gegenseitige Verständnis und Wissen darüber zu schärfen, was die unterschiedlichen Fragen und Blickrichtungen sind. Wissenschaften streben nach Wahrheit, machen dies aber immer auf der Grundlage von bestimmten Paradigmen, die eben genau das, was aus ihrer Perspektive relevant und richtig ist, vorab festlegen. Wichtig ist es, im Dialog mehr voneinander zu erfahren und dadurch klarer die Differenzen erkennen zu können. Und das wiederum könnte sich auf die Weiterentwicklung der jeweils eigenen Perspektive in hohem Maße positiv auswirken.

EULER: Ich teile hier völlig die Aussage von Herrn Lenz. Die gegenseitige Ignorierung ist in der Tat ein Übel. Beispielsweise haben Coall und Hertwig (2011) für das Thema der großelterlichen Fürsorge belegt, dass auf zentrale Publikationen nur in weniger als fünf Prozent aus dem jeweils anderen Lager (evolutionäre vs. soziologische Artikel) Bezug genommen wird. Dabei haben sozialwissenschaftliche Publikationen in der Regel einen hohen methodischen Standard und basieren auf inhaltsvollen Daten, sind somit auch beitragsfähig für biologisch orientierte Arbeiten. Aber das Arbeitsfeld der Soziologie ist leider anthropozentrisch beschränkt.

Biologische Ansätze lehren die anthropologische Bescheidenheit, den Menschen nicht als Krone der Schöpfung anzusehen. Biologische Theorien zu Geschlechterunterschieden zeigen auf, welche Unterschiede weniger Aufwand und welche mehr Aufwand für ihre Nivellierung erfordern und wo Maßnahmen zur Veränderung am Besten anzusetzen sind. Eine biologisch informierte Sichtweise hilft die Überschätzung zu verhindern, dass alle nicht-körperlichen Geschlechterunterschiede (zum Beispiel Motivationsstrukturen) allein oder vorwiegend das Resultat von sozialen Umwelteinflüssen seien und damit auch durch Veränderung dieser Einflüsse dauerhaft umstrukturiert werden könnten. Wir sind nicht als unbeschriebenes Blatt auf die Welt gekommen, sondern unser evolutionäres Erbe gibt jedem Geschlecht eine Grundeinstellung mit auf den ontogenetischen Weg. Diese Grundeinstellung kann geändert werden, aber ohne stetigen Änderungsdruck findet die ursprüngliche Einstellung immer wieder umweltspezifische Ausdrucksformen.

LÜCK: Ich fasse zusammen: Soziologie und Biologie müssen und werden nicht als Disziplin zusammenwachsen. Sie haben eigene Fragestellungen, Theorien und Methoden. Aber sie können trotzdem viel voneinander lernen. Und sie wären beide gut beraten, deutlich mehr als in der Vergangenheit davon Gebrauch zu machen und die Erkenntnisse der jeweils anderen Disziplin zur Kenntnis zu nehmen. Außerdem könnte ein intensiverer direkter Dialog wahrscheinlich manches Vorurteil beseitigen, das zwischen den Disziplinen herrscht und als Scheinargument herhält, sich wechselseitig zu ignorieren.

Herr Euler, Herr Lenz, ich hoffe, wir haben auf diesem Weg einen Beitrag geleistet, und ich danke Ihnen sehr für diese offene und spannende Gespräch!

Literatur

Beauvoir, S. de (2002). *Das andere Geschlecht. Sitte und Sexus der Frau.* Reinbek: Rowohlt (orig. 1949).

Bell, A. C. et al. (2002). Ethnic differences in the association between Body Mass Index and hypertension. *American Journal of Epidemiology, 155,* 346-353.

Bischof-Köhler, D. (2006). *Von Natur aus anders. Die Psychologie der Geschlechtsunterschiede.* Stuttgart: Kohlhammer.

Böhnisch, Lothar et al. (2009). *Sozialisation und Bewältigung.* Weinheim: Juventa.

Bretell, C. B. & Sargent, C. F. (Hrsg.) (2001). *Gender in Cross Cultural Perspective.* New Jersey: Prentice Hall.

Butler, J. (1991). *Das Unbehagen der Geschlechter.* Frankfurt a. M.: Suhrkamp.

Bygren L. O.et al. (2001). Longevity determined by paternal ancestors' nutrition during their slow growth period. *Acta Biotheoretica, 49,* 53-59.

Coall, D. A. & Hertwig, R. (2011). Grandparental investment: a relic of the past or a resource for the future? *Current Directions in Psychological Science, 20,* 93-98.

Duby, G. & Perrot, M. (Hrsg.) (1997). *Geschichte der Frauen.* Frankfurt a. M.: Fischer.

Euler, H. A. & Hoier, S. (2008). Die evolutionäre Psychologie von Anlage und Umwelt. In F. J. Neyer & F. M. Spinath (Hrsg.), *Anlage und Umwelt. Neue Perspektiven der Verhaltensgenetik und Evolutionspsychologie* (1-25). Stuttgart: Lucius & Lucius.

Euler, H. A. (2010). The psychology of families. In C. Störmer et al. (Hrsg.), *Homo novus – a human without illusions.* Festschrift for the 60th birthday of Eckart Voland (161-179). Berlin: Springer.

Fausto-Sterling, A. (1988). *Gefangene des Geschlechts? Was biologische Theorien über Mann und Frau sagen.* München: Piper.

Fine, C. (2012). *Die Gechlechterlüge. Die Macht der Vorurteile über Frau und Mann.* Stuttgart: Klett-Cotta.

Fischer, J. (2009). *Philosophische Anthropologie. Eine Denkrichtung des 20. Jahrhunderts.* Freiburg: Alber.

Fisher, R. A. (1930). *The genetical theory of sexual selection.* Oxford: Clarendon Press.

Gallagher, A. et al. (2000). *The effect of computer-based tests on racial/ethnic, gender, and language groups.* GRE Board Professional Report No. 96-21P, ETS Research Report 00-8. Princeton, NJ: Educational Testing Service.

Garfinkel, H. (1967). Passing and the Managed Achievement of Sex Status in an "Intersexed Person". In H. Garfinkel, *Studies in Ethnomethodology* (116-185). Englewood Cliffs: Prentice-Hall.

Geary, D. C. (1998). *Male, female: The evolution of human sex differences.* Washington, DC: American Psychological Association.

Gildemeister, R. & Hericks, K. (2012). *Geschlechtersoziologie. Theoretische Zugänge zu einer vertrackten Kategorie des Sozialen.* München: Oldenbourg.

Goffman, E. (1994). Das Arrangement der Geschlechter. In E. Goffman: *Interaktion und Geschlecht* (105-158). Hrsg. von H. A. Knoblauch. Frankfurt a. M.: Campus (orig. 1977).

Hagemann-White, C. (1984). *Sozialisation: Weiblich – Männlich*. Opladen: Leske+ Budrich.

Harris, J. R. (1995). Where is the child's environment? *Psychological Review, 102*, 458-489.

Harris, J. R. (2006). *No two alike: Human nature and human individuality*. New York: W. W. Norton. [dt.: Jeder ist anders. Das Rätsel der Individualität. München: Deutsche Verlagsanstalt, 2007].

Hirschauer, S. (1993). *Die soziale Konstruktion der Transsexualität*. Frankfurt a. M.: Suhrkamp.

Irwing, P. & Lynn, R. (2005). Sex differences in means and variability on the progressive matrices in university students: a meta-analysis. *British Journal of Psychology, 96*, 505-524.

Koch-Kanz, S. & Pusch, L. F. (1988). Die Töchter von Johann Sebastian Bach. In L. F. Pusch (Hrsg.), *Töchter berühmter Männer. Neun biografische Portraits* (117-154). Frankfurt a. M.: Insel.

Lenz, K. & Adler, M. (2010). *Geschlechterverhältnisse. Einführung in die sozialwissenschaftliche Geschlechterforschung*. Band 1. Weinheim: Juventa.

Lenz, K. & Adler, M. (2011). *Geschlechterbeziehungen. Einführung in die sozialwissenschaftliche Geschlechterforschung*. Band 2. Weinheim: Juventa.

Lorber, J. (1999). *Gender-Paradoxien*. Opladen: Leske+Budrich.

McBurney, D. H. et al. (2012). Olfactory comfort in close relationships: You aren't the only one who does it. In G. M. Zucco et al. (Hrsg.), *Olfactory cognition. From perception and memory to environmental odours and neuroscience* (59-72). Amsterdam: John Benjamins Publishing Company.

Mealey, L. (2000). *Sex differences: Development and evolutionary strategies*. San Diego, CA: Academic Press.

Meuser, M. & Neusüß, C. (2004). *Gender Mainstreaming. Konzepte, Handlungsfelder, Instrumente*. Bonn: Bundeszentrale für politische Bildung.

Müller, M. (1992). *Determinanten der sekundären Sexualproportion und Verteilung der Geschlechter in Familien*. Unveröffentlichte Diplomarbeit. Universität Dortmund, Fachbereich Statistik.

Nanda, S. (2000). *Gender Diversity. Crosscultural Variations*. Illinois: Waveland Press.

Nowell, A. & Hedges, L. V. (1998). Trends in gender differences in academic achievement from 1960 to 1994: an analysis of differences in mean, variance, and extreme scores. *Sex Roles, 39*, 21-43.

Plomin, R. et al. (2001). *Behavioral genetics*. New York: Worth Publishers.

Radtke, K. M. et al. (2011). Transgenerational impact of intimate partner violence on methylation in the promoter of the glucocorticoid receptor. *Translational Psychiatry, 1*, e21.

Rhoads, S. E. (2004). *Taking sex differences seriously*. San Francisco: Encounter Books.

Trivers, R. L. & Willard, D. E. (1973). Natural selection and the ability to vary the sex ration of offspring. *Science, 179*, 90-91.

Tyrell, H. (1986). Geschlechtliche Differenzierung und Geschlechterklassifikation. *Kölner Zeitschrift für Soziologie und Sozialpsychologie, 38*, 450-489.

Villa, P.-I. et al. (Hrsg.) (2011). *Soziologie der Geburt: Diskurse, Praktiken und Perspektiven.* Frankfurt a. M.: Campus.

Wedekind, C. et al. (1995). MHC-dependent mate preferences in humans. *Proceedings of the Royal Society of London B, 260*, 245-249.

West, C. & Zimmerman, D. H. (2002). Doing Gender. In S. Fenstermaker & C. West (Hrsg.), *Doing Gender, Doing Difference. Inequality, Power, and Institutional Change* (3-24). New York: Routledge.

Zimmer, D. E. (1981). *Die Vernunft der Gefühle.* München: Piper.

Waltraud Cornelißen

Theoretische Perspektiven auf Geschlecht in familialen Lebensformen

1. Einleitung[1]

Innerhalb der Sozialwissenschaften gibt es zahlreiche theoretische Ansätze, die neben der Erklärung anderer sozialer Phänomen auch Erklärungen für den Fortbestand und den Wandel der Arbeits- und Machtverteilung in Familien bereithalten. Um einen Überblick über das Spektrum dieser Ansätze geben zu können, beschränkt sich die Darstellung auf die einflussreichsten Ansätze. Diese werden hier zu teils recht heterogenen Gruppen zusammengefasst, denen jeweils ein eigener Abschnitt gewidmet ist. Wenn hier der Begriff „Familie" genutzt wird, so geschieht dies mit der Absicht, keine der heute vielfältigen Familienformen aus der Betrachtung auszuschließen.[2]

Der Mainstream der deutschen Familiensoziologie hat sich nach dem Zweiten Weltkrieg sehr stark vom amerikanischen Strukturfunktionalismus leiten lassen. Für das Verständnis der Funktion der Geschlechter in Familie und Gesellschaft wurde in diesem Zusammenhang die Geschlechtsrollentheorie von Parsons, ein normenbasierter Ansatz also, zum zentralen Bezugspunkt. Bis in die 70er Jahre hinein war der Begriff der „sex roles", später der der „gender roles" in der Familienforschung, aber auch in der Frauenforschung das dominante Konzept, mit dem Geschlechterverhältnisse in und außerhalb von Familien thematisiert wurden (Grunow, 2010).

Spätestens seit den 1980er Jahren haben in der Familienforschung, anders als in der Frauen- bzw. Geschlechterforschung, „Rational-Choice"-Modelle die Oberhand gewonnen. Die Frauenforschung hat sich die für diese Theoriefamilie heute typische Suche nach formalisierten Entscheidungsmodellen kaum je zum Ziel gesetzt. Die ressourcen- und machttheoretischen Überlegungen stießen aller-

---

[1] Ich danke Dagmar Müller (DJI) für ihre äußerst kenntnisreiche und konstruktive Kritik eines Entwurfs dieses Beitrag, ebenso Detlev Lück für wichtige Denkanstöße.
[2] Der Begriff umfasst Zwei- und Mehrgenerationengebilde, keineswegs nur solche, die auf Blutsverwandtschaft beruhen, so etwa auch Stief- oder Patchworkfamilien. Er schließt heterosexuelle Paare wie homosexuelle Paare mit ihren Kindern ein, und er umfasst Ein- wie Zwei-Eltern-Familien, ebenso polygame Familien (Nave-Herz, 2004, S. 29ff.).

dings doch auf ihr Interesse. In den 1990er Jahren entdeckten die Familien- und die Frauenforschung das Erklärungspotenzial von Sozialstaats- und Institutionentheorien. Von besonderer Bedeutung aber wurden für die Geschlechterforschung schließlich Theorien der sozialen Konstruktion von Geschlecht. In der Familienforschung wird von diesen praxeologischen Ansätzen bisher wenig Gebrauch gemacht.

Vor diesem Hintergrund wurden für die folgende Darstellung vier Ansätze bzw. Theoriegruppen identifiziert, die sich im Laufe der letzten 50 Jahre als besonders einflussreich erwiesen: der normorientierte Geschlechtsrollenansatz, ressourcenorientierte Rational-Choice-Ansätze, (neo-)institutionalistische Ansätze und praxeologisch orientierte Doing-Gender-Ansätze. In dieser Reihenfolge sollen die Ansätze im Folgenden dargestellt und kommentiert werden. Das Schlusskapitel soll die Komplementarität der Ansätze und Verknüpfungsmöglichkeiten aufzeigen.

2. Die Geschlechtsrolle – immer noch ein Konzept mit Erklärungskraft?

„Geschlecht" als Bezugspunkt für Rollenzuweisungen taucht zuerst in den USA im Kontext der struktur-funktionalistischen Systemtheorie auf. In diesem Zusammenhang geht Parsons von der Funktionalität der (im bürgerlichen Milieu seiner Zeit etablierten) komplementären Rollen von Männern und Frauen in Familien aus. Die Spezialisierung der Frau auf die Arbeit im Haus, die sogenannte „expressive" Rolle, und die Spezialisierung des Mannes auf die Erwerbsarbeit, die „instrumentelle" Rolle, schienen ihm ein optimales Zusammenspiel der familialen und der öffentlichen Sphäre zu gewährleisten. Parsons verband darüber hinaus das Konzept der „sex roles" mit der Vorstellung, dass Mädchen und Jungen im Zuge familialer Identifikations- und Sozialisationsprozesse genau jene Persönlichkeitsstrukturen erwerben würden, die es ihnen ermöglichten und erstrebenswert erscheinen ließen, diese Geschlechtsrollen als Erwachsene zu übernehmen (Parsons, 1942, S. 605f.; Bertram, 2010). Chodorow untermauerte diesen Aspekt des Konzeptes noch einmal aus psychoanalytischer Perspektive (vgl. Chodorow, 1985).

Heute ist die Kontextgebundenheit dieses Ansatzes allzu offensichtlich. Das Konzept der Geschlechtsrolle ist über die Jahre dennoch in das allgemeine Begriffsrepertoire der Sozialwissenschaften eingegangen und zwar ohne, dass der

Begriff explizit auf ein neues theoretisches Fundament gestellt worden wäre. Als Minimalkonsens kann wohl gelten: „Sex roles prescribe the different ways men and women are supposed to act and the different tasks they are expected to undertake" (Scott & Marshall, 2005, zit. nach Grunow, 2010, S. 162). In der anglo-amerikanischen Frauenforschung und später auch in der deutschsprachigen ist Parsons' Geschlechtsrollentheorie heftig kritisiert worden. Die inhaltliche Kritik am normativen Anspruch und empirischen Gehalt des Parsons'schen Geschlechtsrollenkonzeptes bezog und bezieht sich auf die folgenden Punkte.

Erstens: Der Dualismus dieses Geschlechtsrollenkonzeptes orientiert sich an einem bürgerlichen Familienmodell. Parsons ignoriert die „doppelte Vergesellschaftung" von Frauen, d. h. die in der Realität damals und heute zunehmend verbreitete Zuweisung von unbezahlter Sorgearbeit und Berufsarbeit an Frauen (vgl. Becker-Schmidt, 1987). Die Verallgemeinerbarkeit einer männlichen „Geschlechtsrolle" scheint aus heutiger Sicht ebenfalls völlig überschätzt (Meuser, 1998, S. 183ff., 277ff.).

Zweitens: Mit der Annahme einer Passung zwischen Rollenstruktur einerseits und Fähigkeits- und Bedürfnisstruktur der Familienmitglieder andererseits werden Lebenswünsche ignoriert, die Frauen und Männer jenseits der definierten, auf Heterosexualität und Familiengründung hin konzipierten Rollen entwickeln. Auch die Bedürfnisse nach aktiver Vaterschaft sind ignoriert (Schütze, 1993). Was besonders ins Gewicht fällt: Die Annahme einer quasi naturwüchsigen Rollenübernahme verdeckt gesellschaftlich vermittelte Zwänge, die je spezifische Formen familialer Arbeitsteilung stabilisieren. Die Annahme einer Passung zwischen dem in der Familie hervorgebrachten Sozialcharakter von Frauen und Männern und den gesellschaftlichen Erwartungen an sie, ignoriert auch die mit der von Parsons konzipierten Arbeitsteilung einhergehende Hierarchisierung der Geschlechter und die möglicherweise konfligierenden Interessen von Familienmitgliedern (Lopata & Thorne, 1978; Ferree Marx, 1990).

Es spricht m. E. auch einiges dagegen, ein anderes, inhaltlich „moderneres" Geschlechtsrollenkonzept zu nutzen, um Geschlechterverhältnisse in Familien heute zu beschreiben und zu erklären, denn:

Erstens: Das analytische Potenzial des Rollenbegriffs besteht darin, dass Rollenerwartungen als Erwartungen gedacht werden, die an bestimmte Positionsinhaber in spezifischen Beziehungsgefügen gerichtet sind. Was von vielen als

Geschlechtsrolle bezeichnet wird, ist heute noch am ehesten im Beziehungsgefüge der Familie verankert. Wenn „Geschlechtsrollen-orientierungen" abgefragt werden, werden sie auch stets auf dieses Beziehungsgefüge bezogen
abgefragt. Sinnvoller ist es deshalb von familialen Rollen zu sprechen (vgl. zum
Beispiel Nave-Herz, 2004, S. 179ff.), etwa in Analogie zum Begriff der Berufs-
rollen. Was am Geschlechtsrollenbegriff irritiert ist: Den familialen Rollen
können sich Frauen und Männer entziehen.[1] Insofern werden diese Rollen heute
gar nicht an alle Frauen und Männer und schon gar nicht ein Leben lang herangetragen. Dies aber suggeriert der Begriff der Geschlechtsrolle, denn die
Zuschreibung des biologischen Geschlechts wird in unserer Gesellschaft in der
Regel (gelegentlich gegen die Wünsche Betroffener) lebenslang fixiert. Insofern
scheint der Begriff der Geschlechtsrolle zumindest irreführend.[2]

Zweitens: Als Professionsangehörige unterliegen Personen beiderlei Geschlechts
gleichen Standards professionellen Handelns. In diesem Bereich macht es zum
Beispiel gar keinen Sinn von Geschlechtsrollen zu sprechen. Dies bedeutet
allerdings nicht, dass das Geschlecht in professionellen Zusammenhängen
irrelevant wäre (vgl. Heintz & Nadai, 1998; Maiwald & Gildemeister, 2007). Die
Hierarchisierung und Segregation der Geschlechter im Erwerbssystem, die
Nuancierung der Erwartungen an Frauen und Männer in identischen Berufen
sowie die unterschiedliche Färbung ihrer Selbstkonzepte lassen sich allerdings
besser mit anderen Begriffen fassen.

Drittens: Es ist zwar zu konzedieren, dass sich Rollenerwartungen an Frauen und
Männer in der Familie tendenziell unterscheiden.[3] *Polarisierende* Festlegungen sind
empirisch aber nicht zu begründen und konzeptionelle Festlegungen, was eine
„männliche" und was eine „weibliche" Rolle sei, verbieten sich heute wohl von
selbst.

Es gibt partielle Belege für die Wirksamkeit geschlechtsspezifischer Rollen-
orientierungen in familialen Zusammenhängen: Levy und Ernst zeigen zum
Beispiel, dass die Einstellungen von Frauen und Männern zu klassischen Erwartungen an Mütter und Väter einen signifikanten Einfluss auf deren häusliche
Arbeitsteilung haben. Allerdings sind es speziell die Einstellungen der *Männer* (!),

---

[1] Kinderlosigkeit, ein Leben in der empty-nest-Phase, als kinderloses dual-earner-couple oder gar
als kinderloser Single macht frei von diesen familialen Rollen. In diesen Lebensformen und
-phasen bestimmen andere Rollen das Leben von Frauen und Männern.
[2] Meist kommt das Konzept ohnehin nur zur Anwendung, wenn es um „die Rolle der Frau" geht
(Krais, 2002, S. 319).
[3] Dies wird in vielen Untersuchungen belegt (zum Beispiel Fodor & Balogh, 2012).

nicht die ihrer Partnerinnen, die die Arbeitsteilung der Paare bestimmen (Levy & Ernst, 2002). Levy und Ernst finden ausdrücklich keinen Hinweis auf die Relevanz (verinnerlichter) Rollenakzeptanz von Frauen. Die Autoren schließen aus ihrem Befund auf eine Dominanz von Männern in (schweizerischen) Familien, mit deren Hilfe diese ihre Vorstellungen von der familialen Arbeitsteilung in Paarbeziehungen offensichtlich besser als Frauen durchsetzen können. Die Tatsache, dass ein großer Teil der Mütter de facto prioritär familiale Bedürfnisse bedient, während ihre Partner in erster Linie der Logik ihrer Erwerbsarbeit folgen, interpretieren Levy und Ernst deshalb als Produkt der (vor allem von Männern hoch gehaltenen) familialen Normen einerseits und der institutionell gesetzten Rahmenbedingungen für Paarentscheidungen andererseits (Levy & Ernst, 2002).

Die Stärke von *Geschlechtsrollentheorien* besteht wissenschaftsgeschichtlich betrachtet generell darin, dass sie die bis dahin meist als göttliche oder natürliche Ordnung begriffene Ungleichheit zwischen den Geschlechtern dem soziologischen Denken überhaupt zugänglich machten (Becker-Schmidt, 2005). Ein weiterer Verdienst dieses Ansatzes ist es, dass von der Unzufriedenheit vieler Wissenschaftler und insbesondere von Wissenschaftlerinnen mit diesem Konzept Anstöße zur Entwicklung neuer Begriffe und Konzepte ausgingen.

Die Geschlechtsrollentheorie bietet in der struktur-funktionalistischen Systemtheorie Talcott Parsons eine Antwort auf die Frage, wie es in ausdifferenzierten Gesellschaften möglich ist, dass nicht nur alle Subsysteme mehr oder weniger reibungslos ineinander greifen, sondern dass sich auch Gesellschaftsmitglieder ohne Schwierigkeiten in das arbeitsteilige Gesamtsystem einfügen. Bei dieser Fragestellung werden allerdings von vornherein die Krise des Systems, der Konfliktfall und das Widerständige aus der Betrachtung eliminiert.

Das Konzept der Geschlechtsrolle selbst ist seit der heftigen Kritik aus der Frauenforschung an Parsons' Konzept nicht mehr weiterentwickelt worden. Es wird von vielen wegen seiner Tendenz zu einer affirmativen Betrachtung der Geschlechterverhältnisse gemieden. Hinzu kommt, dass dieses Konzept seine Verfechter darauf verpflichtet, inhaltlich festzulegen, was eine „männliche" und was eine „weibliche" Rolle ist. Aus empirischen Daten lässt sich heute aber kein bipolares Ordnungsprinzip mehr ableiten, das noch dazu die Lebensführung beider Genusgruppe lebenslang und in allen Lebensbereichen normiert, wie dies der Begriff der Geschlechtsrolle suggeriert. Die bundesdeutsche Bevölkerung hat an multiplen Geschlechterkulturen teil. Im Lebenslauf sind Frauen und Männer als solche keineswegs nur mit in sich konsistenten Erwartungen konfrontiert.

Die Entwicklung der europäischen Gegenwartsgesellschaften wird heute gerne durch den Verlust von Selbstverständlichkeiten, durch Prekarisierung, Pluralisierung, Optionssteigerung und die Zunahme von Ambivalenzen charakterisiert (zum Beispiel Beck et al., 2001). Familien werden in diesem Zusammenhang vor immer komplexeren Herausforderungen gesehen, etwa jene Familien mit erwerbslosem oder erwerbsunfähigem „Ernährer" oder einem „Ernährer" ohne Arbeitserlaubnis oder multilokale Nachtrennungsfamilien oder Doppelkarrierepaare mit Kindern. In diesen Familienkonstellationen scheinen fixe „Geschlechtsrollen" ausgesprochen disfunktional. Geschlechterbasierte Rollenerwartungen an Frauen und Männer können in diesen Konstellationen allenfalls noch ein Ausgangspunkt für (jeweils vorläufige) Festlegungen von Geschlechterarrangements in Paarbeziehungen sein. Unverkennbar steht möglichen geschlechterbasierten Rollenzuweisungen in vielen gesellschaftlichen Bereichen heute zudem die Gleichheitsnorm entgegen (Heintz, 2001).

Eine andere Schwäche von Geschlechtsrollentheorien ist, dass sie die sozialstrukturellen Rahmenbedingungen der Rollenperformanz nicht thematisieren. Diese Schwäche lässt sich allerdings durch eine Verknüpfung von Geschlechtsrollentheorien mit Institutionenansätzen ausgleichen (Grunow, 2010).

Da Einstellungen, die als Geschlechtsrollenorientierungen interpretiert werden, in quantitativen Untersuchungen ebenso erfasst werden können wie Aspekte der Arbeitsteilung steht einer Überprüfung der Geschlechtsrollentheorien durch die quantitative Forschung prinzipiell nichts im Wege. Oft wird allerdings einfach die Tatsache, dass das Geschlecht von Personen sich überhaupt als signifikante Einflussgröße für die innerfamiliale Arbeitsteilung erweist, als Hinweis auf die Bestätigung der Geschlechtsrollentheorie interpretiert. Dies ist so nicht haltbar.

Bei der Erklärung von Mustern familialer Arbeitsteilung kann heute an einen interaktionistischen Rollenbegriff von Mead (1980/83) oder Goffman (2001) und an eine Entwicklung der Rollentheorie in Richtung auf eine stärkere Betonung von Interaktionsprozessen (Joas, 1991, S. 146f.) angeknüpft werden, meines Erachtens allerdings nicht mit dem irreführenden Begriff der Geschlechtsrolle, sondern mit dem der familialen Rollen. Eine „Wiederbelebung" des Geschlechtsrollenbegriffs, die Grunow mit Verweis auf die Arbeiten von Helga Krüger diagnostiziert (Grunow, 2010, S. 168), ist aus meiner Sicht nicht zu erwarten.

3. Theorien der rationalen Wahl als Basis von Erklärungen der familialen Arbeitsteilung

Es gibt verschiedene theoretische Ansätze, mit denen die familiale Arbeitsteilung als Ergebnis rationaler Entscheidungen über den Einsatz knapper, im familialen Kontext hoch bewerteter Ressourcen erklärt wird. Zu diesen Ansätzen sind die im Anschluss an Gary Becker entwickelte Neue Haushaltsökonomie, die Austausch- und die Ressourcentheorie, die Verhandlungstheorie und das Time-Availability-Theorem zu rechnen (vgl. Überblicke bei Nauck, 1989; Röhler et al., 2000; Hill & Kopp, 2002; Hill & Kopp, 2008).

Ausgangspunkt dieser Theorien des rationalen Handelns ist die Annahme, dass Menschen versuchen, mit ihrem Handeln unter gegebenen Restriktionen den eigenen Nutzen zu maximieren und Kosten zu minimieren.

Im Gegensatz zu den letztlich individualistischen Austausch- und Verhandlungstheorien, auf die später noch zurückzukommen sein wird, sieht die Neue Haushaltsökonomie vor, dass die Partner gemeinsam die Wohlfahrt der ganzen Familie zu maximieren suchen, auch zum Beispiel, indem sie Erwerbsarbeit und Hausarbeit optimal – im Sinne eines Gesamtnutzens für die Familie – unter sich aufteilen (Becker, 1981, S. 1996). Dabei unterstellt Becker wie Parsons, dass eine Spezialisierung der Partner in der Regel komparative Vorteile gegenüber einer gleichen Beteiligung beider Partner an Erwerbs- und Hausarbeit hat. Die Vorteile der Spezialisierung scheinen ihm besonders groß, wenn Frauen Hausarbeit mit Schwangerschaft und/oder mit der Betreuung mehrerer Kinder kombinieren. Aus einer in der Regel schlechteren Ausstattung von Frauen mit arbeitsmarktrelevantem „Humankapital", d. h. mit Kompetenzen, Erfahrungen und entsprechenden Zertifikaten, die sich auf dem Arbeitsmarkt verwerten lassen, einerseits und ihrer Gebärfähigkeit andererseits, ergibt sich für die Neue Haushaltsökonomie nach einer Familiengründung „rational" der Rückzug der Mütter vom Arbeitsmarkt, die Konzentration all ihrer Ressourcen auf Haus- und Betreuungsarbeit, die Forcierung männlicher Erwerbsarbeit und der Rückzug der Männer von der Hausarbeit.[4] Mit dieser Erklärung, die gänzlich ohne die Annahme auskommt, an Frauen und Männer würden „Geschlechterrollen" herangetragen

---

[4] Eine möglicherweise schlechtere Humankapitalausstattung der männlichen Partner zieht Becker gar nicht in Erwägung. Gleichzeitig scheint ihm gegeben, dass Frauen schon zu Beginn einer Beziehung auf Hausarbeit so „spezialisiert" sind, dass eine Beteiligung ihrer Partner an dieser Arbeit ineffektiv wäre. Die familiale Arbeitsteilung gemäß diesem Modell bietet, so Becker, zusätzlich den Vorteil, dass Frauen der Diskriminierung auf dem Arbeitsmarkt entgehen (Becker, 1996, S. 109).

oder gar von ihnen verinnerlicht, machte Becker seinerzeit den Versuch, sich Familien wie Unternehmen vorzustellen. Dass auch er dabei den Geschlechterstereotypen seiner Zeit aufsitzt, ist unverkennbar.

Das erwähnte Time-Availability-Theorem geht davon aus, dass Paare allein auf der Basis der Relation ihrer Zeitbudgets für Erwerbsarbeit rational über die Aufteilung der Hausarbeit entscheiden (Coverman, 1985; England & Farkas, 1986; Bianchi et al., 2000). Erwerbstätige Männer müssten danach automatisch ihren oft vergleichsweise geringen Anteil an Hausarbeit erhöhen, wenn sich ihr Erwerbsumfang reduziert. Verschiedene amerikanische Studien belegen zwar eine etwas stärkere Beteiligung erwerbsloser Männer an Hausarbeit, allerdings bleibt deren Beteiligung erheblich hinter der erwerbsloser Frauen zurück (Gough & Killewald, 2010, S. 7ff.). Dies kann das Time-Availability-Theorem nicht erklären.

Gough und Killewald (2010) stellen auch die Kausalitätsannahme der Time-Availability- Hypothese in Frage, nach der Paare erst über den Umfang ihrer Beteiligung am Erwerbsarbeitsmarkt und auf dieser Basis dann über die Aufteilung der Hausarbeit entscheiden. Zu einem für die familiale Arbeitsteilung sehr entscheidenden Zeitpunkt, nämlich nach einer Familiengründung, so argumentieren Gough und Killewald, gehe der Impuls zur Veränderung der Arbeitsteilung offensichtlich von der neuen Art und dem neuen Umfang der Familienarbeit aus. Dieser Impuls werde in der Regel allerdings nur für weibliche Erwerbsentscheidungen relevant (ebd.). Dies kann das Time-Availability-Theorem ebenfalls nicht erklären.

Eine Alternative zur Modellierung des Haushalts als Einheit bieten Austauschtheorien und entsprechende Bargaining-Modelle. Sie lassen zu, dass Partner unterschiedliche Interessen haben. Sie gehen davon aus, dass die Partner kooperieren, solange die Kooperation zur je eigenen Wohlfahrtssteigerung führt und ihr je individueller Nutzen aus der gemeinsamen Haushaltsführung größer ist als extern erreichbare Nutzenniveaus (vgl. Ott, 1998, S. 81).[5]

Machtrelationen zwischen den Partnern gelten als ausschlaggebend dafür, wie der Tausch verläuft. Die Basis der Macht in Paarbeziehungen wurde dabei zunächst in externen Ressourcen, zum Beispiel im gesellschaftlichen Status und

---

[5] Dieser der Ökonomie des freien Marktes entsprechende Tausch verlangt also Reziprozität. Die Unterstützung eines Familienmitgliedes aus Pflichtgefühl, Großzügigkeit, Altruismus oder Solidarität gilt hier als Leistung, die letztlich dadurch motiviert ist, dass sie sich im eigenen Interesse als nützlich erweist.

im Erwerbseinkommen der Partner gesehen (vgl. Blood & Wolfe, 1960). Die empirischen Belege für diesen Effekt externer Ressourcen waren begrenzt. Dies veranlasste Safilios-Rothschild früh (1969; 1976), auch die internen Beiträge der Partner als relevant für die Machtbalance in Beziehungen anzusehen und in die Analyse einzubeziehen: Damit kann praktisch jede begehrte knappe Ressource als Basis von Macht in Paarbeziehungen angesehen werden.

Verknüpft man *ressourcentheoretische* Annahmen mit *austauschtheoretischen*, so kann man zu dem Schluss kommen, die Entscheidungsmacht in Beziehungen sei nicht nur von den Ressourcen der Akteure, sondern auch von der Zahl der verfügbaren alternativen Austauschverhältnisse abhängig (Heer, 1963; Nauck, 1989, S. 48).[6] Ressourcenstarke Partner mit attraktiven Alternativen hätten dann auf der Basis ihrer relativ zum Partner höheren Machtposition die Möglichkeit, auch die familiale Arbeitsteilung maßgeblich zu bestimmen.

Eine Weiterführung der Austausch- und Ressourcentheorie bietet Ott mit ihrem Bargaining-Modell. Sie macht darauf aufmerksam, dass einmal gemeinsam getroffene Entscheidungen über die familiale Arbeitsteilung zu einer Verschiebung der Ressourcenverteilung unter den Partnern führt. Bei erneuten Verhandlungen in Paarbeziehungen erwartet sie eine verbesserte Verhandlungsposition des Partners, der seine Ressourcen in Erwerbsarbeit investiert hat, und eine Verschlechterung der Verhandlungsposition der Personen, die sich zuvor auf Hausarbeit und Kinderbetreuung spezialisiert hatten (vgl. Ott, 1998).[7]

Ott geht anders als Gary Becker davon aus, dass rational handelnde Haushaltsmitglieder heute in der Regel nicht nur ein Interesse an einer möglichst hohen gemeinsamen Wohlfahrtsproduktion, sondern auch am Erhalt der Einkommenskapazität beider Partner haben, um im Konfliktfall hinreichend abgesichert zu sein und um die jeweils eigene Position für spätere Verhandlungen zu stärken (vgl. Ott, 1998, S. 85f.) Sie unterstellt also als Regelfall ein gänzlich anderes Kalkül als Becker. Sie erwartet auf gesellschaftlicher Ebene mit der Verschiebung der Bildungskonstellationen in Paarbeziehungen auch eine Veränderung der Arbeitsteilung. Danach würden der Umfang der Hausarbeit und der Umfang der Erwerbsarbeit von Partnern entsprechend der Angleichung ihrer Bildungsressourcen konvergieren. Die These der fortschreitenden Egalisierung der Beiträge von Männern und Frauen zur Hausarbeit findet allerdings nur begrenzt Bestäti-

---

[6] Dieses Theorem ignoriert allerdings die kulturell verankerte Norm der Liebesbeziehung. Sie fordert nämlich, „eine Wahl zu treffen, mit der man auf die Möglichkeit verzichtet, sein künftiges Wohl um jeden Preis zu steigern" (Illouz, 2011, S. 187).

[7] Indirekt spricht sie damit externen Ressourcen mehr Gewicht als internen zu.

gung (Grunow et al., 2007). Dies kann als Hinweis darauf gewertet werden, dass bei der Aufteilung der Familienarbeit nicht nur die Ressourcen der Partner im Spiel sind, sondern auch deren Geschlecht (Gender).

Diejenigen, die Theorien rationaler Wahl zur Erklärung der familialen Arbeits- und Machtverteilung heranzogen, verfolgten das Ziel, die jeweils vorherrschenden Muster der Arbeits- und Machtverteilung auf ein Kosten-Nutzen-Kalkül der Partner zurückzuführen. Das Aufdecken eines solchen rationalen Kerns der geschlechtsspezifischen Arbeitsteilung ist ein wichtiger Verdienst dieses Ansatzes. Allerdings war damit in den Anfängen, etwa bei Gary Becker, ähnlich wie bei Parsons unter der Hand eine Legitimation der bestehenden Machtverteilung in Familien verbunden.

In den *Theorien rationaler Wahl* wird heute zumeist kein rein ökonomisches Kalkül mehr unterstellt, sondern eines, das auf der Basis *begrenzter* Informationen sowie *emotionaler und normativer Festlegungen* vollzogen wird. Mit der Erweiterung der Theorien rationaler Wahl, weit über die Annahme eines ökonomischen Kalküls hinaus (z. B. Esser, 1990)[8] verliert der Ansatz allerdings an Kontur: Vorhersagen auf der Basis von RC-Modellen werden immer weniger eindeutig und Handlungsergebnisse lassen sich im Nachhinein immer als Folge gebundener rationaler Kalküle erklären. Der Ansatz setzt der Phantasie der Interpreten keine Grenzen mehr.

Es gibt eine Reihe von Argumenten, mit denen die Brauchbarkeit von Theorien rationaler Wahl insbesondere zur Modellierung familieninterner Prozesse in Frage gestellt wird:

Die Angemessenheit der Rational-Choice-Modelle wird häufig wegen der alltagspraktisch offensichtlich hohen Bedeutung von *Emotionen* in Familien in Frage gestellt (Röhler et al., 2000; Daly, 2003; Tyrell, 2006). Zu konzedieren ist allerdings, dass Emotionen als Antriebskräfte für Handlungen und als Reaktionen auf Interaktionsoutputs in die Austauschtheorien integriert wurden (Hill & Kopp, 2002, S. 137). Auch als Teil des Nutzenstroms sind sie thematisiert. Es fällt allerdings schwer, der Unterstellung zu folgen, dass Familienmitglieder emotionalen Nutzen gegen instrumentellen abwägen und Vorstellungen davon

---

[8] Esser sieht rationale Kalküle durch „Habits" und „Frames" begrenzt. Unter „Habits" versteht Esser Handlungsroutinen, die durch eine enge Assoziation zwischen Reiz, Kognition und Reaktion stabilisiert werden. Sie zeichnen sich dadurch aus, dass die Entscheidung für sie sehr unaufwendig und zumeist auch normativ gestützt ist. Die „Habits" betreffen vor allem die Wahl der *Mittel*. „Frames" dagegen erzeugen in konkreten Situationen eine Fokussierung von Entscheidungsprozessen auf bestimmte *Ziele* (Esser, 1990, S. 238).

entwickeln könnten, was in diesem Zusammenhang ein fairer Tausch wäre.[9] Dass Liebe zwischen Partnern nach einem verbreiteten Verständnis von Paarbindung mit der Pflicht einhergeht, auf ständige Nutzensteigerung innerhalb und außerhalb der Beziehung zu verzichten, macht die Brauchbarkeit für die Familienforschung zusätzlich fragwürdig. Statt als Ort des *reziproken* Tauschs lässt sich Familie womöglich adäquater als *emotionsbasierter* Sorgezusammenhang thematisieren, der an einem *ungleichen* Tausch von Care-Leistungen im Generationenzusammenhang ausgerichtet ist (Jurczyk, 2010, S. 61f.).

Es ist bis heute üblich, bei der Erklärung der familialen Arbeitsteilung mit Theorien rationaler Wahl nur die Paarkonstellation und die Handlungsoptionen *zweier* Partner zu modellieren. Ignoriert wird dabei, dass es bei Verhandlungen um die familiale Arbeitsteilung eigentlich auch um die kurz- und langfristigen „Nutzen" und „Kosten" für Kinder geht. Um die Einfachheit der Modelle zu gewährleisten, ignoriert man dies und unterstellt, dass Eltern gegenüber ihren Kindern altruistisch handeln, obwohl doch die Interessen von Kindern denen der Eltern leicht entgegenstehen können. Nicht umsonst wird in anderen Ansätzen die *Ambivalenz* als ein charakteristisches Merkmal des Handelns in familialen Beziehungen betrachtet (vgl. Lüscher, 2005). Es bleibt deshalb zu fragen, ob sich die Familienforschung, die sich an Rational-Choice-Ansätzen orientiert, der Komplexität von Familien wirklich schon gestellt hat.

Die Anwendung des Rational-Choice-Ansatzes auf biografisch relevante Entscheidungen – wie sie die Entscheidungen zur familialen Arbeitsteilung nun einmal darstellen – scheint besonders problematisch. Die Rationalität ist durch die Unsicherheit von Informationen über die Zukunft nämlich erheblich eingeschränkt: Handlungsergebnisse sind für die Akteure nur schwer vorherzusehen und werden immer nur schrittweise sichtbar. Weitere Ergebnis sind für Akteure nur noch aus der dann bestehenden Situation heraus steuerbar (Schimank, 2000). So sind zum Beispiel auch die Kosten der Entscheidungen über die familiale Arbeitsteilung, etwa die langfristigen negativen Effekte auf die Erwerbs- und Einkommenschancen von Frauen (Aisenbray, 2009; Grunow et al., 2006), für Paare bei ersten Entscheidungen zugunsten der Priorisierung der

---

[9] Röhler et al. liefern mit ihrer Theorie des Gefühlsmanagements einen wichtigen Beitrag zu der Frage, welche Rolle Gefühle bei der Auseinandersetzung um die Verteilung der Hausarbeit spielen. Sie kombinieren ein Modell der Stressverarbeitung mit Hochschilds Theorie des Gefühlsmanagements und entwickeln daraus zwei Bewältigungsstrategien, mit denen Akteure auf eine bestimmte Aufteilung der Hausarbeit und auf die damit verbundenen Folgen reagieren (Hochschild, 1990; Röhler et al., 2000, S. 43). Dieser Vorstoß, die Bewältigung der Situation „Hausarbeit" in Paarbeziehungen emotionsbasiert zu erklären, verdient zweifellos mehr Beachtung.

beruflichen Entwicklung des männlichen Partners nicht zu prognostizieren (Bathmann, 2012). Dies beeinträchtigt ein rationales Kalkül erheblich. Nach Joas gelingt es prinzipiell intentional ausgerichteten Akteuren unter dem Eindruck von Widerständen und unzureichenden Mitteln vor allem dank ihrer Kreativität im Zusammenwirkung mit anderen Akteuren, immer wieder neue Ziele zu definieren und neue Lösungen in neuen Situationen auszuloten und zu nutzen. Dies würde heißen, dass Rationalität jedenfalls nicht genügt, um gemeinsame Handlungsergebnisse zu optimieren, Kreativität ist zusätzlich erforderlich (Joas, 1992).

In der quantitativen Forschung wird die Rationalitätsannahme gerne genutzt, um Befunde zu erklären. Die Rationalitätsannahme selbst und die vermuteten Kalküle der Akteure werden allerdings nie direkt empirisch geprüft. Dazu wären wohl einzig qualitative Studien in der Lage.

4. Institutionalisierte Ordnungen als Ursache familialer Arbeitsteilung

In einer gewissen Komplementarität zu Geschlechtsrollentheorien und Rational-Choice-Ansätzen, die die Individual- und Paarebene beleuchten, stehen struktur-theoretische Ansätze, die einerseits die Bedeutung institutionalisierter Rechte und Pflichten von Frauen und Männern betonen und andererseits auf die strukturelle Einbettung von Individuen und Familien in die politisch erzeugten Organisa-tionsweisen von Gesellschaften aufmerksam machen. Aus der Perspektive einer geschlechterkritischen Strukturanalyse wird die Organisation von Familie und Beruf von Formen der Herrschaft bestimmt, und zwar von „männlich-autori-tärer Dominanz" sowie von „vor allem ökonomisch vermittelten Macht-strukturen" (Becker-Schmidt, 1985, S. 102). Zur aktuellen Situation stellt Becker-Schmidt zudem fest: „Sexualität, geschlechtliche Selbstdefinitionen, Formen des Zusammenlebens verändern sich im Augenblick schneller als androzentrische Machtstrukturen und geschlechterbasierte häusliche und betriebliche Arbeits-teilung" (Becker-Schmidt, 2004, S. 70). Beide Bereiche „lassen sich nicht ohne soziale Konflikte zusammenfügen" (ebd.).

In Anerkennung der Bedeutung gesamtgesellschaftlicher Strukturen für die Lebenslage und Lebensführung von Familien wird in (neo-)istitutionalistischen Ansätzen die These vertreten, dass die Verfestigung oder die Veränderung der familialen Arbeitsteilung, durch *politische Entscheidungen über Rahmenbedingungen* von Familien direkt oder indirekt reguliert werden. Heute beschränkt sich das politisch-administrative System in Deutschland auf eine indirekte Regulierung familialer Arbeitsteilung etwa durch das Steuerrecht, durch den Umbau sozialer Sicherungssysteme und durch spezielle familienpolitische Maßnahmen. Die Zeiten, in denen der Staat die Geschlechterarrangements in Familien unmittelbar beeinflusste, scheinen vorbei.[10]

Ein wichtiger *indirekter* Einfluss des politisch-administrativen Systems auf das Leben in Familien wird heute in der wohlfahrtsstaatlichen Regulierungen und in der konkreten Ausgestaltung und Verflechtung von familiennahen Institutionen gesehen. Deshalb wird im Folgenden erstens auf Typologien und Strategien von Wohlfahrtsregimen in Europa eingegangen und zweitens der Institutionenansatz von Helga Krüger dargestellt.

Die Wohlfahrtspolitik in Europa hat sich im letzten Jahrhundert zunächst vor allem um die Integration von Männern ins Erwerbsleben und um deren Absicherung gegen die Risiken von Arbeitslosigkeit, Krankheit, Invalidität und Alter bemüht. Frauen galten vor dem Hintergrund des kulturell fest verankerten männlichen Familienversorgermodells als ökonomisch abgesichert, wenn „ihr" Versorger abgesichert war. In vielen europäischen Staaten galt es nach dem zweiten Weltkrieg wieder als „ganz normal", dass Frauen heirateten, Kinder bekamen, mit kleinen Kindern zu Hause blieben und auch in der weiteren Familienphase nur eingeschränkt erwerbstätig waren und Männer die Hauptverdiener blieben. Nur in wenigen Staaten bemühte man sich seinerzeit schon aktiv um die „Kommodifizierung" (die Eingliederung in den Arbeitsmarkt) von Frauen. In den letzten 20 Jahren haben sich die politischen Ziele auf EU-Ebene und in den Mitgliedstaaten verschoben, weg vom Ernährermodell, hin zu einer neuen Norm, die Lewis als „adult worker model family" bezeichnet (Lewis,

---

[10] Ein Rückblick zeigt: In der Urfassung des BGB war ein *direkter* Einfluss des geltenden Rechts auf die familiale Arbeitsteilung gegeben. Dort waren der Ehefrau das Recht und die Pflicht zugewiesen, das gemeinsame Hauswesen zu „leiten", was auch bedeutete, dass Ehefrauen die gesamte Hausarbeit zu verrichten hatte, wenn ihnen nicht andere Personen bezahlt oder unbezahlt dabei halfen. Der Mann war von solchen Pflichten juristisch gänzlich frei gestellt. Er durfte sogar ein Beschäftigungsverhältnis, das seine Frau mit einem Dritten einging, fristlos kündigen, wenn er die ordentliche Führung „seines" Haushalts durch die Erwerbsarbeit der Ehefrau gefährdet sah. Diese zuletzt genannte Vorschrift hob in der Bundesrepublik Deutschland das Gleichberechtigungsgesetz 1956 zwar auf, aber es sah weiterhin vor, dass eine Frau nur erwerbstätig sein durfte, wenn sich dies mit ihren Aufgaben im Haushalt vereinbaren ließ. Damit blieb das Vereinbarkeitsproblem allein Frauen zugewiesen. Erst die 1977 in Kraft getretene Eherechtsreform verpflichtete beide Eheleute, sich die Aufgaben des Haushalts im gegenseitigen Einvernehmen zu teilen (Limbach, 1988, S. 17f.). Zur Frage, wie die Hausarbeit zwischen den Partnern zu verteilen sei, schweigt der Gesetzgeber seither. Er beschränkt sich nunmehr auf eine indirekte Einflussnahme durch sozialpolitische Regulierung.

2004). Im Lissabon-Vertrag vereinbarten die Mitgliedstaaten, dass in jedem Land mindestens 60% aller Frauen ins Erwerbsleben integriert sein sollten. Wesentliches Argument ist, dass die Absicherung von Frauen in den europäischen Wohlfahrtssystemen stark von der (abnehmenden) Stabilität ihrer Ehen abhängig war. Zusätzlich wurde erkannt, dass das Prinzip der Chancengleichheit einerseits eine Verbesserung der ökonomischen Lage von Frauen andererseits ihre Befreiung aus der Abhängigkeit von einem Versorger sowie mehr Chancen zu beruflicher Entwicklung verlangte. Ohne eine „Defamiliarisierung" der Frauen könne allerdings deren „Kommodifizierung" nicht gelingen, formulierten McLaughling und Glendinning (1994). Schon diese Begrifflichkeit zeigt, wie sehr in der europäischen Sozialpolitikforschung- und entwicklung die Auffassung verankert war, mit einer entsprechenden Politik ließen sich die Erwerbs- und Betreuungsarrangements in Familien beeinflussen.[11]

Leitner et al. unterschieden zwischen „*negativen*" Maßnahmen der De-Familiarisierung und der (Re)-Kommodifizierung bzw. Re-Familiarisierung, die *Druck in Richtung auf eine politisch erwünschte Arbeitsteilung erzeugen*, und „*positiven*" Maßnahmen, die *Optionen eröffnen und Anreize schaffen*, das politisch jeweils gewünschte Familienmodell zu realisieren (Leitner et al., 2004, S. 18).[12]

Lewis und Ostner identifizierten im Europa der 1990er Jahre drei Typen von Wohlfahrtsstaaten: jene mit schwacher, mit moderater und mit starker Ausprägung des männlichen Ernährermodells (Lewis & Ostner, 1994). Pfau-Effinger knüpfte an diese Überlegungen an und identifizierte weitere Leitbilder,

---

[11] Einen differenzierten Einblick in die Politikstrategien einzelner Ländergruppen in Europa bietet Grunow in diesem Band.

[12] Als „negative" Maßnahmen zur De-Familialisierung und (Re)-Kommodifizierung im Deutschland der letzten Jahre führen Leitner et al. die folgenden Maßnahmen auf: Abschaffung oder Reduzierung von abgeleiteten Ansprüchen, z. B. Reduzierung der Witwen- und Witwerrente (2001), die bisher nur diskutierte Einschränkung des steuerlichen Ehegattensplittings und der beitragsfreien Mitversicherung von nicht erwerbstätigen Ehepartnern in der Kranken- und Pflegeversicherung. Diese Maßnahmen treffen (oder würden treffen) vor allem geringfügig oder nicht erwerbstätige verheiratete Frauen und ihre Partner. Als „positive" Maßnahmen zur De-Familialisierung registrieren sie: das Recht auf einen (Halbtags-)Kindergartenplatz (1993), die verbesserte rentenrechtliche Anerkennung von Kindererziehungszeiten von in Teilzeit arbeitenden Eltern (2001), die Einführung flexibler und teilzeitfreundlicher Elternzeit (2001), Einführung des Rechts auf Teilzeit (2002), Einführung von Steuerfreibeträgen für Haushaltshilfen oder Kinderbetreuung (2002). Diese Maßnahmen begünstigen vor allem Mütter, insbesondere verheiratete, die sich Teilzeitarbeit oder den Zukauf von Haushalts- und Betreuungsdiensten leisten können, sowie deren Partner (vgl. Leitner et al., 2004, S. 18). Unverheiratete Frauen, insbesondere solche, die sich und ihre Kinder allein ernähren müssen und dies mit Teilzeitarbeit nicht bewerkstelligen können, profitieren von diesen Maßnahmen nur sehr begrenzt.

über die sich Wohlfahrtsregime in Europa konstituierten. Diese Leitbilder bezeichnete sie als „geschlechterkulturelle Modelle" oder als „Familienmodelle" (Pfau-Effinger, 1998, S. 183). Pfau-Effinger bestritt, dass allein die staatlicherseits erzeugten strukturellen Kontexte von Familien die jeweils national geprägten Formen familialer Arbeitsteilung erklären könnten. Wie sie an Hand von mütterlichen Erwerbsquoten und von Quoten außerfamilial betreuter Kinder unter drei Jahren belegt, wirken sich Maßnahmen der „De-familialisierung" längst nicht so ungebrochen auf die Erwerbs- und Betreuungsarrangements aus, wie dies aus strukturtheoretischer Sicht zu erwarten gewesen wäre. Institutionelle und ökonomische Faktoren erzeugen offenbar erst *zusammen* mit den kollektiv verankerten Leitbildern der Betroffenen die jeweils national geprägten Erwerbs- und Betreuungsarrangements (Pfau-Effinger in diesem Band).

Die Leitbilder von Paaren müssen nicht unbedingt den Leitbildern der nationalen Familienpolitik entsprechen. Auch die Partner müssen sich nicht von vornherein über ihr Modell der Arbeitsteilung einig sein. Zu den gesellschaftlichen Widersprüchen und Ambivalenzen gehört auch, dass die nationalen Sozial-, Arbeitsmarkt- und Familienpolitiken keineswegs eindeutig an einem Ziel, dem der „Familiarisierung" oder dem der „De-familiarisierung" orientiert sind.[13]

Insgesamt ist ein Einfluss nationaler Wohlfahrtsregime auf den Erwerbsumfang von Müttern und die Betreuungsarrangements für Kinder belegbar (vgl. Grunow et al., 2006; Zabel & Heintz-Martin, 2013), auch ein Einfluss staatlicher Familienpolitik auf den Umfang der Elternzeit von Vätern wird erkennbar (Boll & Leppin, 2011, S. 16), aber der Zusammenhang ist weniger strikt als von der Wohlfahrtsstaatsforschung zunächst angenommen.

Im „Institutionenansatz" wird weiteren institutionellen Settings und deren gesellschaftlicher Vernetzung ein Einfluss auf die geschlechtsspezifische Arbeitsteilung zugeschrieben (Krüger, 2002; 2006). Eine besonders wichtige Rolle räumt Krüger dem *Zusammenspiel* des Ausbildungssystems, des Arbeitsmarktes und des Wohlfahrtsstaates für den Lebenslauf und die Erwerbsarrangements von Frauen und Männern ein.

Das Ausbildungssystem zum Beispiel eröffne, so Krüger, Frauen und Männern Zugang zu historisch gewachsenen, formal unterschiedlichen Bildungswegen: für

---

[13] Aktuell ist dies in Deutschland bei der Debatte um das Betreuungsgeld zu beobachten, das von seinen Gegnern spöttisch als „Herdprämie" bezeichnet wird. Dieses Instrument der (Re)-Familialisierung wird derzeit von der deutschen Bundesregierung parallel zum Ausbau von Kinderbetreuungsstrukturen verfolgt, der eindeutig einer breiteren Kommodifizierung von Müttern dienen soll.

viele „Männerberufe" existiere eine betriebliche Ausbildung, für viele „Frauenberufe" oft nur eine rein schulische Ausbildung.[14] Die betriebliche Ausbildung erleichtere den beruflichen Einstieg, den Aufstieg und die berufliche Selbstständigkeit: So fördere das Berufsbildungssystem bis heute die „berufsförmige Existenzsicherung" von Männern und eine „Versorgungsverwiesenheit" von Frauen (Krüger, 2002, S. 73).[15] Die ungleichen Einkommenschancen von Frauen und Männern beeinflussten die familiale Arbeitsteilung schon vor der Familiengründung. Sie legten Paaren die Reduktion der *weiblichen* Erwerbsarbeit nahe, wenn ihnen die Familienarbeit mit zwei vollen Erwerbsarbeitsplätzen nicht mehr vereinbar scheine. Zu den Vereinbarkeitsproblemen aber trüge das unzureichende staatliche Betreuungsangebot für Kinder und die geringe Verbreitung von Ganztagsschulen zumindest in Westdeutschland weiter bei. So erscheint die relative Stabilität der geschlechtsspezifischen Arbeitsteilung im Institutionenansatz als Folge eines Verbunds von Bildungssystem, Arbeitsmarkt, Familie und Sozialpolitik, dessen Gestaltungsprinzip im Sinne eines „institutional lags" noch die „Geschlechterordnung von gestern" ist (Krüger, 2002, S. 67). Die Typik weiblicher und männlicher Lebensläufe ergibt sich nach dem Institutionenansatz also weder aus früh entwickelten, sozialisationsbedingten geschlechtsspezifischen Präferenzen, noch aus der Verbindlichkeit aktuell geltender Geschlechternormen, sondern aus den Handlungszwängen, die das Institutionengefüge erzeugt (Krüger, 2002, S. 82).

Krüger hebt die Zwänge hervor, die Frauen dadurch entstehen, dass die Ansprüche verschiedener Institutionen „ausbalanciert werden müssen" (Krüger, 2002, S. 75). Aus ihrer Sicht bliebt die Familie bis heute der „Strukturgeber" des weiblichen Lebens- und Erwerbsverlaufs. Was die junge Vätergeneration betrifft, so sehen Born und Krüger diese, trotz ihrer im Vergleich zu ihrer Vätergeneration offeneren Haltung gegenüber der Erwerbsarbeit ihrer Partnerinnen und ihrer größeren Bereitschaft, sich an der Kinderbetreuung zu beteiligen, gezwungen, dem ökonomischen Kalkül folgend, wiederum die Ernährerrolle einzunehmen. „Vaterschaft sieht sich erneut in die Ernährerrolle als dominante Dimension eingelassen und wird und bleibt Freizeitbeschäftigung" (Born &

---

[14] Dass sich viele Frauen für „Frauenberufe" und viele „Männer" für „Männerberufe" entscheiden, sieht sie allein durch das Ausbildungssystem und den Arbeitsmarkt begründet.
[15] Langfristig aber werden, darauf verweist auch Krüger, industrielle und handwerkliche Ausbildungen wegen des Abbaus von Arbeitsplätzen im industriellen Bereich kaum so leicht verwertbar sein wie solche in personenbezogenen Dienstleistungsberufen, da derzeit dort die höchsten Zuwachsraten zu verzeichnen sind. Damit stützt das Berufsbildungssystem ein männlich konnotiertes Segment von Erwerbsarbeit, das in Zukunft für immer mehr Männer zur Sackgasse werden könnte.

Krüger, 2002, S. 137). In den Institutionenansatz ist offensichtlich eine Rationalitätsannahme eingebunden, die ökonomische Kalküle bei den Handelnden unterstellt und anderen Wertorientierungen daneben wenig Orientierungskraft einräumt.

Ein Wandel der Geschlechterverhältnisse ist aus Sicht von Krüger und anderen Vertreterinnen des Institutionenansatzes über eine Veränderung des Institutionengefüges denkbar. Notwendig wäre, dass die geschlechterbasierte Hierarchisierung von Institutionen, die zum Beispiel der Familie einen nur geringen Rang zuweist, sowie Prozesse der Geschlechtersegregation und -hierarchisierung in und durch Institutionen möglichst gleichzeitig zum Stillstand gebracht werden (Becker-Schmidt, 2005, S. 108).

Die Theorieansätze, die sich mit der Bedeutung der *sozialstrukturellen Rahmenbedingungen* für die Arbeitsteilung in Familien befassten, stellen eine wichtige Ergänzung zu den mikrosoziologischen Erklärungen familialer Arbeitsteilung dar. Sie machen deutlich, dass Familien in Europa und in Deutschland noch einmal auf besondere Weise durch einen Verbund von Institutionen zur geschlechtshierarchischen Arbeitsteilung genötigt werden. Die strukturtheoretischen Ansätze haben der Ungleichheitsforschung nicht nur ein neues Forschungsfeld erschlossen, sondern auch den geschlechterkritischen Blick auf die Institutionen des Lebenslaufs ermöglicht, der den anderen hier referierten Ansätzen fehlt. Vor allem ökonomisch vermittelte Machtstrukturen und die kulturell verfestigte Nachrangigkeit der Familie zum Beispiel gegenüber Wirtschaft, Militär, Technikforschung und Öffentlichkeit (Becker-Schmidt, 2005, S. 108) erzeugen heute – so die Vertreterinnen dieses Ansatzes – eine ungleiche Beteiligung von Frauen und Männern an Hausarbeit und Kinderbetreuung und die damit verbundenen ungleichen Chancen für Frauen und Männer auf dem Arbeitsmarkt. Die These, dass die politische Gestaltung von Institutionen zumindest zusammen mit national geprägten kollektiv verankerten Leitbildern den Mustern familialer Arbeitsteilung ein nationales Gepräge gibt, ist bezogen auf die ungleiche Partizipation von Frauen und Männern an *Erwerbsarbeit* schon gut belegt. Die Streitfrage, ob Paarentscheidungen über ihre häusliche Arbeitsteilung eher von kollektiv verankerten kulturellen Leitbildern oder eher von strukturellen Rahmenbedingungen geleitet sind, wird die Forschung weiter beschäftigen. Auch wird auf der Ebene der Theoriebildung weiter zu klären sein, wie Institutionen, kollektiv verankerte Leitbilder, eigensinnige Partizipationswünsche und habitualisierte Praxen von Akteuren angesichts der gesellschaftlichen Brüche und Widersprüche zusammenwirken. Dass die Ursachen für die innerfamiliale Arbeitsteilung *allein* auf die institutionelle Einbettung von Familien zurückzuführen sind, bezweifeln viele, die in ihren Studien zwar Hinweise auf den Einfluss institutioneller Settings finden, den Einfluss zusätzlicher Faktoren, zum Beispiel individueller normativer Orientierungen, aber nachweisen können (Levy & Ernst, 2002; Grunow et al., 2006; Wengler et al., 2008; Zabel & Heintz-Martin, 2013; Pfau-Effinger in diesem Band).

5. Doing Gender – Doing Family

In diesem Abschnitt werden Ansätze dargestellt, die sich mit der sozialen Konstruktion von Geschlecht befassen. Dazu werden hier solche gerechnet, die die Relevanz alltäglichen interaktiven Handelns für die Herstellung und Reproduktion von Geschlecht betonen. In diesem Zusammenhang gewinnt der Körper eine neue Relevanz. Er wird nicht als Träger eindeutiger Geschlechtsmerkmale verhandelt, sondern als Medium der Performanz von Geschlecht (Butler, 1995). Zu den Ansätzen, die sich primär mit dyadischen Interaktionen befassen, kommen auch solche, die die dyadischen Koproduktion von Geschlecht durch kollektives Wissen stabilisiert sieht, das von Personen unreflektiert angeeignet in deren Körpern „sitzt" (Meuser, 2007; Hirschauer, 2008). Hinzu kommen solche Ansätze, die beschreiben, wie sich die Herstellung von Geschlecht durch die Vergeschlechtlichung von kulturellen Produkten, Institutionen oder ganzen Bereichen stabilisieren, so etwa durch die Vergeschlechtlichung von Farben (rosa/hellblau) oder von Arbeit (Hausarbeit vs. Berufsarbeit).[16]

Statt zu fragen, was Frauen und Männer unterscheidet, fragen Theorien der sozialen Konstruktion von Geschlecht, wie Geschlechterklassifikationen und -hierarchien in sozialen Kontexten erzeugt werden.

West und Zimmermann betonen: „We argue that gender is not a set of traits, nor a variable, nor a role, but a product of social doings of some sort." (West & Zimmermann, 1991, S. 16). Sie identifizieren drei Dimensionen der Konstruktion des Geschlechts von Personen: die Klassifikation, die bei der Geburt auf Grund sozial vereinbarter, von Ärzten bestätigter Geschlechtsmerkmale getroffen wird, (sex), die im Alltag stattfindende Zuordnung, die die Existenz der entsprechenden Genitalien (sex) nur unterstellen kann und sich auf sozial

---

[16] Bourdieu nimmt zum Beispiel an, dass die Unterteilung in zwei Geschlechter sich als konstitutives Wahrnehmungsschema in vielen Gesellschaften so verfestigt hat, dass wir diese Unterteilung in allen möglichen Bereichen nutzen, ohne dass uns dies bewusst wäre und wir dies prüfen könnten (Bourdieu, 1997, S. 175).

vereinbarte Hinweise verlässt, (sex category) und die interaktiv geleistete Bestätigung der Zuordnung der Personen zu einem Geschlecht auf der Basis deren Verhaltens und auf der Basis jeweils geltender normativer oder stereotyper Vorstellungen von „angemessenem" Verhalten der Geschlechter (gender).[17]

Im interaktionistischen Doing-Gender-Ansatz wird unterstellt, Frauen und Männer seien im alltäglichen Handeln beiläufig immer auch damit befasst, sich die Anerkennung als „richtige" Frauen und Männer zu verschaffen. Menschen brauchten eine positiv besetzte Geschlechtsidentität, weil es zu den Grundgewissheiten unserer Kultur gehört, dass es zwei und nur zwei Geschlechter gibt und dass wir ein Leben lang einer dieser beiden Kategorien angehören (West & Zimmermann, 1991). Auf der Basis des eigenen und des Geschlechts des Gegenübers werden in Interaktionen – so ihre These – Gender-Kriterien aktualisiert und Bewertungen vorgenommen, die das eigene Denken und Handeln und das des jeweils Anderen als richtig bestätigen oder zurückweisen (ebd.).

Empirischer Bezugspunkt der Argumentation von West und Zimmermann ist eine Anfang der 1980er Jahre in den USA durchgeführte Studie von Sarah Berk Fenstermaker zur Produktion von Geschlecht in und durch die Arbeitsteilung im Haushalt. Die familiale Arbeitsteilung folgt ihrer Beobachtung nach *keinem rationalen Kalkül* im Sinne der ökonomischen Nutzenmaximierung, sondern dient in erster Linie der Aufrechterhaltung einer Geschlechterunterscheidung. Berk identifiziert die Hausarbeit als geschlechtlich konnotierte Tätigkeit, die geeignet sei, „Weiblichkeit" zu signalisieren, wenn man sie übernimmt, und „Männlichkeit", wenn man sich ihr verweigert. [18]

West und Zimmermann beobachten darüber hinaus, dass mit der Differenz der Geschlechter in der Regel auch deren Hierarchisierung produziert wird. Demnach wird in der Familie Männlichkeit in Interaktionen in der Regel als Dominanz und Weiblichkeit als Subordination vollzogen (West & Zimmermann, 1991, S. 32).

Die These, dass die Übernahme bzw. Verweigerung von Hausarbeit der Darstellung von Geschlecht dient, dass Hausarbeit also eine symbolische Funktion

---

[17] Die Zuschreibung der Geschlechtszugehörigkeit (sex category) im Alltag ist also nicht gleichbedeutend mit der Darstellung und Anerkennung des Gender: Eine als Frau identifizierte Person kann als „unweiblich" wahrgenommen werden, eine als Mann identifizierte Person als „unmännlich".

[18] Davon, dass der Vollzug der herkömmlichen Arbeitsteilung, Männern die Möglichkeit verschafft, in den eigenen Augen der (herkömmlichen) Vorstellung von einem Mann würdig zu bleiben, ist auch Bourdieu in den 1990er Jahren überzeugt (Bourdieu, 1997, S. 189).

hat, greift Brines (1994) auf. Sie nutzt diese These, um zu erklären, warum der Austausch von Hausarbeit gegen Unterhalt für Männer und Frauen so asymmetrisch verläuft: Während Frauen nämlich, austauschtheoretischen Erwartungen entsprechend, einen umso größeren Anteil der Hausarbeit erledigten, je weniger eigenes Einkommen sie in den Haushalt einbrächten, folgten Männer einem anderen Muster: Je mehr die Ehemänner vom Einkommen ihrer Partnerinnen abhängig seien, desto weniger Hausarbeit verrichteten sie. Dieses männliche Muster erklärt Brines damit, dass die durch die ökonomische Abhängigkeit von ihren Frauen als „unmännlich" wahrgenommenen Männer Hausarbeit verweigern, um ihre Geschlechtsidentität als Mann nicht (zusätzlich) zu gefährden.[19] Die These von Brines wurde vielfach aufgegriffen, teils bestätigt (Bittman et al., 2003), teils zurückgewiesen (England, 2011; Sullivan, 2011; Wengler et al., 2008).

Ein Grund dafür, dass sich die starke Kompensationsthese von Brines heute kaum mehr bestätigt, kann darin gesehen werden, dass die Markierung von Geschlecht durch die familiale Arbeitsteilung heute mit der Norm der Gleichberechtigung in Paarbeziehungen in Einklang gebracht werden muss (Koppetsch & Burkart, 1999; Cornelißen & Bathmann, 2012). Ein Mann, der weder Geld noch einen essentiellen Beitrag zur Hausarbeit in eine Beziehung einbringen will oder kann, dürfte es deshalb heute in vielen Milieus schwer haben, als Partner akzeptiert zu werden. Die schwächere These von Brines aber, dass die Aufteilung der Hausarbeit in Paarbeziehungen *nicht geschlechtsneutral* stattfindet, bestätigt sich immer wieder. Viele aktuelle Studien zeigen, dass Frauen durchweg einen höheren Anteil an Hausarbeit erledigen, als ressourcentheoretisch zu erwarten wäre (vgl. Levy & Ernst, 2002; Geist, 2007; Wengler et al., 2008; Grunow et al., 2012). Auch die Betreuung von Kindern durch ihre voll erwerbstätigen Eltern folgt diesem asymmetrischen Muster (Walter & Künzler, 2002; Boll & Leppin, 2011).

Für die asymmetrische Arbeitsteilung bietet der Doing-Gender-Ansatz insofern eine Erklärung als mit ihm argumentiert werden kann, einen Teil der Hausarbeit und Kinderbetreuung übernähmen berufstätige Frauen, um sich trotz ihres hohen Einkommens als „richtige" Frau zu bestätigen, und die einkommensschwachen Männer vermieden einen Teil der Hausarbeit, die sie ihren Partnerinnen fairerweise eigentlich schuldeten, um nicht „unmännlich" zu erscheinen.

---

[19] Als geringer verdienende Männer sind sie nach Brines in der Gefahr, vor sich selbst, der Partnerin und Außenstehenden als „looser", faul, unverantwortlich und unmännlich wahrgenommen zu werden; Karrierefrauen droht umgekehrt, als unweiblich, dominierend und manipulativ wahrgenommen zu werden (Brines, 1994, S. 664).

Vom hier zunächst skizzierten ethnomethodologisch fundierten Ansatz der Konstruktion von Geschlecht, der den situativen Bezug der Konstruktion betont, ist ein wissenssoziologischer zu unterscheiden. Er geht von der Annahme aus, dass jedes Handeln, auch das Doing Gender, ein Wissen voraussetzt und Handeln wiederum zur Aktualisierung des Wissens beiträgt. Dem Doing Gender wird dementsprechend ein „Geschlechterwissen" zur Seite gestellt (Wetterer, 2008). Das Geschlechterwissen ist in dem Kontext, in dem es generiert wurde, in der Regel so selbstverständlich, dass darüber nicht geredet wird. Es ist implizites „praktisches Wissen und Können" (Reckwitz, 2003), etwa die *stillschweigende Annahme*, eine Frau könne ein kleines Kind besser trösten als ein Mann, oder die *Fähigkeit*, auf Absatzschuhen zu laufen. Dieses implizite Können und Wissen ist standardisierten Befragungen kaum zugänglich. Es ist nach dem Verständnis der Praxistheorien in den (klassen- und geschlechtsspezifischen) Routinen des Alltags erworben, in die Körper der Gesellschaftsmitglieder eingeschrieben und durch das gesellschaftliche Repertoire von Artefakten[20] stabilisiert. Dies wird auch für die familiale Arbeitsteilung und deren inhärenten Herrschaftszusammenhang angenommen.

Bourdieu prägte für das im klassenspezifisch geprägten Alltag erworbene „eingefleischte" Wollen, Können und Wissen den Begriff des *Habitus* (Bourdieu, 1974).[21] Im Unterschied zur sozialen Rolle wird der Habitus nicht als soziale Zumutung konzipiert, sondern als Bestandteil des lebenden Organismus (Krais, 2002, S. 323). Mit dem Konzept des Habitus bietet sich die Möglichkeit, das Doing Gender als Ergebnis einer einerseits *kreativen*, andererseits aber auch als durch sozial vorstrukturierte und eingeübte Erfahrungen *prästabilisierte* Interaktion zu verstehen.[22] Auch für Bourdieu ist mit der Klassifizierung der Geschlechter deren Hierarchisierung verknüpft. Diese wird seines Erachtens wesentlich über „symbolische Gewalt" vermittelt, die in face-to-face-Interaktionen zum Tragen kommt. Mit der Inkorporierung der geltenden Ordnung

---

[20] Große Teile der Konsumindustrie, zum Beispiel die Bekleidungs- und Kosmetikindustrie bieten Artefakte zur Performanz von Geschlecht. Ihre Auswahl und Nutzung verlangt ein praktisches Wissen vom Schminken, von (anlass-)angemessener Kleidung für Frauen und Männer. Die Performanz von Geschlecht braucht auch in diesem Bereich Übung.

[21] Neben dem Habitus wurde noch mehrere andere Begriffe vorgeschlagen (Hirschauer, 2008, S. 86).

[22] Wie Bourdieu mit vielen Verweisen auf die Konstruktion von Geschlecht in Mythen, in der Literatur und im Alltag von Frauen und Männern in je spezifischen Gesellschaften belegt, lagert sich in den Habitus eines jeden eine vergeschlechtlichte Sicht auf die Welt und ein vergeschlechtlichtes Handeln ein. Aus seiner Sicht ist jedes unserer Worte eine soziale Konstruktion, die bereits sozial konstruierte Konstruktionsinstrumente benutzt (Bourdieu et al., 1997, S. 220f.).

würden aus Männern Menschen, die Überlegenheit beanspruchen, und aus Frauen Menschen, die bereit seien, diesen Männern zu dienen. Diese korporale Einschreibung von Herrschaft sichere, dass die Arbeitsteilung zwischen den Geschlechtern von gesellschaftlichen Veränderungen, etwa der Veränderung von Bildungschancen und Erwerbschancen relativ unberührt bliebe (Bourdieu, 1997, S. 207). Mit der Annahme, dass Geschlechterpraxen inkorporiert werden, erhält der Doing-Gender-Ansatz eine in der Frauenforschung zumeist wenig akzeptierte Perspektive: Geschlecht wird nicht nur durch eine den Menschen äußere geschlechterkodierte Welt stabilisiert, sondern auch durch die Aufschichtung der biografischen Erfahrung und des praktischen Wissens und Könnens von Frauen und Männern.

Empirische Belege für die Habitualisierung familialer Arbeitsteilung ergeben sich vor allem aus qualitativen Studien. Dort zeigt sich, dass die Sicherung der alltäglichen Arbeitsteilung in Familien selten explizite Verhandlungen und normbasierte Apelle benötigt, sondern oft über *Routinen und Rituale* hergestellt wird (Evertsson & Nyman, 2009; Nentwig, 2000; König & Maihofer, 2004; Müller, 2012).

Mit dem Doing-Gender-Ansatz hat die Geschlechterforschung in den 1980er Jahren ein Konzept entwickelt, das die Kontextgebundenheit und Flexibilität von Geschlechterarrangements besser erklären kann als ein Geschlechtsrollenkonzept, insbesondere eines, das von der Verinnerlichung von Geschlechtsrollennormen ausgeht.

Um die Stabilität und soziale Strukturiertheit von Geschlechterkonstruktionen erklären zu können, kann der Doing-Gender-Ansatz einerseits auf Bourdieu und seine Vorstellungen von einem klassenspezifischen Habitus oder auch auf Goffmans Konzept des „institutional genderism" zurückgreifen (Goffman, 2001). Das letztgenannte Konzept beschreibt die Stabilisierung von Geschlechterkonstrukten durch Institutionen.[23]

Krüger macht von ihrem Institutionenansatz ausgehend deutlich, dass nicht nur Individuen und nicht nur einzelne Institutionen, sondern auch Sozialstrukturen und ganze Institutionengefüge an der Konstruktion von Geschlecht beteiligt sind. Sie warnt geradezu vor der Gefahr, dass „Interpretationen gesellschaftlicher

---

[23] Man denke in Deutschland etwa an das inzwischen novellierte Namensrecht, das vorsah, dass die Ehefrau den Namen ihres Partners übernehmen musste. Damit richtete sich das Augenmerk von Familien auf die Söhne als „Stammhalter". Töchter wurden dadurch abgewertet.

Verhältnisse als je interaktives doing gender die Dimension struktureller Geschlechterordnungen personalisiert" (Krüger, 2002, S. 64).

In Ansätzen zur Konstruktion von Geschlecht wird der Familie oft eine biografisch erste und zumeist auch besonders prägende Funktion für die Stabilisierung von Geschlechterkonstruktionen zugeschrieben. Qualitative Studien zeigen, dass heute in Familien kein einseitiger Rollenerwerb mehr unterstellt werden kann, dass inter- und intragenerationale Interaktionsprozesse vielmehr dazu beitragen, das „kulturelle und soziale Familienerbe" in seinem Bestand auch mit seinen eingelagerten Geschlechterkonstruktionen zu sichern und weiterzuentwickeln (Brake & Büchner, 2011, S. 145). Dabei bleiben – so wird betont – Spielräume für Grenzüberschreitungen und Innovationen auch was die Geschlechterarrangements betrifft (Krinninger & Müller, 2012). Familie wird als ein Interaktions- und Darstellungszusammenhang begriffen, den Familienmitglieder immer wieder in Prozessen des *doing family* und *displaying family* erzeugen (Morgan, 1999; Daly, 2003; Finch, 2007; Jurczyk et al., 2013). Familien aus dieser Perspektive zu betrachten, heißt „to examine how family members navigate with each other as they are situated in time and space" (Daly, 2003, S. 773).

Das Konzept des Doing Gender kann den Umgang von Frauen und Männern mit den vielfältigen Brüchen und Widersprüchen bereichs- und milieuspezifischer Anforderungen an sie meines Erachtens besser erklären als Geschlechtsrollenkonzepte. Der Ansatz lässt zudem Raum für den Gestaltungswillen und den latenten Widerstand von Akteuren. Er steht aber vor der Frage, wie sich die nicht zu bestreitende relative biografische Kontinuität und gesellschaftliche Stabilität, wenn nicht über internalisierte Normen, erklären lässt.

Wie beschrieben kann der Doing-Gender-Ansatz zum Beispiel mit Vorstellungen von der Inkorporierung und Somatisierung von Geschlecht verknüpft werden, die in praxeologischen Ansätzen entwickelt werden. Er kann auch darauf rekurrieren, dass gesellschaftlich verankerte Stereotype (Geschlechterwissen) jeweils das Repertoire bilden, auf das in dyadischen Interaktionen wie selbstverständlich für die Geschlechterkonstruktion zurückgegriffen wird und dass dadurch eine gewisse Kontinuität entsteht. Schließlich kann er Anschluss an sozial-strukturelle Ansätze finden, die aufzeigen, dass Geschlechterkonstruktionen durch kodifiziertes Recht, wohlfahrtsstaatliche Regulierung und nationale Institutionengefüge verfestigt werden.

Was den ethnomethodologischen Doing-Gender-Ansatz für viele geschlechterpolitisch interessierte Wissenschaftlerinnen und die Ungleichheitsforschung oft unfruchtbar erscheinen lässt, ist seine Fokussierung auf Symbole der Geschlechtertrennung und -hierarchisierung. Dies scheint auf den ersten Blick eine

Thematisierung der sozialen Benachteiligung auszuschließen. Dies ist allerdings keineswegs so. Die symbolische Ausgrenzung von Menschen etwa durch Rassen- oder Geschlechterideologien ist nämlich das Fundament jeder Benachteiligung. Die Benachteiligung der Personen, die Hausarbeiten verrichten, besteht selbstverständlich nicht nur in einem innerfamilialen Statusverlust. Sie besteht vielmehr zusätzlich zum Beispiel in einer unbezahlten Verausgabung von Arbeitskraft und in der Benachteiligung bei der Rückkehr auf den Arbeitsmarkt. Insofern darf eine Geschlechteranalyse nicht bei der Analyse der grundlegenden symbolischen Unterscheidungsprozesse stehen bleiben. Sie hat diese Basis aber ernst zu nehmen.

Anders als die anderen Ansätze zur Erklärung der geschlechterbasierten Arbeits- und Machtverteilung hat der Doing-Gender-Ansatz eine klare Affinität zu qualitativen Ansätzen. Dies resultiert aus der Bedeutung, die dem habitualisierten latenten Wissen in diesem Ansatz zugesprochen wird. Aus der Sicht praxeologischer Ansätze ist das in standardisierten Interviews abfragbare, explizite Wissen seltener als das latente Wissen handlungsleitend (Bohnsack, 2007, S. 187ff.).[24]

6. Abschließende Anmerkungen zur Komplementarität der Ansätze

Die Arbeits- und Machtverteilung in Familien lässt sich offenbar aus sehr unterschiedlichen Perspektiven beleuchten. Die vorgestellten Ansätze folgen unterschiedlichen Fragenstellungen, sind explizit oder implizit mit unterschiedlichen geschlechterpolitischen Interessen verknüpft, zeigen im Vergleich miteinander unterschiedliche Stärken und Schwächen und haben oft auch eine besondere Affinität zu spezifischen empirischen Zugängen. Die aus den Ansätzen abgeleiteten Hypothesen finden oft nur eine jeweils eingeschränkte Bestätigung. Das heißt: postulierte Zusammenhänge sind gelegentlich nur schwach ausgeprägt oder sie bestätigen sich nur in spezifischen Milieus oder Paarkonstellationen oder nur für ein Geschlecht. Offensichtlich kann keiner der dargestellten Ansätze für sich allein eine hinreichende Erklärung für die gegenwärtigen Formen familialer

---

[24] Ein unreflektiertes Abweichen von eigenen erklärten Vorhaben mag zufällig, womöglich aber auch im Habitus einer Person verfestigt auftreten. Die Orientierung des Handelns von Männern an implizitem „eingefleischtem" Wissen mag zum Beispiel erklären, warum neben der „verbalen Aufgeschlossenheit" von Männern gegenüber einer egalitären Arbeitsteilung in Paarbeziehungen eine „gleichzeitige Verhaltensstarre" zu beobachten ist (Beck & Beck-Gernsheim, 1990, S. 31).

Arbeitsteilung liefern. Dies dürfte daran liegen, dass Geschlechterunterscheidungen auf mehrfache Weise in der Gesellschaft verankert sind und wirksam werden. Die Reproduktion von Geschlecht kann nicht auf ein einzelnes Prinzip zurückgeführt werden (Lück, 2009, S. 25).

Statt auf der Brauchbarkeit eines einzigen Erklärungsansatzes zu bestehen, lohnt es sich deshalb, dem Zusammenspiel der Mechanismen nachzugehen. Bei diesen Überlegungen wird das Geschlechtsrollenkonzept nicht mehr berücksichtigt. Aus meiner Sicht überschätzt es die Eindeutigkeit und Handlungsrelevanz von expliziten Normen und erwartbaren Sanktionen für Geschlechterarrangements deutlich, und die heute noch brauchbare Substanz des Geschlechtsrollenkonzeptes kann in dem Konzept des Geschlechterwissens aufgehen. Dieser Begriff umfasst neben präskriptivem Wissen (Rollen) auch deskriptives Wissen (Stereotype) (Eckes, 2004) und er schließt neben dem abfragbaren Wissen unbewusste und unreflektierte Handlungsorientierungen ein, die – und dies unterscheidet dieses Konzept vom Rollenkonzept – in einer je spezifischen Praxis generiert und verändert werden (Wetterer, 2008).

Kontrovers wird bisher das Zusammenspiel von habitualisiertem oder affektgesteuertem Handeln und rationalem Handeln diskutiert. Von Seiten der Rational-Choice-Theoretiker gibt es das „Angebot", „Anomalien", wie das affektgesteuerte oder das gewohnheitsmäßige Handeln in das Grundmodell rationaler Wahl zu integrieren, etwa mit dem Verweis auf „bounded rationality" (Esser, 1990, S. 234): Von Vertretern eines praxeologischen Handlungsansatzes wird offeriert, rationales Handeln als einen möglichen Modus unter mehreren denkbaren Modi zu betrachten (Joas, 1992; Schimank, 2006). Die Autorin hat sich hier der letztgenannten Position angeschlossen. Sie ist zudem überzeugt, dass allem Handeln ein zumindest rudimentäres gemeinsam geteiltes Wissen zu Grunde liegt. Ohne dieses Wissen kann weder rational, affektgesteuert oder gewohnheitsmäßig gehandelt werden. Vor diesem Hintergrund wird im Folgenden die Herstellung von Geschlecht in Anlehnung an Becker-Schmidt (2005), die ihrerseits wieder auf Goffman verweist, wie folgt skizziert:

In alltäglichen Interaktionen werden Geschlechterkonstruktionen hergestellt. Den Stoff dazu liefert das gesellschaftlich verankerte, jeweils milieuspezifisch ausdifferenzierte, im Alltag verfügbare „Geschlechterwissen". Für den Alltag werden aus diesem Fundus sowohl praktische Erfahrungen im Umgang der Geschlechter miteinander, als auch beschreibende Geschlechterstereotype und präskriptive Rollenerwartungen zumeist unreflektiert relevant. Dieses Können und Wissen kann unmittelbar handlungsleitend werden, es kann unter gewissen Umständen aber auch innovativ gewendet oder kritisch hinterfragt werden.

Da für jedes Subjekt eine gewisse Teilhabe lebensnotwendig ist und sich niemand als Kind (oft auch später nicht) den sozialen Ort auswählen kann, an dem er sich integriert, lernt jeder in einer ihm zunächst vorgegebenen Umgebung sich so „zu bewegen, dass er nicht permanent aneckt, Misserfolge einstecken muss und unverstanden bleibt" (Becker-Schmidt, 2005, S. 90). Dieser Lern-prozess könnte als ausschließlich rational gesteuert betrachtet werden. Aus meiner Sicht wäre dies eine sehr einseitige Betrachtung. In jedem Fall schichtet sich das praktische Können und Wissen in Biografien auf. Dies ist der Punkt, an dem sich einige veranlasst sehen, von der Herausbildung von Geschlechtsrollen zu sprechen. Hier wird es vorgezogen, wie im Hauptteil des Beitrages begründet, von der Inkorporierung praktischen Wissens zu sprechen. Dies ist eine konzeptionelle Entscheidung.[25]

Institutionen greifen auf die alltäglichen Geschlechterkonstruktionen und -praktiken zurück, selektieren sie und nutzen sie zur Legitimation ihrer internen genderbasierten Rangordnung und Arbeitsteilung sowie ihrer Anforderungen an jene, die partizipieren oder von Dienstleistungen bzw. Produkten der Institu-tionen profitieren wollen. Die institutionell gesteuerte Positionierung der Subjekte als Frauen oder Männer in Institutionen wirkt wiederum auf deren Erfahrungen und Wissen um Geschlechterhierarchien und auf deren inhaltliche Bestimmung von „Männlichkeit" und „Weiblichkeit" zurück. In der Regel bestätigen die in den Institutionen stabilisierten Konstruktionen von Geschlecht das Alltagsverständnis der Beteiligten. Sie schaffen auch Rahmenbedingungen, die als Kosten oder Nutzen kalkuliert werden können. Denkbar ist aber auch, dass sich die Betroffenen den Regeln wie selbstverständlich oder affektgesteuert nur widerwillig fügen oder diese subversiv unterlaufen und trotz hoher institutionell erzeugter Kosten von institutionell vorgegebenen Lebensläufen und Geschlechterarrangements abweichen. Eine Gesellschaft, in der das Institutionengefüge Brüche im Lebenslauf der Betroffenen erzeugt, so etwa bei Frauen mit der Geburt eines Kindes, entstehen Spielräume und Friktionen, die im Rückgriff auf individuelle Handlungskompetenzen und kollektiv verfügbare Versatzstücke, wie Rituale, Leitbilder und Artefakte genutzt und mehr oder weniger kalkuliert bewältigt werden können.

---

[25] Empirisch ist womöglich noch nicht hinreichend ausgeleuchtet, welcher Ansatz geeignet ist, die Mechanismen zu beschreiben, über die sich die Relevanz von Geschlecht durchsetzt: das Konzept der geschlechtsspezifischen familialen Rollen, das Konzept des Doing Gender oder dieses in Kombination mit Annahmen einer Vergeschlechtlichung des Habitus von Familienmitgliedern oder des Institutional Genderism. Vermutlich ist auch auf dieser Ebene mit einer Kombination dieser Mechanismen zu rechnen.

Institutionengefüge, wie sie im Institutionenansatz thematisiert werden, können die Herstellung von Geschlecht allein nicht fixieren. Das Geschlecht kann, wie Hirschauer betont, nur dann ein Effekt organisationeller und institutioneller Strukturen werden, „wenn die lose Koppelung zwischen Strukturen und Praxis situativ geschlossen wird, und Verflechtungen zwischen strukturellen Trägern (etwa Arbeitsmarkt und Familie) differenzverstärkende Effekte haben" (Hirschauer, 2001, S. 208). In diesem Sinne scheinen Ansätze, die die Bedeutung der strukturellen Rahmenbedingungen von Lebensläufen betonen, und solche, die die Herstellung von Geschlecht in Interaktionen betonen, dringend aufeinander angewiesen. Dabei ist eine Verflechtung der Mechanismen denkbar, die noch weit dichter ist als dies die Darstellung hier, erkennen lässt. Dies deutet sich zum Beispiel in Raithelhubers Plädoyer für ein „relationales relativistisches Verständnis des Sozialen in der Lebenslaufforschung" an (Raithelhuber, 2011).

Literatur

Aisenbray, S. (2009). Is there a career penalty for mother's time out? A comparison of Germany, Sweden and the United States. *Social Forces, 88* (2), 573-606.

Bathmann, N. (2012). Dauerhafte Doppelkarrierepaare: Erfolgsfaktoren, Chancen und Herausforderungen eines Lebensmodells. In N. Bathmann et. al. (Hrsg.), *Gemeinsam zum Erfolg? Berufliche Karrieren von Frauen in Paarbeziehungen* (129-182). Wiesbaden: VS.

Beck, U. & Beck-Gernsheim. E. (1990). *Das ganz normale Chaos der Liebe*. Frankfurt a. M.: Suhrkamp.

Beck, U. et al. (2001). Theorien reflexiver Modernisierung – Fragestellungen, Hypothesen, Forschungsstrategien. In U. Beck & W. Bonß (Hrsg.) *Die Modernisierung der Moderne* (11-59). Frankfurt a. M.: Suhrkamp.

Becker, G. S. (1981). *A Treatise in the Family*. Cambridge: MA.

Becker, G. S. (1996). Familie, Gesellschaft und Politik – die ökonomische Perspektive. In I. Pies (Hrsg.), *Die Einheit der Gesellschaftswissenschaften*. Band 96. Tübingen: Mohr.

Becker-Schmidt, R. (1985). Probleme einer feministischen Theorie und Empirie. *Feministische Studien, 2,* 93-104.

Becker-Schmidt, R. (1987). Die doppelte Vergesellschaftung – die doppelte Unterdrückung: Besonderheiten der Frauenforschung in den Sozialwissenschaften. In L. Unterkirchen & I. Wagner (Hrsg.), *Die andere Hälfte der Gesellschaft. Österreichischer Soziologentag 1985* (10-25). Wien.

Becker-Schmidt, R. (2004). Doppelte Vergesellschaftung von Frauen: Divergenzen und Brückenschläge zwischen Privat- und Erwerbssphäre. In R. Becker & B. Kortendiek (Hrsg.), *Handbuch der Frauen- und Geschlechterforschung. Theorie, Methoden, Empirie* (62-71). Wiesbaden: VS.

Becker-Schmidt, R. (2005). Von soziologischen Geschlechtsrollentheorien zur gesellschaftstheoretischen Erforschung der Geschlechterverhältnisse. In U. Vogel (Hrsg.), *Was ist männlich – was ist weiblich? Aktuelles zur Geschlechterforschung in den Sozialwissenschaften* (89-112). Bielefeld: Kleine.

Fenstermaker Berk, S. (1985). *The Gender Factory: the apportionment of work in American households*. New York: Plenum Press.

Bertram, H. (2010). Talcott Parsons. In R. Nave-Herz (Hrsg.), *Die Geschichte der Familiensoziologie in Portraits* (239-262). Würzburg: Ergon.

Bianchi, S. et. al. (2000). Is Anyone doing the Housework? Trends in the Gender Division of Household Labour. *Social Forces,* (79), 191-228.

Bittman, M. et al. (2003). When does gender trump money? Bargaining and Time in Household Work. *The American Journal of Sociology, 109* (1), 186-214.

Blood, R. & Wolfe, D. (1960). *Husbands and Wives: The Dynamics of Married Living*. New York: Free Press.

Bohnsack, R. (2007). *Rekonstruktive Sozialforschung. Einführung in qualitative Methoden*. Opladen: Barbara Budrich.

Boll, C. & Leppin, J. (2011). *Zeitverwendung von Eltern auf Familie und Beruf im internationalen Vergleich.* [Kurzfassung der im Auftrag des BMFSFJ durchgeführten Studie von C. Boll et al. (2011). Einfluss der Elternzeit von Vätern auf die familiale Arbeitsteilung im internationalen Vergleich]. Hamburg: Hamburgisches WeltWirtschafts-Institut. Online publiziert unter: http://www.hwwi.org/publikationen/publikationen-einzelansicht/einfluss-der-elternzeit-von-vaetern-auf-die-familiale-arbeitsteilung-im-internationalen-vergleich///6495.html

Born, C. & Krüger, H. (2002). Vaterschaft und Väter im Kontext des sozialen Wandels. Über die Notwendigkeit der Differenzierung zwischen strukturellen Gegebenheiten und kulturellen Wünschen. In H. Walter (Hrsg.), *Männer als Väter* (117-143). Gießen: Psychosozial-Verlag.

Bourdieu, P. (1974). Der Habitus als Vermittlung zwischen Struktur und Praxis. In P. Bourdieu (Hrsg.), *Zur Soziologie der symbolischen Formen* (125-158). Frankfurt a. M.: Suhrkamp.

Bourdieu, P. (1997). Die männliche Herrschaft. In I. Dölling & B. Krais (Hrsg.), *Ein alltägliches Spiel. Geschlechterkonstruktion in der sozialen Praxis* (153-217). Frankfurt a. M.: Suhrkamp.

Bourdieu, P. et al. (1997). Eine sanfte Gewalt. P. Bourdieu im Gespräch mit I. Dölling und M. Steinrücke. In I. Dölling & B. Krais (Hrsg.), *Ein alltägliches Spiel. Geschlechterkonstruktion in der sozialen Praxis* (218-230). Frankfurt a. M.: Suhrkamp.

Brake, A. & Büchner, P. (2011). Bildungsort Familie. Habitusgenese im Netzwerk gelebter Familienbeziehungen. In A. Lange & M. Xyländer (Hrsg.), *Bildungswelt Familie. Theoretische Rahmung, empirische Befunde und disziplinäre Perspektiven* (142-166). Weinheim: Juventa.

Brines, J. (1994). Economic dependency, gender, and the division of labor at home. *American Journal of Sociology, 100*, 652-688.

Butler, J. (1995). *Körper von Gewicht. Die diskursiven Grenzen des Geschlechts.* Berlin: Berlin-Verlag.

Chodorow, N. (1985). *Das Erbe der Mütter – Psychoanalyse und Soziologie der Geschlechter.* München.

Cornelißen, W. & Bathmann, N. (2012). Doppelkarrierepaare – gleichgestellt oder doch in der „Illusion der Emanzipation"? In D. Krüger et al. (Hrsg.), *Familie(n) heute: Entwicklungen, Kontroversen, Prognosen* (302-320). Weinheim: Juventa.

Coverman, S. (1985). Explaining Husbands' Participation in Domestic Labor. *Sociological Quarterly, 26*, 81-97.

Daly, K. (2003). Family Theory versus the Theories Families Live by. *Journal of Marriage and Family, 65* (4), 771-784.

Eckes, T. (2004). Geschlechterstereotype: Von Rollen, Identitäten und Vorurteilen. In R. Becker & B. Kortendiek (Hrsg.), *Handbuch der Frauen- und Geschlechterforschung* (165-176). Wiesbaden: VS.

England, P. & Farkas, G. (1986). *Households, Employment and Gender: A Social, Economic and Demographic View.* New York: Aldine.

England, P. (2011). Missing the Big Picture and Making Much Ado About Almost Nothing: Recent Scholarship on Gender and Household Work. *Journal of Family Theory & Review, 3*, 23-26.

Esser, H. (1990). „Habits", „Frames" und „Rational Choice". Die Reichweite von Theorien der rationalen Wahl (am Beispiel der Erklärung des Befragtenverhaltens). *Zeitschrift für Soziologie, 19* (4), 231-247.

Evertsson, L. & Nyman, Ch. (2009). If not negotiation then what? Gender equality and the organization of everyday life in Swedish couples. *Interpersona, 3* (Suppl. 1), 33-59.

Ferree Marx, M. (1990). Beyond separate spheres: Feminism and family research. *Journal of Marriage and the Family, 52*, 866-884.

Finch, J. (2007). Displaying Families. *Sociology, 41* (1), 65-81.

Fodor, E. & Balogh, A. (2010) Back to the kitchen? Gender role attitudes in 13 East European countries. *Zeitschrift für Familienforschung, 22* (3), 289-307.

Geist, C. (2007). *One Germany, Two Worlds of Housework? Examining Single and Partnered Women in the Decade after Unification.* SOEPpapers on Multidisciplinary Panel Data Research Nr. 15. Berlin: DIW.

Goffman, E. (2001). *Interaktion und Geschlecht.* Hrsg. von H. Knobloch. Frankfurt a. M.: Campus.

Gough, M. & Killewald, A. (2010). *Gender, Job Loss, and Housework: The Time Availability Hypothesis Revisited.* Population Studies Center University of Michigan Institute for Social Research, PSC Report No. 10-710. Online publiziert unter: http://www.psc.isr.umich.edu/pubs/pdf/rr10-710.pdf.

Grunow, D. et al. (2006). Late 20th-Century Persistence and Decline of the Female Homemaker in Germany and the United States. *International Sociology, 21*, 101-131.

Grunow, D. et al. (2007). Was erklärt die Traditionalisierungsprozesse häuslicher Arbeitsteilung im Eheverlauf: soziale Normen oder ökonomische Ressourcen? *Zeitschrift für Soziologie, 36* (3), 162-181.

Grunow, D. (2010). Geschlechtsrollen in der Familie: Perspektiven der Frauenforschung. In O. Kapella et al. (Hrsg.), *Die Vielfalt der Familie. Tagungsband zum 3. Europäischen Fachkongress Familienforschung* (157-174). Opladen: Barbara Budrich.

Grunow, D. et al. (2012). What determines change in the division of housework over the course of marriage? *International Sociology, 27* (3), 289-307. Online publiziert unter: http://iss.sagepub.com/content/early/2012/02/03/0268580911423056

Heer, D. M. (1963). The Measurement and Bases of Power: an Overview. *Marriage and Family Living, 25*, 133-139.

Heintz, B. (2001). Geschlecht als (Un-)ordnungsprinzip. Entwicklungen und Perspektiven der Geschlechtersoziologie. In B. Heintz (Hrsg.), *Geschlechtersoziologie* (9-29). Sonderheft der Kölner Zeitschrift für Soziologie und Sozialpsychologie Nr. 41. Wiesbaden: Westdeutscher Verlag.

Heintz, B. & Nadai, E. (1998). Geschlecht und Kontext. De-institutionalisierungsprozesse und geschlechtliche Differenzierung. *Zeitschrift für Soziologie, 27*, 75-93.

Hill, P. B. & Kopp, J. (2002). *Familiensoziologie. Grundlagen und theoretische Perspektiven.* Wiesbaden: Westdeutscher Verlag.

Hill, P. B. & Kopp, J. (2008). Theorien der Familiensoziologie. In N. F. Schneider (Hrsg.), *Lehrbuch Moderne Familiensoziologie* (65-78). Opladen: Barbara Budrich.

Hirschauer, S. (2001). Das Vergessen des Geschlechts. Zur Praxeologie einer Kategorie sozialer Ordnung. In B. Heintz (Hrsg.), *Geschlechtersoziologie* (208-235). Sonderheft der Kölner Zeitschrift für Soziologie und Sozialpsychologie Nr. 41. Wiesbaden: Westdeutscher Verlag.

Hirschauer, S. (2008). Körper macht Wissen. Für eine Somatisierung des Wissensbegriffs. In A. Wetterer (Hrsg.), *Geschlechterwissen und soziale Praxis. Theoretische Zugänge – empirische Erträge* (82-95). Königstein im Taunus: Ulrike Helmer.

Hochschild, A. (1990). *Das verkaufte Herz. Zur Kommerzialisierung der Gefühle.* Frankfurt a. M.: Campus.

Illouz, E. (2011). *Warum Liebe wehtut.* Berlin: Suhrkamp.

Joas, H. (1991). Rollen- und Interaktionstheorien in der Sozialisationsforschung. In K. Hurrelmann & D. Ulich (Hrsg.), *Neues Handbuch der Sozialisationsforschung* (136-152). Weinheim: Beltz.

Joas, H. (1992). *Die Kreativität des Handelns.* Frankfurt a. M.: Suhrkamp.

Jurczyk, K. (2010). Care in der Krise? Neue Fragen familialer Arbeit. In U. Apitsch & M. Schmidbauer (Hrsg.), *Die Ent-Sorgung menschlicher Reproduktionsarbeit entlang von Geschlechter- und Armutsgrenzen* (59-76). Opladen: Barbara Budrich.

Jurczyk, K. et al. (2013). Einleitender Beitrag. In K. Jurczyk et al. (Hrsg.), *Doing Family – Familienalltag heute. Warum Familienleben nicht mehr selbstverständlich ist* (im Erscheinen). Weinheim: Juventa.

König, T. & Maihofer, A. (2004). „Es hat sich so ergeben" – Praktische Normen familialer Arbeitsteilung. *Familiendynamik, 29* (3), 209-232.

Koppetsch, C. & Burkart, G. (1999). *Die Illusion der Emanzipation. Zur Wirksamkeit latenter Geschlechtsnormen im Milieuvergleich.* Konstanz: UVK.

Krais, B. (2002). Die feministische Debatte und die Soziologie Pierre Bourdieus: Eine Wahlverwandtschaft. In I. Dölling & B. Krais (Hrsg.), *Ein alltägliches Spiel. Geschlechterkonstruktion in der sozialen Praxis* (317-338). Frankfurt a. M.: Suhrkamp.

Krinninger, D. & Müller, H.-R. (2012). Die Bildung der Familie. Zwischenergebnisse aus einem ethnographischen Projekt. *Zeitschrift für Soziologie der Erziehung und Sozialisation, 32* (3), 233-249.

Krüger, H. (2002). Gesellschaftsanalyse: der Institutionenansatz in der Geschlechterforschung. In G.-A. Knapp & A. Wetterer (Hrsg.), *Soziale Verortung* (63-90). Münster: Westfälisches Dampfboot.

Krüger, H. (2006). Geschlechterrollen im Wandel – Modernisierung der Familienpolitik. In H. Bertram et al. (Hrsg.), *Wem gehört die Familie der Zukunft? Expertise zum 7. Familienbericht der Bundesregierung* (191-206). Opladen: Barbara Budrich.

Leitner, S. et al. (2004). Einleitung: Was kommt nach dem Ernährermodell? Sozialpolitik zwischen Re-kommodifizierung und Re-Familiarisierung. In S. Leitner et al. (Hrsg.), *Wohlfahrtsstaat und Geschlechterverhältnis im Umbruch. Was kommt nach dem Ernährermodell? Jahrbuch für Europa- und Nordamerika-Studien* (9-27). Wiesbaden: VS.

Levy, R. & Ernst, M. (2002). Lebenslauf und Regulation in Paarbeziehungen: Bestimmungsgründe der Ungleichheit familialer Arbeitsteilung. *Zeitschrift für Familienforschung, 14* (2), 103-131.

Lewis, J. (2004). Auf dem Weg zur „Zwei-Erwerbstätigen"-Familie. In S. Leitner et al. (Hrsg.), *Wohlfahrtsstaat und Geschlechterverhältnis im Umbruch. Was kommt nach dem Ernährermodell? Jahrbuch für Europa- und Nordamerika-Studien* (62-84). Wiesbaden: VS.

Lewis, J. & Ostner, I. (1994). *Gender and the Evolution of European Social Policy.* Arbeitspapier Nr. 4. Bremen: Zentrum für Sozialpolitik.

Limbach, J. (1988). Die Entwicklung des Familienrechts seit 1949. In R. Nave-Herz (Hrsg.), *Wandel und Kontinuität der Familie in der Bundesrepublik Deutschland* (11-35). Stuttgart: Enke.

Lopata, H. Z. & Thorne, B. (1978). On the Term "Sex Roles". *Signs, 3* (3), 718-721.

Lück, D. (2009). *Der zögernde Abschied vom Patriarchat. Der Wandel der Geschlechterrollen im internationalen Vergleich.* Berlin: edition sigma.

Lüscher, K. (2005). Ambivalenz – Eine Annäherung an das Problem der Generationen. In U. Jureit & M. Wildt (Hrsg.), *Generationen. Zur Relevanz eines wissenschaftlichen Grundbegriffs* (53-78). Berlin: edition sigma.

Maiwald, K.-O. & Gildemeister, R. (2007). Die Gleichzeitigkeit von Gleichheitsnorm und Geschlechterdifferenzierung im Berufsfeld Familienrecht. Zur Bedeutung lebenspraktischer Entscheidungen. In R. Gildemeister & A. Wetterer (Hrsg.), *Erosion oder Reproduktion geschlechtlicher Differenzierung? Widersprüchliche Entwicklungen in professionalisierten Berufsfeldern und Organisationen* (56-75). Münster: Westfälisches Dampfboot.

McLaughlin, E. & Glendinning, C. (1994). Paying for Care in Europe: Is there a Feminist Approach? In L. Hantrais & S. Mangen (Hrsg.), *Family Policy and the Welfare of Women* (52-69). Loughborough: University of Technology.

Mead, G. H. (1983). *Gesammelte Aufsätze.* Band 2. Frankfurt a. M.: Suhrkamp.

Meuser, M. (1998). *Geschlecht und Männlichkeit. Soziologische Theorie und kulturelle Deutungsmuster.* Opladen: Leske+Budrich.

Meuser, M. (2007). Männerkörper. Diskursive Aneignung und habitualisierte Praxis. In M. Bereswill et al. (Hrsg.), *Dimensionen der Kategorie Geschlecht: Der Fall Männlichkeit* (152-168). Münster: Westfälisches Dampfboot.

Morgan, D. (1999). Risk and Family Practices: Accounting for Changes and Fluidity in Family Life. In E. B. Silva & C. Smart (Hrsg.), *The New Family?* (13-30). London: Sage.

Müller, D. (2012). Die Organisation von Elternschaft und Care. In N. Bathmann et al. (Hrsg.), *Gemeinsam zum Erfolg? Berufliche Karrieren von Frauen in Paarbeziehungen* (251-300). Wiesbaden: VS.

Nauck, B. (1989). Individualistische Erklärungsansätze in der Familienforschung: die Rational-Choice-Basis von Familienökonomie, Ressourcen- und Austauschtheorien. In R. Nave-Herz & M. Markefka (Hrsg.), *Handbuch der Familien- und Jugendforschung* Band 1: Familienforschung (45-62). Neuwied: Luchterhand.

Nave-Herz, R. (2004). *Ehe- und Familiensoziologie. Eine Einführung in die Geschichte, theoretische Ansätze und empirische Befunde.* Weinheim: Juventa.

Nentwig, J. C. (2000). Wie Mütter und Väter „gemacht" werden – Konstruktionen von Geschlecht bei der Rollenverteilung in Familien. *Zeitschrift für Frauenforschung und Geschlechterstudien,* 3/2000, 96-121.

Ott, N. (1998). Der familienökonomische Ansatz von Gary S. Becker. In I. Pies & M. Leschle (Hrsg.), *Gary Beckers ökonomischer Imperialismus* (63-90). Tübingen: Mohr.

Parsons, T. (1942). Age and Sex in the Social Structure of the United States. *American Sociological Review, 7* (5), 604-616.

Pfau-Effinger, B. (1998). Arbeitsmarkt- und Familiendynamik in Europa – Theoretische Grundlagen der vergleichenden Analyse. In B. Geissler et al. (Hrsg.), *FrauenArbeitsMarkt. Der Beitrag der Frauenforschung zur sozio-ökonomischen Theorieentwicklung* (177-194). Berlin: edition sigma.

Raithelhuber, E. (2011). *Übergänge und Agency. Eine sozialtheoretische Reflexion des Lebenslaufkonzepts.* Opladen: Budrich UniPress Ltd.

Reckwitz, A. (2003). Grundelemente einer Theorie sozialer Praktiken. Eine sozialtheoretische Perspektive. *Zeitschrift für Soziologie, 32,* 282-301.

Röhler, H., et al. (2000). Hausarbeit in Partnerschaften. *Zeitschrift für Familienforschung, 12* (2), 21-53.

Schimank, U. (2000). *Handeln und Strukturen. Einführung in die akteurtheoretische Soziologie.* Weinheim: Juventa.

Schimank, U. (2006). Rationalitätsfiktionen in der Entscheidungsgesellschaft. In D. Tänzler et al. (Hrsg.), *Zur Kritik der Wissensgesellschaft* (57-81). Konstanz: UVK.

Schütze, Y. (1993). Geschlechterrollen. Zum tendenziellen Fall eines Deutungsmusters. *Zeitschrift für Pädagogik, 39* (4), 551-560.

Scott, J. & Marshall, G. (Hrsg.) (2005). *A dictionary of Sociology. "roles".* Oxford: Oxford University Press.

Sullivan, O. (2011). An End to Gender Display Through the Performance of Housework? A Review and Reassessment of the Quantitative Literature Using Insights from the Qualitative Literature. *Journal of Family Theory & Review, 3,* 1-13.

Tyrell, H. (2006). Familienforschung – Familiensoziologie: Einleitende Bemerkungen. *Zeitschrift für Familienforschung, 2,* 139-147.

Walter, W. & Künzler, J. (2002). Parental Engagement. Mütter und Väter im Vergleich. In N. F. Schneider & H. Matthias-Bleck (Hrsg.), *Elternschaft heute. Gesellschaftliche Rahmenbedingungen und individuelle Gestaltungsaufgaben* (95-120). Opladen: Leske+ Budrich.

Wengler, A. et al. (2008). *Partnerschaftliche Arbeitsteilung und Elternschaft. Analysen zur Aufteilung von Hausarbeit und Elternaufgaben auf Basis des Generations and Gender Survey.* Materialien zur Bevölkerungswissenschaft Nr. 127. Wiesbaden: BiB.

West, C. & Zimmerman, D. H. (1991). Doing Gender. In J. Lorber & S. A. Farrell (Hrsg.), *The Social Construction of Gender* (13-37). Newbury Park & London: Sage.

Wetterer, A. (2008). *Geschlechterwissen und soziale Praxis. Theoretische Zugänge – empirische Erträge.* Königstein im Taunus: Ulrike Helmer.

Zabel, C. & Heintz-Martin, V. (2012). Does children's age impact the division of housework? A comparison of France, Eastern and Western Germany. *European Societies, online first. DOI: 10.1080/14616696.2012.749413.*

Claudia Opitz-Belakhal

Zur Geschichte der Geschlechter in Europa – Debatten und Ergebnisse der geschlechtergeschichtlichen Forschung

Wohl das grundsätzlichste und wichtigste Anliegen der Geschlechterforschung ist die Infragestellung vermeintlich „natürlicher" Geschlechterunterschiede und die durch sie legitimierten gesellschaftlichen Ungleichheiten zwischen Männern und Frauen. Zu dieser Debatte hat auch die Geschlechtergeschichte wichtige Argumente und methodische Überlegungen beigetragen. Umgekehrt hat sie vor allem von der Ethnologie, aber auch von der Philosophie wichtige Anregungen empfangen und im Rahmen ihrer eigenen Forschungsinteressen weiterentwickelt. Insbesondere die Diskussion um das Verhältnis von Natur und Kultur und dessen geschlechtliche „Einfärbung" hat maßgeblich dazu beigetragen, eine grundlegende Kritik an binären Geschlechterbildern und an naturalisierenden Erklärungen von Geschlechterhierarchien in der Vergangenheit zu formulieren. Im Folgenden möchte ich wichtige Stationen und Ergebnisse der historischen Geschlechterforschung präsentieren, die gleichzeitig auch einen Blick auf historische Geschlechterverhältnisse und Geschlechterordnungen und deren vielfältige Deutungsmöglichkeiten in Vergangenheit und Gegenwart erlauben.

1. „Natur" und Kultur der Geschlechter

Neben aus der marxistischen Theorie entlehnten Begrifflichkeiten wie „Unterdrückung" oder „Ausbeutung" wurde in der feministischen Forschung seit Simone de Beauvoir zur Bezeichnung und Problematisierung der „Ordnung der Geschlechter" auch auf die strukturalistische Kategorienbildung zurückgegriffen, die Claude Lévy-Strauss 1949 in die Ethnologie eingeführt hatte. Ihr zufolge sind Frauen das „natürliche" (ggf. auch „wilde" oder „materielle" usw.) Geschlecht – während Männer auf der Seite der Kultur stehen. Im Weiteren lässt sich hieraus die These formulieren, Männer hätten sich Frauen in einem längeren historischen Prozess ebenso unterworfen wie „die Natur" (Ortner, 1993[1]). Diese Dichotomisierung des Geschlechterverhältnisses, die schon in der Geschlechteranthropologie der Aufklärung zu finden ist, bot sich damit auch als Erklärung

---

[1] Zur Unterwerfung des Weiblichen analog zur Natur s. Fox Keller (1986).

der besonderen weiblichen Geschichtserfahrung an: Bedingt durch ihre geschlechtsspezifische Körperlichkeit und durch die weibliche Fähigkeit, Kinder zu gebären (und zu nähren) hätten Frauen eine grundlegend andere Erfahrung von und damit auch Sicht auf die Geschichte.

Während aber etwa der Öko-Feminismus oder auch die frühe feministische Naturwissenschaftskritik die (angeblich) größere Nähe von Frauen zur Natur als kritisches Argument gegen männliche Naturzerstörung einsetzten[2], äußerten sich Kulturwissenschaftlerinnen eher skeptisch über die Dichotomisierung von Frauen und Männern als „Natur" vs. „Kultur". Berühmt geworden ist die kritische Revision des Natur-Kultur-Gegensatzes von Carol P. MacCormack, in der sie „nicht nur [die] starren Kategorien oder Ansammlungen von meta-phorischen Gegensätzen" hinterfragt, mit denen die strukturale Anthropologie wie auch Teile der Frauenforschung arbeiteten, „sondern auch unsere Vor-stellungen von dem Prozess, in dessen Verlauf Natur zu Kultur wird" (MacCormack, 1989, S. 68). MacCormack gesteht zwar zu, „dass binäre Unter-schiede für das menschliche Denken lebensnotwendig sind", doch kann eine wissenschaftliche Betrachtung ihrer Meinung nach dabei nicht stehen bleiben. Vielmehr seien „Natur" und „Kultur" beides kulturelle Konstrukte, deren Genese in der Aufklärung und ihrem naturrechtlichen bzw. naturphiloso-phischen Denken liege. Hier sei denn auch gleich der Geschlechterdualismus in die Konzepte mit eingeschrieben worden, als Frauen zu Bewahrerinnen der „natürlichen Gesetze" und der „natürlichen Moral", aber auch der Gefühle und der Leidenschaften erklärt worden seien. MacCormack bezeichnet diese Fest-schreibung als einen „Mythos" der judäo-christlichen Tradition, der aber mehr auf tief verwurzelten, (para-) religiösen Werthaltungen denn auf intellektueller Durchdringung basiere. Diese „Mythisierung" sei dann im 19. Jahrhundert durch die Evolutionstheorie fortgeschrieben worden, die eine „natürliche" Erklärung von Geschlechtsunterschieden lieferte. Damit aber sei ein logischer Bruch entstanden innerhalb der strukturalen Modelle, der als Moment von Herrschaft (von Männern über Frauen) gelesen werden kann: Während nämlich strukturale Modelle eigentlich keine unauflöslichen Gegensätze enthalten, da das Rohe gekocht, die Natur zu Kultur werden kann usw., wird hier eine absolute Grenze gezogen: Das Weibliche kann nicht männlich werden – und umgekehrt, obgleich dies, so MacCormack, in der sozialen Realität sehr wohl möglich wäre, und zwar in beide Richtungen (ebd., S. 77f.).

---

[2] Vgl. dazu etwa Merchant (1987) sowie, in kritischer Replik darauf, Harding (1986).

Das vermeintlich „universale Modell" menschlichen Denkens wird von MacCormack als Konstrukt männlich geprägter okzidentaler Wissenschaft identifiziert, wobei sie sich darauf beruft, dass sich in anderen Kulturen weder die westliche Art der Geschlechterdichotomie, noch die hier festgeschriebenen Bezugnahmen auf „Natur" und „Kultur" finden. Doch lässt sich daraus schließen, „dass sowohl Männer als auch Frauen Natur und Kultur sind und dass es keine Logik gibt, die uns zur Annahme zwingt, Frauen seien auf einer unterbewussten Ebene durch ihre Naturhaftigkeit [den Männern] entgegengesetzt und untergeordnet" (ebd., S. 90)?

Die feministische Forschung hat diese Frage durchgängig mit „ja" beantwortet.[3] Sie hat sich infolge dieser Erkenntnis von „biologistischen" oder auch nur „essentialistischen" Erklärungen der Geschlechterdifferenz weit distanziert. Sie konnte dadurch naturwissenschaftliche Paradigmen und insbesondere die Idee eines naturgegebenen Geschlechterdimorphismus als Grundlage einer Legitimierung von Geschlechterhierarchien klar zurückweisen. Die Geschlechterforschung sieht in der „Naturalisierung" der Geschlechtsunterschiede vielmehr eine spezifische Leistung (oder genauer: ein spezifisches Problem) unserer westlichen Wissenssysteme, deren Genealogie feministische Forscherinnen in den letzten Jahren verstärkt herausgearbeitet haben (vgl. dazu etwa Van Wijngaard, 1997; Kirkup, 1992). Gerade für die historische Geschlechterforschung hat sich damit ein breites Feld eröffnet, das dem Ziel dient, „eine echte Historisierung und die Dekonstruktion der Bedingungen des Geschlechterdifferenz" in der Vergangenheit herauszuarbeiten (vgl. dazu v. a. Scott, 1994).

Geschlechtersymbole und ihre (Be-)Deutungen

Schon 1976 nahm die US-amerikanische Historikerin Natalie Zemon Davis vermeintlich „universelle" Zuschreibungen von „Natur" und „Kultur" zum Anlass für eine grundlegende Reflexion über die Vielschichtigkeit und Wandelbarkeit von geschlechtlichen Positionierungen und Zuschreibungen. Sie fragte damals: „Verhält sich weiblich zu männlich wie Natur zu Kultur?" – und antwortete: „Nein, nicht immer, trotz der weiblichen Verbindung zum Kinderkriegen. Zum Beispiel sehen einige in der Tradition des Rittertums und noch stärker im Denken des 19. Jahrhunderts die männliche Sexualität als der Natur nahe und das weibliche Gefühl als zivilisierend an." (Davis, 1986, S. 129). Vormoderne Autoren betrachteten Frauen dagegen eher als sexuell gesteuertes Geschlecht und übertrugen deshalb dem „vernünftigeren" männlichen Ge-

---

[3] Vgl. zur kritischen Infragestellung der *anthropology of women* Habermas (1993).

schlecht die Kontrolle über sich selbst wie aber auch über die „unersättlichen" Frauen. Doch, so führt N. Z. Davis weiter aus, „ein noch wichtigerer Vorbehalt gegen diese Gegensatzpaare besteht darin, dass sie auf Kategorien aufbauen, die historisch gebunden sind. ‚Kultur' ist in Europa bis zum 19. Jahrhundert noch nicht einmal ein klar bestimmter Begriff. ‚Natur' hat im europäischen Denken der letzten zweitausend Jahre sehr unterschiedliche Grenzen und ihre Beziehung zu ‚Kultur' ist verwickelt." Davis folgert hieraus indes nicht, die Kategorien auf sich beruhen zu lassen, sondern im Gegenteil, sie will „die Symbole und symbolisches Verhalten so akzeptieren, wie sie uns in den Texten gegeben werden, und dann im Kontext einer gegebenen Zeit erkunden, was sie bedeuten." (ebd.).

Die Ergebnisse dieser Rundschau sind hoch interessant, teilweise sogar völlig unerwartet. In jedem Fall fordern sie dazu heraus, platte Analogien in Zweifel zu ziehen. Davis präsentiert nämlich im Folgenden Bilder von der „aufsässigen Frau", wie sie (nicht nur) im Frankreich der Frühen Neuzeit massenhaft auf Flugblättern und als Geschichten kursierten, sondern auch das politische Leben und den Karneval mit bestimmten (Davis, 1987). Ausgangspunkt ihrer Überlegungen ist das in der frühen Neuzeit in Europa vorherrschende negative Bild der Frau, ihrer überbordenden Sexualität und die daraus abgeleitete Notwendigkeit, sie zu unterwerfen und zu kontrollieren:

„Im frühneuzeitlichen Europa hielt man das weibliche Geschlecht für das ordnungswidrige schlechthin. [...] Die Zügellosigkeit der Frau gründete in ihrer Physiologie. Wie jeder Arzt im sechzehnten Jahrhundert wusste, bestand die Frau aus kalten und feuchten Säften (der Mann war heiß und trocken), und Kälte und Feuchtigkeit bedeuten ein wechselhaftes, trügerisches und schwieriges Temperament. Ihr Schoß war wie ein hungriges Tier: wurde es nicht durch Geschlechtsverkehr oder Schwangerschaft reichlich gefüttert, dann fing es an, im Körper herumzuwandern und ihre Sprache und ihre Sinne zu überwältigen [...]. Worin bestanden die vorgeschlagenen Mittel gegen weibliche Ungebärdigkeit? Religiöse Erziehung, die ihr die Zügel der Bescheidenheit und Demut anlegte, eine selektive Bildung, die der Frau ihre moralische Pflicht zeigte, ohne ihre undisziplinierte Phantasie zu entflammen oder ihre Zunge für öffentliche Reden zu lösen; ehrliche Arbeit, die ihre Hände beschäftige, und Gesetze und Zwänge, die sie ihrem Gatten untertan machten." (ebd., S. 138).

Dass dieses Bild nicht von allen – Männern wie Frauen – unwidersprochen hingenommen wurde, erläutert Davis im folgenden und zeigt, welche alternativen Deutungsmöglichkeiten innerhalb der frühneuzeitlichen „querelle des femmes", dem „Streit um die Frauen" ins Feld geführt wurden, um die

Tugenden und Stärken des weiblichen Geschlechts zu betonen. Allerdings waren solche Argumente Davis' Auffassung nach nicht besonders wirksam, denn „in mancher Hinsicht vertiefte sich die Unterwerfung vom sechzehnten zum achtzehnten Jahrhundert allmählich, während sich die patriarchalische Familie durchorganisierte – um effizienter Besitz anzuhäufen, um soziale Mobilität zu erlangen, um den Stamm zu erhalten – und weil beim Aufbau des Staates und der Ausweitung der Handelskapitalismus Fortschritte auf Kosten menschlicher Autonomie erzielt wurden." (ebd.).

Davon ausgehend präsentiert Davis allgemeinere Überlegungen darüber, welchen Stellenwert Geschlechtersymbole innerhalb von kulturellen Systemen in der Geschichte hatten und noch haben. Sie geht davon aus, dass „Behauptungen und Gegenbehauptungen über geschlechtsspezifische Charaktereigenschaften [...] Fragen nicht nur über die tatsächliche Art männlichen und weiblichen Verhaltens im vorindustriellen Europa aufwerfen, sondern auch über den unterschiedlichen Gebrauch der Geschlechtersymbolik. Die Symbolik der Geschlechtsrollen steht natürlich immer zur Verfügung, um Aussagen über gesellschaftliche Erfahrung zu machen und Widersprüche in ihr zu reflektieren (oder zu verbergen)." (ebd., S. 139).

Als Beispiel hierfür nennt sie das patriarchalische Modell der Ehe, das in Europa seit dem späten Mittelalter vorherrschend war. „Am Ende des Mittelalters war die Beziehung der Ehefrau – des potentiell liederlichen Weibes – zu ihrem Ehemann besonders gut dafür zu gebrauchen, die Beziehung aller Untertanen zu den ihnen Überlegenen auszudrücken, und dies aus zwei Gründen. Erstens wurden ökonomische Beziehungen immer noch häufig auf mittelalterliche Art als Dienstverhältnisse begriffen. Zweitens waren die Natur politischer Herrschaft und das neuere Problem der Souveränität sehr umstritten. Anhand der kleinen Welt der Familie mit ihrem augenfälligen Spannungsverhältnis zwischen Intimität und Macht konnten die größeren Probleme der politischen und sozialen Ordnung trefflich symbolisiert werden." (ebd.).

Wurden nun durch die „aufsässige Frau" im eigentlichen Sinn des Wortes die Geschlechterbilder gleichsam auf den Kopf gestellt, musste das auch Auswirkungen auf die gesamte gesellschaftliche Ordnung haben, die ja durch die „Ordnung der Geschlechter" repräsentiert und symbolisiert wurde. Die „aufsässige Frau" erscheint dann als Provokation der herrschenden (Geschlechter-) Ordnung, die mit allen Mitteln bekämpft werden musste. Dies war eine wichtige Ursache dafür, dass bei der europäischen Hexenverfolgung in der frühen Neuzeit insbesondere Frauen massenhaft verdächtigt, angeklagt und zum Scheiterhaufen verurteilt wurden.[4]

Während aber Ethnologen traditionell der Auffassung waren, dass die Geschlechtsrollenumkehrung in einer hierarchischen Gesellschaft „letztlich, wie andere Riten und Zeremonien der Umkehrung auch, eine Quelle der Ordnung und Stabilität sind", geht Davis im Gegenteil von der Vieldeutigkeit symbolischer Bilder aus. Das gilt auch für das Bild der Unordnung stiftenden, „aufsässigen" Frau. Ihrer Meinung nach war es „ein vieldeutiges Bild, das erstens dazu geeignet war, weibliche Verhaltensoptionen innerhalb und auch außerhalb der Ehe zu erweitern, und das zweitens, für Männer und für Frauen gleichermaßen, Aufruhr und politischen Ungehorsam in einer Gesellschaft zu legitimieren vermochte, die den unteren Schichten wenig formale Protestmöglichkeiten einräumte. [...] So betrachtet, könnte die aufsässige Frau sogar Innovationen in historischer Theorie und politischem Verhalten begünstigen." (ebd., S. 143).

Dieses „Spiel" funktionierte allerdings nur so lange, wie erstens „die Geschlechtersymbolik eng mit Fragen der Ordnung und Unterordnung verbunden war, wobei das niedrigere weibliche Geschlecht als das zügellose und lüsterne verstanden wurde, und zweitens, solange der Anreiz zum Spiel mit der Rollenumkehrung ein doppelter war – nämlich traditionelle hierarchische Strukturen und umstrittene Veränderungen der Machtverteilung in Familie und Politik." (ebd., S. 169f.). Beides ging, so Davis, auf dem Weg in das Industriezeitalter verloren. Die Trennung des Privaten vom Öffentlichen und die Vorstellung von den „zwei Sphären" führten zu einer (vermeintlichen) Auflösung der Geschlechterhierarchie zugunsten einer naturalisierten Differenz der Geschlechter.[5]

Ähnliche Überlegungen hat in jüngerer Zeit auch die Mediävistin Caroline Walker Bynum angestellt mit Blick auf die „dominanten Symbole" und die Bilder von Statusumkehrung und Statuserhöhung in religiösen Texten des Mittelalters. Auch ihr geht es dabei um Geschlechtersymbole und -hierarchien und deren Verkehrung oder gar Umkehrung. Ausgehend von religiösen Autobiographien von Männern und Frauen des Mittelalters, die sie versucht, mit Hilfe der theoretischen Überlegungen des Ethnologen Viktor Turner zu lesen, stellt sie fest, dass „Statusumkehrung oder Statuserhöhung" wohl weniger ein universales Bedeutungsmoment sind, „das alle menschlichen Wesen in ihren sozialen Dramen benötigen, als vielmehr ein Ausbruch derjenigen, die die Bürde der hohen Ränge

---

[4] Vgl. dazu Opitz-Belakhal (2005).
[5] Vgl. dazu auch Frevert (1995).

innerhalb der Sozialstruktur tragen und auch deren Vorzüge genießen." (Bynum, 1996 S. 27). Während nämlich weibliche Religiosen des Mittelalters Geschichten erzählen, die „tatsächlich weniger prozesshaft sind als die der Männer", finden sich in religiösen (Auto-)Biographien von Männern diverse Formen der Statusumkehrung bzw. der Liminalität wie Klimax, Bekehrung, Reintegration und Triumph. Dies bedeutet, dass es offenbar nur den statushöheren Männern zustand, mit der hierarchisierten Geschlechtersymbolik zu spielen, sie umzukehren, umzudeuten und schließlich wieder in Kraft zu setzten. Diese Beobachtung wirft ein kritisches Licht auf Davis' Überlegungen zur „aufsässigen Frau". Sie belegt nämlich den für Frauen deutlich kleineren Handlungsspielraum in Fragen der Definition und Nutzung kultureller Symbole, was einerseits den bisweilen sehr harschen Umgang mit weiblichen Transvestiten in der Frühen Neuzeit erklärt[6] und was andererseits mit ein Grund dafür sein dürfte, dass Frauen während der Frühen Neuzeit tatsächlich in mancher Hinsicht „an Terrain verloren" bzw. an Autorität eingebüßt haben, eine These, die – bei aller Vorsicht gegenüber vorschnellen Verallgemeinerungen – auch Olwen Hufton in ihrem Überblick über „Frauenleben" in der europäischen Geschichte von 1500-1800 vertritt (vgl. Hufton, 1995, S. 660-687).

Davon unbenommen ist jedoch die allen diesen Forschungen gemeinsame Überlegung, dass Geschlechtersymbole zu keiner Zeit statisch und eindeutig waren, sondern dass ihnen eine Vielzahl (durchaus auch einander widersprechender) Bedeutungen innewohnt, die es in dieser Vielfalt und Widersprüchlichkeit zu entziffern gilt, um nicht falsche Schlüsse aus ihnen zu ziehen.

2. Kritik des dualistischen Denkens über die Geschlechter

Die Diskussion um die Historizität (und damit auch Wandelbarkeit) von Geschlechterrollen und Geschlechterordnungen war im deutschsprachigen Raum auch noch von einer anderen Seite her aufgerollt worden. 1976 hatte Karin Hausen einen vielzitierten Aufsatz publiziert über die „Entstehung der Geschlechtscharaktere" am Ende des 18. Jahrhunderts, die dichotomisch angelegt waren und die insbesondere der „Naturalisierung" des weiblichen „Geschlechtscharakters" Vorschub geleistet hätten (Hausen, 1976).

---

6 Vgl. dazu Dekker & van de Pol (1990) sowie die Beiträge in: Epstein & Straub (1991). Eine Ausnahme bildet in diesem Zusammenhang die spätantike und frühmittelalterliche Ideal-Gestalt der „virago" – der „männlichen Jungfrau"; vgl. dazu Ines Stahlmann (1996).

Karin Hausen ging in diesem Aufsatz davon aus, dass im letzten Drittel des 18. Jahrhunderts die Herausarbeitung und Abgrenzung jenes dualen Aussagesystems begann, das „als ein Gemisch aus Biologie, Bestimmung und Wesen" darauf abzielte, „Gattungsmerkmale von Mann und Frau festzulegen" (ebd., S. 367). Die biologisch und psychologisch begründeten Geschlechtseigentümlichkeiten ergänzten sich wechselseitig, bildeten zusammen ein Ganzes und seien einander zugleich polar entgegengesetzt.

Der Mann ist, nach diesem System, aktiv und rational – und damit für den Bereich des Öffentlichen zuständig – die Frau dagegen passiv und gefühlsbetont, was sie für den familiären „Innenraum" prädestiniert. In Lexika, in medizinischen und pädagogischen Schriften sowie in der Literatur wurden diese Festschreibungen thematisiert und popularisiert zu einem Zeitpunkt, als sich just ein Wandel in den familiären und den gesellschaftlichen Produktionsverhältnissen abzeichnete. Nach Hausen übernehmen die geschlechter-polarisierenden Aussagen über die „Natur (der Frau)" die Funktion, die in der vorindustriellen Gesellschaft den Standesdefinitionen zugekommen sei. Der Wechsel des Bezugssystems (von der Standesdefinition zur Geschlechterpolarität) sei mit dem Wechsel vom „ganzen Haus" zur bürgerlichen Arbeitswelt einhergegangen, die gekennzeichnet ist durch Kleinfamilie und die Trennung von privatem Familien- und öffentlichem Arbeitsbereich. Unter zwei Aspekten sei dieser Wandlungsprozess wirkungsvoll gewesen: Erstens wurde so das Fortbestehen patriarchaler Herrschaft abgesichert und zweitens wurde die Rationalisierung für die historisch neue Aufspaltung in einen öffentlichen Bereich der Arbeit und einen privaten der Familie geliefert. Dabei geht Hausen davon aus, dass die Wirkung der „neuen Ideologie" nur deshalb möglich gewesen sei, weil ihr ein gewisser Realitätsgehalt innewohnte bezüglich der Trägergruppe, die dieses „Programm" ausformulierte, nämlich dem Bildungsbürgertum und seiner neuartigen Familienform, die nicht auf außerhäuslicher Erwerbsarbeit der Ehefrau, sondern vor allem auf innerhäuslicher Erziehungsarbeit der Mutter basierte.

Die Ausführungen Karin Hausens erschienen einer ganzen Generation von Historikerinnen so plausibel, dass sich erst 1986 mit Britta Rang eine Stimme zu Wort meldete, die hier Einspruch erhob.[7] Sie betonte in ihren „Kritischen Anmerkungen zu den Thesen von Karin Hausen" (Rang, 1986) vor allem die Tatsache, dass sich ähnlich dualistische bzw. dichotomische Aussagen zum „Geschlechtscharakter von Mann und Frau" schon lange vor dem 18. Jahrhundert finden – etwa in den Schriften der Renaissance-Humanisten, die wiede-

---

[7] Vgl. dazu auch Hausen (2012) S. 83-105.

rum auf antike Texte rekurrierten oder in den Beiträgen zur europäischen *querelle des femmes*. Unter *„querelle des femmes"* – ein Begriff, der im 16. Jahrhundert geprägt und dann vielfach modifiziert wurde – wird heute ein umfassender „Geschlechterstreit" in Wort und Bild verstanden, der am Ende des Mittelalters begann, (mindestens) bis zur Französischen Revolution andauerte und sich über ganz Europa erstreckte. An dieser Debatte beteiligten sich zahlreiche Männer und etliche Frauen als AutorInnen, KünstlerInnen oder Gelehrte. Gestritten wurde hier um männliche und weibliche Tugenden, Fähigkeiten oder auch Laster und Fehler, um Geschlechterhierarchien, um die Ehe, um die Frage der weiblichen Bildungs- oder Herrschaftsfähigkeit sowie um die Frage, ob die männliche Behandlung des weiblichen Geschlechts – im literarischen wie im alltäglichen Leben – angemessen oder nicht vielmehr ganz und gar verfehlt sei. Aber der Streit diente z. T. auch ganz anderen Zwecken, etwa der Diskussion um künstlerische oder literarische Stilfragen, der Präsentation rhetorischer Fähigkeiten, der Gelehrten- und der Wissenschaftskritik oder schließlich der persönlichen Profilierung von KünstlerInnen oder Gelehrten. Unter den *„Querelle"*-AutorInnen gab es Stimmen, die behaupteten, Frauen seien wesentlich besser, da tugendhafter, klüger und schöner als Männer, und solche, die sich für die „Gleichheit der Geschlechter" stark machten. Andere wiederum plädierten für ein ausgewogenes Urteil – also etwa: jedes Geschlecht hat Fehler und Schwächen, aber auch Stärken und besondere Fähigkeiten –, und schließlich finden sich hier auch bösartige Invektiven sowohl gegen die Angehörigen des männlichen wie des weiblichen Geschlechts (vgl. Bock & Zimmermann, 1997, S. 9-38).

Zweifellos gibt es also eine bereits lange anhaltende Diskussion über die Frage „was" bzw. „wie" Frauen (und Männer) sind – aber es gibt auch eine Vielzahl von Deutungsmöglichkeiten und Kontexten, jenseits des Konzepts der „Geschlechtscharaktere", das in der Tat erst mit der Biologisierung bzw. Psychologisierung von Geschlechterdifferenz seit dem Ende des 18. Jahrhunderts aufkam und sich ausbreiten konnte (vgl. dazu Frevert, 1995, S. 13-60).

Ob diese heterogene frühneuzeitliche Schrift-Tradition allerdings als „Feminismus" *avant la lettre* gelten darf, wie dies die US-amerikanische Renaissance-Historikerin Joan Kelly zu Beginn der 1980er Jahre behaupte hatte (Kelly-Gadol, 1992), darüber ist sich die Forschung nicht einig. Gisela Bock und Margarethe Zimmermann haben diesem „Streit um den Feminismus" einen umfangreichen Band gewidmet. Sie zeigen hier zunächst die lange Tradition der Historiographie über die *Querelle des femmes* auf, die es vor allem in den romanischen Ländern, aber durchaus auch, in etwas modifizierter Form, im deutschsprachigen Raum gab, um dann auf den aktuellen Streit um die *Querelle des femmes* zu sprechen zu kommen. Beide Autorinnen gehen davon aus, dass es sich bei der *Querelle des femmes* um ein europäisches Phänomen mit enormer thematischer Breite und von langer Dauer handelt – der Beginn wird in der Regel in der „Renaissance" situiert (ein höchst dehnbarer Epochenbegriff und Zeitraum) und ihr Ende mit der französischen Revolution bzw. mit der dort beobachtbaren „Politisierung" der Geschlechterdebatten durch die Demokratiebewegung. Doch gibt es gegen solche Datierungen auch gewichtige Einwände – so etwa die Beobachtung, dass es auch nach 1800 noch sehr ähnliche Geschlechterdebatten gab und viele Argumente bis weit ins 20. Jahrhundert hinein fast unverändert weitergeführt wurden, während andererseits das religiöse Bezugssystem, das in der frühen *Querelle* eine erhebliche Bedeutung hatte, mit der „cartesianischen Wende" um 1670 zurücktrat gegenüber moderneren naturrechtlichen und naturphilosophischen Begründungen.[8] Bock und Zimmermann verweisen darauf, dass „die Frage der Periodisierung der Querelle [...] sich mithin nicht trennen lässt von der Frage ihrer Definition: Bestimmen wir sie nach Epochen des weiteren gesellschaftlichen und politischen Kontextes, in dem sie sich abspielte, oder nach ihren Inhalten und deren Kontinuität oder Wandel, oder aber nach ihrer literarischen Form?" (Bock & Zimmermann, 1997, S. 19).

Die Frage nach dem „feministischen Gehalt" der *Querelle* trennen sie allerdings von der Definitionsfrage ab. Sie plädieren für einen fruchtbaren Dialog mit der Kultur- und Mentalitätengeschichte, für die „historische Reflexion auf Sprache und geschlechterbezogene Ansätze der neueren ‚intellectual history'", anstatt auf einer enggeführten sozialgeschichtlichen Betrachtung, die der *Querelle* als (überwiegend männlich geprägter) Elitetradition die Relevanz für eine frauengeschichtliche Forschung abspricht (ebd., S. 19). Auch die Philosophiehistorikerin Elisabeth Gössmann betont schon länger die unübersehbar „praktische" Relevanz der *Querelle* für die (Vor-)Geschichte der Mädchen- und Frauenbildung, ein Thema, das in der sog. „Alten Frauenbewegung" dann an Brisanz und Aktualität gewann und schließlich, mit der Institutionalisierung der höheren Mädchenbildung und des Frauenstudiums zu einer wirklichen Erfolgsgeschichte feministischer Reflexion wie feministischer Bewegung werden konnte (Gössmann, 1998, S. 9-32).[9] Andererseits sollten über dem „Streit um die Frauen" die kollektiven Aktivitäten von Frauen in anderen gesellschaftlichen Bereichen (etwa die Beteiligung von Frauen an Hungerrevolten, Bürgerkriegen und Aufständen) oder aber auch in sog. „religiösen Bewegungen" – bis hin zur Reformation – nicht über-

---

[8] Zur „Querelle"-Tradition im 20. Jh. vgl. auch Christina Klausmann und Iris Schröder (2000).
[9] Zur wechselhaften Geschichte der Mädchen- und Frauenbildung allgemein vgl. die Beiträge in Kleinau und Opitz (1996).

sehen werden, die mit „feministischen" Vorstellungen einhergehen konnten, aber nicht mussten (vgl. Opitz, 1995).

So plädiert Gisela Bock in ihrem den „Feminismus-Streit" resümierenden Fazit denn auch dafür, die *Querelle des femmes* nicht ausschließlich als „feministische" Debatte zu verstehen, weil sie gleichzeitig breiter gefasst ist als unser modernes Feminismus-Verständnis, da sie „nicht nur die frauenfreundlichen, sondern auch die frauenfeindlichen Texte einschließt", und enger, weil sie „nicht sämtliche Arten von frauenfreundlichen beziehungsweise ‚feministischen' Äußerungen" umfasst (Bock & Zimmermann, 1997, S. 341-371).

In ihrem Überblick über die „Frauen in der europäischen Geschichte" hat Gisela Bock der *Querelle des femmes* schließlich einen zentralen Stellenwert zugemessen. Die *Querelle* dominiert ihre Darstellung frühneuzeitlicher Geschlechterbeziehungen unter der Überschrift „Ein europäischer Streit um die Geschlechter" (Bock, 2000). Bock führt hier insbesondere die Debatte um die Ehe als einer wesentlichen Grundlage frühneuzeitlicher Lebens- und Arbeitsverhältnisse nicht nur von Frauen, sondern auch von Männern vor. Auch Fragen nach der „Macht der Väter", der „Macht der (Ehe-)Männer" wie auch „die Macht der Frauen" in der frühneuzeitlichen Kultur und Gesellschaft lassen sich von hier aus problematisieren. Die *Querelle* wird damit zum erstrangigen Bezugsrahmen nicht nur für weiblichen Widerstand und Protest, sondern für gesellschaftliche Diskussionsprozesse um Macht, Herrschaft und Unterwerfung insgesamt. Und mehr noch: Die Geschlechterdebatten sind mit dem Beginn der Moderne nicht beendet, sondern Bock diagnostiziert einen zweiten und schließlich dritten „Streit um die Geschlechter" in der Zeit der französischen Revolution und im 19. Jahrhundert, bis zur (bürger-)rechtlichen Gleichstellung der Frauen und damit ihrer Aufnahme in den Bereich des Politischen. Einen letzten Geschlechterstreit lokalisiert sie schließlich in der Zeitgeschichte, mit der Genese und der öffentlichen Präsenz der Neuen Frauenbewegung. Damit stehen nun weniger der „Feminismus *avant la lettre*" oder die historisch unterschiedlichen Feminismen, sondern vielmehr die diversen Auseinandersetzungen um die jeweiligen Rollen und Rechte von Frauen und Männern im Vordergrund des Interesses, nach dem Motto: In jedem Jahrhundert und in jeder Epoche und gesellschaftlichen Konstellation sind die Rollen, Rechte und Positionen von Männern und Frauen (bisweilen ähnlich, bisweilen anders) umstritten.

Sie löst damit ein, was Bitta Rang einige Jahre zuvor in kritischer Infragestellung der „Geschlechtscharaktere" als Modernisierungsphänomen und damit moderner Konzepte von Zweigeschlechtlichkeit gefordert hatte, die von einem

Bruch „um 1800" ausgehen und die dieser Modernisierung vorgelagerten Langzeitphänomene zu wenig beachten oder ganz ausblenden:

„Durch die zeitliche Beschränkung auf die beiden letzten Jahrhunderte kommt noch ein anderer historischer Sachverhalt nicht in den Blick: dass nämlich Älteres mit Neuem eine eigentümlich zählebige Verbindung eingehen kann. Und eben das lässt sich für den ‚Geschlechterdualismus' zeigen. In einer solchen Vermischung von Altem und Neuem sowohl Veränderungen aufzuspüren, als auch das relativ Stabile auszumachen, scheint mir ein wichtiger Aspekt nicht nur feministischer Wissenschaft, sondern auch feministischer Politik." (Rang, 1996, S. 196).

Vom one-sex-model zur Zweigeschlechtlichkeit

Diesen Hinweis haben auch viele andere Forscherinnen und Forscher aufgegriffen. Am grundsätzlichsten hat wohl der US-amerikanische Sexualitätshistoriker Thomas Laqueur die Langzeitperspektive von Geschlecht und Geschlechtlichkeit zu erhellen versucht. Er spürte nämlich in seiner Untersuchung der „Inszenierung der Geschlechter von der Antike bis Freud" im engsten Sinn – d. h. anhand der Darstellung und wissenschaftlichen Beschreibung der weiblichen und männlichen Sexualorgane – quer durch die Jahrhunderte und Epochen nach. Er kam dabei zu der erstaunlichen Erkenntnis, dass bis ins 18. Jahrhundert hinein keine Eindeutigkeit in der Zuweisung der Geschlechtsorgane bestanden habe, bzw. dass die Gelehrten der Auffassung gewesen seien, das weibliche Geschlecht (d. h. die weiblichen Geschlechtsorgane) sei dem männlichen ähnlich, allerdings „verkehrt" bzw. umgekehrt angelegt. Bis weit ins 18. Jahrhundert hinein wird dieser Befund nicht nur durch anatomische Beschreibungen und Darstellungen, sondern auch durch (für uns heute unglaubliche) Geschichten vom plötzlichen Geschlechtswechsel (vor allem) von Frauen, deren Geschlechtsorgane nach unten bzw. außen fielen, gestützt. Laqueur nennt diese Vorstellung das „one sex model".

„Dann jedoch, etwa im späten 18. Jahrhundert, änderte sich die sexuelle Natur des Menschen. [...] Um 1800 waren die unterschiedlichsten Autoren dazu entschlossen, das, worauf sie als fundamentale Unterschiede zwischen dem männlichen und dem weiblichen Geschlecht und folglich zwischen Mann und Frau bestanden, an beobachtbaren biologischen Unterschiedlichkeiten festzumachen und diese in einer radikal anderen Sprache zum Ausdruck zu bringen." (Laqueur, 1992, S. 19). Damit beginnt die Ära des „two sex model" – und also die der modernen Vorstellungen einer „natürlichen" und unumkehrbaren Geschlechterdifferenz. Auch Laqueur sieht also, ähnlich wie Karin Hausen, einen „großen Bruch" um 1800 – und er schließt recht umstandslos von der wissenschaftlichen bzw. anatomischen Beschreibung auf die gesellschaftliche Praxis der „Geschlechterordnung", die sich seiner Auffassung nach ebenfalls um 1800 wandelte, als mit der Durchsetzung aufklärerischer Gleichheitsvorstellungen gleichzeitig naturphilosophische Geschlechterkonzepte etabliert wurden, die einen „natürlichen" und unwandelbaren Geschlechtsunterschied behaupteten, um damit weibliche Gleichheitsansprüche zurückzuweisen.

Es hat in der Folge einige Kritik an diesem umstandslosen In-eins-Setzen von wissenschaftlichem und politischem Diskurs gegeben; und es gab und gibt auch weiterhin berechtigte Zweifel an einer Untersuchung, die 2000 Jahre medizinisch-anatomische Debatten in drei, vier Kapiteln abzuhandeln sucht. Dass der Diskurs vielschichtiger war, als Laqueur ihn beschreibt, darüber sind sich die meisten KritikerInnen im Prinzip einig. Es bleibt aber sein Verdienst, auf die Historizität der Idee von der „natürlichen Zweigeschlechtlichkeit des Menschen" und der körperlichen Unterschiede zwischen Mann und Frau nachdrücklich hingewiesen zu haben.

Schließlich lassen auch begriffsgeschichtliche Untersuchungen keinen Zweifel daran, dass ein eindeutiger und sozial homogener Begriff „Frau" bzw. „Frauen" in Europa generell eine historisch späte Errungenschaft war, die sich etwa im Deutschen erst im 19. Jahrhundert etablieren konnte. Die zunächst sozial, aber auch vom Zivilstand her differenzierenden Bezeichnungen wie „Dame", „Weib", „Frauenzimmer" oder „Fräulein", „Metze" oder „das [sic!] Mensch" gingen im alltäglichen Sprachgebrauch sukzessive verloren bzw. wurden eingeebnet in einen rein geschlechtlich konnotierten Begriff „Frau". Im 20. Jahrhundert blieb bei der Anrede nur noch die Unterscheidung des unverheirateten („Fräulein") von der verheirateten Frau übrig – die übrigens beide ihre ehemalige Zuordnung zum „höheren Stand" eingebüßt haben (vgl. Opitz, 2003).

Die Erkenntnis, dass schon in der Vergangenheit erhebliche Unterschiede zwischen Frauen verschiedener Stände, Klassen und Ethnien oder kultureller Zugehörigkeit festgeschrieben wurden, hat sich indes schon früh in der historischen Frauen- und Geschlechterforschung etablieren können. Nicht nur Unterschiede zwischen Frauen und Männern stehen demzufolge heute zur Debatte, sondern auch solche, die durch das „Viergestirn" von „race, class, sex and gender" innerhalb der Geschlechtergruppen hervorgebracht werden und ihrerseits zu solchen vielfältigen Unterschieden bzw. gesellschaftlichen Differenzierungen beitragen (vgl. Davis, 1998). Dies ist in jüngerer Zeit insbesondere durch die historische Männerforschung herausgestellt und (wieder) präsent gemacht worden.

Männliche Geschlechterrollen und Geschlechtsidentitäten

Denn dass auch Männer Rollenzwängen unterworfen sind, Sozialisations-
prozesse durchlaufen und „zu Männern gemacht" werden, ist erst mit der
Öffnung der Frauen- zur Geschlechtergeschichte sichtbarer geworden. Vor allem
angelsächsische und US-amerikanische Männlichkeitsforscher, die sich mit der
Situation und der Geschichte männlicher Homosexueller beschäftigten, wiesen
zu Beginn der 1980er Jahre auf die geschlechtsspezifischen Zwänge hin, denen
Männer unterworfen waren (oder doch sein konnten).[10] Mittlerweile, so bemerkt
Wolfgang Schmale in seiner „Geschichte der Männlichkeit", „steht eine Masse
von Detailstudien vom Kastraten über die Männlichkeit des Klerikers bis zum
Soldaten, Dandy oder König, vom Hagestolz bis zum Rapper, vom ‚rüpelhaften
Bauern' bis zum Parvenu, vom Frauenhelden bis zum modernen Familienvater,
vom ‚Sodomiten', ‚Hermaphroditen' und dem Heterosexuellen bis zum Bisexu-
ellen oder der Drag Queen usw. nebeneinander" – ohne allerdings jeweils immer
in die entsprechenden kulturellen Figurationen eingeordnet zu sein (Schmale,
2003, S. 13). Dem versucht Schmale abzuhelfen, indem er epochenspezifische
Männlichkeitsideale und deren Wandel zum Untersuchungsgegenstand wählt. Im
Zeitraum zwischen dem späten Mittelalter und der Zeitgeschichte identifiziert er
dabei fünf verschiedene Haupt-Typen von Männlichkeiten und versucht, diese in
die jeweiligen historisch-kulturellen Kontexte einzuordnen. Ausgehend vom Bild
des „Neuen Adam", das vor allem im Zeitalter der Reformation dominierte, über
den Typus des „Magiers", der den humanistischen Gelehrten beschreiben soll,
sowie die „Heroen und Liebhaber", die die höfische Kultur des 17. und 18.
Jahrhunderts dominierten, kommt er schließlich zur hegemonialen Männlichkeit
der bürgerlichen Gesellschaft – aber auch zu deren sukzessiver Auflösung durch
„polymorphe Männer" in der postmodernen Gesellschaft der Gegenwart.

Es lässt sich sicher darüber streiten, ob diese Typen jeweils für ihre Zeit und
Kultur die „typischsten" sind – und welche Männlichkeiten mit dieser Aufteilung
jeweils unter den Tisch gefallen sind. Dennoch wird aus seinem Buch ohne
weiteres deutlich: „Nichts ist so unstet wie Männlichkeit" (ebd., S. 9). Doch
lange Zeit ist kaum etwas in der historischen Forschung weniger untersucht und
damit auch problematisiert worden, als die wechselnden Konzepte von (idealer)
Männlichkeit und die Probleme, die für die Individuen wie aber auch für die
historischen Gesellschaften aus solchen Idealen resultierten. Nicht erst heute
nämlich machen männliche Jugendliche sich und anderen das Leben schwer oder

---

[10] Die wichtigsten Anregungen in diesem Feld gingen sicherlich von den Arbeiten des Australiers
Robert W. Connell (1999) aus.

gelten als Bedrohung der öffentlichen Ordnung. Wie die Frühneuzeit-Historikerin Lyndal Roper gezeigt hat, waren es insbesondere die widersprüchlichen Vorgaben der männlichen Geschlechterrolle, die in den Städten des späten Mittelalters und der beginnenden Neuzeit die männliche Jugend zum „öffentlichen Ärgernis" machen konnten.

„Das erste, worauf die Historikerin oder der Historiker der frühneuzeitlichen Stadt bei der Beschäftigung mit Männlichkeit stößt, ist deren Zerrissenheit. Männer stellten eine ernsthafte Bedrohung für die öffentliche Ordnung dar, junge Heißsporne trieben nachts auf den Straßen ihr Unwesen, betrunkene Ehemänner prügelten ihre Frauen fast zu Tode, und mit den Zünften bildeten sich männliche Bruderschaften heraus, in denen sogar politische Unruhe gärte. Männlichkeit und der Ausdruck, den sie Tag für Tag fand, bedeuteten eher eine ernstzunehmende Gefahr für den Stadtfrieden, als dass sie eine Stütze des Patriarchats gewesen wären." (Roper, 1995, S. 110).

Roper spricht im folgenden auch vom „Paradox der Männlichkeit", das sich ihrer Auffassung nach insbesondere darin manifestiert, dass sich „die städtischen Obrigkeiten [...] permanent konfrontiert sahen mit der anarchischen Zerrüttung, die die männliche Kultur verursachte – der schwache Ehemann, der Trunkenbold, die bedrohlichen Gemeinschaften der Zünfte und Banden. Was ihre Manifestation in der Öffentlichkeit betraf, war Männlichkeit alles andere als nützlich für die Gesellschaft des 16. Jahrhunderts." (ebd., S. 114). Doch das ist nur die halbe Wahrheit, denn „schließlich war die Stadt letztlich auf furchtlos kämpfende Männer angewiesen, um die Ordnung zu sichern und die Stadt zu verteidigen. Der Mann des Exzesses, die Figur, die Männlichkeit schlechthin verkörperte, war auch ein kulturelles Produkt. Was auf den ersten Blick wie ‚Wildheit' erscheint, war tatsächlich weniger eine Frage der Gelüste selbst als vielmehr ihrer Dramatisierung. Die raue Kultur der Zünfte, die die Obrigkeit des Rates so sehr irritierte, diente schließlich und endlich doch dazu, sie zu stützen – nicht jedoch durch ihre funktionelle Einengung, sondern durch tödlichen Kampf." (ebd., S. 127).

Wie auch immer man das „Paradox der Männlichkeit" fasst – der Begriff hat einiges für sich, um die allzu starke Fixierung der Frauen- wie aber auch von Teilen der Geschlechtergeschichte auf die „männliche Gewalt" oder auch die „männliche Herrschaft" abzumildern bzw. zu historisieren.[11] So lässt sich etwa

---

[11] Kritisch wird deshalb in der historischen Geschlechterforschung auch das eher starre Konzept männlicher Herrschaft des französischen Soziologen Pierre Bourdieu (1997) gesehen.

zeigen, wie viel „gesellschaftliche Energie" auf die Befriedung aggressiver Männlichkeit gerichtet werden musste, eine Energie, die u. a. auch daher kommen musste, dass Geschlechterkonflikte eingedämmt und Frauen zur Friedfertigkeit und (mehr oder weniger freiwilligen) Unterwerfung gezwungen wurden (vgl. Roper, 1995, S. 147-172).

Andererseits stellt die Geschichte vormoderner Männlichkeiten auch gute Beispiele dafür zur Verfügung, wie wenig „autonom" oder auch „frei" Männer ihr Leben innerhalb einer von Hierarchien und starren Ordnungsvorstellungen geprägten Welt leben konnten, und zwar vor allem auch von Hierarchien innerhalb des männlichen Geschlechts. Erst mit dem Wegfall der ständischen Unterschiede seit dem Ende des 18. Jahrhunderts wurde Männlichkeit ausschließlich durch den Kontrast zur Weiblichkeit definiert und damit homogenisiert – mit Rückgriff auf dichotomische Geschlechterbilder wie etwa das von der „weiblichen" Natur und der „männlichen" Kultur (vgl. Frevert, 1995, S. 25-37).

3. Geschlechtergeschichte der (Natur-)Wissenschaften

In diesem Zusammenhang haben sich die (Natur-)Wissenschafts- und insbesondere die Medizingeschichte als wichtige Felder geschlechtergeschichtlicher Forschung erwiesen, auf denen der oben formulierte Anspruch zur Dekonstruktion der „natürlichen Geschlechtsunterschiede" besonders wirksam umgesetzt werden kann. So zeichnete die US-amerikanische Wissenschaftshistorikerin Londa Schiebinger in ihrer wegweisenden Arbeit die diversen „gendering"-Prozesse innerhalb der sich formierenden Naturwissenschaften um 1800 nach und zeigte auf, wie sehr die damals aktuellen Geschlechterbilder und -dichotomien das wissenschaftliche Denken geprägt haben – trotz aller Bemühungen um wissenschaftliche „Objektivität" (Schiebinger, 1995). Und mehr noch, so betont sie einleitend, schon seit Aristoteles seien solche Geschlechterbilder in wissenschaftlichen Abhandlungen propagiert und tradiert worden und sie hätten auch mit der wissenschaftlichen Revolution im 19. Jahrhundert nicht an Wirksamkeit verloren. Im Prinzip prägen sie unser gesellschaftliches wie unser wissenschaftliches Denken bis heute, aber auch die Institutionen moderner Wissenschaft und Medizin. Darüber könne auch die wachsende Präsenz von Frauen in den (Natur-) Wissenschaften nicht hinwegtäuschen. Wissenschaftliche Institutionen seien, wie die Inhalte selbst, „gendered", also durch hierarchische Geschlechterbilder geprägt, und trügen sie – als „objektive Gegebenheiten" – in die aktuellen Diskussionen über Geschlechterdifferenz und Gleichheit zurück.

In ähnlicher Weise analysierte bereits 1991 die Kultursoziologin Claudia Honegger die „Ordnung der Geschlechter in der Moderne" als „Legende der bloßen Naturauslegung" und als wesentlichen Beitrag zu jenem „Gestrüpp aus Theorien, Fiktionen und Projektionen [...], in dem wir noch immer gefangen und befangen sind." (Honegger, 1991, S. IX). Doch geht es ihr vor allem um den „epistemologischen Bruch" zwischen der „alten Ordnung" des Mittelalters und der frühen Neuzeit, wo Geschlechterrollen und -dichotomien eher in religiös-theologischen (und seit der Aufklärung zunehmend auch in philosophischen) Mustern definiert und beschrieben wurden, und der „neuen Ordnung" in der von den Naturwissenschaften beherrschten Moderne:

„Erst mit dem Aufschwung der naturalistischen Wissenschaften vom Menschen verlagerte sich das Problem zu Beginn des 19. Jahrhunderts definitiv aus der Gesellschaft in die wahrzunehmende Natur. Nun sollte der rein objektive Tatsachenblick des Menschenwissenschaftlers an der Grundstruktur des menschlichen Körpers direkt die soziale und sittliche Aufgabenverteilung zwischen den Geschlechtern ablesen können. [...] Damit wurden vor allem die Mediziner zu neuen Priestern der menschlichen Natur, zu Deutungsexperten, die sowohl für die Orthodoxie wie für den alltäglichen Moralkodex verantwortlich zeichneten" (ebd.).

Wenn hier auch insbesondere die Medizin (und vor allem die Gynäkologie) als „Menschenwissenschaft" in den Blick der Forscherin geriet, so beschränkt sich die kritische Reflexion aber doch nicht auf diesen wissenschaftlichen Teilbereich. Vielmehr geht Honegger davon aus, dass „die scheinbar direkt der Natur abgelauschte partikularisierte Ordnung der Geschlechter [...] mit ihrem Überhang an unreflektierten Deutungen vielmehr konstitutiv [ist] für die Moderne insgesamt." (ebd., S. X).

Die Vordenkerin der Geschlechtergeschichte in Deutschland, Gisela Bock, hat solche Überlegungen weitergeführt und radikalisiert. Sie geht davon aus, dass Biologie als Begriff und Wissensordnung von deutschen und französischen Gelehrten erst zu Beginn des 19. Jahrhunderts erfunden – mithin selbst „historisch" ist – und im Laufe der Zeit deutlich transformiert wurde. Heute ist er vielschichtig und unpräzise – vor allem aber ist die angebliche wissenschaftliche Unhintergehbarkeit „biologischer" Erkenntnisse höchst fraglich insofern, als dem Biologischen ein ebenso metaphorischer wie (dadurch) soziokultureller Charakter eignet und biologistische Aussagen in der Regel in hohem Grade wertbelastet sind. Sie schlussfolgert aus diesen Beobachtungen, dass die Geschlechtergeschichte künftig auf „Biologismen" aller Art verzichten sollte, darüber aber nicht die Bedeutung und die Macht des Materiellen und Körperlichen „innerhalb und außerhalb unserer Selbst" vernachlässigen dürfe. Vielmehr seien es gerade solche angeblich biologischen Vorgänge und Erfahrungsbereiche, die erst durch eine geschlechtergeschichtliche Neuorientierung in das Blickfeld der historischen Forschung geraten, wie etwa die Geschichte der Mutterschaft und der Schwangerschaft, des Ammen- und des Hebammenwesens, aber auch z. B. die Geschichte des (weiblichen wie des männlichen) Körpers, der Sexualität, der Prostitution usw. (vgl. Bock, 1989; Jordanova, 1989).

„Gendering" von (Natur-)Wissenschaft

Die kritische Re-Vision der Geschichte der (Natur-)Wissenschaften durch die historische Geschlechterforschung richtet sich indes nicht nur auf die Inhalte, sondern auch auf deren institutionelle Rahmenbedingungen (vgl. Löwy, 1999). Vor allem der Ausschluss von Frauen aus Universitäten und Akademien war ein Thema, das in der feministischen Forschung in unterschiedlicher Weise diskutiert und problematisiert wurde. Dabei standen sich bald schon zwei tendenziell unvereinbare Lesarten gegenüber: eine ältere, die vom Jahrtausende langen Ausschluss von Frauen aus Universität und Wissenschaft ausging und diese deshalb als „Männerwelt" definierte (vgl. Noble, 1992; Hassauer, 1994), und eine jüngere, die der Auffassung ist, dass die Institutionen der wissenschaftlichen Auseinandersetzung selbst historisch wandelbar sind und insofern Frauen in unterschiedlicher Weise aus-, aber (zumindest zeitweise) durchaus auch einschlossen – und sei dies nur in der Position der „Dissidentinnen" oder der „weiblichen Gegenstimmen" (vgl. etwa Appich et al., 1993). Die letztere Argumentation, die sich nicht zuletzt auch auf die lange historiographische Tradition der „berühmten Frauen" stützen kann, hat mittlerweile eine Fülle von Beweisen dafür erbracht, dass eine wissenschaftliche Betätigung im weiteren Sinn für Frauen auch schon vor der Einführung des Frauenstudiums seit Ende des 19. Jahrhunderts möglich war. So liegen mittlerweile mehrbändige Sammlungen von Lebensbeschreibungen von Philosophinnen oder gelehrten Frauen seit der Antike vor; auch wurden im Zuge der „Wiederentdeckung" der gelehrten Frauen der Vergangenheit durch feministische Forscherinnen diverser Disziplinen „verschüttete Traditionen" weiblichen Wissens ans Licht gehoben – oder doch jedenfalls verschüttete Traditionen einer Geschichtsschreibung über Künstlerinnen und weibliche Gelehrte.[12] Nicht zuletzt wurde auch die wechselvolle

---

[12] Vgl. dazu Meyer (1995-1997); zur verschütteten Tradition gelehrter Frauen vgl. etwa die von Elisabeth Gössmann herausgegebene Reihe „Archiv für philosophie- und theologiegeschichtliche
Fortsetzung nächste Seite

Geschichte der Mädchen- und Frauenbildung in Europa und den USA in den letzten drei Jahrzehnten weiter erhellt, aus der u. a. deutlich wird, dass diese Geschichte weder durchgängig parallel mit der der Knaben- und Männerbildung gesehen werden kann, noch aber auch als reines Komplement dazu. Die Bildungswege und -möglichkeiten von Mädchen und Frauen liefen jahrhundertelang gerade nicht über öffentliche Institutionen (wie Schulen oder Universitäten), die vielfach Jungen und Männern vorbehalten waren, sondern sie gingen eher im „privaten" Bereich von Haushalt und Familie vonstatten; auch waren ihre Inhalte in vieler Hinsicht vom „männlichen" Bildungskanon deutlich unterschieden. Dies bedeutete in der Regel eine weniger wissenschaftliche oder „gelehrte" Ausbildung und insbesondere eine, die nicht auf Professionalisierung abzielte. Im Gegenteil, Professionalisierungsprozesse etwa im Bereich des Heilwesens, in Erziehung und Unterricht und in der Verwaltung, die sich in verschiedenen Bereichen seit dem Ende des Mittelalters abzeichnen, führten in der Regel zu einer Abqualifizierung und bisweilen sogar zur Verdrängung von Frauen aus ganzen Berufszweigen (vgl. Kleinau & Opitz, 1996, S. 15-20).

Dennoch bedeutet der Ausschluss von Frauen etwa aus universitärer Ausbildung nicht notwendigerweise auch deren völlige Abtrennung von wissenschaftlichen Innovationen. Wie Londa Schiebinger gezeigt hat, sind nicht selten wissenschaftliche Revolutionen (etwa der frühen Neuzeit) eben gerade nicht an akademische Lehrstätten gebunden gewesen, die für Frauen nicht zugänglich waren, sondern sie spielten sich im halb-privaten Milieu adliger Amateur-Labors, familiärer Werkstätten oder öffentlicher Vorführungen ab, zu denen Frauen durchaus zugelassen waren. Und mehr noch, es lassen sich etwa frühaufklärerische Reformbewegungen (wie z. B. der Cartesianismus) als von Frauen mitbetriebene und für sie mitorganisierte Bildungsbemühungen interpretieren, die sich dezidiert gegen reformunfähige, „verknöcherte" und vermännlichte akademische Institutionen richteten (vgl. Schiebinger, 1993). Die Frage, wie „männlich" die Wissenschaft ist, muss damit also differenzierter beantwortet werden als nur durch den Hinweis auf den „Ausschluss der Frauen aus der Wissenschaft". So geht Londa Schiebinger davon aus, dass die moderne europäische Wissenschaftslandschaft nicht notwendigerweise eine „männliche" hätte werden müssen, denn in der wissenschaftlichen Revolution des 17. Jahrhunderts seien die Frauen durchaus präsent gewesen. Auch andere Bildungshistorikerinnen sind der Meinung, dass

---

Frauenforschung" (seit 1984 acht Bände und einige in zweiter, überarbeiteter Auflage) sowie ihren programmatischen Aufsatz zu diesem Thema (Gössmann, 1998, S. 9-32).

die Nicht-Beteiligung von Frauen an der Aufklärung als zentrale Umbruchsphase hin zur Moderne nicht den Tatsachen entspricht, sondern durch eine geschlechterblinde Forschung und Geschichtsschreibung erst hergestellt wurde. Sie betonen, dass Frauen in vieler Hinsicht an diesem Prozess beteiligt waren, ja, dass es ohne weibliche Beteiligung keine Aufklärung hätte geben können, vor allem, weil sich hier gesellige und gelehrte Zirkel etablierten, die auf die Unterstützung durch Frauen und auf ein (auch) weibliches Publikum angewiesen waren, um sich zu konstituieren, zu konsolidieren und zu erweitern. Nicht zuletzt deshalb stellte die „Geschlechterfrage" eine zentrale Thematik aufklärerischer Debatten dar. (vgl. Opitz & Weckel, 1998, S. 7-21; Goodman, 1994).

Damit verschiebt sich die Frage von der „Männlichkeit der Wissenschaft" (Hausen & Nowottny, 1988; Schaeffer-Hegel & Watson-Franke, 1989) hin zur Erforschung der Prozesse, durch welche Wissenschaft, Männlichkeit und Modernisierung so eng verbunden wurden, dass sie heute als monolithischer Einheitsblock erscheinen. Jedenfalls lässt sich der relativ unstrittige Befund von der „männlichen Wissenschaft" durch Tradition allein nicht erklären; institutionelle Strukturen, Professionalisierungsstrategien, Verlagerungen in der universitären Arbeitswelt usw. trugen dazu ebenso bei wie etwa auch thematische und methodologische Entwicklungen und Akzentsetzungen – so etwa die Abschottung von Labors gegenüber Laien (die in sehr vielen Fällen „Laiinnen" waren), oder das „gendering" von Experimentalanordnungen (etwa die Hierarchie zwischen männlichen Ärzten und weiblichen Patienten) und schließlich von der Konstituierung wissenschaftlicher Tatsachen und Wahrheiten (vgl. Schiebinger, 1995 sowie allgemeiner Fox Keller, 1986).

4. Zusammenfassung und Fazit

Ich habe in diesem Beitrag wichtige Stationen und Ergebnisse der historischen Geschlechterforschung präsentiert, ausgehend von der grundlegenden Überzeugung moderner feministischer Forschung, dass biologische bzw. biologistische Erklärungen von Geschlechtsunterschieden und -hierarchisierungen lediglich nur eine Möglichkeit von vielen darstellen, Geschlechtsunterschiede zu konzipieren und damit letztlich auch Geschlechterhierarchien zu legitimieren. Es ist indes eine spezifisch moderne Art und Weise der Konstruktion und Legitimation von Geschlechterdimorphismus und Geschlechterordnung, der einerseits über Jahrhunderte und Jahrtausende hinweg gültige andere Konzepte vorausgingen, die aber ihrerseits auch seit ihren Anfängen umstritten und gleichsam „in Bewegung" waren.

Vor allem aber hat die Geschlechtergeschichte der letzten drei Jahrzehnte gezeigt, dass es komplexe und differenzierte Prozesse der Wissensgenerierung und der Bedeutungszuschreibung waren und sind, aus denen solche Geschlechterordnungen hervorgehen – und diese wiederum präg(t)en die gesellschaftlichen und kulturellen Verhältnisse maßgeblich mit, sei dies nun durch die Zuschreibung von „Geschlechtscharakteren" an die Angehörigen der beiden Geschlechter, sei dies aber auch durch die Infragestellung überkommener Ordnungssysteme und die Etablierung neuer, wie dies etwa die (Natur-)Wissenschaften seit dem Beginn des 19. Jahrhunderts taten und weiterhin tun. Diese Mechanismen und Dynamiken weiterhin offen zu legen und bewusst zu halten, ist meines Ermessens nach die wichtigste Aufgabe der Geschlechterforschung heute – und in Zukunft.

Literatur

Appich, M. et al. (Hrsg.) (1993). *Eine andere Tradition. Dissidente Positionen von Frauen in Philosophie und Theologie.* München: iudicium.

Bock, G. (1989). Women's History and Gender History: Aspects of an International Debate. *Gender and History, 1* (1), 7-30.

Bock, G. (2000). *Frauen in der europäischen Geschichte.* München: Beck.

Bock, G. & Zimmermann, M. (Hrsg.) (1997). *Die europäische Querelle des Femmes. Geschlechterdebatten seit dem 15. Jahrhundert* [Querelles. Jb. Für Frauenforschung]. Stuttgart: Metzler.

Bourdieu, P. (1997). Die männliche Herrschaft. in: I. Dölling & B. Krais (Hrsg.), *Ein alltägliches Spiel. Geschlechterkonstruktion in der sozialen Praxis* (153-217). Frankfurt a. M.: Suhrkamp.

Bynum, C. W. (1996). *Fragmentierung und Erlösung.* Frankfurt a. M.: Suhrkamp.

Connell, R. W. (1999). *Der gemachte Mann. Konstruktion und Krise von Männlichkeiten.* Opladen: Leske+Budrich.

Davis, N. Z. (1986). *Frauen und Gesellschaft am Beginn der Neuzeit. Studien über Familie, Religion und die Wandlungsfähigkeit des sozialen Körpers.* Berlin: Wagenbach.

Davis, N. Z. (1987). Die aufsässige Frau. In N. Davis (Hrsg.), *Humanismus, Narrenherrschaft und die Riten der Gewalt* (136-170). Frankfurt a. M.: Fischer.

Davis, N. Z. (1998). Neue Perspektiven für die Geschlechterforschung in der Frühen Neuzeit. In H. Wunder & G. Engel (Hrsg.), *Geschlechterperspektiven. Forschungen zur Frühen Neuzeit* (16-42). Königstein im Taunus: Ulrike Helmer.

Dekker, R. & Pol, L. van de (1990). *Frauen in Männerkleidern. Weibliche Transvestiten und ihre Geschichte.* Berlin: Wagenbach.

Eifert, Ch. et al. (Hrsg.) (1996). *Was sind Frauen? Was sind Männer? Geschlechterkonstruktionen im historischen Wandel.* Frankfurt a. M.: Suhrkamp.

Epstein, J. & Straub K. (Hrsg.) (1991). *Body Guards. The Cultural Politics of Gender Ambiguity.* New York: Routledge.

Fox Keller, E. (1986). *Liebe, Macht und Erkenntnis. Männliche oder weibliche Wissenschaft?* München: Fischer.

Goodman, D. (1994). *The Republic of Letters: A cultural History of the French Enlightenment.* Ithaca: Cornell University Press.

Gössmann, E. (Hrsg.) (1998). *Das wohlgelahrte Frauenzimmer.* München: iudicium.

Frevert, U. (1995). *„Mann und Weib und Weib und Mann". Geschlechter-Differenzen in der Moderne.* München: Beck.

Habermas, R. (1993). Geschlechtergeschichte und „anthropology of gender". Geschichte einer Begegnung. *Historische Anthropologie, 1* (3), 485-509.

Hassauer, F. (1994). *Homo academica. Geschlechterkontrakte, Institution und die Verteilung des Wissens.* Wien: Passagen.

Hausen, K. (1976). Die Polarisierung der „Geschlechtercharaktere". Eine Spiegelung der Dissoziation von Erwerbs- und Familienleben. In W. Conze (Hrsg.), *Sozialgeschichte der Familie in der Neuzeit Europas* (363-393). Stuttgart: Klett.

Hausen, K. (2012). Der Aufsatz über die „Geschlechtscharaktere" und seine Rezeption. Eine Spätlese nach 30 Jahren. In K. Hausen (Hrsg.), *Geschlechtergeschichte als Gesellschaftsgeschichte* (83-105). Göttingen: Vandenhoek & Ruprecht.

Hausen, K. & Nowottny, H. (Hrsg.) (1986). *Wie männlich ist die Wissenschaft?* Frankfurt a. M.: Suhrkamp.

Harding, S. (1986). *The Science Question in Feminism.* Ithaca: Cornell University Press.

Honegger, C. (1991). *Die Ordnung der Geschlechter. Die Wissenschaften vom Menschen und das Weib.* Frankfurt a. M.: Campus.

Hufton, O. (1995). *Frauenleben. Eine europäische Geschichte 1500-1800.* Frankfurt a. M.: Fischer.

Jordanova, L. (1989). *Sexual Visions: Images of Gender in Science and Medicine between the Eighteenth and Twentieth Centuries.* New York: Harvester Wheatsheaf.

Kelly-Gadol, J. (1992). Early Feminist Theory and the "querelle des femmes". *Signs, 8* (1), 4-28.

Kirkup, G. (Hrsg.) (1992). *Inventing Women: Science, technology and gender.* Cambridge: Polity Press.

Klausmann, C. & Schröder, I. (2000): *Geschlechterstreit um 1900.* Feministischen Studien, Heft 1/2000. Stuttgart: Lucius & Lucius.

Kleinau, E. & Opitz, C. (Hrsg.) (1996). *Geschichte der Mädchen- und Frauenbildung* (2 Bände). Frankfurt a. M.: Campus.

Kleinau, E. & Meyer, C. (Hrsg.) (1996). *Erziehung und Bildung des weiblichen Geschlechts. Eine kommentierte Quellensammlung zur Bildungs- und Berufsbildungsgeschichte von Mädchen und Frauen* (2 Bände). Weinheim: Deutscher Studien-Verlag.

Laqueur, T. (1992). *Auf den Leib geschrieben. Die Inszenierung der Geschlechter von der Antike bis Freud.* Frankfurt a. M.: Campus.

Lévy-Strauss, C. (1949). *Die elementaren Strukturen der Verwandtschaft.* Frankfurt a. M.: Suhrkamp.

Löwy, I. (1999). Gender and Science. *Gender and History, 11* (3), 514-527.

MacCormack, C. P. (1989). Natur, Kultur und Geschlecht: eine Kritik. In Arbeitsgruppe Ethnologie Wien (Hrsg.), *Von fremden Frauen. Frausein und Geschlechterbeziehungen in nichtindustriellen Gesellschaften* (68-99). Frankfurt a. M.: Suhrkamp.

Meyer, U. (Hrsg.) (1995-1997). *Die Welt der Philosophin* (3 Bände). Aachen: ein-Fachverlag.

Merchant, C. (1987). *Der Tod der Natur. Ökologie, Frauen und neuzeitliche Naturwissenschaft.* München: Beck.

Noble, D. F. (1992). *A World Without Women. The Christian Clerical Culture of Western Science.* New York: Knopf.

Opitz, C. (1995). Streit um die Frauen. Die frühneuzeitliche „querelle des femmes" aus frauen- und sozialgeschichtlicher Sicht. *Historische Mitteilungen, 8,* 15-27.

Opitz, C. (2003). Das Frauenzimmer – (k)ein Ort für Frauen? In B. Duden et al. (Hrsg.), *Geschichte in Geschichten. Ein historisches Lesebuch* (62-69). Frankfurt a. M.: Campus.

Opitz-Belakhal, C. (2005). Warum so viele Frauen? Zur Geschlechtergeschichte der Hexenverfolgung. In B. Lundt et al. (Hrsg.), *Frauen in Europa – Mythos und Realität* (260-275). Münster: Lit.

Opitz, C. & Weckel, U. et al. (Hrsg.) (1998). *Ordnung, Politik und Geselligkeit der Geschlechter im 18. Jahrhundert*. Göttingen: Wallstein.

Ortner, S. (1993). Verhält sich weiblich zu männlich wie Natur zu Kultur? In G. Rippl (Hrsg.), *Unbeschreiblich weiblich. Texte zur feministischen Anthropologie* (27-54). Frankfurt a. M.: Suhrkamp.

Rang, B. (1986). Zur Geschichte des dualistischen Denkens über Mann und Frau. Kritische Anmerkungen zu den Thesen von Karin Hausen zur Herausbildung der Geschlechtercharaktere im 18. und 19. Jahrhundert. In J. Dalhoff et al. (Hrsg.), *Frauenmacht in der Geschichte. Beiträge des Historikerinnentreffens 1985 zur Frauengeschichtsforschung* (94-204). Düsseldorf: Schwann.

Roper, L. (1995). *Ödipus und der Teufel. Körper und Psyche in der Frühen Neuzeit*. Frankfurt a. M.: Fischer.

Schaeffer-Hegel, B. & Watson-Franke, B. (Hrsg.) (1989). *Männer, Mythos, Wissenschaft. Grundlagentexte zur feministischen Wissenschaftskritik*. Pfaffenweiler: Centaurus.

Schiebinger, L. (1993). *Schöne Geister. Frauen in den Anfängen der Wissenschaft*. Stuttgart: Klett-Cotta.

Schiebinger, L. (1995). *Am Busen der Natur. Erkenntnis und Geschlecht in den Anfängen der Wissenschaft*. Stuttgart: Klett-Cotta.

Schmale, W. (2003). *Geschichte der Männlichkeit in Europa (1450-2000)*. Wien: Böhlau.

Scott, J. (1994). Gender: eine nützliche Kategorie der historischen Analyse. In N. Kaiser (Hrsg.), *Selbst Bewusst. Frauen in den USA* (27-75). Leipzig: Reclam.

Stahlmann, I. (1996). Jenseits der Weiblichkeit. Geschlechtergeschichtliche Aspekte des frühchristlichen Askeseideals. In: Ch. Eifert et al. (Hrsg.), *Was sind Frauen? Was sind Männer? Geschlechterkonstruktionen im historischen Wandel* (51-75). Frankfurt: Suhrkamp.

Van Wijngaard, M. (1997). *Reinventing the sexes. The biomedical construction of feminity and masculinity*. Bloomington: Indiana University Press.

Waltraud Cornelißen und Inga Pinhard

Konstruktionen von Geschlecht in Kindheit und Jugend

1. Einleitung

Ein fünfjähriger Junge möchte Röcke tragen, und der Vater beschließt, seinem Sohn den Rücken zu stärken und zum Vorbild zu werden, indem er Röcke- und Kleider-Tage einführt und konsequent selbst Röcke anzieht (EMMA online 20.08.2012). In ihrer Umwelt, zuerst in Berlin und später in der süddeutschen Provinz erregen Vater und Sohn Aufmerksamkeit, positiv wie negativ. Das Spiel mit Geschlechterkonventionen irritiert, insbesondere wenn tradierte Vorstellungen von Männlichkeit in Frage gestellt werden.

Wie werden aus Kindern Jungen und Mädchen, Frauen und Männer, und wo liegen die Spielräume für ein „Dazwischen"? Auf diese Frage sind schon viele Antworten versucht worden. Hier wird ein Zugang über die kulturellen und sozialen Praktiken der Herstellung von Geschlecht gesucht: Kinder werden Teil dieser Praktiken, indem sie sich Wissen um Geschlecht als Differenzierungskategorie und ganz praktische Kompetenzen im Umgang mit dem kulturellen System der Zweigeschlechtlichkeit aneignen. Sie verorten sich zumeist in diesem System als „männlich" oder „weiblich" (Hagemann-White, 1984; Gildemeister & Wetterer, 1992; Kelle, 2006).

Das Mann- und das Frau-werden folgt ohne Zweifel auch einem komplexen biologischen Programm.[1] Davon wird in diesem Kapitel aber abgesehen. Es werden vielmehr die kulturellen und sozialen Praktiken betrachtet, mit denen es gelingt, Geschlecht als binäre Kategorie zu etablieren, in die sich auch das Gros der jungen Generation wieder wie selbstverständlich einordnet, wenn sie auch Geschlechtergrenzen laufend verwischt und verschiebt.

Wir möchten darstellen, wie institutionell gestützte Geschlechterrelationen und kulturell verankerte Praktiken der Konstruktion von Geschlecht das Selbstbild und das Leben als Mädchen und Jungen prägen, und exemplarisch aufzeigen, wie sich Kinder und Jugendliche die symbolische Ordnung der Zweigeschlecht-

---

[1] Das biologische Geschlecht wird ausdifferenziert in chromosomales, gonadales, hormonelles und morphologisches Geschlecht (Küppers, 2012, S. 4)

lichkeit aneignen. Diese Prozesse sind, solange Kinder sehr klein sind, deutlich von Erwachsenen und dem von ihnen hergestellten Umfeld der Kinder beeinflusst. Mit zunehmendem Alter aber greifen Kinder mehr in die Gestaltung ihres Umfeldes und die gemeinsamen sozialen Praktiken und deren Deutung ein. Es findet eine „Selbst-Bildung in sozialen Praktiken" statt (Bilden, 1991).

Zentrale Voraussetzung für die Entwicklung dieser Handlungskompetenz ist die dem pädagogischen Handeln unterliegende, anfangs kontrafaktische Unterstellung, die Kinder könnten aktiv und kompetent am sozialen Leben Teil haben (Sutter, 1999). Sehr offensichtlich ist dies zum Beispiel, wenn Eltern mit ihrem Säugling sprechen. Mit Gesten und mit Worten entstehen erste Austauschprozesse, die für das Kind mit der Zeit immer eindeutigere Hinweise auf seine Umgebung liefern und es aktivieren, sich selbst in gemeinsames Handeln, Kategorisieren, Bewerten und Gestalten einzubringen. In diesem Kontext zeichnen sich für Mädchen und Jungen die ersten Konturen der Kategorie Geschlecht ab.

Gesellschaftliche Veränderungen, insbesondere die Pluralisierung unserer Gesellschaft, schaffen in vielen Milieus Vorstellungen von männlichen und weiblichen Subjekten, die nicht mehr auf dem Ideal einer einheitlichen, entweder männlich oder weiblich geprägten Kernidentität beruhen. Die nach innen gerichtete Selbstwahrnehmung und die nach außen auf verschiedene Interaktionszusammenhänge gerichtete Selbstdarstellung als Mann und Frau sind heute von Vielfalt, Komplexität und Widersprüchlichkeit geprägt (Flax, 1993; Gergen, 1991; Bilden, 1998; Keupp, 1989). Statt stabiler Identitäten werden heute oft eher zeitlich befristete und kontextabhängige Identifikationen aufgebaut und erwartet.

Die Frage kann nicht mehr sein, wie jemand „seine" Geschlechtsrolle erwirbt, sondern wie Jungen und Mädchen handlungsfähige Mitglieder einer Gesellschaft werden, in der Geschlecht auf vielfältige Weise relevant wird (Bilden & Dausien, 2006, S. 9).[2]

Aus der Perspektive einer konstruktivistischen Sozialisationstheorie soll im Folgenden beschrieben werden, wie Neugeborenen ihr Geschlecht zugewiesen wird

---

[2] An dieser Stelle wird deshalb darauf verzichtet, vorliegende lerntheoretische Ansätze, kognitionspsychologische und psychoanalytische Ansätze des „Geschlechtsrollenerwerbs" vorzustellen. Allen diesen Konzepten ist, wie Micus-Loss und Schütze betonen, „das Anliegen gemeinsam, Unterschiede zwischen den Geschlechtern zu erklären, und alle kommen zu dem Ergebnis, dass die Identifikation mit (einem) gleichgeschlechtlichen Verhaltensmodell(en) einen zentralen Mechanismus für die Entwicklung geschlechtstypischer Verhaltensweisen darstellt" (Micus-Loos & Schütze, 2004). Auf die eine oder andere Weise scheinen diese Ansätze jedoch die Vielfalt und Komplexität von Familienstrukturen und von Mustern familialer Arbeitsteilung zu ignorieren sowie deren Aneignung bzw. deren Verinnerlichung zu überschätzen (ebd.).

und wie sich Kinder als Mädchen und Jungen in der Herkunftsfamilie, in geschlechtshomogenen Praktiken unter Gleichaltrigen, im Kindergarten und in der Schule sowie später als junge Frauen und Männer bei der Berufswahl in immer neuen geschlechterkodierten Kontexten bewegen und verorten.

2. Ausweiszwang: Was wird es? Was ist es denn geworden?

Die Geschlechtszugehörigkeit ist im Unterschied zu vielen anderen Identitäten, wie die geografische oder soziale Herkunft, der Beruf oder die sexuelle Orientierung zur Offenlegung bestimmt; dies gilt schon für die ersten Lebenstage (Hirschauer, 2001, S. 214). So existiert in Deutschland ein System geschlechtsanzeigender Vornamen. Die Pflicht, jedem Neugeborenen innerhalb von wenigen Tagen nach der Geburt ein Geschlecht zuzuordnen, ist allerdings 2013 aufgehoben worden. Man will Ärzten und Eltern mehr Zeit für die Geschlechtsbestimmung geben. Ist das Geschlecht einmal zugewiesen, ist es kaum mehr veränderbar. Für die ca. 20.000 bis 30.000 in Deutschland lebenden Intersexuellen ist dies ein quälender Identitätszwang. Die Medizin ist fest in die Infrastruktur der Offenlegung und Festlegung von Geschlecht eingebunden. Als medizinischer Fortschritt gilt zumeist, dass von Ärzten seit Jahren nun schon vor der Geburt und zwar zunehmend früher das biologische Geschlecht des Ungeborenen bestimmt werden kann. Die Ärzteschaft ist sich zudem gewiss, mit immer besseren Methoden, körperliche Anomalien im Bereich der Sexualorgane chirurgisch vereindeutigen zu können.

Im Alltag des Säuglings sind nach seiner ersten Identifizierung nicht mehr seine Genitalien ausschlaggebend. Die Signalfarben rosa und hellblau ermöglichen es Eltern, das Geschlecht ihres bekleideten Säuglings kundzutun. Eltern würden damit, dass sie dem kleinen Bruder einfach die rosa Jäckchen seiner älteren Schwester anzögen, für erhebliche Verwirrung sorgen. Vielleicht weil ein strikt rosa oder hellblau gefärbtes Warenangebot einen höheren Absatz an Babybekleidung verspricht, da die Kleidung nicht beliebig weiter verwendet werden kann, ist Babykleidung, die sich nicht dem Dualismus von rosa und hellblau fügt, quasi geschlechtsneutrale Babykleidung, in Warenhäusern kaum zu finden.

Neben der Bekleidung schafft ein weiteres Geschlecht indizierendes Warenangebot, etwa Bettwäsche, Spielzeug, Schmuck, Kindergartentaschen, Rucksäcke, Schultaschen und Schultüten, Gelegenheiten und bzw. Zwänge, das Geschlecht eines Kindes anzuzeigen. Auch monosexuelle Orte wie Toiletten oder Umkleide-kabinen in Badeanstalten schaffen Segregationszwänge.[3] Oft sind auch Bauecken und Puppenecken in Kindergärten monosexuelle Orte. Sexuierte Tätigkeiten wie Sportarten, Leistungskurse und Berufe sowie monosexuelle Gesellungsformen, etwa die Mädchen- oder Jungengruppe in der Jugendarbeit sowie geschlechter-getrennte Trainings- und Sportwettkämpfe bieten Kindern und Jugendlichen Gelegenheit, sich als Mädchen oder Junge einzuordnen und darzustellen. Nicht immer und in jedem Kontext wird Geschlecht in Interaktionen handlungsrele-vant. Normen der Gleichbehandlung verlangen sogar eine Neutralisierung von Geschlecht (Hirschauer, 2001). Ein Zwang, eindeutig als Junge oder Mädchen ausgewiesen zu werden oder sich selbst auszuweisen, ist allerdings ubiquitär.

Ab dem zweiten Lebensjahr scheinen Kinder rudimentäre Vorstellungen von ihrem Selbst als Mädchen und Junge zu entwickeln. Eine Geschlechts-umwandlung ist in diesem Lebensalter jedenfalls schon mit psychischen Irritationen beim Kind verbunden. Mit dem Verständnis von Sprache lernt das Kind, den für es selbst gültigen Sex-Label durch die Zuschreibungen der Erwachsenen kennen und auch auf sich selbst anzuwenden. Das Kind erfährt, woran man Mädchen und Jungen unterscheiden kann, wenn sie nackt sind; zu-nehmend versteht es auch die Bedeutung geschlechtsindizierender Symbole unserer Kultur (Vornamen, Kleidung, Frisur). Zunächst begreifen Kinder das Geschlecht nicht als Konstante einer Person. Erst ab dem 5. oder 6. Lebensjahr begreifen sie, dass die körperlichen Metamorphosen von Mädchen und Jungen in vorbestimmten Bahnen laufen. Das Begreifen der Konstanz des Geschlechts erfordert eine Abstraktion von den sekundären Geschlechtsmerkmalen, eine schwierige Operation. Ein volles Verständnis der Geschlechterkonstanz scheint erst im Grundschulalter vorzuliegen (Trautner, 1979, S. 64; Kasüschke, 2008, S. 197).

Junge Kinder scheinen sich sehr stark an Geschlechterstereotypen zu orientieren. Untypische Verhaltensweisen werden umgedeutet oder zurückgewiesen. Die Verletzung ethischer Werte verurteilen sie, dies belegen Studien von Judith Smetana, allerdings entschiedener als die von Geschlechtsrollenvorschriften (Kasüschke, 2008, S. 194). Auch Ansätze eines Wissens über die geschlechtliche Kodierung von Spielzeug und Berufen scheinen im Kindesalter nachweisbar (Kasüschke, 2008, S. 198). Bei einer Bilderbuchbetrachtung mit Kindern fällt auf,

---

[3] Dabei stellt sich zum Beispiel die Frage, ob die Mutter eines 6-jährigen Jungen diesen allein durch die Herrenabteilung einer Badeanstalt schicken soll, oder ob sie ihn mit in die Damenabteilung nehmen darf.

dass die Entscheidung eines Trainers, ein einzelnes fußballspielendes Mädchen nicht in die Mannschaft aufzunehmen, von Mädchen wie Jungen fast durchweg abgelehnt wird (ebd., S. 200). Dies spricht für die Relevanz des Gleichbehandlungsgebots im kindlichen Urteil. Gleichzeitig werden erwachsene Frauen mit untypischem Aussehen und untypischem Hobby von den Kindern eher abgelehnt. „Offensichtlich greifen im Urteil der meisten Kinder Geschlechterstereotype eher bei Erwachsenen als bei Kindern, die ihnen von der Identifikation her näher sind", interpretiert Kasüschke diesen Befund (ebd., S. 200).

3. Gender in der Herkunftsfamilie

Ganz offensichtlich erwerben Kinder ein erstes Wissen vom System der Zweigeschlechtlichkeit in familialen Interaktionsprozessen. Die im Familienleben fest verankerte Zuordnung der Familienmitglieder zu dem einen oder anderen Geschlecht kann, muss aber nicht unbedingt, mit einer inhaltlich unterschiedlichen Charakterisierung der Geschlechter einhergehen. Die Geschlechtertrennung kann auch ein rein symbolischer Akt sein ohne eine stabile Zuschreibung von Eigenschaften an jeweils ein Geschlecht (Faulstich-Wieland, 2008, S. 244). Dass Eltern auf der symbolischen Ebene Geschlechterunterscheidungen zwischen Mädchen und Jungen vollziehen, ist allgegenwärtig. Eltern folgen zumeist ganz selbstverständlich kulturell verankerten Regeln des Unterscheidens von Mädchen und Jungen. Diese elterliche Praxis ist zum Teil per Gesetz vorgeschrieben, so etwa die Festlegung eines geschlechtsanzeigenden Vornamens. Zum Teil wird die elterliche Praxis auch durch Werbung, Handel und Warenindustrie gesteuert (Walter, 2011), so etwa die Auswahl einer geschlechtsanzeigenden Babyausstattung.

Die Herstellung von Differenzen zwischen Kindern entlang der Geschlechtergrenze beschränkt sich allerdings letztlich nicht auf die symbolische Ebene. Dies zeigt sich sehr deutlich am Spielzeugbesitz der Kinder. Hartmann stellte fest, dass Mädchen bei Schuleintritt sehr viel häufiger als Jungen über Puppen und entsprechendes Zubehör verfügten, während Jungen sehr viel häufiger als Mädchen Fahrzeuge, Konstruktionsbaukästen, elektronische Spiele und Kriegsspielzeug besaßen (Hartmann, 2000, S. 92). Diese Geschlechterdisparitäten im Spielzeugbesitz tragen zumindest das Potenzial in sich, Mädchen auf eine Rolle im Haus, auf das „Muttern" vorzubereiten und Jungen die Beschäftigung mit Technik und Kampf nahezulegen.

Das Selbst des Kindes und die Entwicklung seiner ersten Routinen sind davon abhängig, wie seine soziale Umgebung es in ihre alltäglichen Praktiken einbindet. Daher ist zu erwarten, dass sich das Selbstbild von Mädchen und Jungen und die Praxis ihrer Kontaktaufnahme mit der Umwelt schon früh zu unterscheiden beginnen, wenn es für Eltern oder andere Personen in der unmittelbaren Umgebung der Kinder einen Unterschied macht, ob das Kind als Junge oder als Mädchen geboren wurde. Die allermeisten Eltern sagen von sich, dass sie ihre Töchter und Söhne gleich erziehen (Faulstich-Wieland & Horstkemper, 1998). Dennoch könnten sie unreflektiert mit ihren Töchtern anders umgehen als mit ihren Söhnen. Dies ist allerdings schwer zu belegen. Es gibt kaum aktuelle, langfristig angelegte Beobachtungen des Familienalltages, die den Umgang von Eltern und Kindern und dessen Effekte wirklich analysieren könnten. Immer wieder greift die Forschung auf Befragungen von Eltern oder Kindern zurück. Bei diesem Vorgehen aber muss angenommen werden, dass sich die Antworten von alltäglichem Geschlechterwissen, Gleichstellungsansprüchen, Geschlechterstereotypen oder vorgängigen Identifikationsprozessen leiten lassen (Micus-Loos & Schütze, 2004, S. 357).

Unter diesem Vorbehalt sei berichtet: Es wiederholen sich die Ergebnisse, nach denen Eltern mit ihren Söhnen mehr toben und mit Mädchen häufiger über Gefühle sprechen. Dabei scheinen die Väter mehr Unterschiede zwischen Töchtern und Söhnen zu machen als die Mütter (Lytton & Romney, 1991). Mädchen und Jungen geben auch in Deutschland unterschiedliche Auskünfte über ihre Erziehungserfahrungen. Jungen berichten häufiger von Sanktionen wie Hausarrest, Fernsehverbot und Taschengeldkürzungen. Auch Stöße und Ohrfeigen gehören bei Jungen häufiger als bei Mädchen zu ihren Erziehungserfahrungen. Mädchen erleben sich häufiger als getröstet, mit Liebe erzogen und beruhigt. Über ein Lob der Eltern berichten Mädchen und Jungen ähnlich häufig. Über Gleichgültigkeit der Eltern berichten Jungen häufiger als Mädchen (Raithel, 2005, S. 156).

Die womöglich durch das Geschlecht des Kindes modulierte Eltern-Kind-Interaktion, die „Ausstattung" von Mädchen und Jungen mit unterschiedlichem Spielzeug und mit mehr oder weniger praktischer Kleidung zum Spielen und Toben schafft Kindern geschlechtstypische Zugänge zur Welt und unterschiedliche Erfahrungen in ihrer Welt. Die häusliche Arbeitsteilung ihrer Eltern und deren Machtkonstellation sind Teil der gemeinsamen alltäglichen Routinen in der Familie und werden vom Kind zunächst als ganz selbstverständlich angeeignet.

Wenn das Kind seine Geschlechtszugehörigkeit, und mehr noch, wenn es deren Konstanz erfasst, bemüht es sich selbst, seine Geschlechtsidentität in direkten

Interaktionen zu bekräftigen. Es will kein Baby mehr sein, sondern ein Mädchen, ein „großes Mädchen" bzw. ein Junge, ein „großer Junge". Dafür ist es bereit, einiges zu leisten (Bilden, 1991). Gleichgeschlechtliche Modelle in Kinderbüchern, Tonbandkassetten, Fernsehsendungen und im realen Leben liefern ihm neben verbalen Instruktionen der Eltern Hinweise darauf, wie ein „richtiges" Mädchen oder ein „richtiger" Junge ist bzw. zu sein hat. Geleitet von den Erwartungen ihrer Eltern beginnen Kinder, sich in Interaktionen als Mädchen und Jungen darzustellen. Gleichzeitig interpretieren Eltern ihre Kinder immer wieder vor der Folie deren Geschlechts. Dieses Doing Gender von Kindern und Eltern findet im Modus der Selbstverständlichkeit statt (Hirschauer, 2008). Es entzieht sich in der Regel jeder kritischen Reflexion.

Kinder lernen auch im selbstbestimmten Spiel, ihr Geschlecht darzustellen. Sie finden dort sogar Gelegenheit, zu erproben, wie es sich anfühlt, ein Angehöriger des anderen Geschlechts zu sein. Im Kleinkindalter erfreut sich das Rollenspiel großer Beliebtheit, zum Beispiel das Vater-Mutter-Kind-Spiel. Es bezieht seinen Stoff aus den realen Erfahrungen der Kinder und ihren Phantasien. Vor zwei Generationen dürften die meisten kleinen Kinder noch eine Mutterrolle gespielt haben, in der diese „zu Hause bei ihren Kindern blieb", während der Vater „zur Arbeit ging". Heute kann man Mädchen berufstätiger Mütter beobachten, die gerne spielen, dass sie „zur Arbeit gehen". Wenn die Rollenteilung in der Herkunftsfamilie keine klaren Geschlechtergrenzen mehr aufweist, dann gewinnen Mädchen und Jungen Spielräume, verschiedene Erwachsenenrollen spielend zu erproben.

Zusammenfassend bleibt festzuhalten: Auch wenn die Befunde, die sich auf elterliches Verhalten beziehen, wenig eindeutig sind, was deren inhaltliche Festlegung ihrer Töchter und Söhne als jeweils unterschiedliche Wesen betrifft, so ist doch sicher, dass in der Familie die Grundlage für die symbolische Unterscheidung der Geschlechter geschaffen wird. Das regt bei Kindern, die die Welt zunächst einmal grob kategorisieren und Wertungen unhinterfragt übernehmen, die Aneignung und den Ausbau von Geschlechterschemata an (Trautner, 2006; Hannover et al. in diesem Band). Dies hat Folgen für die sozialen Praktiken in Familien. Cornelißen und Blanke (2004) konnten auf der Basis von Zeitbudgetdaten des Statistischen Bundesamtes zum Beispiel zeigen: Schon 10- bis 14-jährigen Mädchen dokumentierten täglich 20 Minuten mehr Hausarbeit als die gleichaltrigen Jungen. Hausarbeit ist für Mädchen und Jungen offensichtlich schon am Ende der Kindheit geschlechtlich konnotiert.

4. Wie wirkt Geschlecht im Kindergarten?

Wie in der Familie, so wird auch im Kindergarten durch Interaktionen, wie auch durch Gegenstände und deren räumliche und pädagogische Arrangements Geschlecht immer wieder neu hergestellt. Kindertagesstätten, Krippen, Krabbelstuben, Kindergärten kommunal zugelassene Tagespflegestellen sind explizit erziehende Institutionen, sie sind Sozialisationsinstanzen, die mit einem konkreten Erziehungs- und Bildungsauftrag ausgestattet sind.[4] Historisch stand vor allem der Betreuungsaspekt im Vordergrund; erst in den letzten Jahren wurde verstärkt die Bedeutung der Bildung hervorgehoben und in Form von Bildungsplänen für die Praxis festgeschrieben. Vorrangiges pädagogisches Ziel ist heute, ganz dem humanistischen Bildungsideal verpflichtet, „die Entwicklung und Stärkung der Fähigkeit des Kindes zu Eigenaktivität, zum Selbsttätigsein und zu seiner wachsenden und sich ausdifferenzierenden Fähigkeit adäquat und kreativ auf andere und auf die Welt um es herum zu reagieren" (Rendtorff, 2006, S. 175). Mädchen und Jungen unterschiedlich zu erziehen, gehört nicht (mehr) zum offiziellen Bildungsanspruch. Damit ist aber noch keineswegs eine gleiche Förderung von Mädchen und Jungen gesichert.

Den Umgang mit Geschlecht und die Entwicklung der kindlichen Geschlechtsidentität als immanentes, oft unreflektiertes Moment von Erziehungsprozessen zu betrachten, bleibt in Forschung und Praxis noch immer die Ausnahme. Im Folgenden sollen Konstruktionen von Geschlecht und Geschlechtlichkeit exemplarisch an Befunden zum kindlichen Spielverhalten aufgezeigt werden.

Ausgehend von der These, dass bis zum Eintritt in die Schule für Kinder das Spiel die wichtigste soziale Aktivität darstellt, liegt der Fokus der meisten Untersuchungen mit einer geschlechtsbezogenen Perspektive auf dem Spielverhalten von Kindern. Die Studien, die in ihren Bewertungen der Ergebnisse zum Teil stark differieren, geben Hinweise darauf, dass bereits in den ersten Lebensjahren deutliche Unterschiede im Spielverhalten, in Prozessen der Gruppenbildung, wie auch in Interaktionsformen von Mädchen und Jungen beobachtbar sind (Aktionsrat Bildung, 2009, S. 55). Die beobachtbaren Unterschiede sind allerdings stark von den jeweiligen pädagogischen Settings sowie verschiedenen gesellschaftlichen und kulturellen Kontexten abhängig. In den ersten Lebensjahren scheint das Geschlecht möglicher Spielkameraden für Kinder noch uner-

---

[4] Im folgenden wird „Kindergarten" als Oberbegriff für unterschiedliche Orte außerfamilialer Kinderbetreuung verwendet.

heblich. Ab dem dritten Lebensjahr jedoch beginnen sie, gleichgeschlechtliche Spielkameraden zu bevorzugen (Aktionsrat Bildung, 2009, S. 55).

Maccoby (2000a, 2000b), aber auch Fabes et al. (2004) beschreiben, wie Mädchen und Jungen konventionelle Geschlechterstereotype reproduzieren: Mädchen bevorzugen im Allgemeinen Rollenspiele mit häuslichen oder romantischen Themen, in denen sie sich aktiv mit sozialen Beziehungen auseinandersetzen; für Jungen stehen im Spiel Abenteuer, Heldentum und Kraftvergleich im Vordergrund. Die Spielinteressen spiegeln sich in der Besetzung der Räume, in den Interaktionsstilen, aber auch in den Spielmaterialien. Spiele der Mädchen finden eher in Innenräumen statt, sind weniger raumgreifend als die der Jungen und in den Interaktionen eher responsiv an Kommunikation und Kompromissen ausgerichtet. Sie entwickeln Handlungsstränge und Spielszenarien reziprok. Jungen spielen in der Regel häufiger im Freien. Im Vordergrund stehen Toben, Raufen, Kämpfen und Wettbewerb. Sie suchen vielfach den Konflikt, versuchen in der Gruppe strikte Hierarchien zu etablieren und zeigen ein deutlicheres Dominanzverhalten. Dies ist auch in späteren Jahren noch zu beobachten und wird als Einübung konkurrenzorientierter Männlichkeit interpretiert (Meuser, 2007).

Doch sind diese Befunde so zuverlässig und stabil wie sie auf den ersten Blick scheinen? Mädchen verwandeln sich in Prinzessinnen, basteln gerne und spielen mit Puppen, Jungen spielen in der Bauecke, sind Ritter und kämpfen? Unterschiede im Sozialverhalten als unmittelbaren Effekt geschlechtsspezifischer Entwicklungsverläufe zu deuten, ist im Alltag weit verbreitet, birgt allerdings die Gefahr von Essentialisierungen. Mayer (2006, S. 58f.) konnte zeigen, dass allein die Umgestaltung der pädagogischen Räume direkte Auswirkungen auf das Spielverhalten von Jungen und Mädchen hat. Werden Puppen- und Bauecke im Kindergarten zusammengelegt, spielen Jungen und Mädchen signifikant häufiger zusammen und im Spielverhalten sind keine Geschlechterunterschiede mehr erkennbar. Diese Beobachtung macht deutlich, wie wenig fixiert das Doing Gender zumindest in den frühen Lebensjahren ist. Die klassische Beobachtung, dass Mädchen in Puppen- und Jungen in Bauecken spielen, ist jedenfalls auch ein Produkt dieser pädagogischen Settings, die Erwachsene auf der Basis ihrer Geschlechterkonstruktionen Kindern anbieten.

Dem Spiel von Kindern kommt wegen seiner Antizipation von Mustern der Lebensführung und seiner Erprobung sozialer Beziehungen und Kooperationen generell eine hohe bildungstheoretische Relevanz zu. George Herbert Mead bindet das Spiel und die Entwicklung einer sozialen Identität unmittelbar aneinander; allerdings lässt er dabei in seinen Überlegungen die Geschlechterdimension außer Acht (Mead, 1993). Gleichwohl zeigt sich gerade in den neueren empirischen Befunden, wie bedeutsam das Spiel für die Entfaltung oder Unterdrückung geschlechtlicher Identität ist. Das Einüben geschlechtlich konnotierter Praktiken scheint insbesondere die Handlungsoptionen von Jungen stark einzuschränken. Gleichzeitig verheißt ihnen die Beteiligung an diesen Praktiken Dominanz in der Jungengruppe und gegenüber Mädchen.

Kulturen der Zweigeschlechtlichkeit und Geschlechterdifferenz verlangen von jedem Individuum, ein eindeutiges Geschlecht nicht nur zu verkörpern, sondern in den Alltagspraktiken immer wieder herzustellen und zu inszenieren, sich zuzuordnen und abzugrenzen. „Geschlechtliche Existenzweisen jenseits der binären Kategorien" (Küppers, 2012, S. 8) männlich und weiblich sind eher unerwünscht und werden stigmatisiert. Wohlwend (2012) beobachtet in einer ethnographischen Studie zum Verhältnis von Spiel, Literacy und Gender im Kindergarten, dass auch Jungen im Kindergarten mit sehr weiblich konnotierten Prinzessinnenpuppen spielen. Sie beobachtet ein Spiel dreier Kinder, in dem die beiden Jungen immer wieder betonen müssen, dass ihre Puppen Mädchen, nicht Jungen, sind. Die Selbstverständlichkeit einer Identifikation und Geschlechtergleichheit zwischen jedem Kind und seiner Puppe durchzieht den Spielverlauf. So werden die Adressierungsversuche des Mädchens über die Ansprache „Boys" von den Jungen umgehend in „Girls" korrigiert (Wohlwend, 2012, S. 3). In das Spiel der drei Kinder mit den Geschlechtern mischt sich schließlich ein dritter Junge mit einer hämischen Frage ein: „Are you guys gir-irls?" (Wohlwend, 2012, S. 4). Im Spiel können offensichtlich tradierte Geschlechterverhältnisse thematisiert, reproduziert und neu verhandelt werden. Der „Spielraum", das eigene Geschlecht im Spiel zu variieren, ist im untersuchten Fall für die beteiligten Jungen allerdings sehr eng. Das Beispiel zeigt darüber hinaus, welch wesentliche Rolle die Peers bei der Festschreibung und Neuverhandlung von Geschlechterkonstruktionen spielen können.

Mead unterscheidet zwischen dem nachahmenden Spiel, als kindlichem Rollenspiel (play), in dem das Kind mal in die eine, mal in die andere Rolle schlüpft, und dem Wettkampf (game), „in dem das Kind die Haltung aller anderen Beteiligten in sich haben muss" (Mead, 1993, S. 196). Spiel, Wettkampf und Alltagsleben sind unmittelbar aufeinander bezogen und insbesondere die Antizipation der Haltung des oder der Anderen besitzt eine hohe sozialisatorische Relevanz, die für die Herstellung von Geschlecht konstitutiv ist. Dem Spiel kommt deshalb im Prozess des Sozialwerdens eine wesentliche Rolle zu – für die Moralentwicklung, für die Gemeinschaftsbildung, wie auch für die Entwicklung von Geschlechtsidentität. Das Wissen um und die Neuaushandlung von Geschlechterordnungen ist eine wichtige Entwicklungsaufgabe. In sozialen

Praktiken werden normative Geschlechtervorstellungen und -erwartungen reproduziert, hergestellt und in Frage gestellt.

Für Jungen scheint das Spielen mit unterschiedlichen Geschlechterdimensionen komplizierter als für Mädchen. Mädchen in Hosen sind gesellschaftliche Normalität, während Jungen in Röcken oder mit rosa Nagellack – selbst an Fasching im Kindergarten – nicht nur irritieren, sondern schnell in ihrer geschlechtlichen Identität und Orientierung in Frage gestellt und stigmatisiert werden.

Das Arrangement von Spielsituationen kann einen wesentlichen Beitrag dazu leisten, offene Identifikationsmöglichkeiten für Mädchen und Jungen anzubieten, Stereotypisierungen von Männlichkeit und Weiblichkeit entweder zu perpetuieren, zu verändern oder aufzulösen. Um diese Chance nutzen zu können, brauchen pädagogische Fachkräfte eine Ausbildung, die sie mit geschlechterreflexivem pädagogischem Handeln vertraut macht. Wie die Praxis steht auch die Forschung vor einer großen Herausforderung, denn „aus der Beobachtung von Kindern und ihrem geschlechtstypischen Verhalten direkt und unmittelbar auf geschlechtstypische ‚Anlagen‘ zu schließen, ist immer ein Fehler – weil ja […] auf jeden Fall sowohl indirekte (kulturelle, soziale) wie auch direkte (erzieherische) Einflüsse beteiligt sind" (Rendtorff, 2011, S. 50).

5. Praktiken der Konstruktion von Geschlecht in der Schule

Zwischen dem 6. und mindestens dem 15. Lebensjahr verbringen Kinder und Jugendliche einen großen Teil ihres Tages in der Schule. Die Bedeutung der Schule für Kinder und ihre Eltern wird noch dadurch gesteigert, dass Schule, Lehrer und Lehrerinnen den Kindern nicht auf Augenhöhe begegnen, sondern in einem hierarchischen Interaktionszusammenhang, denn die Schule hat einen Bildungsauftrag und die Lehrer und Lehrerinnen das Recht, zu benoten und zu selektieren. Umso mehr lohnt sich ein Blick auf die Konstruktion von Geschlecht in der Schule. Diese findet auf mehreren Ebenen statt: Im Kollegium, in Interaktionen zwischen LehrerInnen und SchülerInnen und im Umgang von Mädchen und Jungen. Auf die Forschung zu diesen drei Ebenen kann hier jeweils nur ausschnitthaft eingegangen werden.

Zunächst wird der Blick auf die Arbeitsteilung und Geschlechterhierarchie unter LehrerInnen gerichtet: Leitungsfunktionen werden überwiegend von Männern wahrgenommen, die Ebene der einfachen Lehrkräfte ist dagegen eher geschlechterparitätisch besetzt, in den Grundschulen sogar überwiegend weiblich (Roisch, 2003, S. 37; Autorengruppe Bildungsberichterstattung, 2008, S. 76).[5] Damit reproduzieren Schulen mehrheitlich Strukturen männlicher Dominanz und Überlegenheit. Im Fachunterricht re-inszenieren weibliche und männliche Lehrkräfte zudem alltäglich die kulturell verankerte Nähe sprachlicher und künstlerischer Fächer zum weiblichen und die Nähe mathematisch-naturwissenschaftlicher Fächer zum männlichen Geschlecht. Das gilt auch für Lehramtskandidatinnen und -kandidaten (Roisch, 2003, S. 32). Hinzu kommt, dass Lehrkräfte – wie Erwachsene in Deutschland allgemein – in ihren privaten Lebensgemeinschaften meist eine geschlechtsspezifische häusliche Arbeitsteilung praktizieren, die sich in der Schule erkennbar in einer überdurchschnittlich hohen Teilzeitquote weiblicher Lehrkräfte niederschlägt (Autorengruppe Bildungsberichterstattung, 2008, S. 76).

Damit repräsentiert der Lehrkörper insgesamt eine Erwachsenengeneration, in der sich das Frauenbild der 1950er Jahre modernisiert hat, etwa durch höhere Bildungsabschlüsse von Frauen und durch mehr mütterliche Erwerbsarbeit dort, wo – wie in der Schule – Vereinbarkeit von Familie und Beruf erleichtert wurde. Geschlechterbilder haben sich damit verschoben, aber keineswegs aufgelöst: Bei diesem Modus der Modernisierung übernehmen Frauen innerhalb der Schule spezifische Fächer und bleiben ansonsten sehr deutlich für private Haus- und Erziehungsarbeit zuständig. Die Organisation der Schule in Westdeutschland überwiegend als Halbtagsschule fixiert auch die Arbeitsteilung der Eltern, weil sie einen Elternteil voraussetzt, der die Kinder mittags mit einem warmen Mittagessen zu Hause empfängt.

Spielräume für angehende Lehrerinnen und Lehrer, sich mit einer geschlechtsfremden Fächerkombination oder einer unkonventionellen Schulwahl einzubringen, gibt es. So ist Physik seit Jahrzehnten ein Fach, in dem großer Lehrermangel herrscht, so dass auch Lehrerinnen mit diesem Schwerpunkt gute Jobaussichten haben; ein Interesse an männlichen Lehrkräften in der Grundschule wird zumindest in den letzten Jahren deutlich artikuliert. Lehramtsstudenten ziehen es aber häufiger als Lehramtsstudentinnen vor, sich für weiterführende Schulen ausbilden zu lassen.

Von Lehrkräften, die sich bei ihren Berufs- und Lebensentscheidungen erkennbar an etablierten Geschlechterstereotypen orientierten, wird nun seit einigen

[5] Von den hauptberuflich tätigen Lehrkräften in Vollzeitbeschäftigung sind 57,6% weiblich. Diejenigen Lehrkräfte, die einer Teilzeitbeschäftigung nachgingen, waren 2008/2009 aber zu 85,5% weiblich (Autorengruppe Bildungsberichterstattung, 2010, S. 259).

Jahren eine geschlechterreflexive Erziehung erwartet. Wie Budde in einer ethno-graphischen Studie zeigte, kann das Ergebnis leicht eine Thematisierung von Geschlecht sein, die aus der Reproduktion von Geschlechterstereotypen nicht herausfindet (Budde, 2011).

Wie steht es nun um die Relevanz von Geschlecht im alltäglichen Umgang von Lehrkräften und SchülerInnen. Welche Leistungen und Eigenschaften werden Mädchen und Jungen von Seiten der Lehrkräfte attestiert bzw. zugeschrieben? Was tragen Mädchen und Jungen selbst zur Klassifizierung der Geschlechter bei? Ältere Interaktionsstudien belegten, dass Mädchen im Unterricht von Seiten der Lehrkräfte weniger Aufmerksamkeit als Jungen genossen (Enders-Dragässer & Fuchs, 1989; Horstkemper, 1987). Später zeigte sich, dass Mädchen speziell im naturwissenschaftlich-technischen Bereich weniger Anerkennung als Jungen erfuhren (Thies & Röhner, 2000).

Wissenschaftliche Studien, die die schulischen Übergänge von Mädchen und Jungen vergleichen, zeigen, dass Jungen schon verzögert im Bildungssystem starten. Mädchen werden häufiger als Jungen vorzeitig eingeschult und seltener zurückgestellt (Autorengruppe Bildungsberichterstattung, 2008, S. 251). Seit Jahren müssen Jungen in allen Schulformen auch häufiger als Mädchen eine Klasse wiederholen (Autorengruppe Bildungsberichterstattung, 2008, S. 70). Die relativen Vorsprünge der Mädchen bei der Einschulung bleiben trotz der vergleichsweise frühen Einschulung von Mädchen in den Grundschuljahren bestehen. So erhalten Mädchen häufiger als Jungen eine Empfehlung fürs Gymnasium (Aktionsrat Bildung, 2009, S. 39). Zudem scheint die höhere Erfolgsquote der Mädchen an den Gymnasien diesen häufigeren Empfehlungen der Grundschule durchaus Recht zu geben (Aktionsrat Bildung, 2009, S. 26/ 42). Dennoch gibt es Zweifel an der Gerechtigkeit der beschränkteren Zahl von Gymnasialempfehlungen für Jungen. Immer wieder wird die Frage laut, ob Jungen heute bei Bewertungen häufiger diskriminiert oder etwa schlechter geför-dert werden als Mädchen.

Jungen besuchen seit Jahren sehr viel häufiger als Mädchen eine Hauptschule (Stürzer, 2005). Auch in den Sonderschulen sind Jungen eindeutig überrepräsen-tiert (Moser et al., 2006). Mädchen stellen nur 36,6% aller Förderschüler (Autorengruppe Bildungsberichterstattung, 2010, S. 253). Hinzu kommt, dass Jungen häufiger als Mädchen die allgemeinbildenden und beruflichen Schulen ganz ohne jeden Schulabschluss verlassen. Dabei muss allerdings betont werden, dass erheblich mehr ausländische junge Männer unter diesen ungünstigen Rahmenbedingungen ins Leben starten als deutsche. Ohne jeden Schulabschluss verließen 2008 8,1% der jungen Männer mit deutscher Staatsangehörigkeit und

18,2% der jungen Männer mit fremder Staatsangehörigkeit die Schule. Mit derart ungünstigen Startchancen wurden 2008 nur 5,3% der jungen Frauen mit deutscher und 12,4% mit ausländischer Staatsangehörigkeit entlassen (Autorengruppe Bildungsberichterstattung, 2010, S. 270). Das Risiko, zu den „Bildungsverlierern" zu gehören, ist unter Jungen also höher als unter Mädchen. Aber es trifft nicht alle Jungen gleich. Dieser Aspekt ist bei den üblichen Geschlechtervergleichen lange Zeit vernachlässigt worden.

Neben leistungsschwachen Jungen, die heute die Schlagzeilen bestimmen, gibt es leistungsstarke, die ihre Leistungspotentiale ebenso wie Mädchen entfalten, wenn auch fachlich im Durchschnitt etwas anders orientiert. Jungen werden sogar öfter als hochbegabt identifiziert, gehören häufiger zu denjenigen, die Klassen überspringen und profitieren häufiger von spezifischen Maßnahmen der Begabtenförderung (Stamm, 2008, S. 111). Von der „Jungenkatastrophe" (Beuster, 2006) zu sprechen, scheint deshalb nicht angebracht. Viele Studien zeigen, dass Jungen eine höchst heterogene Leistungsgruppe bilden. Unter Jungen gibt es regelmäßig mehr Personen mit extrem hoher und solche mit extrem niedriger Intelligenz als unter Mädchen (Breitenbach, 2006).

Für den im Durchschnitt unbestreitbar geringeren Schulerfolg von Jungen gibt es verschiedene Erklärungen. Es gibt Hinweise darauf, dass sie in der Schule tatsächlich weniger gefördert werden und deshalb wirklich weniger leisten. Aber es gibt auch Hinweise darauf, dass sie bei der Leistungsbewertung benachteiligt werden. Zudem ist strittig, ob mögliche Leistungsdefizite darauf beruhen, dass Jungen in der Schule wirklich weniger gefördert werden oder ob ihre Leistungsdefizite außerschulische Ursachen haben (Cornelißen, 2011, S. 95f.).

Leistungsdifferenzen lassen sich am ehesten noch mit dem Rückgriff auf Leistungstests klären. Dabei zeigt sich zum Beispiel, dass Jungen im sprachlichen Bereich im Durchschnitt deutlich schlechter abschneiden als Mädchen. Dies machte sowohl die internationale Grundschul-Leseuntersuchung als auch die PISA-Leistungsstudie mit 15-Jährigen deutlich (Bos et al., 2003; Stanat & Kunter, 2001; Autorengruppe Bildungsberichterstattung, 2008, S. 86). Da Schreib- und Lesekompetenzen ganz grundlegende Fähigkeit sind, kann man vermuten, dass die Defizite von Jungen im sprachlichen Bereich deren anderweitige Lernschritte erschweren und die Bewertung ihrer sprachlich formulierten Fachleistungen häufiger beeinträchtigen als die der Mädchen.

Die PISA-Studie 2000 zeigte auch die bereits oft belegten Leistungsrückstände von Mädchen im mathematischen Bereich auf. Der Vorsprung der Jungen war hier allerdings viel geringer als ihr Rückstand im sprachlichen Bereich. In den letzten Jahren haben die Jungen ihren Vorsprung in den mathematischen Kompetenzen wieder etwas ausgebaut und der Leistungsvorsprung der Mädchen in sprachlichen Kompetenzen fiel (Autorengruppe Bildungsberichterstattung, 2010, S. 88). Solche Befunde lassen dennoch erkennen, dass Leistungsunterschiede zwischen Mädchen und Jungen nicht nur von LehrerInnen erzeugt, sondern zumindest auch durch Tests bestätigt werden, die ohne Ansehen der Person erfolgen.

Jungen erwiesen sich in der PISA-Studie als eine ausgesprochen heterogene Leistungsgruppe: Bei den mathematischen Fähigkeiten basierten die Leistungsvorsprünge der Jungen vor allem auf den Leistungen einer Spitzengruppe von Jungen. In den mittleren Leistungsstufen waren Jungen und Mädchen gleich stark vertreten. Im unteren Leistungsspektrum fanden sich, entgegen der gängigen Erwartung, auch bei den mathematischen Leistungen Jungen signifikant häufiger als Mädchen (Stanat & Kunter, 2001). Jungen verfügen nicht durchweg über eine schlechtere Lesekompetenz als Mädchen. Diejenigen Jungen, die angeben, gerne zu lesen, können Texte ebenso gut verstehen wie Mädchen (ebd.).

Fachspezifische Leistungsunterschiede zwischen Mädchen und Jungen werden in der Sekundarstufe II durch die Kurswahlen verstärkt. In der TIMSS III-Erhebung zeigte sich, dass deutlich weniger Schülerinnen als Schüler einen Leistungskurs in Mathematik wählten: nur rund ein Viertel der Schülerinnen, aber knapp die Hälfte der Schüler (Köller & Klieme, 2000, S. 384). Gleichzeitig erbrachten die Tests in den Grund- und Leistungskursen Physik ein Leistungsgefälle zu Ungunsten der Mädchen (ebd., S. 396). Es gelang dem Physikunterricht der gymnasialen Oberstufe also nicht einmal, den besonders an Physik interessierten Mädchen, die im Vergleich zu den Mädchen insgesamt eine hochselektive Gruppe darstellten, den gleichen Lernerfolg wie den Jungen zu ermöglichen (Faulstich-Wieland, 2004, S. 5).

Für die Leistungskurs-, die Studienfach- und die Berufswahl von Mädchen und Jungen scheinen neben den vorgängigen, objektiv feststellbaren geschlechtsspezifischen Leistungsunterschieden die Vorstellungen von der geschlechtsspezifischen Passung eines Faches eine besondere Rolle zu spielen. In einer Studie des Instituts für die Pädagogik in den Naturwissenschaften (IPN) fiel zum Beispiel auf, dass selbst die Mädchen, die ihre Physikleistungen als sehr gut einschätzten, deutlich seltener als Jungen planten, einen Beruf zu ergreifen, der etwas mit Physik zu tun hat (Hoffmann et al., 1997). Offensichtlich ermutigt die Schule Schülerinnen bisher selten, die eigenen Fähigkeiten in „geschlechtsuntypischen" Fächern beruflich zu nutzen.

Diese Befunde machen insgesamt deutlich: Während der Schulzeit entstehen bei Mädchen und Jungen unterschiedliche Interessen- und Leistungsschwerpunkte. Die von Mädchen und jungen Frauen liegen eher im sprachlichen Bereich, die von Jungen und jungen Männern vermehrt im naturwissenschaftlichen Bereich. Diese Leistungsschwerpunkte reproduzieren sich nicht nur in den Köpfen von Lehrkräften und Schülern bzw. Schülerinnen. Sie werden auch durch Testergebnisse bestätigt.

Dass Mädchen häufiger als Jungen eine Gymnasialempfehlung erhalten, scheint im Lichte von Kompetenzuntersuchungen insofern fragwürdig, als Jungen, die eine Empfehlung für das Gymnasium erhalten, eine deutlich höhere Lesekompetenz aufweisen als die für das Gymnasium empfohlenen Mädchen (Aktionsrat Bildung, 2009, S. 27). Der Aktionsrat Bildung argumentiert, Jungen „müssen" diese deutlich höhere Lesekompetenz aufweisen, und sieht darin eine Benachteiligung von Jungen beim Übergang ins Gymnasium.

Ein Bonus, den Mädchen – wie oft vermutet – von Lehrkräften dank ihres Wohlverhaltens und ihrer Zielstrebigkeit erhalten, mag neben messbaren Kompetenzvorsprüngen zu der im Durchschnitt erfolgreicheren Schullaufbahn von Mädchen beitragen (Schröder, 2000, S. 104). Hinweise darauf gab die IGLU-Studie, die dem Zusammenhang von Kompetenzen im vierten Schuljahr, sozialen Merkmalen der Schülerinnen und Schüler und den Übergangsempfehlungen der Lehrkräfte nachging (Bos et al., 2004, S. 203ff.). Mehr Fairness bei der Leistungsbewertung von Jungen ist also anzumahnen. Die These, dass die Diskriminierung von Jungen mit der zunehmenden Feminisierung des Lehrerberufs in einem Zusammenhang steht, lässt sich wissenschaftlich allerdings nicht begründen. Jungen, die von Lehrern unterrichtet werden, sind in der Schule nicht erfolgreicher als die, die von Lehrerinnen unterrichtet werden (Faulstich-Wieland, 2009; Baar et al., 2012, 103f.). Verschiedene empirische Studien mit Grundschülern belegen zudem, dass die Jungen dem Geschlecht ihrer Lehrerinnen und Lehrer keine große Bedeutung zumessen (Francis, 2006; Ashley, 2003; Koch-Priewe, 2009), wohl aber sehr genau zwischen guten und schlechten Lehrkräften unterscheiden. Rigide Geschlechterkategorisierungen spielen an dieser Stelle für die Kinder kaum eine Rolle.[6]

---

[6] Für SchülerInnen der Mittelstufe konnte gezeigt werden, dass Jungen ihren Klassenlehrer wie ihre Klassenlehrerin schlechter bewerten als Mädchen, und zwar sowohl im Hinblick auf ihre didaktischen Fähigkeiten als auch im Hinblick auf Gerechtigkeit und Wärme. Die männlichen Lehrkräfte sind bei Jungen nicht beliebter als die weiblichen (Pfeiffer & Baier, 2007/2008, S. 8)

Zu vermuten ist, dass die im Allgemeinen schlechteren Schulabschlüsse von Jungen nicht nur das Produkt einer Diskriminierung durch Lehrkräfte sind, sondern womöglich einer Koproduktion von Lehrkräften und Schülern entspringen, in die Männlichkeitskonstruktionen eingehen, die für das Lernen von Jungen in der Schule kontraproduktiv sind. Medienbilder, die Jungen nicht Fleiß und Konzentration sondern „Coolness", Draufgängertum und Aufbegehren gegen Autoritäten nahelegen, machen es manchen Jungen schwer, sich in der Schule anzupassen und den Imperativen einer Bildungskarriere zu folgen.[7] Die Medien- und Warenwelt hält allerdings auch für Mädchen „bildungsferne" Erfolgsmodelle bereit, etwa die des Topmodells (Walter, 2011) oder der schönen Partnerin eines reichen Mannes.

Was den Beitrag von Schülerinnen und Schülern zur Geschlechterkonstruktion in der Schule betrifft, so wissen wir: Mädchen und Jungen neigen schon im Grundschulalter dazu, sich voneinander abzugrenzen und separate soziale Räume zu bevorzugen (Petillon, 1993; Krappmann & Oswald, 1995, S. 192ff.). Breidenstein und Kelle stellen fest, dass die Kategorie Geschlecht für Mädchen und Jungen, aber auch für Lehrkräfte eine naheliegende Klassifizierung darstellt, mit der Unterscheidungen und Gegenüberstellungen im Klassenverband vorgenommen werden können. Angehörige des anderen Geschlechts zu ärgern oder über sie zu lästern, gehört zudem zum Verhaltensrepertoire von Mädchen und Jungen (Breidenstein & Kelle, 1998). Schülerbefragungen zeigen auch, dass Mädchen sich für weniger klug halten (Milhoffer, 2000), dass sie im Laufe der Schulzeit insbesondere im mathematisch-naturwissenschaftlichen Bereich an Selbstvertrauen einbüßen und dass der messbare Abstand zwischen dem Selbstvertrauen der Mädchen und Jungen zuungunsten der Mädchen größer wird (Keller, 1998, S. 112).

In anderen Befragungen zeigt sich, dass Mädchen und Jungen unterschiedliche Haltungen zu unterschiedlichen Fächern einnehmen. Mädchen artikulieren häufiger ein Interesse am Fach Deutsch, die Jungen häufiger am Fach Mathematik (Berechnungen von Gille (DJI) auf der Basis des DJI-Jugendsurveys, 2003).

Auch jenseits der Schule entwerfen Mädchen und Jungen unterschiedliche Selbstbilder. Nach ihren Freizeitbeschäftigungen befragt, nennen Jungen zum Beispiel sehr viel häufiger als Mädchen Tätigkeiten, bei denen sie technische

---

[7] Interessante Hinweise auf die Bedeutung jugendlicher Männlichkeitskonstruktionen für die Arbeit von Jungen in der Schule finden sich bei Kampshoff (2003) und bei Budde (2003).

Geräte nutzen. Entsprechend sind 71% der in der Shell-Studie ermittelten jungen „Technikfreaks" männlich (Shell-Jugendstudie, 2006, S. 79). Gut belegt ist, dass der Computer im Leben von Jungen einen völlig anderen Stellenwert hat als im Alltag von Mädchen. Mit Computerspielen befassen sich 47% der 12- bis 25-jährigen jungen Männer „täglich" oder zumindest „mehrfach in der Woche", aber nur 13% der gleichaltrigen Frauen (mpfs, 2008, S. 15). Auf den Computer meinen 29% der Jungen und 15% der Mädchen am wenigsten verzichten zu können (ebd., S. 18). Solche Befunde machen deutlich, dass sich Mädchen und Jungen – oft geprägt von der Ausstattung durch ihre Eltern und geleitet durch (unreflektierte) Erwartungen ihrer Bezugsperson – unterschiedliche Bezüge zu ihrer Alltagswelt aufbauen.

Beobachtungen in Schulklassen zeugen immer wieder davon, dass Jungen im Unterricht viel häufige als Mädchen „auffälliges Verhalten" zeigen (Thies & Röhner, 2000, S. 36). Jungen stören den Unterrichtsablauf im Durchschnitt häufiger als Mädchen, z. B. durch Hypermotorik, Erregbarkeit, Ungehemmtheit, Verstoß gegen Regeln sowie Dominanzverhalten und Aggression (ebd.). Auf aggressiveres Verhalten von Jungen geben auch deren Selbstauskünfte Hinweise: Männliche Jugendliche geben sehr viel häufiger als weibliche an, in den letzten zwölf Monaten in Schlägereien verwickelt gewesen zu sein (29% zu 14%) (Shell-Jugendstudie, 2006, S. 143).

Die Schule ist bisher offensichtlich in der Regel kein Ort, an dem Lehrkräfte die Geschlechterordnung, ihr eigenes Geschlechtsrollenverständnis, ihre Interaktion mit Schülerinnen und Schülern und die Ko-konstruktion von Männlichkeiten und Weiblichkeiten unter Schülern und Schülerinnen systematisch reflektieren können. Noch weniger bietet sie Lehrkräften Gelegenheit, Distanz zu geschlechterstereotypen Reaktionsmustern unter dem alltäglichen Handlungs-druck in der Schule einzuüben. Nur so aber wäre gesichert, dass sich eine Schulkultur herausbildet, die den Schülern und Schülerinnen Freiräume zu einer nicht an ihr Geschlecht gebundenen Entwicklung bietet.

Aktuelle öffentliche Debatten um Jungen als Bildungsverlierer nehmen nur selten die Frage nach mehr Gestaltungsspielräumen für die Entwicklung vielfältiger männlicher Geschlechtsidentitäten in den Blick, sondern rekurrieren auf traditionelle Vorstellungen und Ideale von Männlichkeit, die bewahrt bzw. re-installiert werden müssen. So wird das Fehlen männlicher Vorbilder in den Familien, in Kindergärten und Grundschulen beklagt, ohne die historische Situiertheit dieses Phänomens zu berücksichtigen. Die Forderung nach einer ausgewogenen Geschlechterverteilung unter ErzieherInnen und Lehrkräften lenkt in den Debatten an vielen Stellen von den viel bedeutenderen Fragen nach Qualität und Professionalisierung ab.

6. Gender und Berufsfindung

Der Prozess der Berufsfindung beginnt unbemerkt bereits in der Kindheit – einer Lebensphase, in der Mädchen und Jungen Erwachsene in verschiedenen Berufen erleben und beiläufig erfahren, dass zum Beispiel für Kinder, insbesondere für kleine Kinder, vor allem Frauen zuständig sind.[8] Handwerker, die ihnen begegnen, z. B. Hausmeister oder Installateure, sind dagegen fast immer männlich. Dass ein Teil der Berufe, insbesondere die technischen wie auch die pädagogischen und die Gesundheitsberufe, sehr deutlich von jeweils einem Geschlecht dominiert wird, wird Kindern im Alltag aber auch im Rahmen ihrer Mediennutzung kaum entgehen. Gleichzeitig gibt es allerdings viele Berufe, in denen ähnlich viele Frauen und Männer arbeiten (vgl. dazu Busch in diesem Band). Der Bedarf von Kindern, die Welt in möglichst einfachen Schemata zu begreifen, legt ihnen jedoch nahe, für solche Berufe, die aus ihrer Perspektive einen deutlichen Geschlechterbias erkennen lassen, die kulturell verankerte Einteilung in „Frauen- und Männerberufe" zunächst zu übernehmen. Für den Berufsfindungsprozess von Kindern bedeutet dies, dass es für sie Berufe gibt, die ihnen qua Geschlecht naheliegender erscheinen als andere.

Studien zu den Berufskonzepten von Kindergartenkindern zeigen denn auch, dass sich Kinder in diesem Alter besonders häufig in einem ihrem jeweiligen Geschlecht entsprechenden „Männer- oder Frauenberuf" imaginieren, gerne auch als prominente Person, zum Beispiel als männlicher Fußballstar oder als Prinzessin. Fast nur Mädchen schließen in diesem Alter in ihre Zukunftsperspektiven auch Familienaufgaben ein (Kaiser, 2002).

In den Grundschuljahren stehen bei Mädchen heilende und pädagogische Berufe, wie Ärztin, Lehrerin, Erzieherin und Krankenschwester am häufigsten auf ihrer Wunschliste. Diese werden gefolgt von Berufen, die körperliche

---

[8] In vielen Familien ist zumeist die Mutter, viel seltener der Vater präsent. In Kindertageseinrichtungen sind 97% des Personals weiblich (Autorengruppe Bildungsberichterstattung, 2010, S. 41) und in der Grundschule sind 80% der Lehrkräfte weiblich (Autorengruppe Bildungsberichterstattung, 2008, S. 76). Ähnliche Erfahrungen machen Kinder auch, wenn sie krank sind: Kinderärzte sind überwiegend weiblich. Der Beruf der Arzthelferin, wie der der Kinderkrankenpflegerin wird noch heute fast nur von Frauen ergriffen (BMBF, 2010, S. 217).

Attraktivität und/oder künstlerische Ausdrucksfähigkeit voraussetzen. Jungen favorisieren dagegen Berufe, die Technikbeherrschung implizieren oder die Ausstattung mit Kontroll- und Machtbefugnissen mit sich bringen. Bei ihnen stehen technisches Handwerk, Polizei/Militär, Fußballprofi und computerbezogene Berufe, aber auch künstlerische Tätigkeiten mit Starpotenzial hoch im Kurs (Meixner, 1996, S. 41; Milhoffer, 2000, S. 62f. und 160; Walper & Schröder, 2001, S. 119).

Wenn man diese am Ende der Kindheit artikulierten Berufswünsche mit im Blick hat, kann man der verbreiteten Behauptung nicht folgen, dass sich das Berufswahlspektrum der Mädchen erst mit der Pubertät auf das „weibliche" Segment verenge (Wentzel, 2007). Mädchen und Jungen imaginieren sich vielmehr schon im Kindesalter auffallend häufig in Berufen, die gemäß dem Dualismus von Frauen- und Männerberufen ihrem Geschlecht entsprechen. Querschnittuntersuchungen, auch die von Wentzel, belegen, dass nach dem zwölften Lebensjahr eine breitere Berufsorientierung einsetzt. Die aus kindlichen Omnipotenzphantasien genährten geschlechtstypischen Traumberufe verlieren ihre herausragende Bedeutung, und es setzt – so muss man an Hand der Querschnittdaten vermuten – eine Desillusionierung ein. Es rückt ein breites Spektrum tatsächlich erreichbarer Berufe ins Blickfeld. Zum Beispiel wird der Beruf des Polizisten bzw. der Polizistin nun auch für einen Teil der Mädchen attraktiv (Wentzel, 2007; Cornelißen, 2009). Die Wahrnehmung eines vielfältigeren Berufsspektrums bietet jungen Frauen und Männern die Möglichkeit, mit ihrem inzwischen spezifizierten Bild von sich selbst im Berufsfindungsprozess sehr viel breiter als in der Kindheit nach einer Passung zwischen Selbstentwurf und Berufsbild zu suchen. Sie entdecken Spielräume fernab von Geschlechterkonventionen und sie nutzen sie zum Teil auch.[9] Die seit Jahrzehnten beobachtbare Geschlechtersegregation auf dem Weg ins Erwerbsleben hat sich dennoch gehalten.

Die von jungen Männern und Frauen im dualen Ausbildungssystem besetzten Berufe divergieren nach wie vor sehr deutlich.[10] Dies hat unterschiedliche Gründe. Ein Grund ist sicher, dass die symbolische Trennung der Geschlechter

---

[9] In der Beschäftigtenstatistik zeigt sich, dass mit der Zunahme weiblicher Erwerbsarbeit der Frauenanteil nicht nur in den klassischen Frauenberufen, sondern auch in den Männerberufen und in den Mischberufen deutlich gestiegen ist (Biersack & Matthes, 2009).
[10] Dies zeigt sich auch wieder im aktuellen Berufsbildungsbericht 2011 des Bundesministeriums für Bildung und Forschung. Der häufigste Ausbildungsberuf der jungen Männer ist noch immer der des Kraftfahrzeugmechanikers, der inzwischen in Kraftfahrzeugmechatroniker umbenannt wurde. Der häufigste Ausbildungsberuf der jungen Frauen ist der der Verkäuferin (BMBF, 2011, S. 19).

und das Angebot an Frauen- und Männerberufen Mädchen und Jungen die Möglichkeit bieten, sich mit der Entscheidung für einen „geschlechtsangemessenen" Beruf zuverlässig in der geschlechterkodierten Welt der Erwachsenen zu verorten. Dazu kommt, dass detailliertes Wissen über Berufe, über die dort erforderlichen Tätigkeiten, die erwartbaren Einkommen und den Berufsalltag bei jungen Menschen, aber auch in ihrem Umfeld eher selten verfügbar ist. So bietet das System der vergeschlechtlichten Berufe vielen jungen Menschen eine Orientierung, die insofern zweckmäßig ist, als sie ihnen die Entscheidung erleichtert. Untersuchungen zeigen, dass allein schon die Bezeichnung von Berufen deren Attraktivität für Mädchen und Jungen beeinflusst. Wird ein neuer Beruf zum Beispiel als Assistenzberuf eingeführt, z. B. „Medienassistenz", so ist er für junge Frauen attraktiver als andere inhaltlich außerordentlich ähnliche Berufe (Ulrich et al., 2004). Junge Frauen und Männer reagieren, wenn sie wenig Berufsinformationen haben und nur wenig eigene Erfahrungen sammeln können, notwendigerweise routinemäßig auf oberflächliche Signale.

Der Arbeitsalltag in vielen Berufen ist allerdings deutlich facettenreicher, als manches Berufsimage ahnen lässt: Zum Beispiel kommt heute kaum einer der klassischen „Frauenberufe" im Krankenhaus ohne den Einsatz von Technik aus. Umgekehrt ist in vielen technischen Berufen eine hohe Kundenorientierung oder Mitarbeiterorientierung und damit soziale Kompetenz gefragt.

Ein anderer Grund für die beobachtbare Geschlechtersegregation auf dem Weg in den Beruf ist in den mit dem Alter zunehmend divergierenden Kompetenzprofilen von Mädchen und Jungen zu sehen, deren Entwicklung in den vorangegangenen Abschnitten beschrieben wurden. Es wäre allerdings falsch, allein die in einer geschlechterkodierten Welt verhafteten Jugendlichen für die Reproduktion der Geschlechtersegregation verantwortlich zu machen. Auf die Personalentscheider in Ausbildungsbetrieben trifft dies zum Beispiel genauso zu: In Ermangelung vollständiger Informationen über individuelle BewerberInnen werden in Betrieben Annahmen über deren Unterschiede und deren jeweilige Passung auf der Basis geschlechterstereotyper Eignungszuschreibungen getroffen. In vielen geschlechtlich konnotierten Ausbildungsberufen, etwa dem der Arzthelferin und dem des Kraftfahrzeugmechatronikers haben Bewerberinnen und Bewerber mit dem „falschen" Geschlecht tatsächlich deutlich schlechtere Chancen als diejenigen, die das im Beruf jeweils dominierende Geschlecht haben (Cornelißen, 2009). Wie der Berufsbildungsbericht 2003 zeigt, wird die Geschlechtersegregation in der Ausbildung, die sich durch die geschlechterdifferenzierte Nachfrage nach Ausbildungsplätzen anbahnt, aber nicht immer durch die Selektion der Betriebe verstärkt. So bewarben sich 2003 mehr junge Männer als junge Frauen um eine Ausbildung in einem der neuen IT-Berufe. Gleichzeitig lag die Quote der jungen Männer, die einen Ausbildungsplatz in einem der neuen IT-Berufe nachgefragt, aber nicht bekommen hat, über der Quote der abgelehnten Frauen (BMBF, 2003, S. 277). Hier erhielten die interessierten Frauen also im Durchschnitt eher einen Ausbildungsplatz als die interessierten Männer.[11]

Noch deutlicher als junge deutsche Frauen scheinen ausländische Jugendliche beiderlei Geschlechts aus dem dualen Ausbildungssystem ausgegrenzt zu werden (Diehl et al., 2009, S. 50).[12] Dabei fällt auf, dass ausländische Männer im Vergleich zu ihren ausländischen Konkurrentinnen kaum von dem Männerbonus profitieren, der sich beim Vergleich deutscher Bewerber und Bewerberinnen abzeichnet (ebd.). Die Chancen der jungen ausländischen Männer sehen Diehl et al., nachdem sie den Einfluss von Art und Note des deutschen Schulabschlusses kontrolliert haben, vor allem durch habitualisierte negative Zuschreibungen von Personalverantwortlichen an ausländische junge Männer beeinträchtigt (Diehl et al., 2009, S. 65). Auch hier werden also gruppenspezifische Zuschreibungen von Arbeitgeberseite für die schlechten Ausbildungschancen einer benachteiligten Gruppe verantwortlich gemacht.

Die Geschlechtersegregation im Bildungs- und Ausbildungssystem zeigt sich allerdings nicht nur dort, wo negative gruppenspezifische Zuschreibungen vonseiten potentieller Arbeitgeber wirksam werden können, sondern zum Beispiel auch beim Zugang zur Hochschule: Obwohl heute ungefähr gleich viel Frauen wie Männer studieren, stellen Frauen 72% der Studierenden in den Sprach-, Kultur- und Sportwissenschaften, 41% in Mathematik oder Naturwissenschaften und 23% in den Ingenieurwissenschaften (Willich et al., 2011, S. 33). An den Hochschulen reduziert sich die Geschlechtersegregation in den geschlechtlich konnotierten Studiengängen nur sehr langsam.

Der Berufsfindungsprozess vollzieht sich offensichtlich als Koproduktion der Jugendlichen und der Erwachsenen, wobei Entscheidungsprozesse in den Betrieben oft noch von einer geschlechterstereotypen Priorisierung der BewerberInnen geleitet sind. Gleichzeitig veranlasst die geschlechtliche

---

[11] Dennoch verringerte sich der Anteil der Frauen bei den Neuabschlüssen in den IT-Ausbildungsberufen zwischen 1997 und 2005 von 13,8% auf 9,1% (Kompetenzzentrum Technik–Diversity–Chancengleichheit, 2007, S. 57). Die neuen IT-Berufe etablieren sich also als Männerdomäne, *obwohl* sich die Ausbildungsbetriebe für Bewerberinnen besonders offen zeigen.
[12] Die Ausbildungsquote deutscher Männer lag 2006 zum Beispiel bei 67%, die deutscher Frauen bei 46%, die ausländischer Männer bei 25%, die ausländischer Frauen bei 21%.

Konnotierung von Berufen viele Jugendliche dazu anzunehmen, ein ihrem Geschlecht zugeordneter Beruf passe zu ihnen und verhelfe ihnen dazu, sich zuverlässig im System der Zweigeschlechtlichkeit zu verorten und den antizipierten familialen Aufgaben entsprechen zu können. Dies legt Männern zum Beispiel nahe, in Antizipation einer künftigen Ernährerrolle ihre Studienfachwahl stärker als Frauen am Bedarf des Arbeitsmarktes zu orientieren, und es veranlasst Frauen häufiger als Männer dazu, auf die Vereinbarkeit ihres Berufes mit Familienaufgaben zu achten (HIS, 2002, S. 104). Vermutlich ist dieser Mechanismus dort besonders wirksam, wo Jugendlichen differenzierte Informationen über ihr individuelles Potenzial und solche über den Alltag im gewählten Beruf fehlen.

7. Fazit

Die soziale Konstruktion von Geschlecht in Kindheit und Jugend vollzieht sich auf der Basis kulturell verankerter Leitbilder und eingelebter sozialer Praktiken der Darstellung von Geschlecht. Das System der Zweigeschlechtlichkeit erzeugt bei Kindern und Jugendlichen immer wieder den Zwang, sich gegen das andere Geschlecht abzugrenzen und sich als Angehörige/r des eigenen Geschlechts zu profilieren. In der Lebensgeschichte jedes einzelnen findet eine Aufschichtung von Erfahrungen als Mädchen und als Junge statt. Diese Erfahrung schafft heute in vielen Milieus keine Grundlage mehr für ein in sich konsistentes Geschlechterwissen und eine stets selbstverständliche Praxis des Doing Gender. In vielen Bereichen sind die Geschlechtergrenzen fließend geworden (Meuser, 2012). Immer werden in Interaktionen quasi beiläufig auch neue Geschlechterpraxen erzeugt, oder es entsteht ein offener Dissens über diese. Dabei wird im Alltag nicht das System der Zweigeschlechtlichkeit an sich in Frage gestellt, sondern die inhaltliche Deutung der Kategorie Geschlecht und die Rigidität der Ausgrenzung des „falschen" Geschlechts aus vormals eindeutigen Frauen- und Männerdomänen. Sozialstrukturanalysen, wie etwa Gleichstellungsberichte (zum Beispiel Klammer et al., 2011) oder Ansätze zum Genderbudgeting (Färber & Dohmen, 2007), fördern allerdings als konstanten Befund zu Tage, dass die Territorien, in denen Männer dominieren, etwa der Erwerbsbereich oder speziell der Bereich der Technik, gesellschaftlich mit mehr Ressourcen und Einfluss ausgestattet sind als die Bereiche, in denen Fürsorgeleistungen (überwiegend von Frauen) erbracht werden. Das System der Zweigeschlechtlichkeit hält für Frauen im Durchschnitt die schlechteren Positionen bereit. Dies wird von vielen Frauen auch wahrgenommen. Trotz verbreitetem Kinderwunsch und der Bereitschaft von Frauen, für diese Kinder ggf. auch zu sorgen, wollen sich viele Frauen nicht mehr in jene Bereiche abdrängen lassen, in denen Leistung gar nicht sichtbar wird, nur geringe Anerkennung und Honorierung zur Folge hat, für ein eigenständiges Leben wenig Spielräume bietet und im Alter Armut verheißt. So sind es vor allem Frauen, die kollektiv oder vereinzelt die kulturell verankerten Geschlechter-dualismen in sozialen Praktiken unterwandern oder selbstbewusst überschreiten. Sie können sich dabei auf einen kulturell und politisch verbürgten Anspruch auf Gleichberechtigung stützen. Privilegien von Männern brauchen deshalb heute in vielen Lebensbereichen eine Legitimation, was aber offensichtlich nicht bedeutet, dass entsprechende soziale Benachteiligungen von Frauen nicht mehr praktiziert würden. Neben den Arenen, in denen heute eine explizite Auseinandersetzung darüber geführt wird, was eine Gleichberechtigung der Geschlechter bedeutet und wie eine Gleichstellung ggf. erreicht werden kann, gibt es andere Bereiche, in denen kollektiv geteilte Signale für „richtige" Weiblichkeit oder Männlichkeit die männliche Dominanz noch immer fraglos stützen. So bleibt das System der Zweigeschlechtlichkeit ein Einfallstor dafür, dass die Kategorie immer wieder aufs Neue relevant gemacht wird und darüber neue soziale Ungleichheiten entstehen, noch ehe die alten abgebaut sind.

Literatur

Aktionsrat Bildung (2009). *Geschlechterdifferenzen im Bildungssystem. Jahresgutachten 2009.* Wiesbaden: VS.

Autorengruppe Bildungsberichterstattung (2008). *Bildung in Deutschland. Ein indikatorgestützter Bericht mit einer Analyse zu Übergängen im Anschluss an den Sekundarbereich I.* Bielefeld: Bertelsmann.

Autorengruppe Bildungsberichterstattung (2010). *Bildung in Deutschland 2010. Ein indikatorgestützter Bericht mit der Analyse zu Perspektiven des Bildungswesens im demografischen Wandel.* Bielefeld: Bertelsmann.

Ashley, M. (2003). Primary schoolboys' identity formation and the male role model: an exploration of sexual identity and gender identity in the UK through attachment theory. *Sex Education, 3* (3), 257-270.

Baar, R. et al. (2012). Genderkompetenz statt Quote! In K. Hurrelmann & T. Schultz (Hrsg.), *Jungen als Bildungsverlierer. Brauchen wir eine Männerquote in Kitas und Schulen?* (102-124) Weinheim: Juventa.

Beuster, F. (2006). *Die Jungenkatastrophe. Das überforderte Geschlecht.* Reinbek: Rowohlt.

Biersack, W. & Matthes, B. (2009). Frauenberufe Männerberufe: Karten neu gemischt. *LAB-Forum,* 1, S. 18-23.

Bilden, H. (1991). Geschlechtsspezifische Sozialisation. In K. Hurrelmann & D. Ulich (Hrsg.), *Neues Handbuch der Sozialisationsforschung* (279-301). Weinheim: Juventa.

Bilden, H. (1998). Jenseits des Identitätsdenkens. Psychologische Konzepte zum Verständnis „postmoderner" Subjektivitäten. *Verhaltenstherapie und psychosoziale Praxis, 30* (1), 5-31.

Bilden, H. & Dausien, B. (2006). Sozialisation und Geschlecht. Einleitung in eine vielstimmige Diskussion. In H. Bilden & B. Dausien (Hrsg.), *Sozialisation und Geschlecht. Theoretische und methodologische Aspekte* (7-16). Opladen: Barbara Budrich.

Bos, W. et al. (2003). *Erste Ergebnisse aus IGLU. Schülerleistungen am Ende der vierten Jahrgangsstufe im internationalen Vergleich.* Münster: Waxmann.

Bos, W. et al. (Hrsg.) (2004). *IGLU. Einige Länder der Bundesrepublik Deutschland im Vergleich.* Münster: Waxmann.

Breidenstein, G. & Kelle, H. (1998). *Geschlechteralltag in der Schulklasse. Ethnographische Studien zur Gleichaltrigenkultur.* Weinheim: Juventa.

Breitenbach, E. (2006). *Intelligenz und Geschlecht.* Online publiziert unter: http://www.uni-wuerzburg.de/sopaed1/breitenbach/intelligenz/geschlecht.htm (Stand: 1. 2. 2006).

Budde, J. (2011). Heterogenität und Homogenität aus der Perspektive von Lehrkräften. In D. Krüger (Hrsg.), *Genderkompetenz und Schulwelten. Alte Ungleichheiten – neue Hemmnisse* (111-128). Wiesbaden: VS.

Budde, J. (2003). Männlichkeitskonstruktionen in der Institution Schule. *Zeitschrift für Frauenforschung und Geschlechterstudien, 21* (1), 91-101.

Bundesministerium für Bildung und Forschung, BMBF (Hrsg.) (2003). *Berufsbildungsbericht 2003*. Bonn: BMBF.

Bundesministerium für Bildung und Forschung, BMBF (Hrsg.) (2010). *Berufsbildungsbericht 2010*. Bonn/Berlin: BMBF.

Bundesministerium für Bildung und Forschung, BMBF (Hrsg.) (2011). *Berufsbildungsbericht 2011*. Bonn/Berlin: BMBF.

Cornelißen, W. (2011). Gendergerechte Ansätze in der Schule: Ein Schritt zu mehr Geschlechtergerechtigkeit In D. Krüger (Hrsg.), Genderkompetenz und Schulwelten. Alte Ungleichheiten – neue Hemmnisse (87–108). Wiesbaden: VS.

Cornelißen, Waltraud (2009). Die Relevanz von Geschlechterstereotypen für Berufswahlentscheidungen – eine Herausforderung für die Gleichstellungspolitik. In S. Baer et al. (Hrsg.), *Schubladen, Schablonen, Schema F. Stereotype als Herausforderungen für Gleichstellungspolitik* (67-88). München: USP Kleine.

Cornelißen, W. & Blanke, K. (2004). Zeitverwendung von Mädchen und Jungen. In Statistisches Bundesamt (Hrsg.), *Alltag in Deutschland. Analysen zur Zeitverwendung* (160-174). Forum der Bundesstatistik. Band 43. Wiesbaden: Statistisches Bundesamt.

Enders-Dragässer, U. & Fuchs, C. (1989). *Interaktionen der Geschlechter. Sexismusstrukturen in der Schule*. Weinheim: Juventa.

Diehl, C. et al. (2009). Jugendliche ausländischer Herkunft beim Übergang in die Berufsausbildung: Vom Wollen, Können und Dürfen. *Zeitschrift für Soziologie, 38* (1), 48-67.

Fabes, R. A., et al. (2004). The Next 50 Years: Considering Gender as a Context for Understanding Young Children's Peer Relationship. *Merrill-Palmer Quarterly, 50* (3), 260-273. Online publiziert unter: http://digitalcommons.wayne.edu/mpq/vol50/iss3/5/.

Färber, C. & Dohmen, D. et al. (2007). *Machbarkeitsstudie Gender Budgeting auf Bundesebene*. im Auftrag des Bundesministeriums für Familie, Senioren, Frauen und Jugend. Berlin: BMFSFJ. Online publiziert unter: http://www.bmfsfj.de/RedaktionBMFSFJ/Abteilung4/Pdf-Anlagen/machbarkeitsstudie-gender-budgeting-pdf,property=pdf,bereich=, sprache=de,rwb=true.pdf.

Faulstich-Wieland, H. & Horstkemper, M. (1998). Veränderte familiäre Erziehungsnormen oder: Verschwindet die Geschlechterdifferenz? In H. Horstkemper & P. Zimmermann (Hrsg.), *Zwischen Dramatisierung und Individualisierung (Geschlechtsspezifische Sozialisation im Kindesalter)* (213-231). Opladen: VS.

Faulstich-Wieland, H. (2004). *Mädchen und Naturwissenschaften in der Schule. Expertise für das Landesinstitut für Lehrerbildung und Schulentwicklung*. Hamburg: Universität Hamburg. Online publiziert unter: http://sinus-transfer.uni-bayreuth.de/fileadmin/MaterialienBT/Expertise.pdf

Faulstich-Wieland, H. (2009). Mehr Männer in die Grundschule. Offene Fragen im Spiegel der Forschung. *Grundschule, 2009* (9), 18-20.

Faulstich-Wieland, H. (2008). Sozialisation und Geschlecht. In K. Hurrelmann et al. (Hrsg.), *Handbuch der Sozialisationsforschung* (240-253). Weinheim: Beltz.

Flax, J. (1993). *Disputed subjects. Essays on psychoanalysis, politics, and philosophy*. New York: Routlegde.

Francis, B. et al. (2006). A Perfect Match? Pupils' and Teachers' views of the impact of matching educators and learners by gender. *Research Paper in Education, 23* (1), 21-36.

Gildemeister, R. & Wetterer, A. (1992). Wie Geschlechter gemacht werden. Die soziale Konstruktion der Zweigeschlechtlichkeit und ihre Reifizierung in der Frauenforschung. In G.-A. Knapp & A. Wetterer (Hrsg.), *Traditionen Brüche: Entwicklungen feministischer Theorie* (201-254). Freiburg: Kore.

Gergen, K. J. (1991). *The saturated self. Dilemmas of identity in contemporary life*. New York: Basic Books.

Hagemann-White, C. (1984). *Sozialisation: Weiblich – männlich? Alltag und Biografie von Mädchen*. Band 1. Opladen: Leske+Budrich.

Hartmann, W. (2000). Geschlechterunterschiede beim kindlichen Spiel. In S. Hoppe-Graff & R. Oerter (Hrsg.), *Spielen und Fernsehen. Über die Zusammenhänge von Spiel und Medien in der Welt des Kindes* (79-104). Weinheim: Juventa.

Hirschauer, S. (2001). Das Vergessen des Geschlechts. Zur Praxeologie einer Kategorie sozialer Ordnung. In B. Heintz (Hrsg.), *Geschlechtersoziologie* (208-235). Sonderheft der Kölner Zeitschrift für Soziologie und Sozialpsychologie Nr. 41. Wiesbaden: Westdeutscher Verlag.

Hirschauer, S. (2008). Körper macht Wissen. Für eine Somatisierung des Wissensbegriffs. In A. Wetterer (Hrsg.), *Geschlechterwissen und soziale Praxis. Theoretische Zugänge – empirische Erträge* (82-95). Königstein im Taunus: Ulrike Helmer.

Hochschulinformationssystem, HIS (2002): *Ergebnisspiegel*. Online publiziert unter: http://www.his.de/publikation/archiv/Ergebnis/es2002/download.

Hoffmann, L. et al. (1997). *An den Interessen von Mädchen orientierter Physikunterricht. Ergebnisse eines BLK-Modell-Versuchs*. Kiel: IPN.

Horstkemper, M. (1987). *Schule, Geschlecht und Selbstvertrauen. Eine Längsschnittstudie über Mädchensozialisation in der Schule*. Weinheim: Juventa.

Kampshoff, M. (2003). Anregungen zum Weiterdenken aus England. *Pädagogik, 2*, 16-29.

Kaiser, A. (2002). Geschlechterperspektiven in Kinderzeichnungen. Interkultureller Vergleich von Selbstdeutungen japanischer und deutscher Kinder am Beispiel von „Ich-Bildern". In ZFG/ZFS (Hrsg.). *Körper und Geschlecht. Bremer-Oldenburger Vorlesungen zur Frauen- und Geschlechterforschung* (51-72). Opladen: Leske+Budrich.

Kasüschke, D. (2008). Zur Problematik der Erfassung geschlechtsbezogenen Wissens und Rollen-Konzepten von Kindern im Vorschulalter. In A. Prengel & B. Rendtorf (Hrsg.), *Kinder und ihr Geschlecht. Jahrbuch der Frauen- und Geschlechterforschung* (191-202). Opladen: Barbara Budrich.

Kelle, H. (2006). Sozialisation und Geschlecht in kindheitssoziologischer Perspektive. In H. Bilden & B. Dausien (Hrsg.), *Sozialisation und Geschlecht. Theoretische und methodologische Aspekte* (121-138).Opladen: Barbara Budrich.

Keller, C. (1998). *Geschlechterdifferenzen in der Mathematik: Prüfung von Erklärungsansätzen. Eine mehrebenenanalytische Untersuchung im Rahmen der „Third International Mathematics and Science Study"*. Abhandlung zur Erlangung der Doktorwürde der Philosophischen Fakultät der Universität Zürich. Zürich.

Keupp, H. (1989). Auf der Suche nach der verlorenen Identität. In H. Keupp & H. Bilden (Hrsg.), *Verunsicherungen. Das Subjekt im gesellschaftlichen Wandel* (19-46). Göttingen: Hogrefe.

Klammer, U. et al. (Hrsg.) (2011). *Neue Wege – gleiche Chancen. Gleichstellung von Frauen und Männern im Lebenslauf. Gutachten der Sachverständigenkommission an das Ministerium für Familie, Senioren, Frauen und Jugend für den ersten Gleichstellungsbericht der Bundesregierung.* Berlin: BMFSFJ. Online publiziert unter: http://www.gleichstellungsbericht.de.

Koch-Priewe, B. et al. (2009). *Jungen – Sorgenkinder oder Sieger? Ergebnisse einer qualitativen Studie und ihre pädagogischen Implikationen.* Wiesbaden: VS.

Kompetenzzentrum Technik – Diversity – Chancengleichheit (2007). *(Erfolgreicher) Einstieg in IT-Berufe! Untersuchungen zur Orientierungs- und Berufseinstiegsphase von Männern und Frauen.* Schriftenreihe, Heft 4. Bielefeld: Kompetenzzentrum Technik – Diversity – Chancengleichheit. Online publiziert unter: http://www.kompetenzz.de/Produkte/Schriftenreihe#aheft4 (Download am 06.04.2009).

Köller, O. & Klieme, E. (2000). Geschlechterdifferenzen in den mathematisch-naturwissenschaftlichen Leistungen. In J. Baumert et al. (Hrsg.), *Dritte Internationale Mathematik- und Naturwissenschaftsstudie – Mathematische und naturwissenschaftliche Bildung am Ende der Schullaufbahn.* Band 2 (373-404). Opladen: Leske+Budrich.

Krappmann, L. & Oswald, H. (1995). *Alltag der Schulkinder. Beobachtungen und Analysen von Interaktionen und Sozialbeziehungen.* Weinheim: Juventa.

Küppers, C. (2012). Soziologische Dimensionen von Geschlecht. *Aus Politik und Zeitgeschichte, 62* (20), 3-8. Online publiziert unter: http://www.das-parlament.de/2012/20-21/Beilage/001.html.

Lytton, H. & Romney, D. M. (1991). Parent's differential socialisation of boys and girls: a meta-analysis. *Psychological Bulletin, 109* (2), 267-296.

Maccoby, E. E. (2000a). Perspectives on gender development. *International Journal of Behavioral Development, 24* (4), 398-406.

Maccoby, E. E. (2000b). *Psychologie der Geschlechter. Sexuelle Identität in den verschiedenen Lebensphasen.* Stuttgart: Klett-Cotta.

Mayer (2006). *Einfluss einer architekturpsychologischen Gestaltungsmaßnahme im Kindergarten auf Geschlechterunterschiede in Spielverhalten, räumlichem Vorstellungsvermögen und sozial-emotionaler Kompetenz.* Unveröffentlichte Diplomarbeit, eingereicht an der Universität Regensburg. [Zitiert in: Aktionsrat Bildung (Hrsg.) (2009). Geschlechterdifferenzen im Bildungssystem. Jahresgutachten 2009. Wiesbaden: VS.]

Mead, G. H. (1993). *Geist, Identität und Gesellschaft.* Frankfurt a. M.: Suhrkamp.

Medienpädagogischer Forschungsverbund Südwest, mpfs (Hrsg.) (2008). *JIM-Studie 2008. Jugend, Information, (Multi-) Media. Basisstudie zum Medienumgang 12- bis 19-Jähriger in Deutschland.* Stuttgart: mpfs. Online publiziert unter: http://www.mpfs.de/fileadmin/JIM-pdf08/JIM-Studie_2008.pdf (Stand: 27.10. 09).

Meixner, J. (1996). Traumberuf oder Alptraum Beruf? Von den kindlichen Identifikationsmustern zur Berufswahl Jugendlicher und junger Erwachsener. In K. Schober & M. Gaworek (Hrsg.), *Berufswahl: Sozialisations- und Selektionsprozesse an der ersten Schwelle* (37-46). Nürnberg: Institut für Arbeitsmarkt- und Berufsforschung.

Meuser, M. (2012). Entgrenzungsdynamiken: Geschlechterverhältnisse im Umbruch. *Aus Politik und Zeitgeschichte, 62* (40), 17-24.

Meuser, M. (2007). Männerkörper. Diskursive Aneignung und habitualisierte Praxis. In M. Bereswill et al. (Hrsg.), Die *Dimensionen der Kategorie Geschlecht: Der Fall Männlichkeit* (152-168). Münster: Westfälisches Dampfboot.

Micus-Loos, Ch. & Schütze, Y. (2004). Gender in der Familienerziehung. In E. Glaser et. al (Hrsg.), *Handbuch Gender und Erziehungswissenschaft* (349-360). Bad Heilbrunn: Klinkhardt.

Michel, M. & Häußler-Szcepan, M. (2005). Die Situation von Frauen und Männern mit Behinderung. In W. Cornelißen (Hrsg.), *Genderreport* (508-591). Online publiziert unter: http://www.bmfsfj.de/Publikationen/genderreport/root.html.

Milhoffer, P. (2000). *Wie sie sich fühlen, was sie sich wünschen. Eine empirische Studie über Mädchen und Jungen auf dem Weg in die Pubertät.* Weinheim: Juventa.

Moser, V. et al. (2006). Geschlechterinszenierungen in der Sonderschule. *Vierteljahreszeitschrift für Heilpädagogik und ihre Nachbargebiete (VHN), 75* (4), 305-316.

Petillon, H. (1993). *Das Sozialleben des Schulanfängers. Die Schule aus der Sicht des Kindes.* Weinheim: Psychologie-Verlag-Union.

Raithel, J. (2005): *Die Stilisierung des Geschlechts. Jugendliche Lebensstile, Risikoverhalten und die Konstruktion von Geschlechtlichkeit.* Weinheim: Juventa.

Rendtorff, B. (2006). *Erziehung und Geschlecht.* Stuttgart: Kohlhammer.

Rendtorff, B. (2011). *Bildung der Geschlechter.* Stuttgart: Kohlhammer.

Roisch, H. (2003). Die horizontale und vertikale Geschlechterverteilung in der Schule. In M. Stürzer et al. (Hrsg.), *Geschlechterverhältnisse in der Schule* (21-52). Opladen: Leske + Budrich.

Schröder, U. (2000). *Lernbehindertenpädagogik. Grundlagen und Perspektiven sonderpädagogischer Lernhilfe.* Stuttgart: Kohlhammer.

Shell Deutschland Holding (Hrsg.) (2006). *Jugend 2006. Eine pragmatische Generation unter Druck.* Hamburg.

Stamm, M. (2008). Underachievement von Jungen: Perspektiven eines internationalen Diskurses. *Zeitschrift für Erziehungswissenschaften, 11* (1), 106-124.

Stanat, P. & Kunter, M. (2001). Geschlechterunterschiede in Basiskompetenzen. In Deutsches PISA-Konsortium (Hrsg.), *PISA 2000. Basiskompetenzen von Schülerinnen und Schülern im internationalen Vergleich* (249-269). Opladen: Leske+Budrich.

Stürzer, M. (2005). Bildung, Ausbildung und Weiterbildung. In W. Cornelißen (Hrsg.), *Genderreport* (17-90). Online publiziert unter: http://www.bmfsfj.de/Publikationen/genderreport/root.html.

Sutter, T. (1999). Strukturgenese und Interaktion. Die Perspektive des interaktionistischen Konstruktivismus. In M. Grundmann (Hrsg.), *Konstruktivistische Sozialisationsforschung* (53-79). Frankfurt a. M.: Suhrkamp.

Thies, W. & Röhner, Ch. (2000). *Erziehungsziel Geschlechterdemokratie. Interaktionsstudie über Reformansätze im Unterricht.* Weinheim: Juventa.

Trautner, H. M. (1979). Psychologische Theorien der Geschlechtsrollen-Entwicklung. In A. Degenhardt & H. M. Trautner (Hrsg.), *Geschlechtstypisches Verhalten. Mann und Frau in psychologischer Sicht* (50-84). München: C. H. Beck.

Trautner, H. M. (2006). Sozialisation und Geschlecht. Die entwicklungspsychologische Perspektive. In H. Bilden & B. Dausien (Hrsg.), *Sozialisation und Geschlecht. Theoretische und methodologische Aspekte* (103-120). Opladen: Barbara Budrich.

Ulrich, J. et al. (2004). Berufsbezeichnungen und ihr Einfluss auf das Berufsinteresse von Mädchen und Jungen. *Sozialwissenschaften und Berufspraxis, 27* (4), 419-434.

Walper, S. & Schröder, R. (2001). Kinder und ihre Zukunft. In LBS-Initiative Junge Familie (Hrsg.), *Kindheit 2001. Das LBS-Kinderbarometer. Was Kinder wünschen, hoffen und befürchten* (99-125). Opladen: Leske + Budrich.

Walter, N. (2011). *Living Dolls. Warum Frauen heute lieber schön als schlau sein wollen.* Aus dem Englischen von Gabriele Herbst. Frankfurt a. M.: Krüger. [Englisches Original: Living Dolls. The Return of Sexism, London 2010].

Wentzel, W. (2007). Die Berufsorientierung von Schülerinnen in der Altersentwicklung. *Zeitschrift für Frauenforschung & Geschlechterstudien, 25* (1), 88-109.

Willich, J. et al. (2011). Studienanfänger im Wintersemester 2009/10. Wege zum Studium, Studien- und Hochschulwahl, Situation bei Studienbeginn. *HIS: Forum Hochschule, 2011* (6). Online publiziert unter: http://www.his.de/pdf/pub_fh/fh-201106.pdf.

Wohlwend, K. E. (2012). „Are You Guys Girls?" Boys, Identity Texts, and Disney Princess Play. *Journal of Early Childhood Literacy, 12* (3), 3-23.

Bettina Hannover, Ilka Wolter, Jochen Drewes und Dieter Kleiber

Geschlechtsidentität: Selbstwahrnehmung von Geschlecht

1. Die Bedeutung von Geschlecht für die Identität eines Menschen

Gegenstand dieses Beitrages ist die Frage nach der Bedeutung des Geschlechts für die Identität eines Menschen. Den Vorschlägen von Greenwald et al. (2002) und Tobin et al. (2010) folgend wird in diesem Aufsatz zwischen Geschlechtsstereotypen, Geschlechtsidentität und der Selbstzuschreibung geschlechtstypisierter Merkmale unterschieden. Geschlechtsstereotype bezeichnen Verbindungen zwischen Attributen und einer Geschlechtskategorie. Geschlechtsidentität bezeichnet die Qualität und Stärke der kognitiven (oft affektiv konnotierten) Verbindungen, die eine Person zwischen ihrem Selbst und einer Geschlechtskategorie macht. Selbstzuschreibung geschlechtstypisierter Merkmale meint die Assoziation zwischen dem Selbst und den aus Geschlechterstereotypen entstammenden Attributen.

Zunächst werden die somatischen Grundlagen der Geschlechtsidentität dargestellt, bevor aus entwicklungspsychologischer Perspektive expliziert wird, wie sich die Geschlechtsidentität, also die Erkenntnis, männlich oder weiblich zu sein, ontologisch herausbildet. Insgesamt wird deutlich, dass es die soziale Bedeutung der Kategorie Geschlecht ist, aufgrund derer Kinder schon sehr früh etwas darüber erfahren wollen, wie männliche und weibliche Personen (angeblich) sind und/oder sein sollten (Geschlechtsstereotype) und aufgrund derer sie sich selbst entsprechende Merkmale zuschreiben, die sie als Mädchen bzw. Junge charakterisieren (Selbstzuschreibung geschlechtstypisierter Attribute). Im weiteren Entwicklungsverlauf entstehen Unterschiede zwischen Personen in der Bedeutsamkeit, die ihre Geschlechtszugehörigkeit für sie hat (interindividuelle Unterschiede in der Geschlechtsidentität) und in dem Ausmaß, in dem sie sich selbst geschlechtstypisierte Attribute zuschreiben (interindividuelle Unterschiede in der Selbstzuschreibung geschlechtstypisierter Attribute).

Neben diesen Unterschieden zwischen Personen bestehen auch systematische Unterschiede zwischen Gruppen von Personen.

a) Statusgefährdete Menschen (weibliche, homosexuelle und Transgender-Personen) messen ihrer Geschlechtsidentität eine höhere Bedeutung bei als statusgesicherte (männliche und heterosexuelle Personen).

b) Männliche Personen beschreiben sich selbst als stärker maskulin und weniger feminin als weibliche Personen sich selbst beschreiben.

c) Homosexuell Orientierte sind sich ihrer Geschlechtsidentität zwar in gleichem Maße sicher wie heterosexuell Orientierte, sie beschreiben sich selbst aber vergleichsweise weniger in Übereinstimmung mit Geschlechtsstereotypen.

d) Transgender-Menschen unterscheiden sich in ihrer Geschlechtsidentität von anderen Menschen dahingehend, dass sie eine Diskrepanz zwischen ihrem phänotypischen und ihrem identifikatorischen Geschlecht erleben.

Eine Diskussion der Auswirkungen von Geschlechtsidentität und Selbstzuschreibung geschlechtstypisierter Attribute zeigt, dass diese psychologischen Dimensionen von Geschlecht zur Erklärung von Unterschieden in der Selbstsicht, in Präferenzen und Verhaltensweisen zwischen den biologischen Geschlechtsgruppen und zwischen Menschen mit unterschiedlicher sexueller Orientierung beitragen können.

2. Somatische Grundlagen der Geschlechtsidentität

Die Entwicklung der Geschlechtsidentität im oben definierten Sinn, also die Erkenntnis, männlich oder weiblich zu sein, ist Ergebnis des Zusammenwirkens biologisch-genetischer, endokrinologischer, neuronaler, sozial-kultureller und sozialisatorischer Prozesse.

Auf der somatischen Ebene wird mit der Empfängnis des männlichen Spermiums dem immer weiblichen X-Chromosom der Eizelle entweder ein Y-Chromosom oder aber ein zweites X-Chromosom hinzugefügt, woraus genetisch bedingt entweder ein Junge mit XY-Chromosomen oder ein Mädchen mit einem XX-Chromosomenpaar entsteht. Ein spezifischer Abschnitt auf dem Y-Chromosom (die sogenannte SRY-Region) enthält die Erbinformation für den Testes-Determinierenden-Faktor (TDF). Dieser sorgt dafür, dass sich die zunächst indifferente Gonadenanlage, also die für die Produktion von Sexualhormonen und Keimzellen zuständige Geschlechtsdrüse, zum männlichen Hoden entwickelt. Fehlt nämlich der TDF (was auch bei Y-Chromosomen vereinzelt vorkommen kann), so entwickelt sich ein weiblicher Phänotyp mit Eierstöcken. Somit kann dem TDF eine zentrale Rolle in der Entwicklung des Sexualdimorphismus zugeschrieben werden.

Erst die Bildung von Hormonen ermöglicht die Ausbildung von Testes oder Ovarien, also Hoden oder Eierstöcken, die wiederum durch eigene Ausschüttung von Hormonen die Entwicklung des genitalen Geschlechts, d. h. die Ausbildung der inneren und äußeren Geschlechtsmerkmale, determinieren. Senf und Strauß (2009) haben die sich daraus ergebenden Entwicklungsprozesse wie folgt beschrieben: „Wenn fetale Hoden existieren, schütten diese Androgene (also männliche Sexualhormone) aus, bei Vorliegen suffizienter Androgenrezeptoren (spezieller Proteine) erfolgt eine Differenzierung zum männlichen Geschlecht. In Abwesenheit pränataler Androgenexposition oder -wirkung erfolgt die Entwicklung in die ‚nichtdifferenzierte' weibliche Form, unabhängig von der Chromosomenausstattung. Die Komplexität dieser Vorgänge lässt die Störanfälligkeit allein auf somatischer Ebene erahnen. Die Entwicklung des dem Genotyp entsprechenden Phänotyps kann auf chromosomaler, hormoneller und Rezeptorebene Störungen erfahren, die zu Abweichungen in der Geschlechtsentwicklung wie Intersexualität, Hermaphroditismus, Adrenogenitales-Syndrom (AGS), Klinefelter- oder Turner-Syndrom etc. führen können" (ebd.. S.4). Für die Entwicklung des biologischen Geschlechts sind mithin genetische (chromosomale) Kombinationen, chromosomale Ausstattungen (TDF) sowie hormonelle Prozesse unabdingbar. Die Komplexität der Prozesse führt in seltenen Fällen zu Sonderentwicklungen, die weitreichende Folgen für die Entwicklung der Geschlechtsidentität haben.

Die Zuweisung eines männlichen oder weiblichen Geschlechts kann auf Grundlage verschiedener biologisch-somatischer Merkmale erfolgen:

- Mittels zytologischer Untersuchungen ist die Bestimmung des genetischen Geschlechts (XX- oder XY-Chromosomenpaar) möglich.

- Infolge der Ausdifferenzierung der Keimdrüsen (in Eierstöcke oder Hoden) im Zuge der oben beschriebenen Embryo-Fetogenese wird das gonadale Geschlecht bestimmbar.

- Infolge der Untersuchung der äußeren und inneren Geschlechtsorgane (die Genitalien) wird das phänotypische Geschlecht i. d. R. direkt nach der Geburt bestimmt.

In jüngerer Zeit wird zusätzlich, dank der Möglichkeiten, die bildgebende Verfahren eröffnen, ein neuronales Geschlecht bestimmt. Es wird aus einem mutmaßlichen Geschlechtsdimorphismus abgeleitet, der im Hypothalamus, einem bestimmten Abschnitt des Zwischenhirns, entdeckt wurde. Manche Forscherinnen und Foscher das neuronale Geschlecht die Basis für Unterschiede zwischen Männern und Frauen im reproduktiven Verhalten, in der Geschlechtsidentität und in der sexuellen Orientierung ist (vgl. Hartmann & Becker, 2002). Weiter wird spekuliert, ob es infolge pränataler Hormonausschüttung, die zwar geschlechtstypisch ist, aber auch individuell variiert, unterschiedliche Entwicklungen des Gehirns geben kann, die ebenfalls Auswirkungen auf die Geschlechtsidentität, das Geschlechtsrollenverhalten und die sexuelle Orientierung haben.

Für die zuletzt erwähnten Zusammenhänge existieren jedoch bis heute keine zwingenden Beweise (Senf & Strauß, 2009, S. 4). Vergleichsweise stärkere Evidenz liegt für den Einfluss kultureller, erziehungsbedingter, mithin sozialisatorischer und psychologischer Einflüsse auf die Entwicklung von Geschlechtsstereotypen, Geschlechtsidentität und die Selbstzuschreibung geschlechtstypisierter Attribute vor. Diese gilt es daher schwerpunktmäßig in den Blick zu nehmen.

3. Die ontogenetische Entwicklung geschlechtsbezogener Kategorien

3.1 Der ontogenetische Erwerb von Geschlechtsstereotypen

Von klein auf machen Kinder die Erfahrung, dass die Welt, in der sie leben, maßgeblich von der Unterscheidung zwischen „männlich" und „weiblich" geprägt ist. Diese Erfahrungen bilden die Grundlage dafür, dass Kinder schon, bevor sie zwei Jahre alt werden, beginnen, sich aktiv sog. Geschlechtsstereotype anzueignen. Geschlechtsstereotype bezeichnen Annahmen darüber, wie sich männliche und weibliche Personen (angeblich) voneinander unterscheiden (deskriptiv; descriptive norms) oder unterscheiden sollten (präskriptiv; injunctive oder prescriptive norms) (z. B. Eagly, 1987). Die Bedeutsamkeit von Geschlechtsstereotypen erleben Kinder auch darin, dass Abweichungen von deskriptiven Aspekten des Geschlechtsstereotyps in ihrer sozialen Umgebung Überraschung auslösen (z. B. sprechen die Eltern darüber, dass die Erziehungsperson in der Kita männlich ist) und Abweichungen von präskriptiven Normen mit moralischer Missbilligung beantwortet werden (z. B. schimpft die Erzieherin wahrscheinlicher, wenn zwei Mädchen, als wenn zwei Jungen miteinander balgen) (Eagly et al., 2000). Deskriptive und präskriptive Geschlechtsstereotype stimmen über Kulturen hinweg erstaunlich stark überein und zwar dahingehend, dass weibliche Personen fürsorglich und emotional expressiv seien bzw. sein sollten, männliche Personen hingegen dominant und autonom seien bzw. sein sollten (z. B. Williams & Best, 1982; Williams et al., 1999).

Den Prinzipien der kognitiven Entwicklung folgend erwerben Kinder zunächst Geschlechtsstereotype in Hinblick auf konkrete Konzepte, wie z. B. Objekte (z. B. welches Spielzeug gehört zu Mädchen, welches zu Jungen; Serbin et al., 2001) oder beobachtbare Aktivitäten (z. B. welche Berufe üben männliche Personen häufiger aus als weibliche; Trautner et al., 1988; Williams & Best, 1982; Wolter, 2011), gefolgt von Geschlechtsstereotypen, die auf abstrakte Konzepte bezogen sind, wie z. B. Interessen oder Personeneigenschaften, die als typisch für weibliche oder aber männliche Personen gelten (z. B. Huston, 1983; Powlishta et al., 1994; Trautner, 1992). Wie Signorella et al. (1993) in einer Meta-analyse zeigen konnten, ist der Erwerb von Geschlechtsstereotypen mit dem Ende der Grundschulzeit typischerweise im Wesentlichen abgeschlossen.

Ungefähr bis zu dem Alter, in dem Kinder in die Schule kommen (d. h., wenn sie Geschlechtskonstanz erreichen, siehe unten Abschnitt „Die ontogenetische Herausbildung der Geschlechtsidentität"), betrachten sie typischerweise Geschlechtsstereotype äußerst rigide als moralische Imperative (z. B. Huston, 1983; für einen Überblick siehe Ruble et al., 2006), zeigen darauf bezogene geschlechtstypisierte Verhaltensweisen und bevorzugen i. d. R. gleich-geschlechtliche Personen als Rollenmodelle. So fanden beispielsweise Trautner et al. (2005), dass Kinder im Alter von sechs Jahren zu annähernd 100% Spielzeuge und Aktivitäten ausschließlich einer der beiden Geschlechtsgruppen zuordneten, d. h. sie in extremem Maße geschlechtstypisiert wahrnahmen.

Erst in den folgenden Jahren werden Kinder in der Anwendung von Geschlechtsstereotypen flexibler und können sich nun Merkmale, die häufiger mit Personen des einen Geschlechts als mit Personen des anderen Geschlechts assoziiert sind, durchaus bei Personen beider Geschlechtsgruppen vorstellen (z. B. Ruble et al., 2007; Signorella et al., 1993; Trautner et al., 2005). So fanden Trautner et al. (2005), dass die von ihnen untersuchten Kinder bis zum Alter von zehn Jahren immer geringere Anteile der gezeigten Objekte und Aktivitäten ausschließlich einer der beiden Geschlechtsgruppen zuordneten.

Geschlechtsstereotype bilden die Grundlage dafür, dass Menschen sich selbst (i. d. R.) einer der beiden Geschlechtsgruppen zuordnen (Geschlechtsidentität) und sich selbst geschlechtstypisierte Merkmale zuschreiben (Selbstzuschreibung geschlechtstypisierter Attribute). Im Folgenden werden diese Prozesse aus entwicklungspsychologischer Perspektive dargestellt. Da der Gegenstand dieses

Aufsatzes die Selbstwahrnehmung von Geschlecht ist, wird auf Geschlechts-stereotype als solche im Weiteren nicht mehr gesondert eingegangen.

3.2 Die ontogenetische Herausbildung der Geschlechtsidentität

Interessanterweise können Kinder, wenn sie beginnen, stereotypes Wissen über männliche und weibliche Personen zu erwerben, noch gar nicht sicher sagen, ob sie selbst ein Mädchen oder ein Junge sind. Eine Geschlechtsidentität, also die Selbstkategorisierung als männlich oder weiblich[1], entsteht erst im Alter von ungefähr zweieinhalb Jahren (Fagot & Leinbach, 1985). Warum dies so ist, wird klar, wenn man sich verdeutlicht, was eine Selbstkategorisierung nach Geschlecht voraussetzt: das Kind muss dazu a) eine Identität (synonym auch: ein Selbst) erworben haben, b) verstanden haben, was die beiden Geschlechter biologisch voneinander unterscheidet, c) verstanden haben, dass das biologische Geschlecht zeitstabil ist, und d) verstanden haben, was die soziale Kategorie „männlich versus weiblich" bedeutet.

Mit dem Begriff der Identität bezeichnet man das Wissen und die Annahmen, die das Individuum über die eigene Person entwickelt, sowie die kognitiven Prozesse, durch die dieses Wissen hervorgebracht wird (Hannover, 1997a; Markus, 1977; für einen Überblick siehe z. B. Hannover & Greve, 2012). Frühe Anzeichen für die Entwicklung eines Selbst zeigen Kinder im Alter von 18 Monaten, wenn sie erstmalig durch eine selbstreferentielle Bewegung anzeigen, dass sie sich selbst in einem Spiegel erkennen können, sich also ihrer eigenen Existenz in der Welt bewusst geworden sind: Eine Farbmarkierung, die ihnen auf die Nase gemalt wird, untersuchen Kinder dann nicht mehr auf der Oberfläche des Spiegels (wie kleinere Kinder dies tun würden), sondern indem sie sich an die eigene Nase greifen (vgl. Hannover & Greve, 2012). Ab dem Zeitpunkt, zu dem das Kind sich seiner selbst bewusst wird, entsteht ein inneres mentales Abbild der eigenen Person, das im Zuge der kognitiven Entwicklung und mit neuen Lernerfahrungen um immer mehr und zunehmend komplexe Selbstkategori-sierungen erweitert wird. Die Identifikation der eigenen Person mit der eigenen Geschlechtsgruppe, die die Herausbildung der Geschlechtsidentität markiert, gehört dabei zu den allerersten Selbstkategorisierungen, die Kinder vornehmen.

Gleichwohl Kinder bereits im Alter von ca. zweieinhalb Jahren eine Geschlechtsidentität („ich bin ein Mädchen", „ich bin ein Junge") entwickeln,

---

[1] Fälle, in denen die Person sich nicht eindeutig mit einer der beiden Geschlechtsgruppen identifiziert, werden im Kapitel *Transgender und Intersex-Geschlechtsidentitäten* behandelt.

entsteht ein Verständnis, dass die eigene Geschlechtszugehörigkeit zeitstabil und situations-unabhängig ist, erst im Zuge der fortschreitenden kognitiven Entwicklung: Geschlechtskonstanz (gender constancy, gender conservation oder gender consistency), d. h. das Wissen, dass die eigene Geschlechtszugehörigkeit (typischerweise) über die Lebensdauer und über verschiedene Situationen hinweg stabil sein wird, erwerben Kinder erst bis zum Alter von vier bis sieben Jahren (für einen Überblick siehe Ruble et al., 2006). Fragt man Vorschulkinder beispielsweise „When you were a little baby, were you a boy or a girl?", oder „Kannst du ein Mädchen (bzw. Junge, jeweils anderes Geschlecht als das Kind hat) sein, wenn du es möchtest?" (Slaby & Frey, 1975), dann wird deutlich, dass Kinder dieser Altersgruppe häufig annehmen, dass ihr Geschlecht sich ändern kann.

Wie S. Bem (1989) zeigen konnte, setzt Geschlechtskonstanz zweierlei Dinge voraus. Zum einen ist Wissen über die Unterschiede zwischen den Genitalien männlicher und weiblicher Personen erforderlich – als Kriterium für die Unterscheidung nach phänotypischem Geschlecht. Und zum anderen muss die Einsicht gegeben sein, dass im Zweifelsfalle nicht die kulturell geprägten Hinweise auf die Geschlechtszugehörigkeit (z. B. Kleidung, präferierte Aktivitäten), sondern die körperlichen Hinweise auf die biologische Geschlechtszugehörigkeit den Ausschlag für die Kategorisierung der Person als männlich bzw. weiblich geben. In ihrer Studie zeigte S. Bem Kindern im Alter zwischen drei und fünfeinhalb Jahren Fotos von Kindern, deren Genitalien sichtbar waren. Auf manchen der Fotos waren die Kinder ganz nackt, auf anderen war ihr Oberkörper mit einem T-Shirt bekleidet, das entweder ein geschlechtsstereotyp-konsistentes oder -inkonsistentes Design hatte. Um das Wissen über Genitalien als biologisches Merkmal der Geschlechtszugehörigkeit zu testen, fragte S. Bem die Kinder, ob die gezeigten Kinder Mädchen oder Jungen seien. Um zu prüfen, inwiefern die Kinder auch in der Lage waren, die Konstanz des biologischen Geschlechts zu verstehen, selbst wenn keine Information über die Genitalien vorlag, zeigte S. Bem in einem zweiten Test den Kindern ein Foto von einem nackten Jungen, gefolgt von zwei Fotos, auf denen derselbe Junge (was gegenüber den Test-Kindern betont wurde) vollständig bekleidet war, und zwar auf dem einen Foto mit einem Mädchen-Kleidchen und einer Mädchenfrisur-Perücke und auf dem anderen mit einem typischen „Jungen-Outfit". Entsprechend wurde mit drei Fotos eines Mädchens (nackt, in „Mädchen-Outfit" und in „Jungen-Outfit") vorgegangen. Die Ergebnisse zeigten, dass 40% der Kinder das biologische Geschlecht durchweg richtig identifizierten. Von wenigen Ausnahmen abgesehen, waren diejenigen Kinder, die zuvor die mit sichtbaren Genitalien gezeigten Kinder richtig klassifiziert hatten, auch diejenigen, die Kinderfotos mit geschlechterstereotypinkonsistenter Kleidung korrekt zuordneten. Für 53% der Kinder ergab sich in einem anschließend durchgeführten Interview, in dem sie zur Konstanz ihres eigenen biologischen Geschlechts befragt wurden (z. B. für Jungen: „If you put on a girl's wig with real real long hair and girls' clothes, what would you really be?" „Could you really be a girl if you wanted to be?"), dass sie verstanden hatten, dass sich ihr eigenes biologisches Geschlecht nicht verändert, auch wenn sie sich geschlechtsstereotypinkonsistent anziehen oder verhalten würden. Zusammengefasst zeigen diese Befunde, dass – unabhängig von der Verfügbarkeit von Information über das phänotypische Geschlecht – etwa die Hälfte der Vorschulkinder in der Lage war, andere Kinder richtig als Mädchen oder Jungen zu identifizieren und deren biologisches Geschlecht oder das eigene biologische Geschlecht auch bei Vorliegen geschlechtsstereotypinkonsistenter sozialer Information als konstant zu erkennen.

Während Wissen über die Zugehörigkeit zu einer Geschlechtsgruppe also bereits in der Vorschulzeit entsteht, bildet sich die empfundene Geschlechtstypikalität, d. h. ein subjektives Empfinden, ein mehr oder weniger typisches Mitglied der eigenen Geschlechtsgruppe zu sein, als eine weitere Dimension der Geschlechtsidentität erst in der mittleren Kindheit (6-10 J.) heraus. Denn erst in dieser Altersphase sind die komplexen kognitiven Prozeduren verfügbar, die ein Typikalitätsurteil voraussetzt (Perspektivübernahme, Traits als zugrundeliegende latente „Ursachen" eigenen Verhaltens, soziales Vergleichen, Integration verschiedener Selbstaspekte; vgl. Hannover & Greve, 2012): Kinder müssen dazu ihre Selbstzuschreibungen geschlechtstypisierter Attribute in einem idiosynkratischen Prozess gewichten, integrieren und diese mit ihren Vorstellungen darüber, was andere darüber denken, wie stark sie selbst eine typische Vertreterin bzw. ein typischer Vertreter der eigenen Geschlechtsgruppe sind, ins Verhältnis setzen. In der mittleren Kindheit beschreiben sich Kinder dann meist als typisch bis sehr typisch für ihre eigene Geschlechtsgruppe (z. B. Egan & Perry, 2001).

3.3 Die Selbstzuschreibung geschlechtstypisierter Merkmale, ontogenetisch betrachtet

Mit der Aneignung von Geschlechtsstereotypen und der Herausbildung der Geschlechtsidentität des Kindes ist die Grundlage dafür geschaffen, dass es auf die Geschlechter bezogenes Wissen in sein Selbst, d. h. in das Bild, das es von der eigenen Person hat, integrieren kann: wir sprechen von der Selbstwahrnehmung oder Selbstzuschreibung geschlechtstypisierter Merkmale. So geht der Erwerb von Geschlechtsstereotypen damit einher, dass Kinder Teile dieses Wissens in ihr Selbstkonzept integrieren. Typischerweise schreiben Kinder sich selbst und anderen Mitgliedern der eigenen Geschlechtsgruppe dabei zunächst all jene Attribute zu, die zu dem Stereotyp der eigenen Geschlechtsgruppe gehören (Liben & Bigler, 2002; Martin, 2000). Im Ergebnis charakterisieren sich Jungen im Schulanfangsalter beginnend eher über maskulin konnotierte Aktivitäten (z. B. „ich spiele gern gefährliche Sachen", Wolter, 2011) und Eigenschaften (z. B. „mutig", vgl. Biernat, 1991), während Mädchen sich vergleichsweise häufiger mit feminin konnotierten Verhaltensweisen (z. B. „ich schaue mich gern im Spiegel an", Wolter, 2011) und Eigenschaften (z. B. „warmherzig", vgl. Biernat, 1991) beschreiben. Diese Geschlechtsunterschiede in der Selbstzuschreibung geschlechtstypisiert wahrgenommener Merkmale erweisen sich ab dem Alter von acht bis neun Jahren als stabil und zeigen sich auch noch bei Jugendlichen und Erwachsenen (z. B. Altstötter-Gleich, 2004; Antill et al., 1993; Bem, 1981; Boldizar, 1991; Kessels & Hannover, 2008; Markus et al., 1982; Spence, 1993; Swan & Wyer, 1997). So fanden Egan und Perry (2001), dass Viert- bis Achtklässlerinnen sich signifikant mehr feminin konnotierte Eigenschaften (z. B. „showing emotions", „expressing concern when others need help"), weniger maskulin konnotierte Eigenschaften (z. B. „being a leader among friends", „getting others to do what they want them to do"), mehr feminin konnotierte Aktivitäten (z. B. „babysitting or looking after younger kids", „jump rope or gymnastics") und weniger maskulin konnotierte Aktivitäten (z. B. „using tools to make things", „playing video games") zuschrieben als ihre männlichen Klassenkameraden.

4. Methoden der Erfassung geschlechtsbezogener Kategorien

Um die Stärke der Geschlechtsidentität zu messen, werden je nach Untersuchungsparadigma unterschiedliche Operationalisierungen genutzt. Eine Gemeinsamkeit aller Maße besteht darin, dass stets Einschätzungen der eigenen Person in Bezug auf die Kategorie Geschlecht erfasst werden. Tobin et al. (2010) differenzieren die folgenden Möglichkeiten, die Geschlechtsidentität über sprachliche Äußerungen zu messen: a) Wissen über die eigene Zugehörigkeit zu einer Geschlechtsgruppe, b) Zufriedenheit mit dem eigenen Geschlecht, c) empfundener Druck, Geschlechtsstereotypen entsprechen zu müssen, d) Geschlechtstypikalität (Stärke der empfundenen Ähnlichkeit zu anderen Mitgliedern der eigenen Geschlechtsgruppe) und e) Geschlechtszentralität (Bedeutsamkeit von Geschlecht relativ zu anderen Identitätsaspekten).

Neben sprachlichen Indikatoren werden auch implizite Maße für die Erfassung der Stärke der Geschlechtsidentität verwendet. Im implizierten Assoziationstest

(IAT) etwa (z. B. Aidmann & Carroll, 2003; Farnham et al., 1999) ordnen Testpersonen unter Zeitdruck am Computer bestimmte Begriffe (z. B. woman, boy, other, myself) vier Rubriken oder Oberbegriffen zu: female, male, me und not-me. Diese Rubriken werden dabei paarweise kombiniert: Einmal muss der Begriff den Kombinationen „female / me" oder „male / not-me" zugeordnet werden, einmal den Kombinationen „male / me" oder „female / not-me". Die implizite Geschlechtsidentität ist umso stärker, je stärker sich die Reaktionsgeschwindigkeit der Person in diesen beiden kritischen Durchgängen voneinander unterscheidet. So sollte beispielsweise die Reaktion bei Verfügbarkeit der Kombination „female and me" schneller gelingen als bei Verfügbarkeit der Kategorie „male and me", umso mehr, je stärker die implizite Assoziation von Selbst und der Kategorie „weiblich" bei der Person ist. Die Ergebnisse von Aidmann und Carroll (2003) zeigten erwartungsgemäß, dass weibliche Personen bei „female-me"-Paarung signifikant schneller reagierten als bei „male-me"-Paarung, während umgekehrt männliche Personen schneller bei „male-me" als bei „female-me"-Paarungen reagierten.

Selbstzuschreibungen geschlechtstypisierter Merkmale werden meist in standardisierten Item-Batterien erfasst, in denen Befragte auf einer Skala unterschiedlich stark zustimmen oder nicht zustimmen können, inwieweit bestimmte Attribute, die eine eindeutige männliche oder aber weibliche Geschlechtskonnotation haben, auf sie zutreffen. Die wohl am häufigsten eingesetzten Instrumente sind der BSRI, Bem Sex Role Inventory (S. Bem, 1974) und der PAQ, Personal Attributes Questionnaire (Spence et al., 1974). In Abgrenzung zur damals vorherrschender Sichtweise, dass „weibliche" und „männliche" Merkmale Extreme einer eindimensionalen, bipolaren Skala seien, postulierten S. Bem (1974) und Spence et al. (1974) beide Dimensionen erstmalig als voneinander unabhängige, jeweils bipolare Skalen. Die beiden Dimensionen werden, in Anlehnung an die Geschlechterzuschreibungen von Parsons und Bales (1955), häufig auch als Instrumentalität (Maskulinität, Aufgabenbezogenheit) und Expressivität (Femininität, sozial-emotionale Grundhaltung) oder, der Terminologie von Bakan (1966) folgend, als agentische (z. B. Individualität, Durchsetzungsvermögen, Selbstvertrauen) und kommunale, d. h. kommunitäre Merkmale (z. B. Gemeinschaft, Warmherzigkeit, Freundlichkeit) beschrieben.

Abgefragte Dimensionen können Verhaltensweisen (z. B. „Ich tanze Ballett"), Ziele oder mögliche Selbstkonzepte (z. B. „Ich möchte gerne Vater werden"), Absichten (z. B. „Ich habe vor, Physik zu studieren"), Interessen (z. B. „Ich interessiere mich für Politik"), Persönlichkeitseigenschaften (z. B. „ich bin ehrgeizig") oder die Bedeutsamkeit dieser Attribute (z. B. „Ehrgeizig zu sein ist wichtig für mich") sein. Während häufig ausschließlich positiv valente Attribute verwendet werden, hat sich für bestimmte Zwecke auch die Messung der Selbstzuschreibung negativer geschlechtstypisierter Attribute als sinnvoll erwiesen (für eine Diskussion siehe Altstötter-Gleich, 2004; Athenstaedt, 2003; Athenstaedt & Alfermann, 2011).

Auch für die Erfassung von Selbstzuschreibungen geschlechtsbezogener Merkmale können implizite Maße herangezogen werden. So wird beispielsweise auch die Geschwindigkeit, mit der Personen vorgegebene geschlechtstypisierte Selbstbeschreibungen bejahen oder ablehnen, interpretiert (Hannover, 1997b; Kessels & Hannover, 2008). Ähnlich ist die Idee, die beim Einsatz des bereits erwähnten Impliziten Assoziationstest (IAT) genutzt wird. Dabei sollen feminin und maskulin typisierte Eigenschaftsbegriffe möglichst schnell den Kategorien „me" oder „not-me" zugeordnet werden (Greenwald & Farnham, 2000).

5. Unterschiede in der Geschlechteridentität und in den Selbstzuschreibungen geschlechtstypisierter Merkmale

Unterschiede in der Geschlechtsidentität sowie in den Selbstzuschreibungen geschlechtstypisierter Merkmale sind zwischen Menschen verschiedenen biologischen Geschlechts und verschiedener sexueller Orientierung beschrieben worden.

5.1 Unterschiede in der Geschlechtsidentität in Abhängigkeit vom biologischen Geschlecht

Studien, die die Stärke der Geschlechtsidentität über die Zentralität erhoben haben, die das Geschlecht relativ zu anderen Identitätsaspekten (wie z. B. ethnische Identität, altersbezogene Identität) für die Person hat, zeigen typischerweise, dass weibliche Personen sich selbst stärker durch ihre Geschlechtsidentität definieren als männlich Personen dies tun (z. B. Hurtig & Pichevin, 1990; Lorenzi-Cioldi, 1991). Beispielsweise erwähnen Frauen in spontanen Selbstbeschreibungen das eigene Geschlecht wahrscheinlicher als Männer (McGuire & Padawer-Singer, 1976). Dies bedeutet jedoch nicht, dass weibliche Personen sich auch auf anderen Maßen zur Erfassung der Geschlechtsidentität als stärker identifiziert beschreiben würden als männliche. So fanden beispielsweise Egan und Perry (2001) in einer Gruppe von Schülerinnen und Schüler der vierten bis achten Klasse, dass Mädchen sich im Vergleich zu Jungen als weniger typische Vertreterinnen ihrer Geschlechtsgruppe ansahen (Zustimmung zu bipolaren

Antwortskalen (Wertebereich eins - vier) des Typs: „Some girls/boys don't feel they're just like all the other girls/boys their age" (starke Zustimmung = 1) BUT „Other girls do feel they're just like all the other" (starke Zustimmung = 4); Mittelwert Jungen: 3,15, Mädchen: 2,92), deutlich weniger zufriedener mit ihrer Geschlechtszugehörigkeit waren (z. B. „Some girls/boys like being a girl/boy" (starke Zustimmung = 4) BUT „Other girls/boys don't..." (starke Zustimmung = 1); Jungen: 3,24, Mädchen: 2,55) und weniger Druck von Eltern, Peers und sich selbst empfanden, sich in Übereinstimmung mit Geschlechtsstereotypen verhalten zu müssen (z. B. „Some girls/boys think the girls/boys they know would be upset if they wanted to play with boys'/girls' toys" (starke Zustimmung = 4) BUT „Other girls/boys don't think..." (starke Zustimmung = 1); Jungen: 2,64, Mädchen: 1,62). Die scheinbar widersprüchlichen Befunde lassen sich plausibel interpretieren: Weil weibliche Personen in ihrem sozialen Status unter männlichen Personen stehen, ist ihnen einerseits ihr Geschlecht deutlicher bewusst. Andererseits sind sie aus dem gleichen Grund mit ihrer Geschlechtszugehörigkeit weniger zufrieden und halten sich für weniger typische Vertreter der eigenen Geschlechtsgruppe und sie stoßen bei anderen auch auf größeres Verständnis für geschlechtsinkonsistente Eigenschaften bzw. Verhaltensweisen.

5.2 Unterschiede in der Selbstzuschreibung geschlechtstypisierter Attribute in Abhängigkeit vom biologischen Geschlecht

Wie bereits angesprochen, schreiben sich Mädchen und Frauen mehr expressiv-kommunale und weniger instrumentelle Eigenschaften zu als Jungen bzw. Männer. S. Bem (1981) differenziert vier Typen von Personen: „sex-typed" sind Frauen, die sich überwiegend mit femininen und Männer, die sich überwiegend mit maskulinen Eigenschaften beschreiben; „cross-sex-typed" sind Frauen, die sich überwiegend mit maskulinen und Männer, die sich überwiegend mit femininen Eigenschaften beschreiben, „androgynous" sind Männer und Frauen, die sowohl feminine als auch maskuline Eigenschaften stark selbstbeschreibend finden und „undifferentiated" sind Männer und Frauen, die weder feminine noch maskuline Eigenschaften selbstbeschreibend finden. Die meisten Menschen fallen von ihren Selbstbeschreibungen her in die Kategorie „sex-typed", wohingegen die Kategorie „cross-sex-typed" vergleichsweise am wenigsten oft vertreten ist. Eine andere Typologie wurde von Markus et al. (1982) vorgeschlagen. Sie klassifizieren Personen als „maskulin schematisch", „feminin schematisch", als „hoch androgyn" oder „niedrig androgyn".

5.3 Unterschiede in der Geschlechtsidentität in Abhängigkeit von der sexuellen Orientierung

Der Begriff sexuelle Orientierung beschreibt, zu welchem Geschlecht sich eine Person emotional und sexuell hingezogen fühlt (Hanrock & Greenspan, 2010). Hinsichtlich des Einflusses der sexuellen Orientierung auf die Geschlechtsidentität sprechen die meisten Befunde dafür, dass homosexuell orientierte Menschen sich ihrer – über ihr phänotypisches Geschlecht definierten – Geschlechtszugehörigkeit gleichermaßen sicher sind wie heterosexuell orientierte Personen (Eckloff, 2007). D. h. unabhängig von der späteren sexuellen Orientierung bleibt die Geschlechtsidentität, die zwischen dem vierten und siebten Lebensjahr entwickelt wurde, als stabile Grundlage der sich später entwickelnden sexuellen Orientierung erhalten. Belege stammen aus einer Studie von Eckloff (2007), der möglichen Unterschieden in der Geschlechtsidentität homo- und heterosexueller Männer und Frauen nachgegangen ist. In einer Gruppe von 906 online Befragten aus Deutschland fand er keine Unterschiede in der Geschlechtsidentität (z. B. für Männer „Ich habe ein Gefühl des ‚Mannseins' in mir") und in der erlebten Sicherheit in Bezug auf die eigene Geschlechtszugehörigkeit in Abhängigkeit von ihrer sexuellen Orientierung.

Gleichwohl zeigen sich bestimmte Unterschiede auf anderen Indikatoren der Geschlechtsidentität, nämlich dass sich homosexuell orientierte Menschen selbst als weniger typische Vertreter bzw. Vertreterinnen der eigenen biologischen Geschlechtsgruppe wahrnehmen und u. U. weniger zufrieden mit ihrer Geschlechtszugehörigkeit sind als Menschen mit heterosexueller Orientierung.

Evidenz stammt beispielsweise aus einer Studie von Carver et al. (2004). Sie fragten dieselben Kinder, bei denen Egan und Perry (2001) die oben erwähnten verschiedenen Indikatoren von Geschlechtsidentität erhoben hatten, inwiefern sie die eigene Heterosexualität als gegeben hinnehmen oder aber in Frage stellen würden (sexual questioning). Dazu sollten die Kinder angeben, wie sicher sie glaubten, sich eines Tages in eine Person des anderen Geschlechts zu verlieben (z. B. für Mädchen: „Some girls aren't sure they'll fall in love with a man someday" BUT „Other girls are sure they'll fall in love with a man someday") und bestimmte traditionell heterosexuelle Rollen (z. B. als Mutter, Ehefrau) einzunehmen (z. B. „Some girls definitely think they'll be a mother one day" BUT „Other girls don't necessarily think they'll be a mother one day"). Geringe Ausprägungen auf diesem Maß werden als Indikator für sexual questioning gewertet. Längsschnittlich betrachtet sagte eine geringe (hetero)sexuelle Identität eine geringe Zufriedenheit mit dem eigenen Geschlecht und eine gering selbsteingeschätzte Geschlechtstypikalität ein halbes Jahr später vorher.

5.4 Unterschiede in der Selbstzuschreibung geschlechtstypisierter Attribute in Abhängigkeit von der sexuellen Orientierung

Menschen, die ihre Heterosexualität in Frage stellen oder sich als homosexuell bezeichnen, beschreiben sich weniger stark in Übereinstimmung mit Geschlechtsstereotypen als heterosexuell orientierte Personen. Belege für die Altersgruppe von Kindern und Jugendlichen der vierten bis achten Klasse sind bei Carver et al. (2004) zu finden: Schülerinnen und Schüler mit einer starken heterosexuellen Identität (die sich also sicher waren, sich einmal in eine Person des anderen Geschlechts zu verlieben) schrieben sich mehr Aktivitäten und Eigenschaften zu, die typisch für die eigene Geschlechtsgruppe sind (allerdings auch (in vergleichsweise geringerem Ausmaß) Eigenschaften der jeweils anderen Geschlechtsgruppe). Längsschnittlich betrachtet sagte eine starke heterosexuelle Identität eine stärkere Selbstbeschreibung mit für die eigene Geschlechtsgruppe typischen Aktivitäten ein halbes Jahr später vorher.

Eckloff (2003) hat Unterschiede in der Selbstzuschreibung geschlechtstypisierter Attribute bei homo- und heterosexuellen Erwachsenen beschrieben. Er setzte den Verhaltensfragebogen von Athenstaedt (2003) und eine erweiterte Version des Personal Attribute Questionnaire (Spence et al., 1974) mit sozial erwünschten und sozial unerwünschten männlich typisierten und weiblich typisierten Verhaltensweisen ein. Es zeigte sich, dass die homosexuellen Befragten im Vergleich zu den heterosexuellen Befragten Verhaltensweisen, die allgemeinhin mit ihrer biologischen Geschlechtsgruppe assoziiert werden, für weniger typisch für die eigene Person hielten und umgekehrt Verhaltensweisen, die mit der jeweils anderen Geschlechtsgruppe assoziiert werden, für stärker typisch für die eigene Person hielten. In Hinblick auf die Eigenschaftsbegriffe zeigten die Ergebnisse u. a., dass homosexuelle Männer sich relativ zu heterosexuellen Männern mehr sozial erwünschte feminine Eigenschaften (z. B. „gefühlsbetont") und umgekehrt homosexuelle Frauen sich relativ zu heterosexuellen weniger sozial erwünschte feminine Eigenschaften zuschrieben. Gleichzeitig schrieben sich die homosexuell Orientierten mehr sozial unerwünschte Eigenschaften zu, die als typisch für die jeweils andere Geschlechtsgruppe gelten, nämlich homosexuelle Frauen unerwünschte maskuline Eigenschaften (z. B. „arrogant") und homosexuelle Männer unerwünschte feminine Eigenschaften (z. B. „weinerlich").

Zusammenfassend können wir für Mitglieder statusgefährdeter Gruppen – d. h. für weibliche und homosexuell orientierte Personen – relativ zu Mitgliedern statusgesicherter Gruppen – d. h. für männliche und heterosexuell orientierte Personen – feststellen, dass sie ihrer Geschlechtszugehörigkeit eine größere Bedeutung zumessen (stärker ausgeprägte Geschlechtsidentität), sich aber gleichzeitig als weniger typische Vertreter bzw. Vertreterinnen der eigenen biologischen Geschlechtsgruppe wahrnehmen (geringere Selbstzuschreibung geschlechtstypisierter Attribute) und u. U. weniger zufrieden mit ihrer Geschlechtszugehörigkeit sind.

6. Transgender und Intersex-Geschlechtsidentitäten

6.1 Transsexualität

Personen, die sich subjektiv mit „absoluter innerer Gewissheit" dem jeweils anderen Geschlecht zugehörig fühlen, als es ihnen aufgrund ihrer phänotypischen Geschlechtsmerkmale zugewiesen worden ist, werden als Transsexuelle bezeichnet. Fragt man Transsexuelle nach ihrer geschlechtsbezogenen Identität, so variieren die Beschreibungen zwischen einer binären Beschreibung männlicher versus weiblicher Attribute auf der einen Seite (z. B. „woman with a correctible birth defect") und der Beschreibung von idiosynkratischen kontinuierlichen und multikategorialen Charakterisierungen auf der anderen Seite, oft auch als „drittes Geschlecht" bezeichnet (z. B. „genderless" oder „androgynies") (Bockting, 2008).

Nach dem amerikanischen diagnostischen Klassifikationssystem psychischer Störungen DSM (American Psychiatric Association, 2000) werden Transsexuelle mit der Diagnose „Gender Identity Disorder" belegt und über die folgenden Kriterien beschrieben:

a) Erleben einer starken und überdauernden Identifikation mit dem jeweils anderen als ihrem biologischen Geschlecht,

b) überdauerndes Unbehagen über das eigene biologische Geschlecht oder das Erleben, dass die damit verbundene Geschlechtsrolle für die eigene Person unangemessen ist,

c) klinisch signifikantes Belastungserleben oder Einschränkungen in sozialen, beruflichen oder anderen wichtigen Funktionsbereichen und

d) dieses Erleben hängt nicht mit einer physischen Intersex-Ausstattung (s.u.) zusammen.

In dem deutschen psychiatrischen Klassifikationssystem ICD-10 wird Transsexualität unmittelbar mit dem Wunsch nach geschlechtsangleichenden Operationen in Zusammenhang gebracht.

Ob es sinnvoll ist, für Menschen mit Transgender-Identitäten eine psychiatrische Kategorie vorzusehen, wird höchst kontrovers diskutiert (siehe z. B. Cohen-Kettenis & Pfäfflin, 2010; Zucker, 2006). Da eine entsprechende Diagnose „Geschlechtsidentitätsstörung" immer noch eine notwendige Voraussetzung für die Durchführung krankenkassenfinanzierter operativer Eingriffe ist, die darauf abzielen, eine äußere Geschlechtsangleichung zu erreichen, wollen einige die Diagnose erhalten. Andere Betroffene betonen, kein Problem mit ihrer Identität zu haben, sondern meinen „nur", im falschen Körper zu leben, und wehren sich daher, dass Transsexualität als psychische Störung klassifiziert wird. Sie fordern die Streichung der Diagnose aus dem DSM, weil Transsexualität ihrer Meinung nach keine Störung sei, sondern eine der Selbstbestimmung der betroffenen Individuen zu überlassende Entscheidung (ATME, 2009). Andere wehren sich zunehmend gegen die Zuschreibung, sie seien Transsexuelle, da sie deutlich machen wollen, dass sie sich nicht in der Wahl ihrer Sexualpartner, sondern in ihrer Identität unterscheiden. Entsprechend fordern sie als Transidente oder Transgender wahrgenommen zu werden.

In jüngster Zeit hat das Bundesverfassungsgericht vorläufige Klarheit bezüglich einiger der kontrovers diskutierten Fragen geschaffen. Mit Beschluss vom 11. Januar 2011 wurde die bisherige Regelung, eine operative Geschlechtsumwandlung als Voraussetzung einer personenstandsrechtlichen Anerkennung im empfundenen Geschlecht zwingend vorzuschreiben, für verfassungswidrig erklärt. Nach dem Transsexuellengesetz (TSG), das Transsexualität seit dem 1.1.1981 als „Leiden im falschen Körper" definiert, soll Frauen, die sich als Männer erleben, und Männern, die sich als Frauen fühlen, die Möglichkeit eröffnet werden, auch rechtlich in der zu ihnen passenden Geschlechtsrolle zu leben. Entsprechend sieht das Gesetz vor, im Rahmen der sog. „Kleinen Lösung" den Vornamen, nicht aber das im Personenstandsregister eingetragene Geschlecht ändern zu können. Eine Änderung im Personenstandsregister („Große Lösung"), das seinerseits ausschlaggebend für die Möglichkeit einer Eheschließung oder einer nicht ehelichen, eingetragenen Partnerschaft ist, hatte bisher eine operative Geschlechtsumwandlung zur Voraussetzung, durch die eine deutlich sichtbare Annäherung an das gefühlte Geschlecht erreicht werden sollte. Entsprechend waren bei MzF-Transsexuellen die Amputation des Penisschaftes und der Hoden sowie die operative Bildung der äußeren primären weiblichen Geschlechtsorgane erforderlich sowie bei FzM-Transsexuellen die operative Entfernung der Gebärmutter, der Eierstöcke und des Eileiters sowie oftmals eine Brustverkleinerung. Zusätzliche Voraussetzung war mithin, dass die Betroffenen „dauerhaft fortpflanzungsunfähig" wurden. Diese Voraussetzungen – so das Bundesverfassungsgericht in seinem Urteil vom 11.1.2011 – verstoßen gegen das allgemeine Persönlichkeitsrecht und das Recht auf sexuelle Selbst-bestimmung sowie das Recht auf körperliche Unversehrtheit.

6.2 Intersexualität

Eine weitere Gruppe von Menschen, bei denen „Störungen der Geschlechts-identität" diagnostiziert werden, sind Intersexuelle. Bei ihnen lassen sich regel-haft Diskrepanzen zwischen ihren genetischen, gonadalen, hormonellen und genitalen Geschlechtsmerkmalen identifizieren, so dass bereits bei der Geburt Eltern sowie Ärztinnen und Ärzte mit der Frage konfrontiert sind, welches Geschlecht beim Kind vorliegt und welches Geschlecht der Erziehung zugrunde gelegt werden soll (vgl. Fiedler, 2004, S. 138). Nach Richter-Appelt (2010) wird der Verdacht auf Intersexualität geäußert,

- „wenn bei Personen entweder geschlechtstypische Merkmale eines Geschlechts fehlen (z. B. Vaginalagenesie = Fehlen einer Scheide bei Personen mit einem 46,XX-Chromosomensatz),

- diese zu stark ausgeprägt sind (z. B. Klitorishypertrophie = Vergrößerung der Klitoris bei 46,XX-Karyotyp) oder

- Merkmale beider Geschlechter mehr oder minder gleichzeitig bei einer Person vorkommen (z. B. äußere weibliche Geschlechtsmerkmale und männliche Keimdrüsen bei 46,XY-Frauen)" (ebd., S. 382).

Als Ursachen für intersexuelle Entwicklungen werden Fehlsteuerungen während der pränatalen Entwicklung angenommen, die zu Erscheinungsbildern führen, die entweder bei oder nach der Geburt oder aber erst in der Zeit der Pubertät diagnostiziert werden können. Während früher die Auffassung dominierte, eine auch operative Festlegung des Geschlechts solle möglichst früh erfolgen, wird diese Praxis seit etwa 20 Jahren – vorangetrieben durch Initiativen von Betroffenen – deutlich infrage gestellt. Empfohlen wird zunehmend, so lange zu warten, bis die Betroffenen in der Lage sind, die von ihnen gewünschte Geschlechtsidentität selbst zu bestimmen. Entsprechend fordert der Verein „Intersexuelle Menschen e.V." u. a.,

- dass keine nicht lebens- oder gesundheitsnotwendigen Eingriffe ohne infor-mierte Einwilligung der betroffenen Menschen durchgeführt werden sollen,

- dass „Standards of Care" unter Einbezug der betroffenen Menschen und ihrer Organisationen entwickelt werden,

- dass bei Neugeborenen mit uneindeutigen Geschlechtsmerkmalen beim Standesamt ein lediglich provisorischer Geschlechtseintrag erfolgen soll und

Betroffenen die Option eingeräumt wird, ab Erreichen der Einwilligungs-fähigkeit per Willenserklärung eine Änderung des eingetragenen Geschlechts und/oder Vornamens zu erwirken.

Die Forderungen reflektieren u. a. die Ergebnisse der sog. Hamburger Intersex Studie (Brinkmann et al., 2007), in der die Geschlechtsidentität von erwachsenen Personen mit Intersexualität und deren psychisches Wohlbefinden untersucht worden waren. 31 Personen mit Intersexualität, denen ein weibliches Geschlecht operativ zugewiesen worden war, wurden anhand des Fragebogens zur Geschlechtsidentität mit einer Kontrollgruppe von Frauen ohne Intersexualität verglichen. Dabei fanden sich keine Unterschiede hinsichtlich der maskulinen Geschlechtsidentität und Transgendertendenzen zwischen beiden Gruppen. Jedoch zeigten sich deutliche Abweichungen auf den Skalen, die feminine Geschlechtsidentität und innere Sicherheit der Geschlechtszugehörigkeit erfassten, wobei Intersexuelle, denen das weibliche Geschlecht zugewiesen worden war, deutlich niedrigere Werte aufwiesen als Frauen ohne Intersexualität.

Was die psychische Symptombelastung der einbezogenen Personen mit Intersex-Diagnosen anbelangt, waren nur gut 38% psychisch unauffällig bzw. knapp 62% gemessen an den vorgestellten Standards als psychisch auffällig zu klassifizieren. Obwohl bei allen Studienteilnehmenden das geschlechtstypische äußere Erscheinungsbild durch - der frühen Geschlechtszuweisung (durch die Eltern bzw. Ärztinnen und Ärzte) nachfolgende - medizinische Eingriffe erreicht worden war, wiesen mehr als die Hälfte der Betroffenen Unsicherheiten in Sexualkontakten und sexuellen Interaktionen auf. Hinsichtlich der Geschlechts-identität zeigte sich bei vielen Teilnehmenden weiterhin eine Diskrepanz zwischen dem nach außen gelebten Geschlecht (dem Zuweisungsgeschlecht und der Geschlechtsrolle) und dem inneren Geschlechtserleben. Die Autorinnen empfehlen daher insgesamt, den bisher hohen Stellenwert, der einer (möglichst) frühen operativen Angleichung des geschlechtlichen Erscheinungsbildes bei intersexuellen Menschen eingeräumt wurde, kritisch zu hinterfragen. Sicher festgehalten wollen sie wissen, „dass ein stabiles (Geschlechts-) Identitätserleben zu komplex ist, um es von einigen wenigen Variablen, wie z. B. dem geschlechtlichen Aussehen, abhängig zu machen" (Brinkmann et al., 2007, S. 142).

7. Wie Geschlechtsidentität und Selbstzuschreibung geschlechtstypisierter Attribute mit dem Denken, Fühlen und Handeln der Person zusammenhängen

7.1 Zusammenhänge mit Maßen psychosozialer Anpassung

Zusammenhänge zwischen der Stärke der Geschlechtsidentität und verschiedenen Maßen psychosozialer Anpassung sind insbesondere von der Arbeitsgruppe um Egan und Perry untersucht worden. Zusammenfassend sprechen die Ergebnisse verschiedener Studien dafür, dass niedrige selbsteingeschätzte Geschlechtstypikalität, geringe Zufriedenheit mit dem eigenen Geschlecht und stark empfundener Druck, sich in Übereinstimmung mit Geschlechtsstereotypen verhalten zu müssen, ungünstige Auswirkungen auf die psychosoziale Entwicklung von Kindern und Jugendlichen haben. Dabei erwiesen sich insbesondere die Kombination von starkem Konformitätsdruck und dem Gefühl des Kindes, untypisch für das eigene Geschlecht zu sein oder aber eine hohe Unzufriedenheit des Kindes mit seinem biologischen Geschlecht (z. B. Carver et al., 2003; Egan & Perry, 2001; Yunger et al., 2004) für das Erleben der Person als ungünstig. Ähnlich fanden Carver et al. (2004), dass Kinder, die ihre heterosexuelle Identität in Frage stellten, einen geringeren Selbstwert angaben und sich für weniger akzeptiert bei ihren Peers hielten. Auch längsschnittlich betrachtet sagte das Infragestellen der eigenen heterosexuellen Identität eine geringere selbsteingeschätzte Peerakzeptanz vorher. Wright und Perry (2006) fanden, dass mit der eigenen sexuellen Identität verbundenes Belastungserleben stark mit generellem Belastungserleben zusammenhing.

Zusammenhänge zwischen der Selbstzuschreibung geschlechtstypisierter Attribute und Maßen psychosozialer Anpassung zeigen sich in der überwiegenden Mehrzahl der Studien dahingehend, dass die Selbstzuschreibung maskuliner, nicht aber femininer Attribute, günstige Auswirkungen – z. B. auf den Selbstwert oder die psychische Gesundheit – hat (z. B. Aube et al., 1995; Marsh et al., 1987; Sieverding, 1999; Spence & Hall, 1996; Spence et al., 1975; Stein et al., 1992; Whitley, 1983).

7.2 Zusammenhänge mit geschlechtstypisierten Präferenzen und Verhaltenstendenzen

Dafür, dass sich die Geschlechtsidentität auf das Denken, Fühlen und Verhalten von Menschen auswirkt, sprechen die zahlreichen Studien, die zeigen, dass sich Kinder nach dem Erwerb der Geschlechtskonstanz (wenn sie also eine stabile

Geschlechtsidentität haben) stärker in Übereinstimmung mit Geschlechts-stereotypen verhalten als vorher (für einen Überblick siehe Ruble et al., 2007). Diese Tendenz zeigt sich besonders ausgeprägt, wenn Kinder z. B. in einen Konflikt zwischen der Attraktivität eines Spielzeugs und seiner Geschlechts-konnotation gebracht werden. Dann ziehen nämlich Kinder nach dem Erwerb der Geschlechtskonstanz (nicht aber davor) ein unattraktives Spielzeug sogar einem attraktiven Spielzeug vor, wenn das unattraktive Spielzeug als zu ihrer eigenen Geschlechtsgruppe und das attraktive zur jeweils anderen Geschlechts-gruppe gehörig gekennzeichnet worden war (z. B. durch gleich- bzw. gegengeschlechtliche Modellpersonen, die mit den Spielzeugen spielten).

Die Selbstzuschreibung geschlechtstypisierter Attribute hängt mit Präferenzen und Verhalten zusammen. So berichteten die von Wolter (2011) untersuchten Jungen und Mädchen am Ende der ersten Klasse ein umso größeres Interesse am Lesen, je stärker sie sich ein halbes Jahr zuvor mit femininen Eigenschaften beschrieben hatten. Je stärker maskulin sich die Kinder hingegen beschrieben hatten, umso ausgeprägter war später ihr Interesse an Mathematik. Ähnlich fanden Handley und Morse (1984) in einer Studie mit Jugendlichen der siebenten und achten Klasse, dass die Selbstbeschreibung geschlechtstypisierter Attribute mit Einstellungen und Leistungen in Naturwissenschaften zusammenhing. Darüber hinaus zeigten Pajares und Valiante (2001), dass die stärkere Motivation und in die besseren Leistungen, die sich für Mädchen im schriftsprachlichen Bereich relativ zu Jungen zeigen, verschwinden, wenn der Einfluss statistisch kontrolliert wird, den die stärkere Zustimmung zu femininen Eigenschaften und Verhaltensweisen bei der Selbstbeschreibung hat.

Athenstaedt et al. (2009) fanden bei Jugendlichen, dass sie unabhängig von ihrem biologischen Geschlecht umso stärker soziale Interessen berichteten (z. B. Tele-fonieren, etwas mit Freunden unternehmen), je mehr sie sich feminin-typisiert beschrieben, und umso stärker sportliche Interessen, je mehr sie sich maskulin-typisiert beschrieben. Alfermann (1993) fand, dass eine feminin-typisierte Selbst-beschreibung mit einem starken Engagement für Familie und Sozialbeziehungen einhergeht. Auch im Kommunikationsverhalten zeigen sich Unterschiede, je nachdem ob sich die Personen als feminin oder maskulin beschreiben. Maskuline Personen haben deutlich höhere Redeanteile und femininere Personen hören häufiger aktiv zu (Nicken, Unterstützung) in Gesprächen, unabhängig vom Geschlecht oder der Geschlechtskonstellation der jeweiligen Gesprächsdyade (Athenstaedt et al., 2011; zit. nach Athenstaedt & Alfermann, 2011).

Abele (2003) konnte Zusammenhänge zwischen geschlechtstypisierten Selbst-beschreibungen auf der einen Seite und Berufserfolg und beruflicher

Zufriedenheit auf der anderen Seite nachweisen. Genauer zeigte sich, dass selbst-zugeschriebene Instrumentalität bei Studienabsolventinnen und -absolventen den objektiven (Erwerbstätigenstatus, Beschäftigungsumfang, Einkommen) und subjektiven Berufserfolg („Wenn Sie sich mit Ihren ehemaligen Studien-kolleg/inn/en vergleichen, wie erfolgreich schätzen Sie dann Ihre bisherige berufliche Entwicklung ein") eineinhalb Jahre später vorhersagte.

Zudem gibt es Belege dafür, dass eine androgyne oder maskuline Selbst-beschreibung mit höherer genereller und akademischer Selbstwirksamkeit (z. B. Choi, 2004) und Selbsteinschätzung eigener Kompetenzen in maskulin konnotierten Inhaltsdomänen einhergeht (z. B. Hannover, 2002). So fand beispielsweise Wolter (2011) bei Erstklässlerinnen und Erstklässler, dass sie ihre akademische Kompetenz in der Mathematik, nicht aber im Lesen, umso höher einschätzten, je stärker sie sich selbst maskulin konnotierte Verhaltensweisen zuschrieben. Umgekehrt zeigte sich kein Zusammenhang zwischen der Selbsteinschätzung eigener Kompetenz im Lesen und der Selbstzuschreibung feminin konnotierter Verhaltensweisen.

7.3 Zusammenhänge mit der Wahrnehmung des eigenen Körpers

Außer bei Transgender-Personen ist u. W. keine Evidenz dafür gefunden worden, dass die Stärke der Geschlechtsidentität mit der Wahrnehmung des eigenen Körpers zusammenhängen würde. Es liegen zwar zahlreiche Studien vor, nach denen Menschen sich in Abhängigkeit ihres biologischen Geschlechts und in Abhängigkeit ihrer sexuellen Orientierung in ihrer Körperwahrnehmung (und damit zusammenhängenden Variablen wie z. B. Essstörungen oder sportlichen Aktivitäten (für einen Überblick siehe z. B. Calogero & Thompson, 2010) systematisch unterscheiden. Es gibt jedoch keine Studien, die zeigen würden, dass sich die Stärke bzw. subjektive Bedeutsamkeit der eigenen Geschlechtsidentität auf die Wahrnehmung des eigenen Körpers oder umgekehrt die individuelle Gestalt des eigenen Körpers, wie z. B. Stärke der Ausprägung der sekundären Geschlechtsmerkmale oder Körpergewicht, auf die Stärke der Geschlechtsidentität auswirken würde.

Unterschiede in der Körperwahrnehmung zwischen den genannten Gruppen von Personen sind darauf zurückzuführen, dass für männliche und weibliche Personen und auch für heterosexuelle und homosexuelle Männer bzw. Frauen unterschiedliche präskriptive Geschlechtsstereotype gelten, an denen sich die Betroffenen bei der Bewertung ihres eigenen Körpers ausrichten. So gilt in westlichen Kulturen für männliche Personen die Norm, einen kräftigen, möglichst muskulösen und großen Körper haben zu sollen, für weibliche

Personen hingegen die Norm, schlank und nicht allzu groß zu sein. Weiter erleben Mädchen und Frauen, dass die soziale und gesellschaftliche Anerkennung, die ihnen zuteilwird, sehr viel stärker von ihrer körperlichen Attraktivität abhängig ist, als dies bei Jungen und Männern der Fall ist (für einen Überblick siehe z. B. Calogero & Thompson, 2010). Zusammengenommen erklären diese Ergebnisse, warum Mädchen und Frauen insgesamt sehr viel weniger zufrieden mit ihrem Körper, und zwar insbesondere mit ihrem Körpergewicht, sind als Jungen und Männer (z. B. Gillen & Lefkowitz, 2006; Neighbors & Sobal, 2007) und dass Jungen und Männer eine stärkere Unzufriedenheit mit einer mangelnden Muskulösität oder zu geringen Größe ihres Körpers angeben (z. B. Grogan & Richards, 2002; Thompson & Cafri, 2007). Interessanterweise unterwerfen sich auch homosexuelle Männer der Norm, physisch attraktiv sein zu müssen, um soziale und gesellschaftliche Anerkennung zu erzielen (für einen Überblick siehe Calogero & Thompson, 2010). Entsprechend zeigen verschiedene Studien, dass homosexuelle Männer ein höheres Risiko für Unzufriedenheit mit ihrem eigenen Körper (z. B. Martins et al., 2007; Morrison et al., 2004) und für Essstörungen (z. B. Conner et al., 2004; Russell & Keel, 2002; Strong et al., 2000) aufweisen als heterosexuelle Männer. Umgekehrt gibt es Belege dafür, dass homosexuelle Frauen sich weniger von der im weiblichen Geschlechtsstereotyp enthaltenen Schlankheitsnorm leiten lassen und entsprechend mit ihrem Körper durchschnittlich zufriedener sind als heterosexuelle Frauen (z. B. Guille & Chrisler, 1999; Schneider et al., 1995). In Übereinstimmung mit diesen Befunden fand Eckloff (2003), der homo- und heterosexuell orientierte Erwachsene ihr Körperselbstbild durch Eigenschaftspaare (schlank-dick, groß-klein, behaart-unbehaart, rundlich-kantig, kurz-lang, breit-schmal, zierlich-muskulös, markant-weich) beschreiben ließ, dass die homosexuellen Frauen ihren Körper als weniger weiblich und männlicher beschrieben als heterosexuelle Frauen dies taten, während umgekehrt homosexuelle Männer sich von heterosexuellen Männern nicht in der Beschreibung ihres eigenen Körpers unterschieden.

Konsistent mit diesen Gruppenunterschieden fanden verschiedene Studien Zusammenhänge zwischen der Selbstzuweisung geschlechtstypisierter Eigenschaften und der individuellen Körperwahrnehmung. In einer Metaanalyse einschlägiger Untersuchungen für Männer fand Blashill (2011), dass eine starke Zuschreibung maskuliner Eigenschaften mit einem geringeren Risiko für Essstörungen sowie einer geringeren generellen Körperunzufriedenheit und einer geringeren Unzufriedenheit mit der (zu geringen) Muskulösität des eigenen Körpers einhergingen. Das Ausmaß der selbstzugeschriebenen Femininität hing hingegen nur dann bedeutsam mit dem eigenen Körperbild zusammen, wenn die sexuelle Orientierung als Moderator berücksichtigt wurde: hohe Femininität reduzierte die Unzufriedenheit mit der (zu geringen) Muskulösität des eigenen Körpers bei heterosexuellen, nicht aber homosexuellen Männern.

Für Frauen wurde in vielen Studien geprüft, ob eine ausgeprägte Zuschreibung geschlechtstypisiert femininer Attribute mit stärkerer Unzufriedenheit mit dem eigenen Körper und mit Essstörungen einhergeht (für einen Überblick siehe z. B. Green et al., 2008). Eine genauere Betrachtung der vorliegenden Studien zeigt, dass es nicht die Selbstzuschreibung femininer Attribute als solche, sondern eher die Zustimmung zu einem traditionellen Verständnis der weiblichen Rolle ist, der, vermittelt über die damit einhergehende Zustimmung zur Schlankheitsnorm, die Frauen gerecht werden sollen. So fanden beispielsweise Green et al. (2008), dass sich von den acht Subskalen des „Conformity to Feminine Norms Inventory" lediglich die „Thinness-Subscale" als prädiktiv für Essstörungs-Symptome erwies.

7.4 Zusammenhänge mit der sexuellen Orientierung

Ein bisher nicht abgeschlossener Diskurs betrifft die Frage, ob die Selbst-wahrnehmung von Geschlecht prädiktiv für die spätere sexuelle Orientierung ist. Diese Frage wurde u. a. von Eckloff (2007) untersucht. In seiner Befragung homo- und heterosexuell orientierter Erwachsener wollte er Näheres darüber erfahren, wie auf der Grundlage der – bereits in der Kindheit erlebten – Selbst-zuschreibung geschlechtstypisierter Attribute oder Präferenzen in der Pubertät infolge der hormonellen Einflüsse und der dadurch eingeleiteten Jugendphase die sexuelle Reaktionsfähigkeit und die individuellen erotischen Vorstellungen, sexuellen Wünsche, Präferenzen und Orientierungen entstehen. Die von Eckloff befragten homosexuellen Frauen berichteten in Bezug auf ihre Kindheit durch-schnittlich geringere Femininitätswerte und stärkeres Cross-Gender-Verhalten als heterosexuelle Frauen. Analoges galt für homosexuelle Männer, die über sich als Jungen in der Rückschau sagten, sie seien stärker feminin gewesen und hätten ein stärker ausgeprägtes Cross-Gender-Verhalten gezeigt, als dies heterosexuelle Männer über sich als Jungen berichteten.

Angesichts der Tatsache, dass sich bis heute keine eindeutigen Befunde finden ließen, aus denen auf eine Heredität sexueller Orientierung geschlossen werden könnte, wurde in den 80er Jahren in einer Interviewstudie des Kinsey-Institutes für Sexualforschung versucht, den Realitätsgehalt der damals diskurs-bestimmenden psychologischen (psychoanalytischen und lerntheoretischen) Erklärungsansätze zu überprüfen (Bell et al., 1981). Befragt und verglichen wurden damals annähernd 1000 homosexuelle Personen mit den Ergebnissen von Interviews, die in analoger Weise mit 500 heterosexuellen Männern und Frauen durchgeführt wurden. Um Prädiktoren einer späteren hetero- bzw. homosexuellen Orientierung zu identifizieren, wurden Pfadanalysen berechnet. Erstaunlicherweise ließen sich – anders als erwartet – keinerlei Belege für die von psychoanalytisch orientieren Sexualwissenschaftlerinnen und Sexual-wissenschaftler angenommenen bindungstheoretischen Annahmen einer Mutterdominanz oder Vaterindifferenz finden, noch fanden sich Hinweise, wie in der sozialen Lerntheorie angenommen, auf differentielle Verstärkungsmuster oder gehäuft auftretende Personen, die als Modelle einer späteren sexuellen Orientierung hätten dienen können. Auch ließen sich keine bedeutsamen familiären Variablen oder Erziehungsstile identifizieren, die die spätere sexuelle Orientierung hätten vorhersagen können. Zudem fand sich keinerlei Evidenz für die Annahme, persönliche homo- oder heterosexuelle Erfahrungen seien Voraussetzung einer späteren homo- oder heterosexuellen Orientierung. Die 1000 homosexuelle Personen berichteten nämlich typischerweise, erst durchschnittlich drei Jahre nachdem sie sich ihrer sexuellen Neigung bewusst geworden seien, die ersten gleichgeschlechtlichen Kontakte gehabt zu haben.

Als einzig statistisch bedeutsamer Prädiktor für die spätere sexuelle Orientierung erwiesen sich die Antworten auf die Frage, in welchem Umfang die sich später homo- oder heterosexuell identifizierenden Personen als Kinder geschlechts-stereotypkonforme bzw. nicht geschlechtsstereotypkonforme Verhaltensweisen (Selbstzuschreibung geschlechtstypisierter Attribute) gezeigt hatten. So berichtet Fiedler (1994, S. 90) aus der Studie von Bell et al. (1981), dass über 60% der homosexuell orientierten Befragten angegeben hatten, in der Kindheit wenig Freude an für das eigene Geschlecht typischen Aktivitäten gehabt zu haben (gegenüber nur gut 10% der heterosexuell orientierten), dass insbesondere homosexuell orientierte Frauen (über 80%; heterosexuelle Frauen: gut 60%), aber auch Männer (über 40%; heterosexuelle Männer: gut 10%) berichtet hatten, als Kind an für das jeweils andere Geschlecht typischen Aktivitäten Freude gehabt zu haben und dass homosexuell orientierte Männer (über 40%; heterosexuelle Männer gut 10%) und Frauen (60%; heterosexuelle Frauen 40%) angaben, als Kinder überwiegend mit Kindern des jeweils anderen Geschlechts befreundet gewesen zu sein. Natürlich muss hierbei in Rechnung gestellt werden, dass es sich um retrospektiv erhobene Daten handelte. Möglicherweise erinnern Menschen Kindheitserfahrungen so, dass sie zu aktuellen (auch sexuellen) Präferenzmustern passen.

Analoge Ergebnisse berichteten jedoch auch Bailey und Zucker (1995) als Ergebnis einer Metaanalyse, die 48 empirische Studien einbezogen hat. Auch hier zeigte sich als hochgradig signifikanter Befund ein enger Zusammenhang zwischen der späteren sexuellen Orientierung und den in der Kindheit wahrnehmbaren geschlechtsuntypischen Interessen und Aktivitäten.

Solche Befunde bildeten die Basis für die von D. Bem (1996, 2000) entwickelte EBE-Entwicklungstheorie („Exotic Becomes Erotic") der sexuellen Orientierung, die auf Menschen Anwendung findet, die in einer geschlechtspolarisierenden Kultur aufwachsen. D. Bems Kernannahme lautet, dass sich Menschen infolge der hormonellen Veränderungen in der Pubertät sexuell und erotisch zunehmend von solchen Personen angezogen fühlen, die sie in der Kindheit als weniger interessant erlebt hatten. Wer also in der Kindheit vor allem Spielkameradinnen und Spielkameraden des gleichen Geschlechts gewählt hat, wird in der Pubertät i. d. R. Personen des Gegengeschlechts erotisch anziehend empfinden, wie umgekehrt diejenigen, die als Kinder ausgeprägtes Cross-Gender-Verhalten zeigten und gern mit Kindern des jeweils anderen Geschlechts gespielt hatten, sich später wahrscheinlicher gleichgeschlechtlich orientieren.

Ungeklärt bleibt jedoch weiterhin, wie es zur Ausbildung der beschriebenen Präferenzstrukturen in der Kindheit kommt. Sie können Ergebnis des Erziehungsverhaltens, des Modellverhaltens relevanter Bezugspersonen und somit sozialisatorisch bedingt sein oder aber das Ergebnis biologisch-genetischer, hormoneller und neuronaler Prozesse.

Literatur

Abele, A. E. (2003). Geschlecht, geschlechtsbezogenes Selbstkonzept und Berufs-erfolg. *Zeitschrift für Sozialpsychologie, 34*, 161-172.

Aidmann, E. & Carroll, S. (2003). Implicit individual differences: Relationships between implicit self-esteem, gender identity, and gender attitudes. *European Journal of Personality, 17*, 19-37.

Aktion Transsexualität und Menschenrecht, ATME (2009). *USA. Forderung nach Abschaffung der Geschlechtsidentitätsstörung.* 21. Mai 2009. Online publiziert unter: http://www.atme-ev.de/index.php?limistart=18 (Stand: 16.02.2012).

Alfermann, D. (1993). Androgynie. In D. Reigber (Hrsg.), *Frauen-Welten* (147-200). Düsseldorf: Econ.

Altstötter-Gleich, C. (2004). Expressivität, Instrumentalität und psychische Gesund-heit. *Zeitschrift für Differentielle und Diagnostische Psychologie, 25*, 123-139.

American Psychiatric Association (2000). *Diagnostic and statistical manual of mental disorders.* Washington, DC: Author.

Antill, J. K., et al. (1993). Measures of children's sex-typing in middle childhood. *Australian Journal of Psychology, 45*, 25-33.

Athenstaedt, U. (2003). On the content and structure of the gender role self-concept: Including gender-stereotypical behaviors in addition to attributes. *Psychology of Women Quarterly, 27*, 309-318.

Athenstaedt, U. & Alfermann, D. (2011). *Geschlechterrollen und ihre Folgen. Eine sozial-psychologische Betrachtung.* Stuttgart: Kohlhammer.

Athenstaedt, U. et al. (2009). Gender role self-concept and leisure activities of adolescents. *Sex Roles, 60*, 399-409.

Aube, J. et al. (1995). Gender characteristics and adjustment-related outcomes: Questioning the masculinity model. *Personality and Social Psychology Bulletin, 21*, 284-295.

Bailey, J. M. & Zucker, K. J. (1995). Childhood sex-typed behavior and sexual orientation: A conceptual analysis and quantitative review. *Developmental Psychology, 31*, 43-55.

Bakan, D. (1966). *The duality of human existence: Isolation and communion in Western man.* Chicago: Rand McNally.

Bell, A. P. et al. (1981). *Sexual preference: Its development in men and women.* Bloomington: Indiana University Press.

Bem, D. J. (1996). Exotic becomes erotic: A developmental theory of sexual orientation. *Psychological Review, 103*, 320-335.

Bem, D. J. (2000). Exotic becomes erotic: Interpreting the biological correlates of sexual orientation. *Archives of Sexual Behavior, 29*, 531-548.

Bem, S. L. (1974). The measurement of psychological androgyny. *Journal of Consulting and Clinical Psychology, 42*, 155-162.

Bem, S. L. (1981). Gender schema theory: A cognitive account of sex typing. *Psychological Review, 88,* 354-364.

Bem, S. L. (1989). Genital knowledge and gender constancy in preschool children. *Child Development, 60,* 649-662.

Biernat, M. (1991). Gender stereotypes and the relationship between masculinity and femininity: A developmental analysis. *Journal of Personality and Social Psychology, 61,* 351-365.

Blashill, A. (2011). Gender roles, eating pathology, and body dissatisfaction in men: A meta-analysis. *Body Image, 8,* 1-11.

Brinkmann, L. et al. (2007). Geschlechtsidentität und psychische Belastungen von erwachsenen Personen mit Intersexualität. Ergebnisse der Hamburger Intersex Studie. *Zeitschrift für Sexualforschung, 20,* 129-144.

Bockting, W. O. (2008). Psychotherapy and the real-life experience: From gender dichotomy to gender diversity. *Sexologies, 17,* 211-224.

Boldizar, J. P. (1991). Assessing sex typing and androgyny in children: The Children's Sex Role Inventory. *Developmental Psychology, 27,* 505-515.

Calogero, R. & Thompson, J. (2010). Gender and body image. In J. Chrisler & D. McCreary (Hrsg.), *Handbook of gender research in psychology.* Band 1 (153-185). New York: Springer.

Carver, P. et al. (2004). Children who question their heterosexuality. *Developmental Psychology, 40,* 43-53.

Carver, P. et al. (2003). Gender identity and adjustment in middle childhood. *Sex Roles, 49,* 95-109.

Choi, N. (2004). Sex role group differences in specific academic, and general self-efficacy. *The Journal of Psychology, 138,* 149-159.

Cohen-Kettenis, P. & Pfäfflin, F. (2010). The DSM diagnostic criteria for gender identity disorder in adolescents and adults. *Archives of Sexual Behavior, 39,* 499-513.

Conner, M. et al. (2004). Gender, sexuality, body image and eating behaviours. *Journal of Health Psychology, 9,* 505-515.

Eagly, A. (1987). *Sex differences in social behavior. A social-role interpretation.* Hillsdale, NJ: Lawrence Erlbaum.

Eagly, A. et al. (2000). Social role theory of sex differences and similarities. In T. Eckes & H. Trautner (Hrsg.), *The developmental social psychology of gender* (123-174). Mahwah, NJ: Lawrence Erlbaum.

Eckloff, T. (2003). *Geschlechtsidentität, Geschlechtsrolle und sexuelle Orientierung. Eine empirische Untersuchung.* Unveröffentlichte Diplomarbeit. Universität Hamburg.

Eckloff, T. (2007). *Die Geschlechtlichkeit des Menschen. Wie sexuelle Orientierung, Geschlechtsidentität und Geschlechtsrolle zusammenhängen.* Saarbrücken: VDM.

Egan, S. & Perry, D. (2001). Gender identity: A multidimensional analysis with implications for psychosocial adjustment. *Developmental Psychology, 37,* 451-463.

Fagot, B. I. & Leinbach, M. D. (1985). Gender identity: Some thoughts on an old concept. *Journal of the American Academy of Child Psychiatry, 24,* 684-688.

Farnham, S. et al. (1999). Implicit self-esteem. In: D. Abrams & M. Hogg (Hrsg.), *Social identity and social cognition* (238-248). London: Blackwell.

Fiedler, P. (2004). *Sexuelle Orientierung und sexuelle Abweichung. Heterosexualität – Homosexualität – Transgenderismus und Paraphilien – sexueller Missbrauch – sexuelle Gewalt.* Weinheim: Beltz PVU.

Gillen, M. M. & Lefkowitz, E. S. (2006). Gender role development and body image among male and female first year college students. *Sex Roles, 55*, 25-37.

Green, M. et al. (2008). Femininity and eating disorders. *Eating Disorders, 16*, 283-293.

Greenwald, A. & Farnham, S. (2000). Using the Implicit Association Test to measure self-esteem and self-concept. *Journal of Personality and Social Psychology, 79*, 1022-1038.

Greenwald, A. et al. (2002). A unified theory of implicit attitudes, stereotypes, self-esteem, and self-concept. *Psychological Review, 109*, 3-25.

Grogan, S. & Richards, H. (2002). Body image: Focus groups with boys and men. *Men and Masculinities, 4*, 219-232.

Guille, C. & Chrisler, J. C. (1999). Does feminism serve a protective function against eating disorders? *Journal of Lesbian Studies, 3*, 141-148.

Handley, H. M. & Morse, L. W. (1984). Two-year study relating adolescents' self-concept and gender role perceptions to achievement and attitudes toward science. *Journal of Research in Science Teaching, 21*, 599-607.

Hannover, B. (1997a). *Das dynamische Selbst. Die Kontextabhängigkeit selbstbezogenen Wissens.* Bern: Huber.

Hannover, B. (1997b). Zur Entwicklung des geschlechtsrollenbezogenen Selbstkonzepts. Der Einfluß „maskuliner" und „femininer" Tätigkeiten auf die Selbstbeschreibung mit instrumentellen und expressiven Personeigenschaften. *Zeitschrift für Sozialpsychologie, 28*, 60-75.

Hannover, B. (2002). Auswirkungen der Selbstkategorisierung als männlich oder weiblich auf Erfolgserwartungen gegenüber geschlechtskonnotierten Aufgaben. In B. Spinath & E. Heise (Hrsg.), *Pädagogische Psychologie unter gewandelten gesellschaftlichen Bedingungen* (37-51). Hamburg: Kovac.

Hannover, B. & Greve, W. (2012). Selbst und Persönlichkeit. In W. Schneider & U. Lindenberger (Hrsg.), *Entwicklungspsychologie* (543-562). Weinheim: Beltz.

Hanrock, K. A. & Greenspan, K. (2010). Emergence and development of the psychological study of lesbian, gay, bisexual, and transgender issues. In J. Chrisler & D. McCreary (Hrsg.), *Handbook of gender research in psychology.* Band 1 (59-78). New York: Springer.

Hartmann, U. & Becker, H. (2002). *Störungen der Geschlechtsidentität. Ursachen, Verlauf, Therapie.* New York: Springer.

Hurtig, M. C. & Pichevin, M. F. (1990). Salience of the sex category system in person perception: Contextual variations. *Sex Roles, 22*, 369-395.

Huston, A. C. (1983). Sex-typing. In E. M. Hetherington (Hrsg.), *Handbook of child psychology: Socialization, personality, and social development.* Band 4 (387-468). New York: Wiley.

Kessels, U. & Hannover, B. (2008). When being a girl matters less. Accessibility of gender-related self-knowledge in single-sex and coeducational classes and its impact on students' physics related self-concept of ability. *British Journal of Educational Psychology, 78*, 273-289.

Liben, L. & Bigler, R. (2002). The developmental course of gender differentiation: Conceptualization, measuring, and evaluating constructs and pathways. *Monographs of the Society for Research in Child Development, 67* (2), I-VIII/1-183 (Serial No. 269).

Lorenzi-Cioldi, F. (1991). Self-stereotyping and self-enhancement in gender groups. *European Journal of Social Psychology, 21*, 403-417.

Markus, H. (1977). Self-schemata and processing information about the self. *Journal of Personality and Social Psychology, 35*, 63-78.

Markus, H. et al. (1982). *Self-schemas and gender. Journal of Personality and Social Psychology, 42*, 38-50.

Marsh, H. W. et al. (1987). Masculinity, femininity, and androgyny: Relations to self-esteem and social desirability. *Journal of Personality, 55*, 661-685.

Martin, C. L. (2000). Cognitive Theories of Gender Development. In T. Eckes & H. M. Trautner (Hrsg.), *The developmental social psychology of gender* (91-121). Mahwah, NJ: Erlbaum.

Martins, Y. et al. (2007). Those speedos become them: The role of self-objectification in gay and heterosexual men's body image. *Personality and Social Psychology Bulletin, 33*, 634-647.

McGuire, W .J . & Padawer-Singer, A. (1976). Trait salience in the spontaneous self-concept. *Journal of Personality and Social Psychology, 33*, 743-754.

Morrison, M. et al. (2004). Does body satisfaction differ between gay men and lesbian women and heterosexual men and women? *Body Image, 1*, 127-138.

Neighbors, L. A. & Sobal, J. (2007). Prevalence and magnitude of body weight and shape dissatisfaction among university students. *Eating Behaviors, 8*, 429-439.

Pajares, F. & Valiante, G. (2001). Gender differences in writing motivation and achievement of middle school students: A function of gender orientation? *Contemporary Educational Psychology, 26*, 366-381.

Parsons, T. & Bales, R. (1955). *Family socialization and interaction process.* New York: Glencoe Free Press.

Powlishta, K. K. et al. (1994). Gender, ethnic, and body type biases: The generality of prejudice in children. *Developmental Psychology, 30*, 526-536.

Richter-Appelt, H. (2010). Störungen der Sexualität und der Geschlechtsidentität. In V. Arolt & A. Kersting (Hrsg.), *Psychotherapie in der Psychiatrie* (371-384). Berlin: Springer.

Ruble, D. N. et al. (2006). Gender development. In N. Eisenberg et al. (Hrsg.), *Handbook of child psychology. Social, emotional, and personality development* (858-932). Hoboken, NJ: Wiley.

Ruble, D. et al. (2007). The role of gender constancy in early gender development. *Child Development, 78*, 1121-1136.

Russell, C. J. & Keel, P. K. (2002). Homosexuality as a specific risk factor for eating disorders in men. *International Journal of Eating Disorders, 31*, 300-306.

Schneider, J. A. et al. (1995). Gender, sexual orientation, and disordered eating. *Psychology & Health, 10*, 113-128.

Senf, W. & Strauß, B. (2009). Geschlechtsidentitäten. In M. Borcsa (Hrsg.), *Sexuelle Identitäten* (3-11). Stuttgart : Thieme.

Serbin, L. et al. (2001). Gender stereotyping in infancy: Visual preferences for and knowledge of gender-stereotyped toys in the second year. *International Journal of Behavioral Development, 25*, 7-15.

Sieverding, M. (1999). Weiblichkeit – Männlichkeit und psychische Gesundheit. In E. Brähler & H. Felder (Hrsg.), *Weiblichkeit, Männlichkeit und Gesundheit* (31-57). Opladen: Westdeutscher Verlag.

Signorella, M. L. et al. (1993). Developmental differences in children's gender schemata about others: A meta-analytic review. *Developmental Review, 13*, 147-183.

Slaby, R. G. & Frey, K. S. (1975). Development of gender constancy and selective attention to same-sex models. *Child Development, 46*, 849-856.

Spence, J. T. (1993). Gender-related traits and gender ideology: Evidence for a multifactorial theory. *Journal of Personality and Social Psychology, 64*, 624-635.

Spence, J. T. & Hall, S. K. (1996). Children's gender-related self-perceptions, activity preferences, and occupational stereotypes: A test of three models of gender constructs. *Sex Roles, 35*, 659-691.

Spence, J. T. et al. (1974). *The Personal Attributes Questionnaire: A measure of sex-role stereotypes and masculinity-femininity.* Journal Supplement Abstract Service (JSAS): Catalog of Selected Documents in Psychology, 4, 43-44. Washington: American Psychological Association.

Spence, J. T. et al. (1975). Ratings of self and peers on sex role attributes and their relation to self-esteem and conceptions of masculinity and femininity. *Journal of Personality and Social Psychology, 32*, 29-39.

Stein, J. A. et al. (1992). The effect of agency and communality on self-esteem: Gender differences in longitudinal data. *Sex Roles, 26*, 465-483.

Strong, S. M. et al. (2000). Childhood gender nonconformity and body dissatisfaction in gay and heterosexual men. *Sex Roles, 43*, 427-439.

Swan, S. & Wyer, R. S. (1997). Gender stereotypes and social identity: How being in the minority affects judgments of self and others. *Personality and Social Psychology Bulletin, 23*, 1265-1276.

Thompson, J. & Cafri, G. (2007). *The muscular ideal: Psychological, social, and medical perspectives.* Washington, DC: American Psychological Assocation.

Tobin, D. D. et al. (2010). The intrapsychics of gender: A model of self-socialization. *Psychological Review, 117*, 601-622.

Trautner, H. M. (1992). Entwicklung von Konzepten und Einstellungen zur Geschlechterdifferenzierung. *Bildung und Erziehung, 45*, 47-62.

Trautner, H. M. et al. (1988). Unkenntnis – Rigidität – Flexibilität: Ein Entwicklungsmodell der Geschlechtsrollen-Stereotypisierung. *Zeitschrift für Entwicklungspsychologie und Pädagogische Psychologie, 19*, 105-120.

Trautner, H. M. et al. (2005). Rigidity and flexibility of gender stereotypes in childhood: Developmental or differential? *Infant and Child Development, 14*, 365-381.

Whitley, B. E. (1983). Sex role orientation and self-esteem: A critical meta-analytic review. *Journal of Personality and Social Psychology, 44*, 765-778.

Williams, J. E. & Best, D. L. (1982). *Measuring sex stereotypes: A thirty-nation study.* Beverly Hills, CA: Sage.

Williams, J. E. et al. (1999). Pancultural gender stereotypes revisited: The Five Factor Model. *Sex Roles, 40*, 513-525.

Wolter, I. (2011). *Herausbildung und Effekte des Geschlechtsrollen-Selbstkonzepts im Schulanfangsalter. Einfluss der Erzieherin im Kindergarten auf das Geschlechtsrollen-Selbstkonzept und dessen Auswirkungen auf akademische Selbstkonzepte und Leistungen zu Schulbeginn.* Unveröffentlichte Dissertation. Freie Universität Berlin.

Wright, E. & Perry, B. (2006). Sexual identity distress, social support, and the health of gay, lesbian, and bisexual youth. *Journal of Homosexuality, 51*, 81-110.

Yunger, J. et al. (2004). Does gender identity influence children's well-being? *Developmental Psychology, 40*, 572-582.

Zucker, K. (2006). Gender identity disorder. In D. Wolfe & E. Marsh (Hrsg.), *Behavioral and emotional disorders in adolescents* (535-562). New York: Guilford.

Birgit Pfau-Effinger

Geschlechterarrangements in Europa: Kulturelle Leitbilder, Politik und Arbeitsmarkt

1. Einleitung[1]

Die Zunahme der Integration von Frauen in die Erwerbstätigkeit bildete in den letzten Jahrzehnten einen wichtigen Bestandteil des sozialen Wandels in Europa. Die Entwicklung wurde dadurch gefördert, dass die meisten europäischen Wohlfahrtsstaaten die öffentliche Kinderbetreuung stark ausgeweitet und es Frauen damit ermöglicht haben, auch dann erwerbstätig zu sein, wenn ihre Kinder noch nicht im Schulalter sind. Dabei bestehen in Westeuropa aber noch immer erhebliche Differenzen im Anteil der Frauen, die am Erwerbsleben teilnehmen.

Es gibt eine Reihe von Untersuchungen, die sich mit diesen Differenzen beschäftigen und danach fragen, wie sich diese erklären lassen. Diese sind oftmals im Forschungsfeld der international vergleichenden Analyse von Wohlfahrtsstaaten angesiedelt und argumentieren meist politikwissenschaftlich. Demnach lassen sich die Unterschiede im Anteil der erwerbstätigen Frauen vor allem mit Differenzen in den Familienpolitiken gegenüber der Kinderbetreuung erklären. Es ist ein gängiges Argument, dass je nach der Großzügigkeit des Angebots an öffentlicher Kinderbetreuung auch der Umfang der Frauenerwerbstätigkeit differiert. So plausibel diese Argumentation erscheint, so ist sie doch theoretisch problematisch, da die Annahme nicht haltbar ist, dass im Wesentlichen nur Politiken das Verhalten von Frauen beeinflussen. Vor allem ist sie aber empirisch nicht haltbar, da der Umfang der Frauenerwerbstätigkeit im Vergleich europäischer Länder nicht systematisch mit dem Grad der Generosität der Familienpolitik differiert.

Aus solchen Gründen wurde von der Verfasserin dieses Beitrags die Theorie der „Geschlechter-Arrangements" als Grundlage für die international und historisch vergleichende Forschung entwickelt und in die internationale Diskussion eingebracht (Pfau-Effinger, 1998, 2004 a,b). Die Theorie betont die Bedeutung der

---

[1] Ich danke dem ersten Herausgeber dieses Bandes, Detlev Lück, für seine sehr inspirierenden und hilfreichen Kommentare zu einer früheren Fassung dieses Beitrags.

– teilweise widersprüchlichen – Interaktion und Dynamiken zwischen Kultur, Institutionen, sozialen und ökonomischen Strukturen und Akteurshandeln, die den gesellschaftlichen Kontext für das Geschlechterverhältnis und die Art und Weise, in der dieses mit dem Verhältnis von Familie und Erwerbsarbeit verknüpft ist, bilden. Diese Theorie geht davon aus, dass Geschlechter-Arrangements jeweils durch eine spezifische „Geschlechterkultur" geprägt sind, die auf kulturellen Familienmodellen beruht, welche teilweise im Ländervergleich differieren.

Dieser Beitrag stellt die Theorie des Geschlechter-Arrangements vor. Am Beispiel der Differenzen in der Erwerbsquote von Mütter mit Kindern unter drei Jahren in sechs europäischen Ländern wird gezeigt, wie sich mit dieser Theorie internationale Differenzen erklären lassen. Es wird also gezeigt, wie das Zusammenspiel von kulturellen, familienpolitischen, sozialstrukturellen und ökonomischen Kontextbedingungen zur Erklärung der internationalen Differenzen in der Erwerbsbeteiligung von Frauen mit kleinen Kindern beiträgt.

Im Teil 2. wird dargestellt, wie die Erwerbstätigenquoten von Frauen mit Klein-kindern in Westeuropa differieren. Teil 3. zeigt auf, welches der Stand der Forschung ist. Anschließend wird in Teil 4. die Theorie des „Geschlechter-Arrangements" vorgestellt; diese wird dann in Teil 5. der Erklärung der inter-nationalen Differenzen in der Erwerbstätigkeit von Müttern kleiner Kinder an-gewendet. Der Beitrag endet mit einem Fazit in Teil 6.

2. Internationale Differenzen in der Erwerbsbeteiligung von Frauen mit Kindern unter drei Jahren

Vor ein paar Jahrzehnten galt es in vielen europäischen Gesellschaften noch als normal, dass Mütter mit ihren Kindern zuhause blieben, solange diese noch nicht das Schulalter erreicht hatten, während die Väter weiterhin in Vollzeit erwerbs-tätig waren. Heute gilt die Gleichstellung von Frauen und Männern im Hinblick auf die Arbeitsmarktintegration als ein erklärtes Ziel der EU-Politik und der Politiken vieler Wohlfahrtsstaaten (Frericks et al., 2008). In dieser Perspektive wird ein Verhalten von Frauen, das darauf beruht, dass sie ihre Erwerbstätigkeit nicht relativ bald nach der Geburt eines Kindes fortsetzen, als problematisch an-gesehen. Eine längere Erwerbsunterbrechungen von Frauen nach der Geburt eines Kindes gilt als risikoreich, da dies zu längerfristigen Einbußen hinsichtlich des Erwerbseinkommens, der beruflichen Chancen und der Alterssicherung führen kann und sich damit traditionelle Strukturen der Ungleichheit zwischen den Geschlechtern verfestigt können.

Abb. 1: Erwerbstätigenquoten von Frauen mit Kindern unter 3 Jahren, EU-27

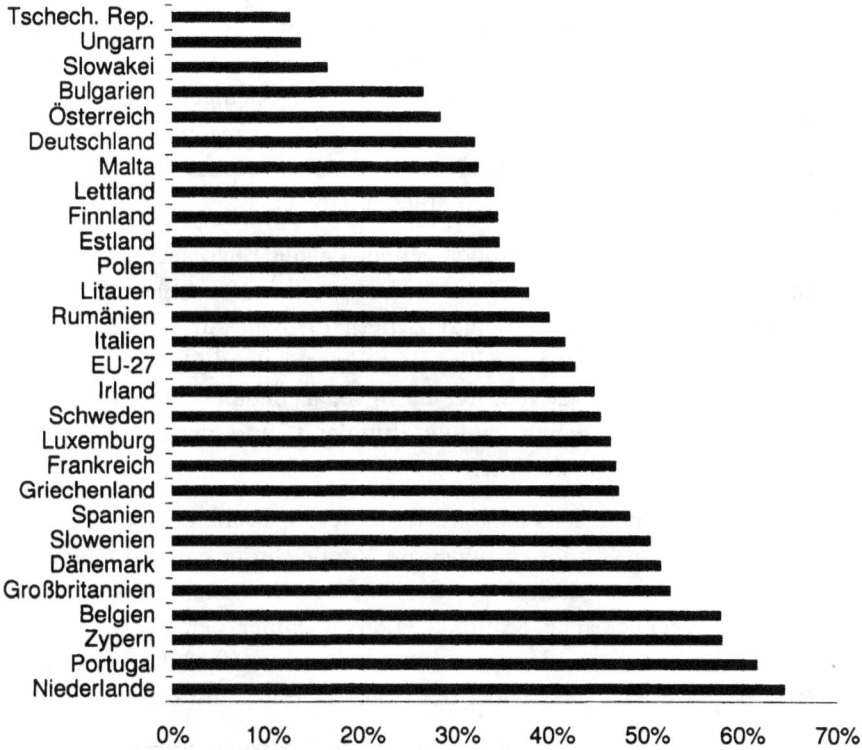

Quelle: OECD Family Database 2010 LMF 1.2D; nur erwerbstätige Frauen, ohne Frauen in Mutterschutz/ Elternzeit.

Die OECD bietet in ihrer „Family data base" eine wesentliche Datenbasis für den internationalen Vergleich des Anteils der erwerbstätigen Frauen in Abhängigkeit vom Alter ihrer Kinder.[2] Den Daten zufolge gibt es in dieser Hinsicht überraschend große Unterschiede im Vergleich der 27 EU-Länder (Abb. 1).

---

[2] Die Daten für die EU-Länder in dem Datensatz der OECD beruhen im Wesentlichen auf Statistiken aus verschiedenen Labour-Force Surveys der EU (2008-2009). Die hier einbezogenen
Fortsetzung nächste Seite

Der Anteil der Mütter von Kindern unter drei Jahren, die am Erwerbsleben teilnehmen, reicht von 12,4% in der Tschechischen Republik bis 64,5% in den Niederlanden. Dabei zeigt sich kein eindeutiges Muster im Sinne von Unterschieden zwischen den europäischen Großregionen. Die skandinavischen Länder sind dafür bekannt, dass die Erwerbstätigkeit von Frauen hier besonders großzügig gefördert wird. Allerdings liegen sie keineswegs an der Spitze. Dänemark liegt mit 51,4% an sechster Stelle. Der Anteil in Schweden (45,1%) liegt überhaupt nur geringfügig über dem Durchschnitt der EU-27 (42,4%), der in Finnland mit 34,3% liegt sogar deutlich darunter. Von den kontinentaleuropäischen Ländern erwartet man demgegenüber allenfalls Mittelplätze, und tatsächlich liegen Deutschland mit 31,9% und Österreich mit 28,2% relativ weit hinten. Andererseits nehmen aber die Niederlande, die ebenfalls zu dieser Gruppe zählen, den Spitzenplatz ein.

Die südeuropäischen Mittelmeerländer gelten, da die Bevölkerung vorwiegend katholisch ist, als besonders konservativ in Bezug auf das Geschlechterverhältnis. Dennoch zählen Portugal (61,5%) und Zypern (57,8%) zur Spitzengruppe. In den Mittelmeerländern Spanien (48,2%) und Griechenland (47%) ist der Anteil erwerbstätiger Mütter mit kleinen Kindern sogar deutlich höher als in den skandinavischen Ländern Schweden und Finnland, und der Anteil in Italien (41,4%) liegt nur geringfügig darunter.

Demgegenüber schneiden insbesondere die osteuropäischen Länder insgesamt relativ schlecht ab. Vier von ihnen bilden im Vergleich der europäischen Länder das Schlusslicht, darunter Bulgarien (26,4%), die Slowakei (16,4%), Ungarn (13,6%) und die Tschechische Republik (12,4%). Unter den zentral- und osteuropäischen Ländern liegt einzig nur in Slowenien (50,3%) der Anteil der erwerbstätigen Mütter kleinere Kinder über dem Durchschnitt der EU-27.

In diesem Artikel soll gezeigt werden, dass für die Erklärung solcher Differenzen vor allem das Zusammenspiel kultureller und institutioneller Faktoren im Kontext unterschiedlicher Geschlechter-Arrangements von besonderer Bedeutung ist. Die Analyse beruht auf einer international vergleichenden Studie, in die sechs westeuropäische Länder einbezogen wurden: Dänemark, Finnland, Großbritannien, Deutschland, Polen und Spanien. Diese wurden danach ausgewählt, dass sie verschiedene europäische Großregionen repräsentieren und

---

Daten erfassen nur erwerbstätige Frauen, nicht Frauen, die sich vorübergehend im Mutterschutz oder in der Elternzeit befinden (OECD, 2011, LMF1.2D).

damit auch unterschiedliche Typen von Ländern im Rahmen unterschiedlicher gängiger Systeme der Klassifizierung von Wohlfahrtsstaaten und Familienpolitiken darstellen (Boje & Ejnraes, 2011; Esping-Andersen, 1999; Pascall & Lewis, 2004; Sainsbury, 1999; Walby, 2004). Ausgewählt wurden zwei skandinavische Länder (Dänemark, Finnland), ein kontinentaleuropäisches Land (Deutschland), Großbritannien, ein Mittelmeerland (Spanien) und ein osteuropäisches Land (Polen). Die Untersuchung beruht auf der Auswertung internationaler Statistiken und Repräsentativbefragungen sowie auf Ergebnissen des internationalen EU-Projekts „Formal and Informal Work in Europe", das von der Verfasserin geleitet wurde (Pfau-Effinger et al., 2009). Der erste Teil gibt einen kurzen Überblick über den Stand der Forschung. Der zweite Teil stellt die Theorie des Geschlechter-Arrangements vor, Teil drei analysiert, wie sich die Differenzen auf der Grundlage der Theorie erklären lassen. Der Beitrag schließt mit einer Zusammenfassung und einem Fazit.

3. Gängige Ansätze zur Erklärung der Differenzen

Es wird vielfach argumentiert, dass der Grad der Versorgung mit öffentlicher Kinderbetreuung – und damit eine wichtige Stellschraube der Familienpolitik – eine wesentliche Erklärung dafür bietet, warum sich die Art und Weise, in der Kinderbetreuung und die Erwerbstätigkeit von Müttern gestaltet sind, im internationalen Vergleich unterscheidet (England, 2005; Leira, 2002; Pascall & Lewis, 2004; Walby, 2004). Dabei hat es sich eingebürgert, Familienpolitiken anhand des Grades ihrer „De-Familisierung" zu unterscheiden. Soweit das Angebot an öffentlicher Kinderbetreuung großzügig gestaltet ist, werden die Politiken als „de-familisierend" bezeichnet. Gemeint ist, dass sie Frauen von der Verantwortung „befreien", ihre Kinder temporär selbst zu betreuen. Demnach steigt der Grad der Erwerbstätigkeit von Müttern mit kleinen Kindern in Abhängigkeit davon, wie groß der Grad der „De-familisierung" der Familienpolitik jeweils ist (Esping-Andersen, 1999; Leitner, 2003; Lewis, 2006).

Es kann keinen Zweifel daran geben, dass die Familienpolitik wesentlich zur Erklärung der Differenzen in der Erwerbstätigenquote von Frauen mit Kindern unter drei Jahren beiträgt. Allerdings ist der Ansatz der „Defamilisierung" in seiner Erklärungskraft begrenzt. Das wesentliche Problem dieses Ansatzes besteht darin, dass seine Vertreter/innen oft davon ausgehen, dass Familienpolitiken sowohl den Grad, zu dem Frauen bzw. Eltern die öffentliche Kinderbetreuung in Anspruch nehmen, als auch den Grad, zu dem die Mütter dieser Kinder erwerbstätig sind, quasi determinieren. In diesem Beitrag wird demgegenüber argumentiert, dass das Verhalten nicht einseitig durch die Familienpolitik und ihre Institutionen bestimmt wird. Stattdessen ist das Handeln in einen komplexen und möglicherweise auch widersprüchlichen Wirkungszusammenhang kultureller, institutioneller, sozialstruktureller und ökonomischer Faktoren eingebettet. Deshalb gibt es auch eine Reihe von Ländern und Regionen, die Beispiele dafür abgeben, dass Frauen mit kleinen Kindern sich anders verhalten, als man es auf der Grundlage der jeweiligen Familienpolitik erwarten würde (vgl. auch Crompton & Harris, 1998; Duncan, 2005). So ist der Anteil der erwerbstätigen Frauen mit kleinen Kindern in Portugal hoch, obwohl die öffentliche Kinderbetreuung hier nur relativ schwach ausgebaut ist. Umgekehrt liegt Finnland in der Hinsicht nur im Mittelfeld der Länder und weist sogar eine unterdurchschnittliche Erwerbstätigenquote von Müttern mit Kindern unter drei auf, obwohl es zu den Ländern mit dem großzügigsten Angebot an öffentlicher Kinderbetreuung gehört. Die Erklärung auf Basis der Familienpolitik reicht demnach nicht aus und muss komplexer angelegt sein.

Die Bedeutung kultureller Faktoren ist ein anderer Faktor der Erklärung, der in der internationalen Diskussion diskutiert wird.[3] Dabei gibt es einen Strang der Diskussion, der mit Differenzen in den individuellen Präferenzen von Frauen argumentiert. So erklärt Hakim (2000) die internationalen Differenzen im Anteil der erwerbstätigen Frauen mit Kindern vor allem damit, dass es unterschiedliche Gruppen von Frauen gibt, die unterschiedliche Schwerpunkte in dem Verhältnis von Familie und beruflicher Karriere setzen. Allerdings wird in ihrer Argumentation nicht klar, warum sich die individuellen Präferenzen von Frauen teilweise so deutlich unterscheiden, und wie es dazu kommt, dass es in der Hinsicht auch erhebliche internationale Differenzen gibt (vgl. auch Kangas & Rostgaard, 2007). Es wird nicht deutlich, inwieweit sich die individuellen Präferenzen auch auf allgemeine kulturelle Leitbilder auf der Makroebene der Gesellschaft beziehen und möglicherweise deshalb im Ländervergleich differieren.

Dieser Artikel geht stattdessen davon aus, dass ein theoretischer Ansatz, der die kulturellen Grundlagen der Erwerbsorientierung von Frauen in die Erklärung internationaler Differenzen einbezieht, auch berücksichtigen muss, dass sich Frauen in ihrer kulturellen Orientierung jeweils mehr oder weniger auf kollektive kulturelle Leitbilder auf der Makro-Ebene der Gesellschaft beziehen (Pfau-Effinger, 1998, 2004a). Diese unterscheiden sich im Ländervergleich in Europa teilweise erheblich. So ist in einem Teil der Länder noch immer die Idee ver-

---

[3] Die Verfasserin dieses Beitrags hat dazu wesentliche Anstöße gegeben, vgl. Pfau-Effinger (1993, 1998, 2004b).

breitet, dass sich eine „gute Kindheit" für kleine Kinder dadurch auszeichnet, dass sie von der Mutter zuhause betreut werden, während man in einem anderen Teil der Länder glaubt, dass kleine Kinder am besten aufgehoben sind, wenn sie tagsüber gemeinsam mit anderen Kindern in einer öffentlichen Kinderkrippe betreut werden. Dieses Argument wird von den Ergebnissen mehrerer empirischer Studien unterstützt (Hummelsheim & Hirschle, 2010; Lück & Hofäcker, 2008; Mandal, 2009; Saxonberg & Szelewa, 2007). Solche kulturellen Differenzen, so die Argumentation in diesem Beitrag, sind ebenfalls von erheblicher Bedeutung für die Erklärung internationaler Differenzen im Anteil erwerbstätiger Frauen mit kleinen Kindern.

Wie die Abbildung 2 zeigt, sind noch immer 40% der europäischen Bevölkerung der Meinung, dass die familiale Pflege durch die Mutter oder beide Eltern die beste Form der Betreuung kleiner Kinder ist. Es überrascht, dass diese Einstellung, die als „traditionelle" Einstellung gilt, am stärksten in Finnland (Betreuung durch Eltern als beste Betreuung: 57%) und Schweden (Betreuung durch Eltern als beste Betreuung: 55%) verbreitet ist, also in Ländern, deren Wohlfahrtsstaaten die Erwerbstätigkeit von Müttern kleiner Kinder und die öffentliche Kinderbetreuung besonders stark unterstützen. Weniger verbreitet ist sie demgegenüber in den Ländern wie Irland, Frankreich und Portugal, obwohl gerade den katholischen Ländern oft nachgesagt wird, dass sie im Hinblick auf die Familie besonders konservativ seien (vgl. Abb. 2).

Abb. 2: Einstellungen zur besten Form der Betreuung für Kinder 0 bis 3 Jahre in Europäischen Gesellschaften

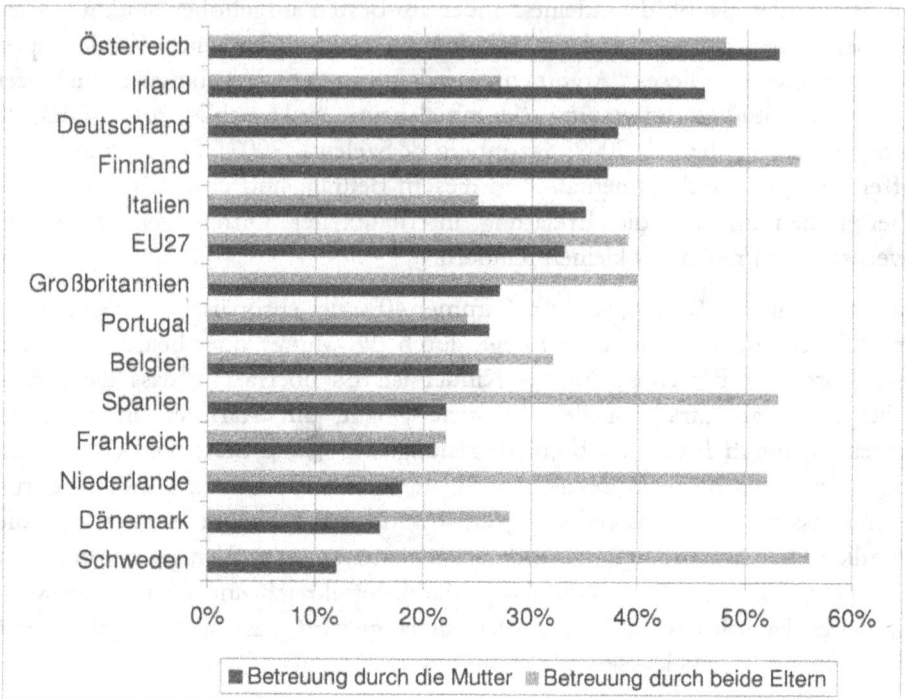

Quelle: Special Eurobarometer 2009, QA49: „Welches ist Ihrer Meinung nach die beste Art und Weise, Kinder zwischen 0-3 Jahren zu betreuen?" (Mehrfachnennungen möglich).

Im Diagramm wird aber auch deutlich, dass die Vorstellung, dass eine „guten Kindheit" am besten in der Familie gewährleistet ist, nur noch teilweise an die traditionelle Mutterrolle geknüpft ist. In vielen Ländern geht zwar ein erheblicher Teil der Bevölkerung davon aus, dass kleine Kinder primär in der Familie betreut werden sollten; dabei bevorzugt aber ein erheblicher Teil, dass sich beide Eltern an der Betreuung beteiligen.

4. Der Ansatz des Geschlechter-Arrangements: Das Zusammenspiel kultureller, institutioneller, sozialer und ökonomischen Faktoren

Um herauszufinden, warum der Anteil der Frauen mit Kindern unter drei, die erwerbstätig sind, im europäischen Maßstab so stark differiert, ist es notwendig, eine Erklärung zu finden, die wesentlich auch die Makroebene der Gesellschaften mit einbezieht. Es geht darum zu analysieren, wie verschiedene Faktoren im gesellschaftlichen Kontext zusammenwirken und die Höhe der Frauenerwerbstätigkeit beeinflussen. Die Verfasserin dieses Beitrags hat dazu den theoretischen Ansatz des „Geschlechter-Arrangements" entwickelt (Pfau-Effinger, 1998, 2004a). Er beruht auf der Annahme, dass sich internationale Differenzen im Anteil erwerbstätiger Frauen vor allem auf der Grundlage des jeweils spezifischen Zusammenspiels kultureller Faktoren mit institutionellen, sozialen und ökonomischen Faktoren erklären lassen. Dabei wird „Kultur" als das System der gesellschaftlichen Sinnkonstruktionen definiert, mit deren Hilfe die Menschen die Realität interpretieren (Neidhard, 1986, S. 11). Sie umfasst kulturelle Werte, Leitbilder und Weltsichten.

Die „Geschlechterkultur" umfasst dementsprechend diejenigen Werte, Leitbilder und Weltsichten, die sich auf das geschlechtsspezifisch strukturierte Verhältnis der Familie zur Kinderbetreuung und zur Erwerbstätigkeit beziehen. Die Geschlechterkultur eines Landes beinhaltet ein oder mehrere kulturelle Familienmodelle, die in den Weltbildern und Diskursen auf der gesellschaftlichen Makroebene vorherrschend sind. Diese bündeln kulturelle Werte zu verschiedenen Dimensionen der Familie. Dazu zählen Werte im Hinblick darauf, wie idealerweise die geschlechtsspezifische Arbeitsteilung in der Familie gestaltet sein sollte, welche Haushaltsform die Familie haben sollte (z. B. Kernfamilie/ erweiterte Familie), wie ihr Verhältnis zur Erwerbstätigkeit aussehen sollte und welches die angemessene Form des Aufwachsens und der Betreuung von Kindern ist. Die Geschlechterkultur bildet dabei nicht notwendigerweise eine kohärente Einheit, sondern es ist denkbar, dass widersprüchliche Familienmodelle nebeneinander bestehen, dass verschiedene Teile der Bevölkerung unterschiedliche Familienmodelle unterstützen und dass diese generell umstritten sind.

Die Verfasserin dieses Beitrags hat in früheren Publikationen einen Ansatz zur Klassifikation solcher kulturellen Familienmodelle vorgestellt. Wendet man dieses auf die europäischen Gegenwartsgesellschaften an, so finden sich hier vor allem drei Typen: das o. a. Vereinbarkeitsmodell der männlichen Versorgerehe, das Doppelversorgermodell mit externer Kinderbetreuung, das in Europa vorwiegend auf die öffentliche bzw. öffentlich organisierte und finanzierte Kinderbetreuung ausgerichtet ist, und das Doppelversorgermodell auf der Basis der Betreuung durch die erweiterte Familie, dem zufolge beide Eltern des Kindes tendenziell in Vollzeit erwerbstätig sind und vorwiegend Verwandte die Betreuung übernehmen. Länder können sich im Hinblick darauf unterscheiden, welches Familienmodell bzw. welche Familienmodelle in der Geschlechterkultur jeweils dominieren. Solche Differenzen sind im Allgemeinen in tief liegenden Unterschieden in den historischen Entwicklungspfaden dieser Länder in die moderne Industriegesellschaft begründet (Pfau-Effinger, 2004b, 2011).

Die jeweils in einem Land vorherrschende Art und Weise, in der Frauen die Zuständigkeit für kleine Kinder und Erwerbstätigkeit miteinander verbinden, ist wesentlich mit dadurch beeinflusst, welche kulturellen Familienmodelle in diesem Land vorherrschen. Von Bedeutung ist aber auch, inwieweit deren Realisierung durch die jeweilige Familienpolitik gefördert wird und inwieweit ihre Wirkung möglicherweise durch sozialstrukturelle und ökonomische Faktoren modifiziert wird.

5. Erklärung der internationalen Differenzen in der Erwerbstätigenquote von Müttern mit kleinen Kindern

Im folgenden Abschnitt werden die internationalen Differenzen in der Erwerbstätigenquote von Müttern mit Kindern unter drei Jahren in den sechs Ländern der Studie analysiert und erklärt. Die Länder der Studie bilden zwei unterschiedliche Gruppen im Hinblick auf die Höhe der Erwerbstätigenquote von Müttern kleiner Kinder (Tabelle 1).

In Großbritannien (52,4%), Dänemark (51,4%) und Spanien (48,2%) ist etwa die Hälfte der Frauen erwerbstätig; in den anderen drei Ländern ist ihre Erwerbstätigenquote deutlich niedriger; dazu zählen Polen (36,1%), Finnland (34,3%) und Deutschland (31,9%) Dabei ist kein Zusammenhang zwischen der Höhe der Erwerbstätigenquote von Frauen mit Kindern unter drei und dem Anteil der teilzeitbeschäftigten Frauen mit Kindern unter drei erkennbar.

Tabelle 1: Internationale Differenzen in der Erwerbstätigkeit von
Frauen mit Kindern unter drei Jahren

	Erwerbstätigenquote von Frauen mit Kindern unter 3 */**	Anteil der Teilzeit-beschäftigten unter den erwerbstätigen Frauen mit Kindern	Differenz zwischen Erwerbstätigenquote von Frauen mit Kindern unter 3 und durchschnittlicher Erwerbstätigenquote **, (in Klammern die durchschnittliche Erwerbstätigenquote von Frauen 15-64)
Länder mit einer relativ hohen Erwerbstätigenquote von Frauen mit Kindern unter 3 (ca. 50%)			
Großbritannien	52,4%	33%	12,6% (65%)
Dänemark	51,4%	12%	22,0% (73%)
Spanien	48,2%	12%	4,8% (53%)
Länder mit einer relativ niedrigen Erwerbstätigenquote von Frauen mit Kindern unter 3 (unter 36%)			
Polen	36,1%	4%	16,9% (53%)
Finnland	34,3%	10%	31,1% (65%)
Deutschland	31,9%	35%	33,1% (65%)

Quellen: ECD 2011, LMF 1.2D auf der Basis des European Labour Force Survey 2009 für
Finnland, Deutschland, Großbritannien, Spanien, Polen und des Labour Force Survey
2008 für Dänemark
* Frauen in Mutterschutz/Elternzeit werden nicht als Erwerbstätige gezählt.
** Von Frauen in der Wohnbevölkerung (15-64 Jahre).

5.1 Erklärung mit Arbeitsmarktproblemen?

Ist die Erwerbstätigenquote von Frauen mit Kindern im Krippenalter in einem
Land relativ niedrig, so könnte dies allgemeine Probleme auf dem Frauenarbeitsmarkt reflektieren. In dem Fall wäre die Erwerbstätigenquote der Frauen
mit Kindern nicht das Ergebnis einer besonderen, familienbezogen-zurück-
haltenden Erwerbsneigung dieser Frauen, sondern diese Frauen wären ebenso
wie Frauen in dem Land generell von Restriktionen im Zugang zur Erwerbstätigkeit betroffen. Auf eine ungünstige Arbeitsmarktlage für Frauen generell
würde eine Situation hindeuten, bei der die Erwerbstätigenquote von Müttern
kleiner Kinder relativ niedrig ist, sich dabei aber nur relativ geringfügig von der
durchschnittlichen Erwerbstätigenquote von Frauen unterscheidet.

Die Daten in Tabelle 1 zeigen, dass diese Situation in keinem der sechs Länder
der Studie vorliegt. Vielmehr ist in den Ländern, in denen die Erwerbstätigen-

quote von Müttern mit Kindern im Krippenalter relativ niedrig ist, die durchschnittliche Erwerbstätigenquote von Frauen deutlich höher, mindestens um 16%. Die Erklärung dafür, dass in dreien der sechs Ländern der Studie die Erwerbstätigenquote der Mütter deutlich unter der in den anderen drei Ländern ist, liegt demnach nicht in erster Linie in einer generell ungünstigen Arbeitsmarktsituation für Frauen.

5.2 Die Bedeutung von Familienpolitiken gegenüber der öffentlichen Kinderbetreuung

Zu den institutionellen Faktoren, die für die Erklärung der Differenzen im Anteil der erwerbstätigen Mütter mit Kindern unter drei Jahren relevant sind, zählen vor allem die Institutionen der Familienpolitik und deren rechtliche Ausgestaltung.

Der finnische und der dänische Wohlfahrtsstaat offerieren ein großzügiges System der öffentlichen Kinderbetreuung und ein individuelles Recht für jedes Kind unter sechs Jahren auf einen öffentlichen Kindergartenplatz. Damit haben Frauen generell die Möglichkeit, relativ kontinuierlich und ganztags erwerbstätig zu sein. Die Autorinnen und Autoren, die Wohlfahrtsstaaten auf der Grundlage ihrer „defamilisierenden" Wirkungen klassifizieren, bezeichnen den dänischen und den finnischen Wohlfahrtsstaat deshalb als „stark defamilisierend" (Esping-Andersen, 1999; Lister, 2005). Frauen und Männer haben aber auch die Möglichkeit, nach der Geburt eines Kindes ca. ein Jahr lang eine großzügig finanzierte (mit einem Einkommensersatz von mindestens 66% des früheren Einkommens verbundene) Elternzeitregelung in Anspruch zu nehmen und hinterher auf ihren früheren Arbeitsplatz zurückzukehren. In Dänemark werden 11,5 Monate, in Finnland 10 Monate bezahlt. In beiden Ländern gibt es die Möglichkeit, diese Auszeit noch zu verlängern, in Finnland ist dies möglich, bis das Kind drei Jahre alt ist. Da die Bezahlung in dem Fall aber deutlich niedriger ist und unter dem Existenzminimum liegt, ist diese Option nicht sehr attraktiv (EU SILC, 2006; Jensen & Rathlev, 2009; Jolkonen et al., 2009; Eydal and Rostgaard, 2011; Repo, 2012).

Auf der Grundlage dieser familienpolitischen Rahmenbedingungen würde man vermuten, dass Frauen mit kleinen Kindern in Dänemark und Finnland zu einem relativ hohen Anteil erwerbstätig sind und ihre Kinder tagsüber in einem öffentlichen Kindergarten betreut werden. Wie gezeigt wurde, ist die Erwerbstätigenquote dieser Frauen aber in Finnland – entgegen dieser Erwartung und anders als in Dänemark – vergleichsweise niedrig.

Inwieweit ist dies mit Unterschieden in der Inanspruchnahme des großzügigen Angebots an öffentlicher Kinderbetreuung in den beiden Ländern verbunden? Die verfügbaren Daten zu den hauptsächlichen Formen der Kinderbetreuung in europäischen Ländern unterscheiden leider kaum zwischen unterschiedlichen Formen der außerfamilialen Kinderbetreuung. Deshalb lassen sich nur Aussagen im Hinblick auf den Anteil von Kindern in irgendeiner Art der formellen extrafamilialen Kinderbetreuung treffen. Man kann dabei davon ausgehen, dass es sich in Dänemark und Finnland bei der formellen Kinderbetreuung im Wesentlichen um eine öffentliche Kinderbetreuung handelt. Den Daten von EU-SILC 2006 zufolge, die in der Hinsicht die beste Datenquelle für den internationalen Vergleich darstellt (EGGE, 2008, S. 85), sind in Dänemark 73% der Kinder unter drei Jahren in einer formellen extrafamilialen Kinderbetreuung (davon die meisten in Vollzeit), während das nur für 26% der finnischen Kinder gilt. Stattdessen kümmert sich der Großteil der Frauen in Finnland selbst um die eigenen Kinder (Tabelle 2).

Tabelle 2: Die wichtigsten Formen der Betreuung für Kinder unter drei Jahren*

	Anteil der Kinder in formeller Kinderbetreuung **	Anteil der Kinder, die ausschließlich von ihrer Mutter oder beiden Eltern betreut werden	Anteil der Kinder mit anderen Formen der Betreuung
Länder mit einer relativ hohen Erwerbstätigenquote von Frauen mit Kindern unter 3 Jahren (ca. 50%)			
Dänemark	73% (66%)	26%	1% (0%)
Großbritannien	33% (5%)	45%	39% (8%)
Spanien	39% (19%)	42%	26% (9%)
Länder mit einer relativ niedrigen Erwerbstätigenquote von Frauen mit Kindern unter 3 Jahren (unter 36%)			
Polen	2% (2%)	62%	36% (18%)
Finnland	26% (21%)	70%	5% (2%)
Deutschland	16% (8%)	62%	22% (3%)

Quelle: EU-SILC 2006, nach EGGE (2009, S. 33, 76).
* Mehrfache Antworten möglich, in Klammern: mehr als 30 Stunden.
** Alle Formen bezahlter, außerfamilialer Kinderbetreuung.

Frauen in Dänemark und Finnland verhalten sich demnach nicht nur sehr unterschiedlich gegenüber der Erwerbstätigkeit, sondern auch gegenüber den öffentlichen Kinderbetreuungsangeboten.

Der deutsche Wohlfahrtsstaat wurde oft als „famlisierender" Wohlfahrtsstaat bezeichnet, da die Familienpolitik lange Zeit eher die Hausfrauenrolle als die Erwerbstätigkeit von Frauen mit kleinen Kindern gefördert hat (Leitner, 2003). Dies hat sich allerdings seit der Mitte der 2000er Jahre geändert, als die Regierung begann, die öffentliche Kinderbetreuung für Kinder unter drei Jahren stark auszuweiten. Dazu etablierte sie eine großzügig bezahlte Elternzeitregelung auf der Basis der Zahlung von 67% des früheren Einkommens für ein Jahr (Henninger et al., 2008). Im Jahr 2013 wird ein individuelles Recht für jedes Kind von ein bis drei Jahren auf einen Kindergarten- bzw. Kinderkrippenplatz eingeführt. Damit hat sich die deutsche Familienpolitik der der beiden nordischen Länder deutlich angenähert. Der Anteil der Frauen, die erwerbstätig sind, wenn sie Kinder unter drei Jahren haben, war aber 2009 noch immer relativ niedrig und betrug nur knapp ein Drittel (Tabelle 1). Und nur 16% der Kinder im Krippenalter nahmen an einer formellen Kinderbetreuung teil, davon nur die Hälfte mit mehr als 30 Stunden in der Woche (Tabelle 2).

Die Wohlfahrtsstaaten Großbritanniens, Spaniens und Polens bieten den Frauen traditionell wenig Unterstützung hinsichtlich der Kinderbetreuung und überlassen diese Aufgabe vorwiegend der Familie (Spanien und Polen) oder dem Markt (Großbritannien) (EGGE, 2009; Lewis, 2011; Salida, 2011; Szelewa & Polakowski, 2008). Dies hat sich in den letzten Jahren vor allem in Spanien gewandelt, wo die Regierung die öffentliche Kinderbetreuung erheblich ausgebaut hat. Allerdings betraf der Wandel zunächst vor allem die Betreuung von Kindern über drei und wurde erst kürzlich auch auf jüngere Kinder ausgeweitet (Flaquer & Escobedo, 2009). Die britische Regierung, die lange Zeit das westeuropäische Schlusslicht hinsichtlich der wohlfahrtsstaatlichen Förderung der Kinderbetreuung bildete, hat ebenfalls begonnen, diese stärker zu fördern. Dazu wurden etwa Steuerbegünstigungen und ein Gutschein-System eingeführt. Auch diese Maßnahmen bezogen sich allerdings vorwiegend auf Kinder über drei Jahren, und im Wesentlichen profitierten nur besser verdienende Familien davon (Lewis, 2011; Meyer et al., 2009).

Da die Erwerbstätigkeit von Frauen mit Kindern unter drei in Großbritannien, Deutschland, Spanien und Polen deutlich geringer gefördert wird als in den anderen drei Ländern, wäre zu erwarten, dass in diesen Ländern auch die Erwerbstätigenquote der Mütter mit kleinen Kindern deutlich unter der in Dänemark und Finnland liegt. Überraschenderweise zählen aber sowohl Großbritannien als auch Spanien zusammen mit Dänemark zu den Ländern, die eine deutlich höhere Erwerbstätigenquote von Müttern mit kleinen Kindern aufweisen als die anderen drei Länder, obwohl deren Familienpolitik teilweise großzügiger ist. Die Tabelle 2 zeigt, dass in Großbritannien und Spanien die

Erwerbstätigkeit in dieser Gruppe von Frauen relativ hoch ist, obwohl der Anteil der Kinder im Krippenalter, die in einer formellen Einrichtung betreut werden, relativ niedrig ist. Frauen realisieren ihre Erwerbsorientierung hier stärker dadurch, dass sie informelle Formen der Kinderbetreuung wählen. Als Ergebnis der Länderfallstudien in dem o. a. EU-Projekt hat sich gezeigt, dass zu diesen Lösungen vor allem die Betreuung durch Großeltern und, insbesondere in Spanien, auch die durch informell beschäftigte Migrantinnen zählen (Meyer et al., 2009; Flaquer & Escobedo, 2009). Anders ist dies in Polen, wo eine geringe staatliche Unterstützung der öffentlichen Kinderbetreuung auch eine relativ niedrige Erwerbstätigenquote von Frauen mit Kindern im Krippenalter zur Folge hat.

Aus dieser Analyse lässt sich folgern, dass die Differenzen im Grad der politischen Förderung von öffentlicher Kinderbetreuung und Müttererwerbstätigkeit allein nicht die länderspezifischen Unterschiede in der Erwerbstätigenquote erklären können. Sie können zudem auch nicht erklären, warum sich der Anteil der teilzeitbeschäftigten Frauen an allen beschäftigten Frauen so stark innerhalb der Gruppe der Länder unterscheidet, in denen die Familienpolitik weniger großzügig ist: Während Mütter in Großbritannien und Deutschland zu einem erheblichen Teil in Teilzeit erwerbstätig sind arbeiten sie in Spanien und Polen vor allem in Vollzeit (Tabelle 1).

5.3 Die Bedeutung kultureller Werteorientierungen und ihrer Interaktion mit Familienpolitiken

Nachdem gezeigt wurde, dass sich die internationalen Differenzen im Anteil der Mütter kleiner Kinder, die erwerbstätig sind, mit Unterschieden in den Familienpolitiken allein nicht erklären lassen, geht der Beitrag nun der Frage nach, inwieweit und in welcher Art und Weise auch kulturelle Differenzen zur Erklärung beitragen. Es geht darum, zu analysieren, inwieweit sich die vorherrschenden Familienmodelle unterscheiden, die in der Bevölkerung jeweils relevant sind und die das Verhalten von Frauen mit kleinen Kindern gesellschaftlich rahmen. Konkret wird danach gefragt, welche Anhaltspunkte es dafür gibt, dass in den Ländern mit einer relativ niedrigen Erwerbstätigenquote die Mütter deswegen zuhause bleiben, weil in der Gesellschaft die Auffassung vorherrscht, dass die Betreuung eines Kleinkindes durch seine Mutter die (einzig) angemessene Form der Kinderbetreuung ist und am ehesten eine glückliche Kindheit gewährleistet.

Kulturelle Familienmodelle beziehen sich auf die Auffassung der Menschen im Hinblick darauf, welche Art der Organisation einer Familie im Prinzip die beste wäre. In den Einstellungsdaten der gängigen internationalen Surveys wie ISSP und European Value Survey wird nicht eindeutig nach der Einstellung der Bevölkerung gegenüber solchen kulturellen Familienmodellen gefragt. Die Items, die zur Erfassung der Einstellungen verwendet werden, erfassen teilweise nicht einmal eindeutig kulturelle Orientierungen, sondern sie sind teilweise so formuliert, dass die Antworten auch die institutionellen Rahmenbedingungen reflektieren.

Aus diesem Grund legt dieser Beitrag eine andere Art der empirischen Untersuchung zugrunde, nämlich international vergleichende Fallstudien für die sechs europäischen Länder der Studie. Darin wurde für jedes der Länder auf der Grundlage eines Methoden-Mix untersucht, welche kulturellen Familienmodelle jeweils vorherrschend sind und wie sie sich voneinander unterscheiden. Dazu wurden die Ergebnisse von nationalen und internationalen Einstellungs-befragungen, von Sekundäranalysen qualitativer Studien, von Dokumenten-analysen sowie von Expertengesprächen einbezogen. Darüber hinaus wurden in jedem Land 35 themenbezogene Interviews mit Mittelschichthaushalten mit kleinen Kindern in urbanen Regionen durchgeführt (Pfau-Effinger et al., 2009).

Den Ergebnissen zufolge dominiert in Finnland und Dänemark ein Doppel-versorgermodell mit externer, staatlicher Kinderbetreuung als Idealbild der Familie. Dem liegt die Annahme zugrunde, dass Frauen und Männer idealerweise auch dann, wenn sie Kinder haben, beide in Vollzeit erwerbstätig sind und dass die Kinderbetreuung im Wesentlichen Sache des öffentlichen Sektors ist (Jensen & Rathlev, 2009; Jolkonen et al., 2009). Allerdings gibt es einen Unterschied dahingehend, dass die finnische Bevölkerung für Kleinkinder unter zwei Jahren eher die Betreuung durch die Mutter oder beide Eltern als die beste Form der Kinderbetreuung betrachtet, während man in Dänemark eher meint, dass auch für jüngere Kinder eine gute Kindheit gewährleistet ist, wenn sie in einer öffent-lichen Kinderkrippe betreut werden (Jolkonen et al., 2009). Man kann davon ausgehen, dass diese finnische Besonderheit ein wichtiger Grund dafür ist, dass finnische Mütter ihre Erwerbstätigkeit im Durchschnitt für einen längeren Zeit-raum unterbrechen als dänische Mütter und dass ihre Erwerbstätigenquote deshalb deutlich niedriger ist.

In Großbritannien und Deutschland wählen Frauen mit Kindern unter drei demgegenüber häufig eine Teilzeitbeschäftigung, um die Erwerbstätigkeit und die Kinderbetreuung miteinander zu verbinden (Tabelle 2). Dieses Verhalten lässt sich mit der Orientierung an einem kulturellen Familienmodell erklären, das ich als Vereinbarkeitsmodell der männlichen Versorgerehe bezeichne.[4] Die Erwerbsunterbrechung der Mutter für einige Monate oder Jahre nach der Geburt, gefolgt von einer Teilzeitbeschäftigung der Mutter, gilt hier als eine wünschenswerte Form der Vereinbarkeit von Erwerbsarbeit und Kinderbetreuung (Meyer et al., 2009). Während in Deutschland dabei eine Werthaltung vorherrscht, wonach es für kleine Kinder am besten ist, wenn sie bis zum Alter von drei Jahren überwiegend durch ihre Mutter betreut werden, hält man in Großbritannien auch für Mütter kleinerer Kinder bereits eine Teilzeitbeschäftigung für angemessen. Bei der Verwirklichung dieser kulturellen Orientierung kommt Verwandten und Mitgliedern engerer sozialer Netzwerke eine wichtige Rolle zu, da die formelle Betreuung von Kindern im Krippenalter politisch nur wenig gefördert wird und sich nur wenige Eltern eine marktvermittelte Kinderbetreuung leisten können (Hummelsheim & Hirschle, 2009; Lee et al., 2005; Meyer et al., 2009). Solche Differenzen im Zusammenspiel von kultureller und familienpolitischer Rahmung der Frauenerwerbstätigkeit tragen dazu bei zu erklären, warum die Erwerbstätigenquote von Frauen mit Kindern unter drei Jahren in Großbritannien deutlich höher ist als in Deutschland.

In Spanien ist ein anderes kulturelles Familienmodell vorherrschend, das ich als „Doppelversorgermodell mit Kinderbetreuung durch die erweiterte Familie" bezeichne. Es beruht auf der Idee, dass beide Eltern in Vollzeit erwerbstätig sind und dass die Kinder durch Verwandte betreut werden, die meist auch mit im Familienhaushalt wohnen. Stehen keine Mitglieder der erweiterten Familie wie etwa die Großmütter der Kinder zur Verfügung, wird als Ersatz auch eine Migrantin akzeptiert, die im Familienhaushalt als Haushälterin und Kindermädchen beschäftigt ist und wesentliche Teile der Kinderbetreuung übernimmt (Escobedo & Flaquer, 2009). Eine Teilzeiterwerbstätigkeit der Mutter des Kindes gilt dagegen nicht als eine besonders geeignete Form der Vereinbarkeit.

Polen ähnelt Spanien im Hinblick auf das vorherrschende kulturelle Familienmodell: Auch in Polen gilt im Wesentlichen das „Doppelversorgermodell mit Kinderbetreuung durch die erweiterte Familie" als angemessen. Dieses Modell stammt noch aus der Zeit des Staatssozialismus, in der dessen Realisierung mithilfe einer umfangreichen öffentlichen Kinderbetreuung staatlich unterstützt wurde. Im Zuge der Transformation ging in der postsozialistischen Phase allerdings die Legitimation für kostspielige staatliche Maßnahmen verloren, was

---

[4] Da Westdeutschland in den Daten für Deutschland insgesamt ein deutlich größeres Gewicht zukommt, bezieht sich die Argumentation für Deutschland in dem begrenzten Rahmen dieses Beitrags nur auf Westdeutschland.

dazu führt, dass die öffentliche Kinderbetreuung weitgehend abgeschafft wurde. Seitdem wird das Doppelversorgermodell mit Vollzeitbeschäftigung der Mütter und Väter nach der Geburt eines Kindes zwar immer noch realisiert, die Kinderbetreuung wird aber vorwiegend von Verwandten, vor allem Großmüttern, durchgeführt (Surdej & Slezak, 2009).

Diese Ergebnisse unterstützen die Annahme, dass neben den Unterschieden in der Familienpolitik auch kulturelle Differenzen zur Erklärung der Unterschiede in den Erwerbstätigenquoten von Frauen mit Kindern unter drei Jahren beitragen.Die Befunde der Fallstudien werden auch von Einstellungsdaten unterstützt, wie sie etwa der Special Eurobarometer 2009 bietet (Tabelle 3).

In den Ländern, in denen die Erwerbstätigenquote von Frauen mit Kindern unter drei relativ niedrig ist – Finnland, Deutschland und Großbritannien – ist nur etwa ein Drittel der Bevölkerung der Auffassung, dass Kinder unter drei Jahren außerhalb der Familie in einer Einrichtung formell betreut werden sollten. Die Mehrheit glaubt, dass es am besten ist, wenn Kinder unter drei vorwiegend von ihrer Mutter oder von beiden Eltern betreut werden. Die Länder, in denen die Erwerbstätigenquote von Frauen mit Kindern unter drei höher ist – Dänemark, Spanien und Polen –, unterscheiden sich davon insofern, als ein deutlich größerer Teil der Bevölkerung für Kinder unter drei eine formelle Kinderbetreuung bevorzugen würde (Dänemark 71%, Spanien 57%, Polen 46%). Das betrifft also auch Länder, in denen diese formelle Kinderbetreuung mangels entsprechender Infrastruktur bisher kaum existiert. Die geäußerten Einstellungen spiegeln demnach keineswegs nur wider, was in der Praxis geschieht, sondern messen tatsächlich eigenständige Idealbilder. Dabei ist in Spanien und Polen auch der Anteil derjenigen größer als in allen anderen Ländern, die der Auffassung sind, dass vor allem Großeltern oder andere Verwandte die Kinderbetreuung übernehmen sollten.

Tabelle 3: Einstellungen zur besten Form der Organisation der
Betreuung für Kinder unter drei Jahren*

Anteil derjenigen, die der Meinung sind, die beste Form der Betreuung für Kinder unter drei Jahren sei:				
	Formelle Kinder-betreuung **	Betreuung durch die Mutter des Kindes	Betreuung durch beide Eltern des Kindes	Betreuung durch Großeltern oder andere Verwandte
Länder mit einer relativ hohen Erwerbstätigenquote von Frauen mit Kindern unter 3 Jahren (ca. 50%)				
Dänemark	71%	16%	28%	10%
Großbritannien	30%	27%	40%	20%
Spanien	57%	22%	53%	26%
Länder mit einer relativ niedrigen Erwerbstätigenquote von Frauen mit Kindern unter 3 Jahren (unter 36%)				
Polen	46%	37%	37%	22%
Finnland	32%	37%	55%	13%
Deutschland	34%	38%	49%	20%

Quelle: Special Eurobarometer 2009, in European Commission (2010).
* QA49: „Childcare for children 0-3 can be organised in different ways, by combining several options or by relying on only one option. In your opinion, what is the best way of organising childcare for children aged 0-3?" (Mehrfach-Antworten möglich).
** Alle Formen bezahlter, außerfamilialer Kinderbetreuung.

6. Fazit

Der Beitrag stellt die Theorie des „Geschlechter-Arrangements" vor. Diese beruht auf der Annahme, dass ein theoretischer Erklärungsrahmen für Unterschiede in der Geschlechterdifferenz zwischen verschiedenen Gesellschaften die Makro-Ebene der Gesellschaft auch als Erklärung einbeziehen sollte. Relevante Rahmenbedingungen auf der Makro-Ebene sind neben den institutionellen Rahmenbedingungen, die die politischen Institutionen und deren rechtliche Ausgestaltung umfassen, und neben sozialstrukturellen und ökonomischen Rahmenbedingungen, vor allem auch die kulturell verankerten Vorstellungen und Leitbilder einer Gesellschaft. Am Beispiel der internationalen Differenzen in den Erwerbstätigenquoten von Müttern mit Kindern unter drei Jahren wurde gezeigt, wie sich dieser Erklärungsrahmen anwenden lässt. Die Erklärung ist demnach in der Art und Weise zu suchen, in der die Erwerbstätigkeit von Müttern kleiner Kinder jeweils familienpolitisch, kulturell, sozial und ökonomisch gerahmt ist.

Von besonderer Bedeutung sind dabei kulturelle Differenzen in den vorherrschenden Familienleitbildern und in den darin enthaltenen Vorstellungen
darüber, was eine „gute Kindheit" ausmacht.

Es zeigt sich an dem hier gewählten Beispiel, dass die Theorie des Geschlechter-
Arrangements einen geeigneten Rahmen für die Erklärung internationaler
Differenzen in der Art und Weise abgibt, in der das Geschlechterverhältnis
strukturiert ist und ebenso in Bezug darauf, wie das Geschlechterverhältnis und
das Verhältnis von Erwerbsarbeit und Familie in einer Gesellschaft jeweils
miteinander verknüpft sind. So können Unterschiede im Erwerbsumfang von
Frauen mit älteren Kindern, Unterschiede in der Teilzeitquote erwerbstätiger
Frauen und Männer, in den Männer- und Frauenanteilen in verschiedenen
Berufen und Studiengängen, in der Lohndiskrepanz usw. ebenso durch ein
Zusammenspiel verschiedener kultureller, institutioneller, sozialstruktureller und
ökonomischer Rahmenbedingungen erklärbar sein. Entscheidend ist, dass die
Politik oder das Recht, die Wirtschaft oder die Kultur für sich genommen keine
hinreichende Erklärung für bestimmte gesellschaftsspezifische Geschlechterdifferenzen liefert, wohl aber ein Arrangement aus all diesen Komponenten, die
sich in ihrem Einfluss wechselseitig überlagern und miteinander interagieren.
Die kulturellen Werte und Leitbilder und die weiteren Faktoren können sich
komplementär ergänzen, so dass die Realisierung der kulturellen Orientierungen
gefördert wird, oder das Verhältnis ist widersprüchlich, so dass die Realisierung
kultureller Werte und Leitbilder im Verhalten der Individuen erschwert wird
(Pfau-Effinger, 2004). Solche Widersprüche können neue Veränderungs-
dynamiken hervorrufen.

Literatur

Aboim, S. (2010). Gender cultures and the division of labour in contemporary Europe: a cross-national perspective. *The Sociological Review, 50* (2), 171-192.

Boje, T. & Ejnraes, A. (2011). Family Policy and Welfare Regime. In H. Dahl et al. (Hrsg.), *Europeanisation, Care and Gender: Global Complexities* (55-76). New York: Palgrave Macmillan.

Crompton, R. & Harris, F. (1998). Explaining women's employment patterns: "orientations to work" revisited. *British Journal of Sociology, 49* (1), 118-36.

Duncan, S. S. (2005), Mothering, Class, Rationality. *The Sociological Review, 53* (1), 50-76.

EGGE (European Commission's Expert Group on Gender and Employment Issues) (2009). *The provision of child care services. A comparative review of 30 European countries.* Brüssel: European Commission.

England, P. (2005). Emerging Theories of Care Work. *Annual Review of Sociology, 31*, 381-399.

Esping-Andersen, G. (1999). *Social Foundations of Postindustrial Economies.* Oxford: Oxford University Press.

European Commission (2010). *Report Poverty and Social Exclusion. Special Eurobarometer 321.* Brüssel: European Commission.

Eydal, G. & Rostgaard, T. (2011). Nordic child care – a response to old and new tensions? In B. Pfau-Effinger & T. Rostgaard (Hrsg.), *Care Between Work and Welfare in European Societies* (79-97). Nordic Journal of Social Research, Special Issue 2. Houndmills, UK: Palgrave Macmillan.

Flaquer, L. & Escobedo, A. (2009). Formal and informal work in the Latin Rim' the case of Spain. In B. Pfau-Effinger et al. (Hrsg.) *Formal and Informal Work in Europe. The Hidden Work Regime* (127-145). New York: Routledge.

Frericks, P. et al. (2008). Male norms and female adjustments: The influence of care credits on gender pension gaps in France and Germany. *European Societies, 10* (1), 97-119.

Hakim, C. (2000). *Work-Lifestyle Choices in the 21st Century: Preference Theory.* Oxford: University Press.

Henninger, A. et al. (2008). Demography as a push toward gender equality? Current reforms of German family policy. *Social Politics, 15* (3), 287-314.

Hummelsheim, D. & Hirschle, J. (2010). Mother's Employment: Cultural Imprint or Institutional Governance? *European Societies, 12* (3), 339-66.

Jensen, P. & Rathlev, J. (2009). Formal and informal work in the Danish Social Democratic welfare state. In B. Pfau-Effinger et al. (Hrsg.), *Formal and informal work in Europe: The hidden Work Regime* (83-102). New York: Routledge.

Jolkonen A. et al. (2009). Formal and informal work in the work-welfare arrangement of Finland. In B. Pfau-Effinger et al. (Hrsg.), *Formal and informal work in Europe: The hidden Work Regime* (102-127). New York: Routledge.

Kamerman, S. & Moss, P. (Hrsg.) (2009). *The politics of parental leave policies: Children, parenting, gender and the labour market.* Bristol: The Policy Press.

Kangas, O. & Rostgaard, T. (2007). Preferences or context: opinions of child care. *Journal of European Social Policy, 17* (3), 240-256.

Leitner, S. (2003). Varieties of familialism. The caring function of the family in comparative perspective. *European Societies, 5* (4) 353-75.

Lewis, J. (2011). From Sure Start to children's centres: an analysis of policy change in English early years programmes. *Journal of social policy, 40* (1), 71-88.

Lewis, J. (2006). Employment and Care: The Policy Problem, Gender Equality and the Issue of Choice. *Journal of Comparative Policy Analysis, 8* (2), 103-114.

Lück, D. & Hofäcker, D. (2009). Values of work and care among women in modern societies. In Oorschot, W. v. et al. (Hrsg.), *Culture and Welfare State. Values and Social Policy in a Comparative Perspective.* Cheltenham/UK: Edward Elgar.

Mandal, H. (2009). Configurations of gender inequality: the consequences of ideology and public policy. *British Journal of Sociology, 60* (4), 693-719.

Meyer, T. (2008). Formal and informal work in a liberal regime – the case of the U.K. In B. Pfau-Effinger et al. (Hrsg.), *Formal and Informal Work. The Hidden Work Regime* (65-83). New York: Routledge.

Pascall, G. & Lewis, J. (2004). Emerging Gender Regimes and Policies for Gender Equality in a Wider Europe. *Journal of Social Policy, 33* (3), 373-394.

Pfau-Effinger, B. (1993). Modernisation, Culture and Part-time Employment - The Example of Finland and Germany, in: *Work, Employment and Society. 7,* 3, 383-410.

Pfau-Effinger, B. (1998). Gender cultures and the gender arrangement - a theoretical framework for cross-national comparisons on gender. *Innovation: the European Journal of Social Sciences, Special Issue, ed. by Simon Duncan, 11,* 2, 147-166

Pfau-Effinger, B. (2004a). Development of Culture, *Welfare States and Women's Employment in Europe.* Aldershot: Ashgate.

Pfau-Effinger, B. (2004b). Historical paths of the male breadwinner family model – explanation for cross-national differences. *British Journal of Sociology, 55,* 3: 377-399.

Pfau-Effinger, B.; Jensen, P. H.; Flaquer, L. (2009): Formal and informal work in European societies – A comparative perspective. In: Pfau-Effinger, B., Flaquer, L., Jensen, P. H. (2009). *Formal and Informal Work in Europe.* The Hidden Work Regime. London, New York: Routledge.

Pfau-Effinger, B.; Smidt, M. (2011) Differences in Women's Employment Patterns and Family Policies: Eastern and Western Germany, *Community, Work & Family 14,* 2: 217-232.

Sainsbury, D. (Hrsg.) (1999). Gender and Welfare State Regimes. Oxford: Oxford University Press.

Salido, O. (2011). Female Emplyoment and Policies for Balancing Work and Family Life in Spain. In A. M. Guillén & M. León (Hrsg.), *The Spanish Welfare State in European Context* (185-199). Aldershot: Ashgate.

Saxonberg, S. & Szelewa, D. (2007). The Continuing Legacy of the Communist Legacy. *Social Politics: International Studies in Gender, State & Society, 14* (3), 351-379.

Surdej, A. & Slezak, E. (2009). Formal and informal work in a post-communist welfare regime – the case of Poland. In B. Pfau-Effinger et al. (Hrsg.), *Formal and Informal Work in Europe. The Hidden Work Regime* (146-166). New York: Routledge.

Szelewa, D. & Polakowski, M. P. (2008). Who cares? Changing patterns of childcare in Central and Eastern Europe. *Journal of European Social Policy, 18* (2), 115-131.

Walby, S. (2004). The European Union and gender equality: Emergent varieties of gender regime. *Social Politics 11* (1), 4-29.

Anne Busch

Geschlechtersegregation auf dem Arbeitsmarkt

Die berufliche Geschlechtersegregation – also die Verteilung von Frauen und Männern in unterschiedlichen Berufen des Arveitsmarktes – ist sowohl in Deutschland als auch international in Europa und außerhalb Europas eine stabile Arbeitsmarktstruktur (Charles & Grusky, 2004; England, 2010; Europäische Kommission, 2010; Jacobs, 1999): Trotz vieler positiver Entwicklungen auf dem Arbeitsmarkt, erkennbar etwa an der kontinuierlich steigenden Erwerbsbeteiligung von Frauen, arbeiten diese nach wie vor meist in typischen „Frauenberufen", während Männer besonders häufig in typischen „Männerberufen" anzutreffen sind. Die Verortung von Frauen und Männern in unterschiedlichen Berufen gilt in der soziologischen Forschung generell als wichtige Dimension sozialer Ungleichheit zwischen den Geschlechtern im Erwerbsleben. Frauenberufe sind häufig durch vergleichsweise schlechte Arbeitsmarktchancen gekennzeichnet (vgl. zusammenfassend Europäische Kommission, 2010; Heintz et al., 1997).

Der vorliegende Beitrag stellt zunächst zentrale Messkonzepte der Segregation vor. Danach folgt ein deskriptiver Überblick über typische Frauen- und Männer-berufe, über das Ausmaß der Segregation in Deutschland, differenziert nach Ost und West, sowie über die Entwicklung dieser Segregation im Zeitverlauf. Der Überblick basiert auf Daten des Mikrozensus. Daran schließt sich ein europäisch vergleichender Blick auf die Segregation an, der sich auf eine Sichtung des Forschungsstandes stützt. Ein weiterer Abschnitt diskutiert theoretische Ansätze, welche die Mechanismen dieser geschlechtlichen Berufsstrukturen auf dem Arbeitsmarkt, deren Konstanz sowie länderspezifische Unterschiede erklären. Zudem werden Gründe für Verdienstabschläge in typischen Frauenberufen auf-gezeigt und diskutiert.[1]

1. Messkonzepte

Zur quantitativen Erfassung des gesamtgesellschaftlichen Ausmaßes der Segregation existieren unterschiedliche Messkonzepte:

---

[1] Ein ausführlicher theoretischer und deskriptiver Überblick findet sich in Busch (2013).

Zunächst lässt sich anhand repräsentativer Arbeitsmarktdaten die Geschlechterzusammensetzung in den Berufen – unter Verwendung einer herangezogenen
Berufsklassifikation – ermitteln. Pro Beruf wird der jeweilige Frauenanteil an
allen Erwerbstätigen in diesem Beruf gebildet, sozusagen als ein Maß dafür, wie
„männlich" oder „weiblich" ein Beruf ist. Darauf aufbauend werden die Berufe
häufig anhand vorher festgelegter Trennlinien in Kategorien eingeteilt, etwa in
frauendominierte Berufe („Frauenberufe"), geschlechtlich ausbalancierte Berufe
(„Mischberufe") und männerdominierte Berufe („Männerberufe"). Die
Definition der Grenzwerte für eine solche Kategorisierung variiert jedoch in der
Literatur stark (vgl. für einen Überblick zu den verwendeten Grenzen: Anker,
1998, S. 82-84).

Darüber hinaus existiert eine Vielzahl von Indexmaßen, welche das Ausmaß der
Segregation über alle Berufe hinweg mit einer einzigen Maßzahl darstellen (vgl.
für einen Überblick Achatz, 2008; Charles & Grusky, 2004; Hinz & Schübel,
2001). Der am weitesten verbreitete Index ist der Dissimilaritätsindex D
(Duncan & Duncan, 1955; Hinz & Schübel, 2001):

$$D = \sum_{j=1}^{J} \left| (F_j / F) - (M_j / M) \right| \cdot 100 \cdot \frac{1}{2}$$

J bezeichnet die Gesamtzahl der Berufe, Mj und Fj beziehen sich auf die Anzahl
der Frauen beziehungsweise Männer im j-ten Beruf, M und F stehen für die
Gesamtzahl Frauen beziehungsweise Männer auf dem Arbeitsmarkt. Für jeden
Beruf wird sozusagen die Differenz berechnet zwischen der Chance für einen
Mann und der Chance für eine Frau, diesen Beruf ergriffen zu haben. Daher
wird auch von einer Differenz in den „Chancenprozenten" gesprochen (Handl,
1984; Hinz & Schübel, 2001). D ist die Summe dieser Differenzen über alle
Berufe, die zu Standardisierungszwecken mit 50 multipliziert wird. Sind die
Zugangschancen in einen Beruf für Frauen und Männer gleich, nimmt der Index
den Wert 0 an. Arbeiten in allen Berufen ausschließlich Frauen oder Männer,
erhält er den Wert 1 beziehungsweise 100. Der Dissimilaritätsindex kann als
Anteil der Frauen und Männer interpretiert werden, die den Beruf wechseln
müssten, um eine Gleichverteilung der Geschlechter über die Berufe zu erhalten
(Hinz & Schübel, 2001). Er ist für die Darstellung der Segregation weit
verbreitet. Dennoch ist der Index mit Problemen behaftet, gerade dann, wenn
zeitliche Entwicklungen oder auch Ländervergleiche dargestellt werden sollen.
Denn er ist nicht unabhängig von der Größe der herangezogenen Berufe, also
von der Anzahl der pro Beruf beschäftigten Personen (Charles & Grusky, 1995,
2004). D sinkt etwa, wenn stark segregierte Berufe insgesamt über die Zeit mit
immer weniger Personen gefüllt werden. Nimmt also der Dissimilaritätsindex

über die Zeit ab, könnte dies entweder tatsächlich auf einem geänderten Berufswahlverhalten von Frauen und Männern beruhen, es könnte aber genauso gut auch mit Veränderungen in der relativen Gruppengröße der Berufe zusammenhängen (vgl. auch Achatz, 2008).

Jene Problematik der Abhängigkeit von der „Randverteilung der Berufe" (Charles & Grusky, 2004) führte zu einer Entwicklung weiterer Indizes, die dieses Problem beheben, wie etwa den standardisierten Dissimilaritätsindex SD (Gibbs, 1965; Gross, 1968). Dieser ist folgendermaßen definiert (Charles & Grusky, 2004; Hinz & Schübel, 2001):

$$SD = \sum_{j=1}^{J} \left\| \left[\left(\frac{F_j}{T_j} \right) \middle/ \sum_{j=1}^{J} \left(\frac{F_j}{T_j} \right) \right] - \left[\left(\frac{M_j}{T_j} \right) \middle/ \sum_{j=1}^{J} \left(\frac{M_j}{T_j} \right) \right] \right\| \cdot 100 \cdot \frac{1}{2}$$

Tj steht für die Gesamtzahl Frauen und Männer im j-ten Beruf. Alle anderen Terme sind wie in voriger Formel definiert. Der Wertebereich von SD liegt wieder zwischen 0 und 1 (beziehungsweise 100). Die Berufsstruktur fließt hier jedoch nicht mehr als Einflussgröße mit ein, so dass es mit diesem Index möglich ist, zeitliche Vergleiche oder Ländervergleiche durchzuführen, auch wenn sich die Beschäftigtenzahlen in einzelnen Berufen über die Zeit verändern oder auch zwischen Ländern unterscheiden.

Dies geht jedoch auf Kosten der Interpretierbarkeit (Achatz, 2008; Hinz & Schübel, 2001).[2] Zudem ist die identische Gewichtung großer und kleiner Berufe in SD problematisch, wenn man annimmt, dass sich Frauen und Männer unterschiedlich in kleine und große Berufe konzentrieren. Dieser Zusammenhang wird bei den bisher vorgestellten Indizes nicht berücksichtigt (Hinz & Schübel, 2001). So wird mit der „Crowding-Hypothese" herausgestellt, Frauen seien in weniger Berufsfelder konzentriert, während sich Männer auf ein sehr viel breiteres Berufsspektrum verteilen (Bergmann, 1974).[3] Eine solche Konzentration lässt sich mit Segregationsmaßen nicht fassen, ist aber ebenfalls ein wichtiger Aspekt der eingeschränkten Zugangschancen für Frauen auf dem Arbeitsmarkt (Jacobs, 1999).

---

[2] Auch stellen Charles und Grusky heraus, dass SD zwar nicht mehr abhängig von der Randverteilung der Berufe ist, dafür aber die Abhängigkeit von einer anderen Randverteilung entsteht, nämlich der Geschlechterzusammensetzung auf dem gesamten Arbeitsmarkt (vgl. genauer dazu und zu Indexmaßen, die dieses Problem beheben: Charles & Grusky, 1995, 2004).

[3] Eine stärkere Konzentration von Frauen in wenige Berufe kann allerdings auch in einer Überschätzung der Diversität von Frauenberufen in Berufsklassifikationen begründet sein (Blackwell, 2001).

Die unterschiedliche Lokalisierung von Frauen in wenige stark besetzte Berufe und von Männern in viele gering besetzte Berufe kann ebenfalls mit einer einzelnen Maßzahl abgebildet werden (Jacobs, 1999). Der Konzentrationsindex C ist wie folgt definiert:

$$C_F = \sum_{j=1}^{J} \left| (F_j / F) - (1 / J) \right| \cdot 100 \cdot \frac{1}{2}$$

Der Index gibt die berufliche Konzentration von Frauen im Vergleich zu einer gleichmäßigen Verteilung über alle Berufe an. Er variiert zwischen 0 (vollständige Gleichverteilung über alle Berufe) und 1 beziehungsweise 100 (vollständige Konzentration in einem Beruf). Ein entsprechender Wert kann auch für Männer berechnet werden. Subtrahiert man dann die Werte für Frauen und für Männer, erhält man die relative Konzentration RC:

$$RC = \sum_{j=1}^{J} \left[\left| (F_j / F) - (1 / J) \right| - \left| (M_j / M) - (1 / J) \right| \right] \cdot 100 \cdot \frac{1}{2}$$

Der Index gibt an, um wie viele Prozentpunkte Frauen stärker in Berufen konzentriert sind als Männer. Ein negatives Vorzeichen zeigt eine stärkere berufliche Konzentration von Männern auf (vgl. auch Achatz, 2008).

2. Ein deskriptiver Überblick

Datengrundlage für die folgenden Berechnungen ist der deutsche Mikrozensus (Statistisches Bundesamt, 2008a). Die Segregation wird auf Basis der Berufsklassifikation des Statistischen Bundesamtes (Dreisteller), Ausgabe 1992, dargestellt (Statistisches Bundesamt, 1992). Die Gesamtzahlen zu Frauen und Männern pro Beruf entstammen einer Sonderauswertung des Statistischen Bundesamtes. Die verwendete Berufsklassifikation ist ausdifferenzierter als die Internationale Standardklassifikation der Berufe (ISCO) (Hartmann & Schütz, 2002). Sie ist daher besser geeignet, die Segregation angemessen zu erfassen. Grundsätzlich gilt: Je detaillierter die Berufe ermittelt werden, desto genauer können Segregationsstrukturen aufgedeckt werden (Heintz et al., 1997). Die ISCO-Klassifikation dagegen wird durch ihre internationale Vergleichbarkeit vor allem auch für Ländervergleiche herangezogen (z. B. Smyth & Steinmetz, 2008).

Die Klassifikation wurde erstmalig im Mikrozensus 1993 für die Erwerbstätigen ausgewiesen. Vorher galt eine andere Berufsklassifikation, die Klassifizierung der Berufe, Ausgabe 1975. Daher werden die Jahre vor 1993 aus Gründen der fehlenden Vergleichbarkeit nicht berücksichtigt. Der hier betrachtete Zeitraum umfasst damit die Jahre 1993-2009.[4] Die einbezogenen Erwerbstätigen sind in der Sonderauswertung nicht weiter differenziert, beinhalten also alle Personen, die in einem Arbeitsverhältnis stehen (einschließlich Soldaten und mithelfende Familienangehörige), selbstständig ein Gewerbe oder eine Landwirtschaft betreiben oder einen freien Beruf ausüben.

2.1 Die berufliche Geschlechtersegregation in Deutschland

Abbildung 1 veranschaulicht die zeitliche Entwicklung der Segregation zunächst anhand der Verteilung von Männerberufen (mit einem Frauenanteil von 0% bis 30%), Frauenberufen (mit einem Frauenanteil von 70% bis 100%) und Mischberufen (alle übrigen Berufe; vgl. zu dieser Kategorisierung Jacobs, 1989) für alle Erwerbstätigen über die Zeit.

Abb. 1: Erwerbstätige Frauen und Männer in Frauen-, Misch- und Männerberufen 1993-2009

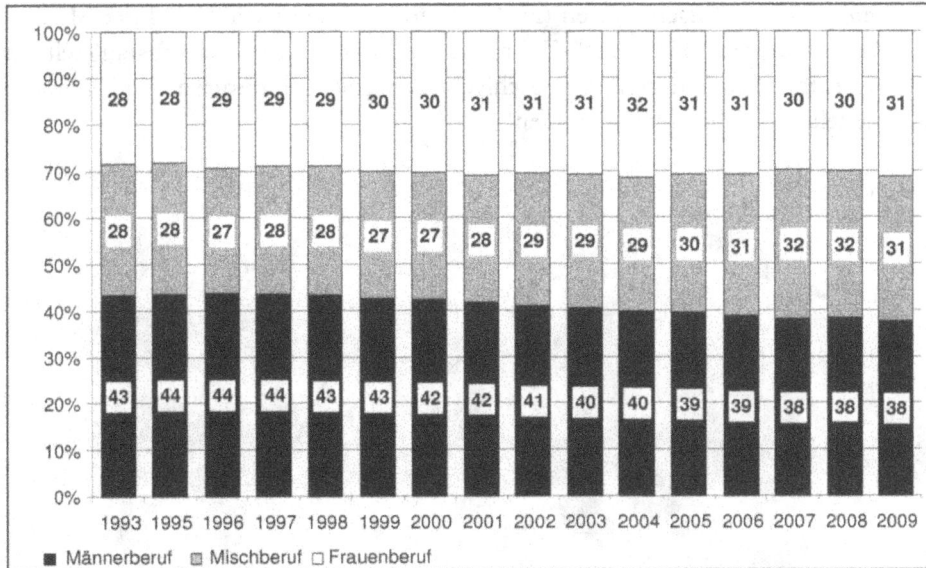

Quelle: Mikrozensus 1993-2009, eigene Berechnungen.

---

[4] Daten zu Erwerbstätigen nach der Berufsordnung wurden bis einschließlich 1995 im Mikrozensus nur in zweijährigem Abstand erhoben, deswegen liegen für 1994 keine Ergebnisse vor.

In allen Beobachtungsjahren arbeitet die Mehrheit aller Erwerbstätigen in Männerberufen, was die generelle Überzahl an Männern auf dem Arbeitsmarkt widerspiegelt. Allerdings ist dieser Wert rückläufig: So waren es im Jahr 2009 „nur" noch 38%, gegenüber 43% im Ausgangsjahr 1993. Die Anteile der Erwerbstätigen in Frauen- und Mischberufen nahm parallel zu dieser Entwicklung zu: Lagen die Werte bei beiden Berufskategorien im Jahr 1993 noch bei knapp unter 30%, stiegen sie über den Zeitraum auf knapp über 30% und liegen im Jahr 2009 noch jeweils sieben Prozentpunkte unter dem Wert in Männerberufen (1993: 15 Prozentpunkte). Diese Entwicklung ist vor dem Hintergrund der generell steigenden Erwerbstätigkeit von Frauen erklärbar. Insbesondere die Zunahme des Anteils der Mischberufe mag ein Hinweis auf einen marginalen Rückgang der Segregation darstellen. Die Mehrheit der Frauen arbeitet in Frauenberufen (57% im Jahr 2009, Abbildung 2a). 34% der Frauen sind in Mischberufen tätig, und lediglich 9% in geschlechts-untypischen Männerberufen. An diesem Bild hat sich im Beobachtungszeitraum kaum etwas verändert. Männer sind noch stärker segregiert als Frauen: 67% der Männer arbeitete im Jahr 1993 in Männerberufen. Entsprechend weniger Männer arbeiteten 1993 in Mischberufen (25%). Allerdings nahm der Anteil der Männer in Männerberufen über den Zeitraum zugunsten der Erwerbstätigkeit in Mischberufen deutlich ab. In geschlechtsuntypischen Berufen sind Männer ähnlich selten beschäftigt wie Frauen.

Abb. 2a: Erwerbstätige Frauen in Frauen-, Misch- und Männerberufen 1993-2009

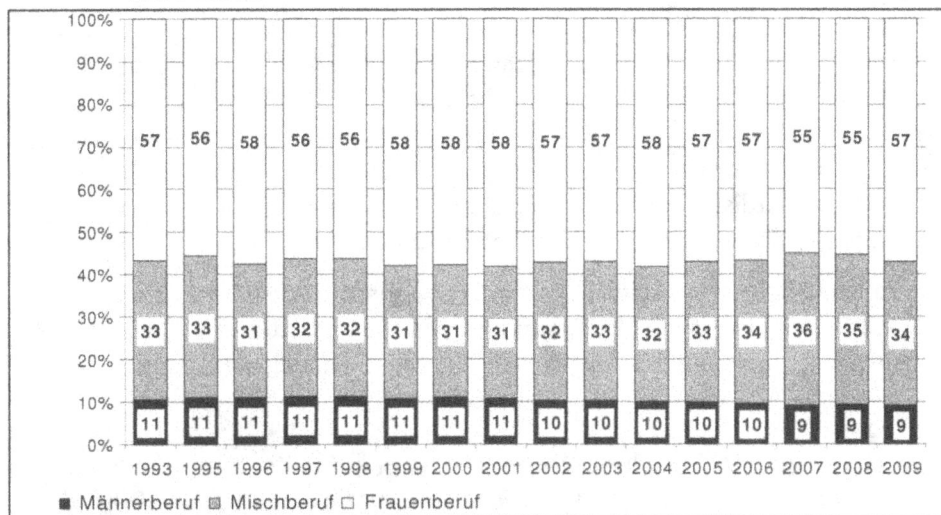

Quelle: Mikrozensus 1993-2009, eigene Berechnungen.

Abb. 2b: Erwerbstätige Männer in Frauen-, Misch- und Männerberufen 1993-2009

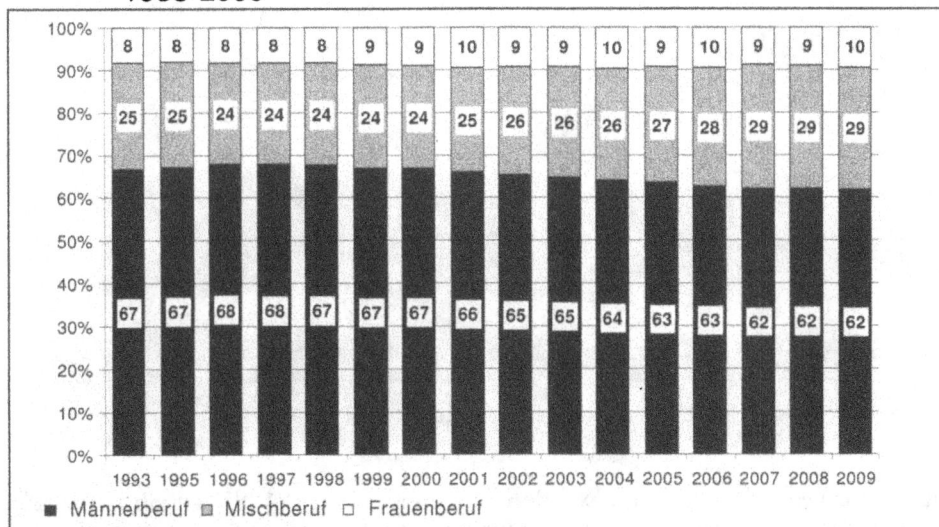

Quelle: Mikrozensus 1993-2009, eigene Berechnungen.

Abbildung 3 zeigt die Entwicklung der Segregation für Deutschland anhand von Indexmaßen. Im Jahr 1993 wies Deutschland einen Dissimilaritätsindex von 58 auf, das heißt 58% aller erwerbstätigen Frauen und Männer hätten den Beruf wechseln müssen, um eine Geschlechterverteilung über alle Berufe zu erhalten, die der Verteilung auf dem Arbeitsmarkt entspricht. Der Wert hat nur marginal abgenommen, im Jahr 2009 liegt er immer noch bei 57%. Berücksichtigt man rechnerisch die Größenzusammensetzung der Berufe und deren Veränderung mit dem standardisierten Dissimilaritätsindex, zeigt sich sogar eine geringfügige Zunahme der Segregation, von 55 auf 56 Indexpunkte.

Die zu beobachtende marginale Abnahme des unstandardisierten Indexes ist also offenbar lediglich auf Veränderungen in der Berufsstruktur auf dem Arbeitsmarkt, ausgelöst etwa durch den sektoralen Wandel, zurückzuführen.

Abb. 3: Berufliche Geschlechtersegregation in Deutschland: Dissimilaritätsindex und standardisierter Dissimilaritätsindex, 1993-2009

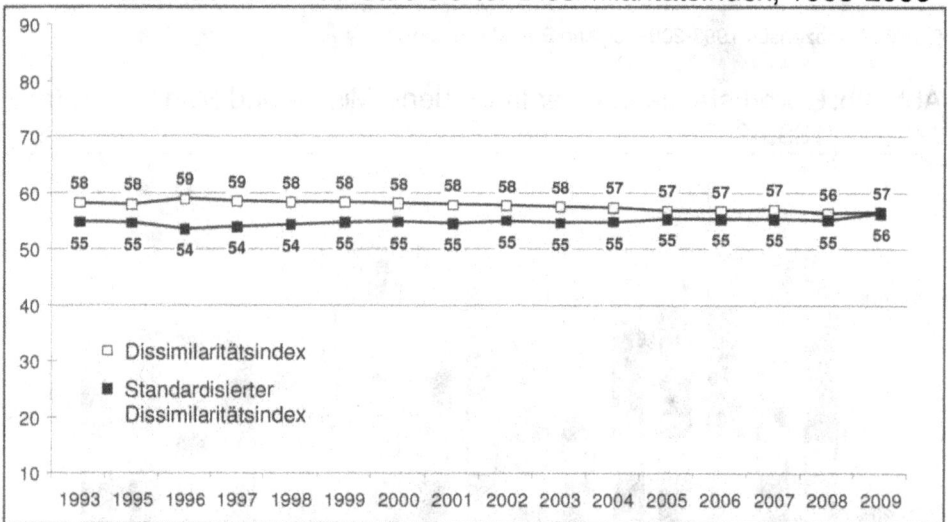

Quelle: Mikrozensus 1993-2009, eigene Berechnungen.

Für davor liegende Zeiträume wurde von Willms-Herget (1985) anhand von 102 Berufsfeldern gezeigt, dass sich zwischen den Jahren 1925 und 1982 die Segregation ebenfalls kaum verändert hat.

Aktuellere Studien für Deutschland weisen auf Unterschiede im Ausmaß der Segregation zwischen West- und Ostdeutschland hin. So wird deutlich, dass die berufliche Geschlechtersegregation in der DDR sogar noch ausgeprägter als in der Bundesrepublik war – eine Struktur, die noch lange nach der Wiedervereinigung nachwirkte und aktuell immer noch zu beobachten ist (Falk, 2002, 2005; Trappe & Rosenfeld, 2001; Rosenfeld & Trappe, 2002). Diese Beobachtung zeigt sich auch in Abbildung 4: Kurz nach der deutsch-deutschen Einheit im Jahr 1993 lag in Ostdeutschland der Dissimilaritätsindex mit knapp 64 noch weitaus höher als in Westdeutschland (dort 58). Ab 1996 fiel der Indexwert kontinuierlich und näherte sich bis 2005 dem Niveau in Westdeutschland an. Seitdem stagniert der Wert bis zum Jahr 2009 bei einem Indexwert von 59.

Abb. 4: Berufliche Geschlechtersegregation in West- und Ostdeutschland 1993-2009 (Dissimilaritätsindex)

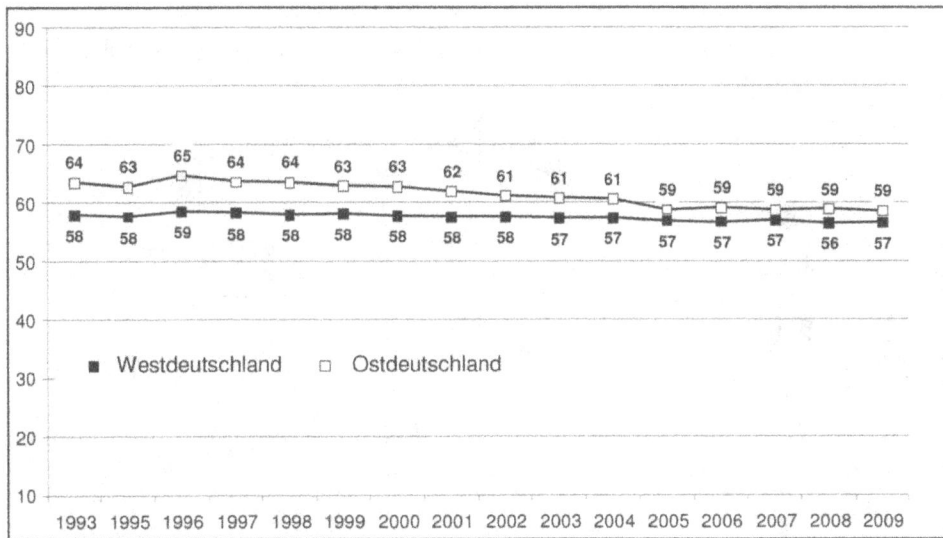

Quelle: Mikrozensus 1993-2009, eigene Berechnungen.

In der DDR wurden Frauen im Zuge des kommunistisch geprägten Systems stärker in das Erwerbssystem integriert als Frauen in der Bundesrepublik. Diese stärkere Integration fand allerdings offensichtlich auch in der DDR, und dort sogar noch stärker als in Westdeutschland, in typisch weibliche Berufsfelder des Dienstleistungsbereiches statt (Trappe & Rosenfeld, 2001).

2.2 Die berufliche Konzentration von Frauen und Männern

Inwieweit sind Frauen in Deutschland nun auf ein kleineres Berufsspektrum konzentriert als Männer, wie es die „Crowding-Hypothese" nahe legt (Bergmann, 1974)? Ein Großteil der Berufe in der Berufsklassifikation des Statistischen Bundesamtes sind Männerberufe (Tabelle 1). Im Jahr 1993 betrug der Anteil der Männerberufe an allen Berufen fast 55%. Lediglich 53 von 343 Berufen (15,5%) waren in diesem Jahr Frauenberufe. Dies hat sich zum Ende des Beobachtungszeitraumes kaum verändert. Das Berufsspektrum für Frauen ist damit tatsächlich wesentlich geringer als das der Männer. Inwieweit jene Beobachtung auch auf eine Unterschätzung der Diversität von Frauenberufen in der Berufsklassifikation des Statistischen Bundesamtes zurückzuführen ist, lässt sich dabei nicht beantworten (vgl. dazu Fußnote 3).

Tabelle 1: Verteilung von Männer-, Misch- und Frauenberufen über alle Berufe

	Anzahl Berufe	Anteil an allen Berufen	Anzahl Berufe	Anteil an allen Berufen
	1993		2009	
Männerberuf	187	54,5%	181	53,9%
Mischberuf	103	30,0%	104	30,9%
Frauenberuf	53	15,5%	51	15,2%
Gesamt	343	100,0%	336	100,0%

Quelle: Mikrozensus 1993 und 2009, eigene Berechnungen.

Das engere Berufsspektrum von Frauen wird noch deutlicher bei Betrachtung der Berufe mit einem Frauenanteil von über 90% (Tabelle 2). Im Jahr 2009 wiesen nur 17 von 336 Berufen einen derartig hohen Frauenanteil auf. Keiner der Berufe ist dabei komplett segregiert (mit einem Frauenanteil von 100%). Bei den Berufen handelt es sich um solche mit stereotypisch weiblichen Arbeits- inhalten und -rollen: Sie beinhalten etwa erzieherische Aufgaben (Kinderpfleger/ innen) und Pflege und Gesundheit (Apothekenhelfer/innen). Zudem handelt es sich bei der Mehrzahl der Berufe um solche mit Assistenzcharakter, mit wenig Autorität und kaum vorhandenen Aufstiegschancen (Sekretäre/Sekretärinnen). Sie weisen ein geringes oder mittleres Qualifikationsniveau auf.

Tabelle 2: Berufe mit einem Frauenanteil von über 90 Prozent (2009)

	Bezeichnung	Frauenanteil	Anzahl Frauen (in 1000)
1	Sektretäre/Sekretärinnen	99,1%	334
2	Sprechstundenhelfer/ innen	98,9%	565
3	Apothekenhelfer/ innen	97,3%	37
4	Kosmetiker/innen	96,5%	114
5	Textilnäher/innen a.n.g.	96,4%	28
6	Hauswirtschaftliche Gehilfen/Gehilfinnen und Helfer/innen	96,1%	207
7	Schreibkräfte, Textverarbeitungsfachleute	96,0%	25
8	Pharmazeutisch-technische Assistenten/Assistentinnen	95,8%	71
9	Kinderpfleger/innen	94,5%	73
10	Drogisten/Drogistinnen, Reformhauskaufleute	94,4%	18
11	Haus- und Ernährungswirtschaftler/innen	93,6%	156
12	Erzieher/innen	92,7%	520
13	Floristen/Floristinnen	92,0%	87
14	Rechtsanwalts- und Notargehilfen/-gehilfinnen	92,0%	113
15	Heimarbeiter/innen o.n.T.	90,9%	11
16	Kassenfachleute	90,4%	188
17	Medizinisch-technische Assistenten/ Assistentinnen und verwandte Berufe	90,3%	124

Quelle: Mikrozensus 2009, eigene Berechnungen.

Im Gegensatz dazu hatten 99 von 336 Berufen im Jahr 2009 einen Männeranteil von über 90% (Tabelle 3). Bei 36 dieser Berufe bleiben Männer völlig unter sich (Frauenanteil 0%). Die Berufe sind in ihren Arbeitsinhalten stereotypisch männlich konnotiert: So etwa Körperkraft (Möbelpacker/innen) und Technik (Anlagenmechaniker/innen). Die erforderlichen Qualifikationsgrade variieren hier deutlicher als bei den Frauenberufen. Die besonders stark segregierten Berufe sind zum großen Teil ebenfalls eher gering qualifizierte Berufe mit wenig Aufstiegschancen.

Tabelle 3: Berufe mit einem Frauenanteil von unter 10 Prozent (2009)

	Bezeichnung	Frauenanteil	Anzahl Frauen (in 1000)
1	Anlagenmechaniker/innen (Apparatetechnik)	0,0%	8
2	Anlagenmechaniker/innen (Versorgungstechnik)	0,0%	19
3	Ausbauberufe o.n.T.	0,0%	9
4	Baumaschinenführer/innen a.n.g.	0,0%	27
5	Bergleute (Maschinen-, Eleketrotechnik)	0,0%	24
6	Berufe in der Binnenschifffahrt	0,0%	8
7	Berufsfeuerwehr- und Brandschutzfachleute	0,0%	56
8	Bohrer/innen, Bohrwerkdreher/innen	0,0%	5
9	Brauer/inne und Mälzer/innen	0,0%	8
10	Dachdecker/innen	0,0%	91
...	...	...	...
28	Stauer/innen- Möbelpacker/innen	0,0%	10
...	...	...	...
36	sonstige Tiefbauberufe	0,0%	25
37	Maurer/Maurerinnen, Feuerungs- und Schornsteinbauer/innen	0,5%	194
...	...	...	...
97	Ingenieure/Ingenieurinnen ohne nähere Fachrichtungsangabe	9,5%	274
98	Techniker/innen für Betriebswissenschaft und Arbeitsstudien (REFA)	9,7%	31
99	Bautechniker/innen	9,8%	51

Quelle: Mikrozensus 2009, eigene Berechnungen.

Erst bei Berufen mit etwas höheren Frauenanteilen steigt der erforderliche Qualifikationsgrad, wobei es sich häufig um Ingenieurberufe handelt. Die stärkere Konzentration von Frauen auf wenige Berufe zeigt sich auch bei Berechnung der relativen Konzentration: Im Jahr 1993 waren Frauen um 13 Prozentpunkte mehr auf Berufe konzentriert als Männer (Abbildung 5). Die relative Konzentration hat sich im Beobachtungszeitraum sogar noch verstärkt. Jene Entwicklung lässt sich sicherlich auch damit erklären, dass sich in dem Zeitraum der Anteil der Frauen auf dem Arbeitsmarkt erhöht hat, das Berufsspektrum jedoch nicht in dem Maße. Das heißt, immer mehr Frauen konzentrieren sich auf wenige Berufe.

Abb. 5: Berufliche relative Konzentration in Deutschland, 1993-2009

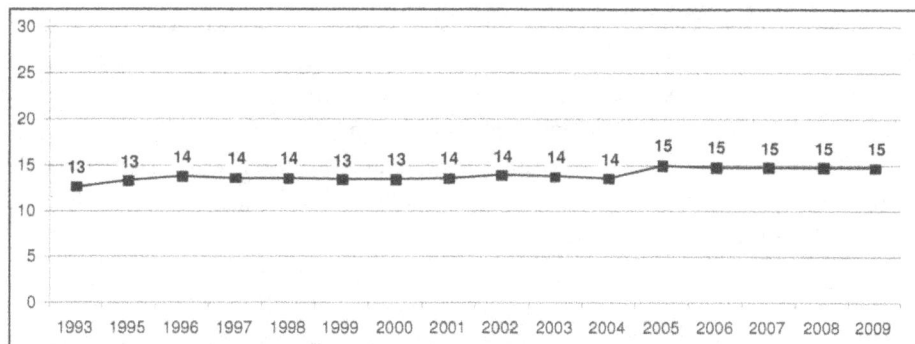

Quelle: Mikrozensus 1993-2009, eigene Berechnungen.

2.3 Die Segregation im europäischen Vergleich

Befunde zum Ausmaß und zu der Entwicklung der Segregation im europäischen Vergleich machen darüber hinaus auf Unterschiede zwischen den Ländern aufmerksam. Mediterrane Länder wie Italien und Griechenland wiesen beispielsweise im Jahr 2007 eine vergleichsweise geringe Segregation auf (EGGE, 2009). Auch Großbritannien hat eine im Vergleich zu anderen Ländern geringe Segregationsstruktur auf dem Arbeitsmarkt. Länder wie Ungarn und Bulgarien, aber auch Finnland haben die höchsten Segregationswerte. Dazwischen liegen etwa Norwegen und Frankreich. Deutschland steht beim Ausmaß der Segregation auf einem mittleren Platz (vgl. auch Europäische Kommission, 2010).

Erstaunlich ist dabei die vergleichsweise hohe Segregation skandinavischer Länder mit einem eigentlich stark ausgeprägten geschlechter-egalitärem Regime. Insbesondere Finnland hat in einigen Studien sogar den höchsten Wert bei der Segregation (z. B. Smyth & Steinmetz, 2008). Italien dagegen, ein Land, in welchem etwa die Vereinbarkeit von Beruf und Familie vergleichsweise schlecht orientiert ist, weist nur geringe Segregationswerte auf (ebd.). Dieses Ergebnis ist im gewissen Maße kontraintuitiv, wenn man annimmt, dass der Grad der wohlfahrtstaatlichen Geschlechteregalität mit dem Grad der tatsächlichen Egalität zwischen den Geschlechtern zusammenhängt.

Bei der zeitlichen Entwicklung der Segregation sind ebenfalls Unterschiede zwischen den Ländern zu verzeichnen. In der Gesamtbetrachtung über alle

Länder Europas hat sich die Segregation zwischen 1992 und 2007 so gut wie gar nicht verändert (EGGE, 2009). Allerdings variiert diese Entwicklung zwischen den Ländern. Gerade in verschiedenen nordischen und skandinavischen Ländern ist die Segregation vergleichsweise stark seit 1992 zurückgegangen. Die Länder, in denen die stärksten Rückgänge zu verzeichnen sind, sind Schweden, Norwegen, Dänemark, Großbritannien, Österreich, Tschechien und Island. Länder mit der stärksten Entwicklung in Richtung einer Re-Segregation sind Rumänien, Bulgarien, Italien, Irland, Lettland und Spanien. Die Länder mit den geringsten Entwicklungen sind neben Deutschland auch Frankreich, die Niederlande und Finnland (ebd.).

3. Theorien zur Erklärung der beruflichen Geschlechtersegregation

Was sind die Mechanismen, die hinter einer geschlechtstypischen Berufswahl und damit hinter der Geschlechtersegregation auf dem Arbeitsmarkt liegen? Ältere angebotsseitige Diskurse verorten die Gründe für die Segregation in geschlechtsspezifischen individuellen beruflichen Orientierungen und Präferenzen. Den Ausgangspunkt für diese unterschiedlichen Präferenzen von Frauen und Männern bildet dabei die gesellschaftliche – geschlechtsspezifische – Arbeitsteilung, welche den Männern die Erwerbsarbeit und den Frauen die Reproduktionsarbeit zuweist (vgl. hierzu Gottschall 2000; Heintz et al., 1997). Neuere Diskurse verweisen darüber hinaus auf die Wichtigkeit von Arbeitsmarktinstitutionen sowie auf geschlechtliche Stereotypisierungen und Statusdifferenzierungen, welche zur Aufrechterhaltung der Segregation beitragen. Letztere widmen sich insbesondere der Frage der zeitlichen Konstanz der Segregation sowie der Erklärung von Länderunterschieden.[5]

---

[5] Bei dem theoretischen Überblick konnten nachfrageseitige Theorien aus Platzgründen nicht berücksichtigt werden. Ein Überblick über entsprechende Theorien findet sich z. B. in Achatz, 2008; Blau et al., 2006.

3.1 Angebotsseitige Ansätze: Berufliche Präferenzen und Geschlechterrollen

Ökonomische Theorien

Die hier relevanten ökonomischen Theorien basieren im Wesentlichen auf den Prämissen der Humankapitaltheorie (Becker, 1975, vgl. Cornelißen in diesem Band). Humankapitalfaktoren stellen demnach zentrale Investitionen für die Individuen dar. Frauen, so die Annahme, nehmen geringere Investitionen als Männer vor, da sie stärker auf die Familientätigkeit fokussiert sind und einen weniger geradlinigen Berufsweg planen (Becker, 1975). Die Erklärung der Geschlechtersegregation auf dem Arbeitsmarkt erfolgt durch eine sogenannte Selbstselektion (Polachek, 1981): Frauen wählen als Ergebnis rationaler Kosten-Nutzen-Erwägungen vor allem Berufe mit geringen Opportunitätskosten, also jene, die gut mit Familienverpflichtungen vereinbar sind, die vergleichsweise geringe Humankapitalinvestitionen erfordern, und in denen der Werteverfall von Humankapital bei Erwerbsunterbrechungen möglichst gering ist. Die Anfangsgehälter in diesen Berufen liegen laut dieses Ansatzes etwas höher als bei Männerberufen, die Einkommenssteigerungen während der Erwerbstätigkeit sind aber geringer (vgl. auch England et al., 1988). Frauen und Männer „sortieren" sich also entsprechend ihrer Präferenzen und unterschiedlichen Humankapitalakkumulation in Berufe mit unterschiedlichen Qualifikations-anforderungen.

Empirische Studien, die diese Ansätze untersuchen, zeigen meist Ergebnisse, welche der Humankapitaltheorie widersprechen. So sind in den USA Frauen mit geplanten oder tatsächlichen kontinuierlichen Erwerbsverläufen und wenigen Erwerbsunterbrechungen nicht häufiger in Männerberufen als in Frauenberufen tätig (Okamoto & England, 1999). Für Westdeutschland konnte Hans-Peter Blossfeld (1987) allerdings für Frauen einen positiven Zusammenhang zwischen diskontinuierlichen Berufsverläufen und der Erwerbstätigkeit in Frauenberufen feststellen. Jedoch beeinflusst in den USA weder der Erwerbsstatus (Vollzeit-Teilzeit) noch Elternschaft die Erwerbstätigkeit in einem geschlechtstypischen Beruf (Rosenfeld, 1992; Tomaskovic-Devey, 1993). Auch für Deutschland bestätigt sich der geringe bis nicht existente Zusammenhang zwischen Familienverpflichtungen und einer geschlechtstypischen Berufswahl (Trappe & Rosenfeld, 2004). Zudem sind in den USA Frauenberufe nicht besser vereinbar mit Familientätigkeiten, wie es die ökonomischen Theorien postulieren. Im Gegenteil: Frauenberufe weisen sogar häufiger unflexible Arbeitszeiten auf (Glass, 1990).

Schließlich finden sich auch bei den beruflichen Präferenzen (häufig gemessen mit sogenannten Berufs- oder Arbeitswerten) von Frauen und Männern keine so eindeutigen geschlechtsspezifischen Muster, wie sie von der Humankapital-theorie zu erwarten wären. So ist eine höhere Ausprägung sogenannter extrin-sischer Arbeitswerte (etwa: Präferenzen für ein hohes Einkommen) für Männer im Vergleich zu Frauen, wie es die Humankapitaltheorie postulieren würde, nicht eindeutig belegt (Mannheim & Seger, 1993; Marini et al., 1996; Pollmann-Schult, 2009). Zudem spielt in den USA die Wichtigkeit von Work/Life-Balance bei der beruflichen Tätigkeit tatsächlich für Männer eine stärkere Rolle als für Frauen (Marini et al., 1996). Das steht dem zentralen Argument der Humankapital-theorie entgegen, Frauen würden aufgrund ihrer stärkeren Familienorientierung Berufe bevorzugen, die ein geringeres zeitliches Engagement erfordern.

Sozialisationstheorie

Die sozialsationstheoretischen Ansätze gehen über rein ressourcenbasierte Erklärungen hinaus (Gottschall, 2000). Ausgehend von den soziologischen Sozialisationstheorien entwickeln die Menschen in der (vorberuflichen) Erziehung durch die Eltern, aber auch etwa durch Schule und Medien, spezifische Einstellungen, Werte und Normen (Hurrelmann, 1994). Auch geschlechtsspezifische Rollenbilder werden in diesem Prozess verinnerlicht (Faulstich-Wieland, 2008). Damit einhergehend entwickeln sich in der vorberuflichen Sozialisation geschlechtsspezifische Vorlieben für bestimmte Berufe (Marini & Brinton, 1984). Frauen bilden ein an Haus- und Familienarbeit orientiertes „weibliches" Arbeitsvermögen und wählen entsprechend vor allem Berufe, die der Haus- und Familienarbeit ähnlich sind oder ähnliche Eigenschaften (wie Pflege, Erziehung) erfordern (vgl. weiterführend zu der „These des weiblichen Arbeitsvermögens" Ostner, 1978). Männern werden dagegen in der Sozialisation solche Arbeitsvermögen vermittelt, die sie für beruflichen Erfolg und damit für die Rolle des Familienernährers qualifizieren. Entsprechend wählen Männer später eher Berufe mit hohem Status, aber auch solche mit typisch „männlichen", also zum Beispiel technischen, Arbeitsinhalten (Marini & Brinton, 1984).

In den USA führen liberalere Geschlechterrollen Frauen eher in geschlechts-untypische Berufe. Für Männer zeigt sich ein solcher Effekt allerdings nicht (Okamoto & England, 1999). Auch sind, im Einklang mit der These des weiblichen Arbeitsvermögens, Frauen soziale Aspekte bei der Erwerbstätigkeit, etwa anderen helfen zu können oder viel Kontakt mit anderen Menschen zu haben, sehr viel wichtiger als Männern (Marini et al., 1996). Entsprechendes zeigt sich auch für Deutschland (Pollmann-Schult, 2009). Jene sozialen Berufswerte begünstigen zudem sowohl für Frauen als auch für Männer die Wahl eines Frauenberufes (Pollmann-Schult, 2009).

Die Sozialisationstheorien, insbesondere die These des weiblichen Arbeitsvermögens, leisten also einen wichtigen Beitrag zum Verständnis einer geschlechtstypischen Berufswahl als Ergebnis eines präferenzgeleiteten Handelns (Gottschall 2000, S. 157 f.). Dennoch wurde insbesondere die These des weiblichen Arbeitsvermögens zur Erklärung der Segregation vielfach kritisiert (vgl. zusammenfassend Gottschall, 2000, 2010; Heintz et al., 1997): Die Schwäche liege unter anderem darin, dass die These zwar die Entscheidung für familiennahe Berufe erkläre, weniger jedoch Entscheidungen für andere typisch weibliche, jedoch nicht familiennahe Berufe, etwa im Bürobereich. Auch seien Frauen durchaus nicht nur reproduktionsbezogen, sondern auch erwerbsorientiert, könnten sich jedoch durch die Widersprüchlichkeit nicht in beiden Bereichen voll entfalten (zur These der „doppelten Vergesellschaftung" vgl. Becker-Schmidt, 1980).

Offene Fragen

Die angebotsseitigen Theorien gelten insgesamt als nicht ausreichend, die berufliche Geschlechtersegregation angemessen zu erklären, denn sie lassen wesentliche Fragen ungeklärt (vgl. auch Charles & Grusky, 2004): Zum einen lässt sich mit diesen Ansätzen nicht beantworten, weshalb die Segregation trotz anderer gesellschaftlicher Entwicklungen hin zu mehr Geschlechteregalität so konstant bestehen bleibt. Diese Konstanz, wie im vorigen Kapitel exemplarisch für Deutschland aufgezeigt wurde, steht im Widerspruch zu anderen positiven Entwicklungen auf dem Arbeitsmarkt, etwa der kontinuierlich steigenden Erwerbsquote der Frauen und ihrer gestiegenen Bildungsbeteiligung (für Deutschland vgl. z. B. Cornelißen, 2005; Statistisches Bundesamt, 2008b). Würden lediglich geschlechtstypische berufliche Präferenzen und Humankapitalakkumulationen eine Rolle für geschlechtstypische Berufsentscheidungen spielen, so müsste die Segregation parallel dazu zurückgehen.

Zum zweiten lassen sich Variationen zwischen den Ländern mit diesen Theorien nicht beantworten. Gerade die Beobachtungen einer vergleichsweise hohen Segregation in Finnland und geringen Segregation in Italien stehen in gewisser Weise im Widerspruch zu den angebotsseitigen Theorien.

Zum dritten bergen die angebotsseitigen Theorien die Gefahr einer wissenschaftlichen Legitimierung von Geschlechterungleichheiten im Erwerbsleben: Sie können zwar erklären, warum Frauen und Männer unterschiedliche Berufe wählen. Sie konkretisieren aber nicht, wie überhaupt die unterschiedlichen Präferenzen historisch entstanden sind und gesellschaftlich reproduziert werden. Das birgt die Gefahr, die unterschiedlichen Präferenzen unhinterfragt als „Ausgangszustand" und damit als Eigenverantwortlichkeit der Individuen zu bewerten – und die daraus sich ergebenden Geschlechterungleichheiten im Erwerbsleben als legitim anzusehen („to blame the victim", vgl. Browne & England, 1997, S. 80).

Schließlich bleibt offen, wie es zu „Geschlechtswechseln" von Berufen in deren historischer Entwicklung kommen kann, und was die möglichen Folgen dieser Geschlechtswechsel für den jeweiligen Beruf (etwa hinsichtlich Einkommen und Prestige) sind (Gottschall, 2000, 2010).

Im folgenden Abschnitt werden daher weiterführende Theorien, die sich diesen Widersprüchen nähern, aufgezeigt. Diese Forschungsperspektiven, die zum einen eher auf der institutionellen, zum anderen eher auf der Interaktionenebene angesiedelt sind, konkretisieren bestimmte Barrieren in typischen Frauen- und Männerberufen. Diese Barrieren können Personen davon abhalten, geschlechtsuntypische Berufswege einzuschlagen, oder sie dazu bringen, geschlechtsuntypische Berufe wieder zu verlassen – im Sinne einer „Drehtür" (Jacobs, 1989).

3.2. Institutionen, Wohlfahrtsstaat, Wertewandel

3.2.1 Der Institutionenansatz in der Geschlechterforschung

Die zentrale These des Institutionenansatzes in der Geschlechterforschung zu der Beobachtung der Stabilität von Geschlechterhierarchien lautet, dass sich die traditionellen Geschlechterrollen in die institutionelle Logik des Lebenslaufes eingeprägt haben (Krüger, 2004). Der Lebenslauf ist vor allem über den Arbeitsmarkt derart institutionalisiert, dass er die geschlechtsspezifische Arbeitsteilung kontinuierlich reproduziert.

Auch die Geschlechtypik von Berufsverläufen ist in Arbeitsmarktinstitutionen fest verankert (ebd.). Sie hat sich, so die Annahme, über die Zeit insbesondere in dem beruflichen Bildungssystem verfestigt. So ging die zunehmende Ausweitung des Bildungszugangs in der Vergangenheit mit einer Entwicklung „weiblicher Enklaven" im Bildungssystem einher (Charles & Bradley, 2009). Das sind Bildungsnischen, die von politischen Entscheidungsträgern speziell für Frauen entwickelt wurden, die auf „weibliche Fähigkeiten" zugeschnitten waren und die meist in Berufe mit geringem Status mündeten – ein Motor für die Reproduktion der Segregation gerade in ökonomisch weit entwickelten Gesellschaften (ebd.).

Helga Krüger hat diesen Prozess für Deutschland an der historischen Entwicklung von Ausbildungsberufen mit mittleren und niedrigen Bildungsabschlüssen deutlich gemacht (Krüger, 2003, 2004).[6] Ihren Ausführungen zufolge bildete sich in der Bismarck-Ära im Zusammenhang mit der Entwicklung des Bildungssystems die sozialstaatliche Lebensverlaufspolitik heraus, die sich für Männer um das Erwerbsleben und für Frauen um das Familienleben herum zentrierte. Die Berufsausbildung für Frauen sollte demnach vorrangig die Zeit zwischen Schule und Heirat füllen und familienbezogene Inhalte haben. Wenn die Frau in der späteren Familienphase überhaupt noch ihren Beruf ausübte, so sollte dieser allenfalls der Aufstockung des gemeinsamen Haushaltseinkommens dienen. Im Zuge dessen bildete sich laut Krüger in Deutschland eine Zweigeteiltheit der beruflichen Ausbildung heraus: Neben dem dualen Ausbildungssystem entstanden vollzeitschulische, meist gebührenpflichtige Ausbildungsberufe, ohne zusätzliche reguläre Praxisausbildung im Betrieb und ohne Lohnzahlung. Diese vollzeitschulischen Ausbildungsberufe waren gleichzeitig solche, die für Frauen „vorgesehen" waren.

Obwohl die normativen Leitbilder der traditionellen Arbeitsteilung heutzutage zunehmend an Bedeutung verlieren, haben jene Ausbildungsstrukturen laut dieses Ansatzes überlebt: Berufsabschlüsse, die eher mit weiblichen Auszubildenden besetzt sind, sind häufig in Vollzeitschulen angesiedelt, beinhalten meist familiennahe Tätigkeiten und sind oft Assistenzberufe mit wenig Aufstiegsmöglichkeiten (vgl. auch Achatz, 2008).[7]

Somit leben die geschlechtsspezifischen Lebensverläufe in den heutigen Institutionen der beruflichen Bildung weiter, und die Geschlechtersegregation wird reproduziert. Zwar entscheiden sich möglicherweise immer mehr Frauen und Männer für geschlechtsuntypische Berufe. Sie sind jedoch in diesen Berufen mit institutionellen Barrieren konfrontiert, die dazu führen können, diese Berufe

---

[6] Ähnliche Überlegungen einer „marginalisierenden Integration" beziehungsweise „ausschließenden Einschließung" von Frauen auf den Arbeitsmarkt wurden mit Blick auf die historische Entwicklung von Professionsberufen von Angelika Wetterer aufgezeigt (z. B. Wetterer, 1999).

[7] Die Beobachtung, dass Vollzeitausbildungen generell in Frauenberufe münden, gilt allerdings nicht uneingeschränkt. Neue Ausbildungsberufe etwa in der IT-Branche werden zum Beispiel ebenfalls in Vollzeitschulform gelehrt (BIBB, 2010). Diese Zunahme von vollzeitschulischen Ausbildungen wird von Krüger als Chance für Änderungen interpretiert: „Mit Verteilungsumschichtungen der Geschlechter in den Übergangswegen erhöht sich die Chance, dass der strukturell benachteiligende Sonderweg im deutschen Sonderweg als bildungspolitisches Problem sichtbar wird" (Krüger, 2003, S. 507).

wieder zu verlassen oder die Personen von vornherein davon abzuhalten, solche Berufe zu ergreifen. Gerade Frauen dürften in Männerberufen mit Problemen konfrontiert sein, wenn die Familienverpflichtungen zunehmen. Diese Barrieren können für Frauen nicht nur ein Anreiz sein, traditionelle Berufswege einzuschlagen, sondern im späteren Erwerbsleben auch dazu führen, Männerberufe wieder zu verlassen (vgl. zu dieser Argumentation auch Trappe & Rosenfeld, 2004).

Die Problematik der Reproduktion von Geschlechterungleichheiten auf dem Arbeitsmarkt durch Institutionen ist für den deutschen Arbeitsmarkt besonders relevant, denn gerade hier ist der Lebenslauf stark durch institutionelle Rahmungen strukturiert (Krüger, 2004). In Deutschland sind die Übergänge von der Schule in die berufliche Ausbildung und von dort in den Arbeitsmarkt klar geregelt, und Bildungszertifikate spielen eine wichtige Rolle für den Erfolg bei diesen Übergängen. Der Erwerbsweg ist nach wie vor über Berufe reglementiert und weist eine starke Pfadabhängigkeit auf (Krüger, 2003). Länder mit einer hohen institutionellen Regulierung des Lebenslaufes über Bildung und Berufe (wie Deutschland, aber auch andere konservative Wohlfahrtsstaaten (vgl. Esping-Andersen, 1990) haben damit, dem Institutionenansatz zufolge, auch ein besonders stark ausgeprägtes Regelwerk bezüglich Geschlechterrollen (Krüger, 2004). Das äußert sich in einer vergleichsweise hohen und stabilen Segregation. In anderen, liberalen Wohlfahrtsstaaten (etwa Großbritannien) ist der Arbeitsmarkt eher auf betriebliche Rekrutierung und betriebsinterne Qualifizierungspraktiken ausgerichtet. Geschlechtergrenzen können damit etwas leichter überwunden werden (ebd.). Dies äußert sich in einer vergleichsweise geringen Segregation und in einem vergleichsweise starken Rückgang der Segregation über die Zeit (EGGE, 2009; Europäische Kommission, 2010).

3.2.2 Wohlfahrtsstaatliche Interventionen und Familienpolitik

Studien, welche die besonders hohe Segregation in den skandinavischen Ländern, allen voran Finnland, zum Thema haben, machen darüber hinaus auf bestimmte, die Segregation verstärkende wohlfahrtsstaatliche Entwicklungen aufmerksam. Moderne Gesellschaften zeichnen sich durch eine Zunahme der Wichtigkeit gerade typisch weiblicher Berufsfelder aus (Charles & Bradley, 2009). Diese Entwicklung vollzieht sich besonders in den sozialdemokratischen Wohlfahrtsstaaten (Esping-Andersen, 1990). Mandel und Semyonov (2005) machen hier deutlich, dass familienpolitische Maßnahmen zur besseren Vereinbarkeit von Beruf und Familie auch eine (unintendierte) segregationsverstärkende Wirkung haben können. Familienpolitische Reglementierungen zur Verbesserung der Vereinbarkeit von Familie und Beruf erhöhen einerseits die

Beteiligung von Frauen am Erwerbsleben. Andererseits verstärken solche familienpolitischen Interventionen auch die Nachfrage nach sozialen Dienstleistungen vor allem im öffentlichen Dienst, wie Kinderbetreuung, also nach typisch „weiblicher Arbeit" in Frauenberufen. Die Ausweitung der sozialen Dienstleistungen führt also zu einer Ausweitung an Arbeitsplätzen gerade in typischen Frauenberufen (ebd.).

Obwohl also wohlfahrtsstaatliche Interventionen für eine bessere Vereinbarkeit von Familie und Beruf die generellen Erwerbsmöglichkeiten von Frauen erhöhen, führen sie Frauen wieder in frauentypische Berufsfelder (vgl. auch Mandel & Semyonov, 2006). Das erklärt, warum gerade in den als besonders egalitär geltenden sozialdemokratischen Wohlfahrtsstaaten die Geschlechter-segregation auf dem Arbeitsmarkt besonders hoch ist.[8]

3.2.3 Wertewandel

Schließlich wird die Persistenz der Geschlechtersegregation unter Einbezug des Wertewandels (Inglehart, 1997) beziehungsweise der Wertepluralisierung (Hradil, 1990) in modernen Wohlfahrtsstaaten erklärt. Im Zuge jener Entwicklungen, so die Überlegung, hat sich ein egalitärer Geschlechter-Essentialismus heraus-gebildet (Charles & Bradley, 2009; Charles & Grusky, 2004; England, 2010). Dieser beruht auf zwei gegensätzlichen Prozessen. So hat eine Egalisierung der Geschlechterrollen stattgefunden, sowohl ideologisch als auch strukturell, mit der Forderung nach besseren Zugangs- und Aufstiegschancen für Frauen auf dem Arbeitsmarkt (England, 2010). Gleichzeitig haben sich in modernen Gesell-schaften postmaterialistische Wertvorstellungen der Selbstverwirklichung durch-gesetzt. Dies fördert parallel zu Egalisierungsprozessen einen Geschlechter-Essentialismus: So sind laut dieser Ansätze Vorstellungen der Selbst-verwirklichung stark an soziale Konstruktionen von Geschlechterrollen geknüpft. Die Definition von Selbstverwirklichung, so die Annahme, ist selbst sozial konstruiert und an salienten Geschlechterrollen orientiert. Berufs-entscheidungen erfolgen damit nur scheinbar mit dem Ziel, sich selbst zu verwirklichen, sondern laufen häufig nach vorgegebenen Geschlechterrollen ab (England, 2010, S. 159).

---

[8] Zudem mag diese Argumentation auch die vergleichsweise hohe Segregation in Ostdeutschland im Vergleich zu Westdeutschland miterklären, da auch in der DDR eine vergleichsweise hohe Nachfrage nach sozialen Dienstleistungen, hervorgerufen etwa durch die hohe staatliche Lenkung der Vereinbarkeit von Familie und Beruf, geherrscht haben dürfte.

Aufgrund dieser beiden Prozesse – Egalitarismus und Aufstiegsorientierung einerseits, Geschlechter-Essentialismus und (scheinbare) Selbstverwirklichung andererseits – zeigen Frauen die Tendenz, beruflich aufzusteigen, tun dies aber möglichst im Rahmen frauentypischer Berufe. Nur in Berufsfeldern, in denen ein beruflicher Aufstieg nur durch Einstieg in einen Männerberuf möglich ist, in dem gleichzeitig auch eine entsprechende Nachfrage nach qualifizierten Frauen und wenig Diskriminierung herrscht (England, 2010), wählen Frauen entsprechende geschlechtsuntypische Tätigkeiten. Paula England (2010) zeigt entsprechend, dass eine De-Segregation besonders in höheren beruflichen Klassen stattgefunden hat, während in geringer gestellten beruflichen (Arbeiter-) Klassen die Segregation über die Zeit nur marginal zurückgegangen ist.

3.3 Doing Gender, Stereotype, Queuing

3.3.1 Doing gender und gender status beliefs

Weitere Erklärungsansätze zur Geschlechtstypik von Berufen und deren Konstanz über die Zeit lokalisieren die Mechanismen auf der Ebene alltäglicher Interaktionen. Die Ansätze haben ihre Wurzeln vor allem in der soziologischen Sozialpsychologieforschung der USA (Berger et al., 1977; Ridgeway, 2001b; Ridgeway & Correll, 2004). Geschlecht wird als Statusmerkmal verstanden, welches in alltäglichen Interaktionsprozessen in Form eines doing gender reproduziert wird (West & Zimmerman, 1987): Es stellt ein soziales Klassifikationskonstrukt dar, anhand dessen man den Kommunikationspartner einer bestimmten Gruppe (Männer/Frauen) zuordnen kann.

Eine solche Kategorisierung in „männlich" und „weiblich" aktiviert in einem weiteren Schritt Geschlechterstereotypen. Diese stereotype Kategorisierung ist jedoch nicht neutral, sondern geht mit einer Hierarchisierung einher (Ridgeway & Correll, 2004): Frauen und Männer gelten je nach Umfeld und Situation als unterschiedlich kompetent (Berger et al., 1977) und erhalten damit in den jeweiligen Handlungssituationen einen unterschiedlichen Status (gender status beliefs, vgl. Ridgeway, 2001a). Vor allem auf dem Arbeitsmarkt werden Frauen, auch aufgrund ihrer zugeschriebenen Zuständigkeit für Haus- und Familienarbeit, als die weniger kompetente und leistungsfähige Personengruppe angesehen (Correll & Ridgeway, 2004).

Gerade in neueren, unsicheren, undefinierten Handlungszusammenhängen greifen Personen jenen Ausführungen zufolge auf traditionelle Geschlechterstereotype zurück (Ridgeway, 2001a). Auf diese Art und Weise werden gerade in Modernisierungsprozessen, aus denen unsichere Handlungszusammenhänge

hervorgehen, wieder traditionelle Geschlechterrollen in diese Handlungs-
zusammenhänge hineingebracht. Jener Prozess erschwert eine gesellschaftliche
Abkehr von traditionellen Geschlechterrollen und kann erklären, warum
Geschlecht als statusdifferenzierendes Merkmal in der heutigen Zeit bestehen
bleibt (Ridgeway, 2011). Insbesondere bleibt durch diese
Reproduktionsmechanismen die Geschlechtstypik von Berufen erhalten, und
„neue" Berufe erhalten nach einer Weile wieder eine geschlechtsspezifische
Konnotation (Ridgeway, 2001a). Laut Cecilia Ridgeway und anderen ist es erst
unter Einbezug der Interaktionsebene und den dort vermittelten geschlechtlichen Kategorisierungen und Statuszuweisungen möglich, eine Antwort auf die
Frage zu finden, „weshalb die Erwerbsarbeit einen so dauerhaft geschlechtlichen
Charakter hat und sich daran trotz des gegenwärtigen ökonomischen und
organisationellen Wandels kaum etwas ändert" (Ridgeway, 2001a, S. 261; vgl. zu
diesen Ansätzen und eine Kritik auch Cornelißen in diesem Band).

3.3.2 Geschlechtswechsel von Berufen – Queuing

Barbara Reskin und Patricia Roos (1990) beschrieben mit ihrem Queuing-
Ansatz, wie es zu Geschlechtswechseln von Berufen über die Zeit kommen
kann. So hängt der Grad der Segregation eines Berufes von zwei
„Warteschlangen" ab: Zum einen gibt es die „job queue", bei der die
potenziellen Arbeitnehmer die Arbeitsstellen nach ihrer Attraktivität (z. B. nach
Einkommen) bewerten. Dieser „job queue" steht eine „labour queue"
gegenüber, bei denen die Arbeitgeber die potenziellen Arbeitnehmer in eine
Rangfolge hinsichtlich der Idealbesetzung offener Stellen bringen.

Reskin und Roos erklären die Persistenz der beruflichen Geschlechtersegregation
damit, dass Arbeitgeber potenzielle Arbeitnehmer nicht nur anhand ihrer
Qualifikation, sondern auch anhand des Geschlechts beurteilen. Da Männer
generell als kompetenter und leistungsfähiger für die Anforderungen des
Arbeitsmarktes angesehen werden, werden sie von Arbeitgebern bei der
Stellenbesetzung bevorzugt – dies gilt vor allem für Männerberufe. In der „job
queue" ordnen zudem gerade Männer die hinsichtlich Status und Prestige wenig
attraktiven Frauenberufe in der Warteschlange weiter hinten ein (ebd.).

Ein Wandel der Geschlechtersegregation kann dadurch zustande kommen, dass
die Nachfrage nach Arbeitskräften in einem Beruf das Angebot übersteigt, so
dass verstärkt Personen des dafür untypischen Geschlechts angeworben werden
(vgl. auch Charles, 2000). Bei einer erhöhten Nachfrage von Personal in
Männerberufen rücken Frauen in der „labour queue" nach vorn. Die verstärkte
Stellenbesetzung mit Frauen wiederum bringt die Gefahr eines Statusverlustes

dieses Berufes mit sich – mit entsprechenden Konsequenzen für Prestige und Einkommen. Damit wird ein Männerberuf, in den vermehrt Frauen eindringen, für Männer unattraktiver (Reskin & Roos, 1990) und rutscht in der „job queue" nach hinten. Immer weniger männliche Arbeitskräfte wählen einen solchen Beruf. Dies verstärkt den Statusverlust des Berufes zusätzlich. Ein mögliches Ergebnis ist, dass sich der ehemals prestigeträchtige männliche Beruf zu einem statusniedrigen weiblichen Beruf wandelt – es kommt also zu einer Re-Segregation. Schließlich können Männer auf den drohenden Statusverlust ihrer Berufstätigkeit den Frauen gegenüber auch feindselig und abwehrend reagieren - mit dem Ziel und unter Umständen auch mit der Konsequenz, dass Frauen diesen Männerberuf wieder zugunsten frauentypischer Berufe verlassen (Taylor, 2010; Jacobs 1989).

4. Folgen der Geschlechtersegregation für die Verdienste

Die Geschlechtersegregation auf dem Arbeitsmarkt gilt generell als wichtige Dimension sozialer Ungleichheit zwischen den Geschlechtern. Frauendominierte Berufe sind in der Regel durch vergleichsweise schlechte Arbeitsmarktchancen gekennzeichnet. Dies zeigt sich vor allem bei den Verdiensten (vgl. zusammenfassend Europäische Kommission, 2010).

Wie können diese Lohnunterschiede erklärt werden? Laut der Humankapitaltheorie sollten sie mit dem unterschiedlichen Wahlverhalten von Frauen und Männern aufgrund unterschiedlicher Humankapitalakkumulation zusammenhängen (Polachek, 1981). Durch geringere Qualifikationsanforderungen in Frauenberufen müssen die Kosten der Humankapitalakkumulation weniger kompensiert werden, die Verdienste sind hier also geringer. Jedoch weisen nationale und internationale Studien auch nach statistischer Kontrolle von Humankapital einen bestehen bleibenden signifikanten Verdienstabschlag in Frauenberufen nach (Achatz et al., 2005; Busch & Holst, 2010; Cohen & Huffman, 2007; England et al., 1988; Kilbourne et al., 1994). Auch weisen Frauenberufe keine höheren Anfangsgehälter als Männerberufe auf, wie es die Theorie nahe legt (England et al., 1988). Zudem wurde gezeigt, dass Frauen, die in Frauenberufen erwerbstätig waren, bei Erwerbsunterbrechungen ähnliche Lohneinbußen hatten wie Frauen in Männerberufen (England, 1982).

Andererseits konnte Tam (1997) die geringeren Verdienste in Frauenberufen auf den Grad des für den Beruf erforderlichen spezifischen Humankapitals zurückführen (Tam, 1997). So haben Humankapitalakkumulationen eine allgemeine

Komponente (schulische und berufliche Bildung) und eine spezifische Komponente, wie Weiterbildungen und firmenspezifisches Training während der Berufstätigkeit (Becker, 1975; Mincer, 1962). Frauenberufe sind nach Tam deshalb schlechter entlohnt, weil sie nicht nur weniger allgemeines, sondern auch weniger spezifisches Humankapital erfordern. Männerberufe sind dagegen häufig Berufe, bei denen viel Weiterbildung während der Berufstätigkeit erfolgt und die auch entsprechend höher entlohnt werden. Diese Studie wurde jedoch aufgrund der Unterspezifiziertheit des Modells und wegen Messfehlern kritisiert (England et al., 2000).

Ein anderer ökonomisch orientierter Ansatz, die These der „compensating differentials", nimmt an, dass typische Männerberufe eine Art Schmerzensgeld zahlen, da diese Berufe häufig körperlich unangenehme Aufgaben beinhalten (Filer, 1985). Personen, die in solche Berufe gehen, haben einen Nutzenverlust (etwa durch gesundheitliche Beeinträchtigungen). Damit der Beruf trotzdem gewählt wird, muss ein solcher Nutzenverlust mit einer Gehaltsprämie kompensiert werden. Jedoch zeigt die Forschung auch hier widersprüchliche Ergebnisse: Berufe, die körperlich unangenehme Arbeitsinhalte beinhalten, sind demnach nicht durchgängig besser bezahlt (Kilbourne et al., 1994). Zudem tragen solche Arbeitsanforderungen nur einen marginalen Teil zum Verdienstunterschied zwischen Frauen und Männern bei (vgl. dazu auch England et al., 1988). Entsprechende Ergebnisse zeigen sich auch für Deutschland (Liebeskind, 2004).

Auch bei den unterschiedlichen Entlohnungen von Frauen- und Männerberufen scheinen also weitere Mechanismen eine Rolle zu spielen, die über rein ökonomisch orientierte Erklärungen hinaus reichen. Hier setzen wieder soziologische und sozialpsychologische Ansätze an. So sind laut der sogenannten „Devaluationshypothese" Berufe, die mehrheitlich von Frauen ausgeübt werden, gesellschaftlich weniger anerkannt und eher abgewertet (devaluiert) (England, 1992). Vor diesem Hintergrund ist erklärbar, dass ein höherer Frauenanteil in einem bestimmten Beruf mit geringeren Verdiensten einhergeht – trotz statistischer Berücksichtigung von Humankapitalfaktoren. Zudem wird laut jenes Ansatzes auch die spezifische Arbeit, die mit Frauen assoziiert wird, abgewertet, also berufliche Anforderungen und Arbeitsinhalte, die gesellschaftlich als typisch „weiblich" gelten (Kilbourne et al., 1994). Emotionalität etwa ist eine „weiblich" konnotierte Eigenschaft, steht zu den traditionellen Arbeitsmarktanforderungen im Widerspruch und erfährt damit eine geringere Wertigkeit (England, 1989).

Frauenberufe werden demnach also zum einen schlechter bezahlt, weil sie mehrheitlich von Frauen ausgeübt werden, zum anderen, weil sie häufig „weibliche"

Tätigkeiten beinhalten, die eine kulturell geringere Wertigkeit aufweisen. Die Devaluation hat also sozusagen eine „quantitative" und eine „qualitative" Komponente.

Für die USA wurde gezeigt, dass Berufe, die pflegerische Anforderungen haben, Verdienstabschläge aufweisen (Kilbourne et al., 1994). Für Deutschland wurde Entsprechendes für Schreibarbeiten, Reinigungs- und Verkaufstätigkeiten gezeigt (Liebeskind, 2004). Zudem verringerte sich in jener Studie der vorher signifikante negative Effekt der Erwerbstätigkeit in einem Frauenberuf auf die Verdienste nach Aufnahme der Arbeitsinhalte (ebd.). Verdienstabschläge in Frauenberufen sind also zum Teil durch die dort häufig vorherrschenden „weiblichen" Arbeitsinhalte erklärbar.

5. Zusammenfassung und Ausblick

Die Geschlechtersegregation auf dem Arbeitsmarkt ist ein stabiles Charakteristikum moderner Wohlfahrtsstaaten. Wie die Deskription am Beispiel Deutschlands zeigte, ist die Segregation seit 1993 so gut wie gar nicht zurückgegangen. Diese Konstanz sowie länderspezifische Unterschiede lassen sich mit angebotsseitigen Theorien, die auf beruflichen Präferenzen, Humankapitalakkumulation und Sozialisation fokussieren, nicht ausreichend erklären. Einzig bezüglich der Präferenzen für bestimmte Arbeitsinhalte zeigen sich klare geschlechtsspezifische Unterschiede: Frauen sind soziale Aspekte der Berufstätigkeit, also der Wunsch, personennahe Berufstätigkeiten durchzuführen, bei denen man anderen helfen kann, sehr viel wichtiger als Männern. Darüber hinaus spielen jedoch institutionelle Rahmenbedingungen und wohlfahrtsstaatliche Entwicklungen ebenfalls eine wichtige Rolle zur Erklärung der Segregation und ihrer Konstanz. Zudem müssen sozialpsychologische Prozesse der Statusdifferenzierung und Stereotypisierung auf der Interaktionsebene berücksichtigt werden, die Personen den Zugang in geschlechts-untypische Berufe erschweren beziehungsweise sie aus diesen Berufen wieder herausdrängen. Bei der Forschung zur Geschlechtersegregation ist daher eine umfassende Einbeziehung dieser theoretischen Ansatze auf verschiedenen Analyseebenen mit repräsentativen Daten vonnöten. Auch sollten Prozesse der geschlechtsspezifischen beruflichen Kanalisierung in verschiedenen Phasen des Lebenslaufes, nicht nur in ausgewählten Lebensphasen, systematisch analysiert werden. Gerade in Deutschland besteht noch Forschungsbedarf hinsichtlich der Frage, inwieweit sich Nachteile für Frauen im Lebenslauf kumulieren und

Pfadabhängigkeiten vorliegen (Ausnahme: Blossfeld, 1987; vgl. für andere Länder Chan, 1999; Jacobs, 1995).

Die Geschlechtersegregation ist als eine wichtige Dimension sozialer Ungleichheit anzusehen, erkennbar an signifikanten Verdienstabschlägen in typischen Frauenberufen. Diese Verdienstabschläge können laut verschiedener zuvor vorgestellter Forschungsergebnisse nicht allein durch ein geringeres Anforderungsprofil in diesen Berufen erklärt werden, sondern gehen (auch) darauf zurück, dass Berufe, die mehrheitlich von Frauen ausgeübt werden und die typisch „weibliche" Tätigkeitsprofile haben, gesellschaftlich weniger anerkannt (devaluiert) sind. Hierzu zählen insbesondere die genannten sozialen Arbeitsinhalte, für die Frauen eine besonders hohe Präferenz haben. Weniger die geschlechtstypische Berufswahl aufgrund präferierter Arbeitsinhalte selber ist daher per se problematisch, sondern die Konsequenzen, die mit dieser Berufswahl verbunden sind (etwa geringere Einkommen durch abgewertete Arbeitsinhalte). Diese Devaluationshypothese hat eine „Comparable-Worth-Debatte" ausgelöst: Jene Debatte fordert gleiche Verdienste für gleichwertige Arbeit, und zwar unabhängig davon, ob diese Arbeiten überwiegend von Frauen oder von Männern ausgeübt werden (England 1992; Ranftl et al., 2002).

Literatur

Achatz, J. (2008). Geschlechtersegregation im Arbeitsmarkt. In M. Abraham & T. Hinz (Hrsg.), *Arbeitsmarktsoziologie: Probleme, Theorien und empirische Befunde* (263-301). Wiesbaden: VS Verlag.

Achatz, J. et al. (2005). Bonus oder Bias? Mechanismen geschlechtsspezifischer Entlohnung. *Kölner Zeitschrift für Soziologie und Sozialpsychologie, 57* (3), 466-493.

Anker, R. (1998). *Gender and Jobs. Sex Segregation of Occupations in the World.* Genf: International Labour Office.

Becker-Schmidt, R. (1980). Widersprüchliche Realität und Ambivalenz. Arbeitserfahrungen in Fabrik und Familie. *Kölner Zeitschrift für Soziologie und Sozialpsychologie, 32*, S. 705-725.

Becker, G. S. (1975). *Human Capital.* New York: Columbia University Press.

Berger, J. et al. (1977). *Status Characteristics and Social Interaction: An Expectation States Approach.* New York: Elsevier.

Bergmann, B. R. (1974). Occupational Segregation, Wages and Profits when Employers Discriminate by Race and Sex. *Eastern Economic Journal, 1* (1-2), 103-110.

BIBB (2010). *Datenreport zum Berufsbildungsbericht 2010. Informationen und Analysen zur Entwicklung der beruflichen Bildung.* Bonn: BIBB.

Blackwell, L. (2001). Women's work in UK official statistics and the 1980 reclassifikation of occupations. *Journal of the Royal Statistical Society, 164* (2), 307-325.

Blau, F. D. et al. (2006). *The Economics of Women, Men and Work.* New Jersey: Pearson.

Blossfeld, H.-P. (1987). Labor-Market Entry and the Sexual Segregation of Careers in the Federal Republic of Germany. *The American Journal of Sociology, 93* (1), 89-118.

Browne, I. & England, P. (1997). Oppression from Within and Without in Sociological Theories: An Application to Gender. *Current Perspectives in Social Theory, 17*, 77-104.

Bundesagentur für Arbeit (2011). *Klassifikation der Berufe 2010. Band 1: Systematischer und alphabetischer Teil mit Erläuterungen.* Nürnberg: Bundesagentur für Arbeit.

Busch, A. (2013). *Die berufliche Geschlechtersegregation in Deutschland: Ursachen, Reproduktion, Folgen.* Wiesbaden: Springer VS.

Busch, A. & Holst, E. (2010). Der Gender Pay Gap in Führungspositionen: Warum die Humankapitaltheorie zu kurz greift. *Femina Politica, 19* (2), 91-102.

Chan, T. W. (1999). Revolving Doors Reexamined: Occupational Sex Segregation over the Life Course. *American Sociological Review, 64* (1), 86-96.

Charles, M. (2000). Divisions of Labour. Social Groups and Occupational Allocation. *European Sociological Review, 16* (1), 27-42.

Charles, M. & Bradley, K. (2009). Indulging Our Gendered Selves? Sex Segregation by Field of Study in 44 Countries. *American Journal of Sociology, 114* (4), 924-976.

Charles, M. & Grusky, D. B. (1995). Models for Describing the Underlying Structure of Sex Segregation. *The American Journal of Sociology, 100* (4), 931-971.

Charles, M. & Grusky, D. B. (2004). *Occupational Ghettos. The Worldwide Segregation of Women and Men.* Stanford, California: Stanford University Press.

Cohen, P. N. & Huffman, M. L. (2007). Working for the Woman? Female Managers and the Gender Wage Gap. *American Sociological Review, 72* (5), 681-704.

Cornelißen, W. (Hrsg.) (2005). *Gender Datenreport 1. Datenreport zur Gleichstellung von Frauen und Männern in der Bundesrepublik Deutschland.* München: DJI / BMFSFJ.

Duncan, O. D. & Duncan, B. (1955). A Methodological Analysis of Segregation Indexes. *American Sociological Review, 20* (2), 210-217.

England, P. (1982). The failure of human capital theory to explain occupational sex segregation. *The Journal of Human Resources, 17* (3), 358-370.

England, P. (1989). A Feminist Critique of Rational-Choice Theories: Implications for Sociology. *The American Sociologist, 20* (1), 14-28.

England, P. (1992). *Comparable Worth. Theories and Evidence.* New York: Aldine de Gruyter.

England, P. (2010). The Gender Revolution: Uneven and Stalled. *Gender and Society, 24* (2), 149-166.

England, P. et al. (1988). Explaining occupational sex segregation and wages: Findings from a model with fixed effects. *American Sociological Review, 53* (4), 544-558.

England, P. et al. (2000). The Devaluation of Women's Work: A Comment on Tam. *American Journal of Sociology, 105* (6), 1741-1751.

Esping-Andersen, G. (1990). *The Three Worlds of Welfare Capitalism.* Princeton, NJ: Princeton University Press.

EGGE (European Commission's Expert Group on Gender and Employment) (2009). *Gender Segregation in the Labour Market: Root Causes, Implications and Policy Responses in the EU.* Luxembourg: Publications Office of the European Union.

Europäische Kommission (2010). *Report on Equality between Women and Men 2010.* Luxembourg: Publications Office of the European Union.

Falk, S. (2002). Geschlechtsspezifische berufliche Segregation in Ostdeutschland zwischen Persistenz, Verdrängung und Angleichung. Ein Vergleich mit Westdeutschland für die Jahre 1991-2000. *Mitteilungen aus der Arbeitsmarkt- und Berufsforschung, 35* (1), 37-59.

Falk, S. (2005). *Geschlechtsspezifische Ungleichheit im Erwerbsverlauf. Analysen für den deutschen Arbeitsmarkt.* Wiesbaden: VS.

Faulstich-Wieland, H. (2008). Sozialisation und Geschlecht. In K. Hurrelmann et al. (Hrsg.), *Handbuch Sozialisationsforschung* (240-253). Weinheim: Beltz.

Filer, R. (1985). Male-Female Wage Differences: The Importance of Compensating Differentials. *Industrial and Labor Relations Review, 38*, 426-437.

Gibbs, J. P. (1965). Occupational Differentiation of Negroes and Whites in the United States. *Social Forces, 44* (2), 159-165.

Glass, J. (1990). The Impact of Occupational Segregation on Working Conditions. *Social Forces, 68* (3), 779-796.

Gottschall, K. (2000). *Soziale Ungleichheit und Geschlecht. Kontinuitäten und Brüche, Sackgassen und Erkenntnispotentiale im deutschen soziologischen Diskurs.* Opladen: Leske+ Budrich.

Gottschall, K. (2010). Arbeit, Beschäftigung und Arbeitsmarkt aus der Genderperspektive. In B. Fritz et al. (Hrsg.), *Handbuch Arbeitssoziologie* (671-698). Wiesbaden: VS.

Gross, E. (1968). Plus Ca Change...? The Sexual Structure of Occupations over Time. *Social Problems, 16* (2), 198-208.

Handl, J. (1984). Chancengleichheit und Segregation. Ein Vorschlag zur Messung von Chancengleichheit und ihrer zeitlichen Entwicklung. *Zeitschrift für Soziologie, 13* (4), 328-345.

Hartmann, J. & Schütz, G. (2002). *Die Klassifikation der Berufe und der Wirtschaftzweige im Sozio-oekonomischen Panel – Neuvercodung der Daten 1984-2001.* München: Infratest Sozialforschung.

Heintz, B. et al. (1997). *Ungleich unter Gleichen. Studien zur geschlechtsspezifischen Segregation des Arbeitsmarktes.* Frankfurt a. M.: Campus.

Hinz, T. & Schübel, T. (2001). Geschlechtersegregation in deutschen Betrieben. *Mitteilungen aus der Arbeitsmarkt- und Berufsforschung, 34* (3), 286-301.

Hradil, S. (1990). Postmoderne Sozialstruktur? Zur empirischen Relevanz einer „modernen" Theorie sozialen Wandels. In P. A. Berger & S. Hradil (Hrsg.), *Lebenslagen, Lebensläufe, Lebensstile* (125-150). Soziale Welt, Sonderband 7. Göttingen: Schwartz.

Hurrelmann, K. (Hrsg.) (1994). *International Handbook of Adolescence.* Westport: Greenwood Publishers.

Inglehart, R. (1997). *Modernization and Postmodernization: Cultural, Economic, and Political Change in 43 Societies.* Princeton, N.J.: Princeton University Press.

Jacobs, J. A. (1989). *Revolving Doors. Sex Segregation and Women's Careers.* Stanford, California: Stanford University Press.

Jacobs, J. A. (1999). The Sex Segregation of Occupations. Prospects for the 21st Century. In G. N. Powell (Hrsg.), *Handbook of Gender & Work* (125-141). London: Sage.

Jacobs, S. C. (1995). Changing Patterns of Sex Segregated Occupations throughout the Life-Course. *European Sociological Review, 11* (2), 157-171.

Kilbourne, B. et al. (1994). Returns to Skill, Compensating Differentials, and Gender Bias: Effects of Occupational Characteristics on the Wages of White Women and Men. *American Journal of Sociology, 100* (3), 689-719.

Krüger, H. (2003). Berufliche Bildung. Der deutsche Sonderweg und die Geschlechterfrage. *Berliner Journal für Soziologie, 13* (4), 497-510.

Krüger, H. (2004). Der Institutionenansatz in der Geschlechterforschung am Beispiel der beruflichen Bildung. In A. Paul-Kohlhoff (Hrsg.), *Berufsbildung und Geschlechterverhältnis. Band 12, Dokumentation der 13. Hochschultage Berufliche Bildung 2004* (17-33). Bielefeld: W. Bertelsmann.

Liebeskind, U. (2004). Arbeitsmarktsegregation und Einkommen. Vom Wert „weiblicher" Arbeit. *Kölner Zeitschrift für Soziologie und Sozialpsychologie, 56* (4), 630-652.

Mandel, H. & Semyonov, M. (2005). Family Policies, Wage Structures, and Gender Gaps: Sources of Earnings Inequality in 20 Countries. *American Sociological Review, 70* (6), 949-967.

Mandel, H. & Semyonov, M. (2006). A Welfare State Paradox: State Interventions and Women's Employment Opportunities in 22 Countries. *American Journal of Sociology, 111* (6), 1910-1949.

Mannheim, B. & Seger, T. (1993). Mother's Occupational Characteristics, Family Position, and Sex Role Orientation as Related to Adolescents' Work Values. *Youth & Society, 24* (3), 276-298.

Marini, M. M. & Brinton, M. C. (1984). Sex Typing in Occupational Socialization. In B. F. Reskin (Hrsg.), *Sex Segregation in the Workplace. Trends, Explanations, Remedies* (192-232). Washington, DC: National Academy Press.

Marini, M. M. et al. (1996). Gender and Job Values. *Sociology of Education, 69* (1), 49-65.

Mincer, J. (1962). On-the-Job-Training: Costs, Returns and some Implications. *Journal of Political Economy, 70* (5), 50-79.

Okamoto, D. & England, P. (1999). Is there a Supply-Side to Occupational Sex Segregation? *Sociological Perspectives, 42* (4), 557-582.

Ostner, I. (1978). *Beruf und Hausarbeit. Die Arbeit der Frau in unserer Gesellschaft.* Frankfurt a. M.: Campus.

Polachek, S. W. (1981). Occupational Self-Selection: A Human Capital Approach to Sex Differences in Occupational Structure. *The Review of Economics and Statistics, 63* (1), 60-69.

Pollmann-Schult, M. (2009). Geschlechterunterschiede in den Arbeitswerten. Eine Analyse für die alten Bundesländer 1980-2000. *Zeitschrift für ArbeitsmarktForschung, 42* (2), 140-154.

Ranftl, E. et al. (Hrsg.). (2002). *Gleicher Lohn für gleichwertige Arbeit: Praktische Beispiele diskriminierungsfreier analytischer Arbeitsbewertung.* München: Hampp.

Reskin, B. F. & Roos, P. A. (1990). *Job Queues, Gender Queues. Explaining Women's Inroad into Male Occupations.* Philadelphia: Temple University Press.

Ridgeway, C. L. (2001a). Interaktion und die Hartnäckigkeit der Geschlechter-Ungleichheit in der Arbeitswelt. In B. Heintz (Hrsg.), *Geschlechtersoziologie.* (250-275). Kölner Zeitschrift für Soziologie und Sozialpsychologie, Sonderheft 41. Opladen: Westdeutscher Verlag.

Ridgeway, C. L. (2001b). Social Status and Group Structure. In M. A. Hogg & S. Tindale (Hrsg.), *Blackwell Handbook of Social Psychology: Group Processes* (352-375). Oxford, UK: Blackwell.

Ridgeway, C. L. & Correll, S. J. (2004). Unpacking the Gender System. A Theoretical Perspective on Gender Beliefs and Social Relations. *Gender and Society, 18(4), 510-531.*

Ridgeway, C. L. (2011). *Framed by Gender: How Gender Inequality Persists in the Modern World.* Oxford: Oxford University Press.

Rosenfeld, R. A. (1992). Job Mobility and Career Processes. *Annual Review of Sociology, 18,* 39-61.

Rosenfeld, R. A. & Trappe, H. (2002). Occupational Sex Segregation in State Socialist and Market Economies: Levels, Patterns, and Change in East and West Germany, 1980s and 1998. *Research in Social Stratification and Mobility, 19,* 231-267.

Smyth, E. & Steinmetz, S. (2008). Field of Study and Gender Segregation in European Labour Markets. *International Journal of Comparative Sociology, 49* (4-5), 257-281.

Statistisches Bundesamt (1992). *Klassifizierung der Berufe – Systematisches und alphabetisches Verzeichnis der Berufsbenennungen. Ausgabe 1992.* Stuttgart: Metzler-Poeschel.

Statistisches Bundesamt (2008a). *Mikrozensus 2007. Qualitätsbericht.* Wiesbaden: Statistisches Bundesamt.

Statistisches Bundesamt (2008b). *Datenreport 2008: Ein Sozialbericht für die Bundesrepublik Deutschland.* Bonn: Bundeszentrale für politische Bildung.

Tam, T. (1997). Sex Segregation and Occupational Gender Inequality in the United States: Devaluation or Specialized Training? *The American Journal of Sociology, 102* (6), 1652-1692.

Taylor, C. J. (2010). Occupational Sex Composition and the Gendered Availability of Workplace Support. *Gender and Society, 24* (2), 189-212.

Tomaskovic-Devey, D. (1993). *Gender and Racial Inequality at Work: The Sources and Consequences of Job Segregation.* Ithaca, NY: ILR Press.

Trappe, H. (2006). Berufliche Segregation im Kontext. Über einige Folgen geschlechtstypischer Berufsentscheidungen in Ost- und Westdeutschland. *Kölner Zeitschrift für Soziologie und Sozialpsychologie, 58* (1), 50-78.

Trappe, H. & Rosenfeld, R. A. (2001). Geschlechtsspezifische Segregation in der DDR und der BRD. In B. Heintz (Hrsg.), *Geschlechtersoziologie* (152-181). Kölner Zeitschrift für Soziologie und Sozialpsychologie, Sonderheft 41. Opladen: Westdeutscher Verlag.

Trappe, H. & Rosenfeld, R. A. (2004). Occupational Sex Segregation and Family Formation in the Former East and West Germany. *Work and Occupations, 31* (2), 155-192.

West, C. & Zimmerman, D. H. (1987). Doing Gender. *Gender and Society, 1* (2), 125-151.

Wetterer, A. (1999). Ausschließende Einschließung – marginalisierende Integration: Geschlechterkonstruktionen in Professionalisierungsprozessen. In A. Neusel & A. Wetterer (Hrsg.), *Vielfältige Verschiedenheiten. Geschlechterverhältnisse in Studium, Hochschule und Beruf* (223-253). Frankfurt a. M.: Campus.

Willms-Herget, A. (1985). *Frauenarbeit: Zur Integration von Frauen in den Arbeitsmarkt.* Frankfurt a. M.: Campus.

Daniela Grunow

Aufteilung von Erwerbs-, Haus- und Familienarbeit in Partnerschaften im Beziehungsverlauf: der Einfluss von Sozialpolitik in Europa

1. Einleitung[1]

Die geschlechtsspezifische Arbeitsteilung in Partnerschaften ist ständigen Veränderungen unterworfen. Das gilt sowohl für die geschichtliche Entwicklung geschlechtsspezifischer Zuständigkeiten in Haushalten und Familien (Nave-Herz, 2004) als auch für Veränderungen im Beziehungsverlauf von Paaren (Krüger & Levy, 2001). Dieser Beitrag widmet sich den jüngeren Entwicklungen dieses Zusammenhangs anhand drei zentraler Bereiche der geschlechtsspezifischen Arbeitsteilung: (1) der Erwerbsarbeit, die bis ins letzte Jahrhundert hinein als Männerdomäne galt, sowie (2) der Hausarbeit und (3) der Familienarbeit (Sorge- und Pflegearbeit), die beide als Zuständigkeit von Frauen galten.

In den letzten 50 Jahren haben in Europa vor allem drastische Veränderungen in der geschlechtsspezifischen Organisation von Erwerbsarbeit stattgefunden. Diese Veränderungen haben wichtige Implikationen für andere Lebensbereiche, in denen Geschlechterarrangements eine Rolle spielen. Seit den 1960er Jahren haben sich etwa die Erwerbspartizipationsraten von Frauen in Europa nahezu verdoppelt. Dieser Trend geht in den meisten Ländern insbesondere auf den starken Anstieg berufstätiger verheirateter Frauen zurück. Entsprechend beobachten wir das Verschwinden des Ernährer-Hausfrau-Modells in Europa zugunsten von Beziehungsmodellen, in denen beide Partner erwerbstätig sind. Gerade in Anbetracht dieser tiefgreifenden Veränderungen in den Lebensverläufen von Frauen und Männern hat sich die geschlechtsspezifische Arbeitsteilung in den Bereichen Haus- und Familienarbeit in erstaunlich geringem Maße verändert (Davis & Greenstein, 2009; Bittman et al., 2003; Bonke et al., 2005). Dieser empirische Befund wird als zentrale Barriere für Geschlechtergleichheit in modernen Gesellschaften gesehen. „Die fortwährende

---

[1] Die Forschungsarbeiten zu diesem Beitrag wurden durch den Europäischen Forschungsrat im Kontext des siebten Rahmenprogramms der Europäischen Union gefördert (FP/2007-2013) / ERC Grant Agreement no. [263651].

Organisation des Familienlebens nach Geschlecht, speziell das Widerstreben von Männern, traditionell weiblich konnotierte Tätigkeiten zu übernehmen, [sei dabei] der größte Engpass auf dem Weg zur Gleichstellung von Männern und Frauen" (England, 2006, S. 258-259, eigene Übersetzung).

Männer und Frauen sind heute im Durchschnitt besser ausgebildet und gründen ihre Familien später im Lebensverlauf als frühere Kohorten. Junge Paare sind zu Beginn ihrer Beziehung häufiger gleichwertig beruflich qualifiziert, haben im Lebensverlauf weniger Kinder und wechseln im Laufe ihres Lebens häufiger zwischen unterschiedlichen Beziehungs-, Haushalts- und Familienformen. Entsprechend richten europäische Länder ihre sozialpolitischen Strategien in zunehmendem Maße auf das Kombinieren von Erwerbsarbeit und Familien-arbeit in den Lebensverläufen von Frauen und Männern. Diese politischen Veränderungen bedeuten im Zeitverlauf eine Neuorientierung von Politiken, die zunächst primär auf männliche Berufsbiografien zugeschnitten waren und den Bereich der Reproduktions- und Sorgearbeit in der alleinigen Verantwortung der Familien – und damit implizit der Frauen – sahen. Nachdem zum Beispiel Sorgezeiten im Berufsverlauf historisch betrachtet zunächst als gesundheits-politische Maßnahme für erwerbstätige Frauen galten (z. B. Mutterschutz), wurden diese seit Mitte der 1970er Jahre in immer mehr Ländern durch Eltern-zeitregelungen für Mütter und Väter ergänzt. Das erste Land, das geteilte Sorgearbeit politisch lancierte, war Schweden im Jahre 1976 (Johansson & Klinth, 2007). Zwanzig Jahre später verabschiedete die Europäische Union ihr Kommittent zur Förderung sorgender Väter (Artikel 6, Council of Ministers on child care; cp. Lamb, 2004, S. 131). Während diese neuen sozialpolitischen Strategien rhetorisch lange Zeit dem EU-Ideal einer zunehmenden Gleich-stellung von Frauen und Männern folgte, trat in den 2000er Jahren das Gleichstellungsziel hinter erwerbsarbeitszentrierte Vereinbarkeitsstrategien und die Individualisierung sozialer Risiken zurück (Lewis et al., 2008; Knijn & Smit, 2009). Die Folge sind vielfach nationale Politikpakete, die ambivalente Anreize für Paare setzen, Familie und Beruf nach „neuen" und „alten" Geschlechter-paradigmen zu organisieren. Die Implikationen dieser in manchen Ländern mehr in anderen Ländern weniger kohärenten strukturellen Rahmenbedingungen für den Prozess der geschlechtsspezifischen Arbeitsteilung im Beziehungsverlauf sind bisher kaum erforscht. Das betrifft vor allem die Wechselwirkungen, die zwischen dem Politischen und dem Privaten bestehen.

Ziel dieses Beitrags ist es, angesichts der hier skizzierten Entwicklungen, die Aufteilung von Erwerbs-, Haus- und Familienarbeit in Partnerschaften im Beziehungsverlauf im europäischen Vergleich darzustellen. Hierzu werden aktuelle empirische Analysen aus der vergleichenden Sozialpolitik mit empirischen Befunden zur geschlechtsspezifischen Arbeitsteilung systematisch verbunden. Die Kernthese dieses Beitrags ist, dass aktuelle Veränderungen und Beharrungstendenzen in den Geschlechterarrangements nur im Kontext politischer, struktureller und historisch-kultureller Rahmenbedingungen verstanden werden können.

2. Geschlechtsrollenwandel in Europa: Keine „stalled revolution" sondern zwei Schritte vor, eineinhalb zurück

Die Diagnose der „ausgesetzten Revolution" („stalled revolution", Hochschild & Machung, 1989) problematisiert die Langsamkeit des Geschlechtsrollenwandels in modernen Gesellschaften und führt diese auf die gesellschaftliche Reproduktion asymmetrischer Geschlechterverhältnisse in der Familie zurück. Auf der einen Seite wird die kontinuierliche Erwerbstätigkeit von Frauen in Europa immer mehr zur Norm, zur Basis ihrer eigenen sozialen Sicherung und zur finanziellen Absicherung ihrer Familien. Auf der anderen Seite sind Frauen am Arbeitsmarkt und sozialpolitisch gegenüber Männern benachteiligt, wenn sie zusätzlich zu ihrer Erwerbsrolle nach wie vor die überwiegende Verantwortung für Haus- und Familienarbeit tragen. Hinzu kommt, dass Frauen am Arbeitsmarkt nach wie vor schlechter bezahlt und zögerlicher befördert werden. Auch diese Benachteiligungen hängen mit der ihnen zugeschriebenen Doppelrolle als erwerbstätige Familienversorgerinnen zusammen.

Obwohl die Messung von Veränderungen bei der geschlechtsspezifischen Arbeitsteilung in den Bereichen Hausarbeit, Beziehungs- und Familienarbeit aufgrund der begrenzt verfügbaren historisch vergleichenden Daten schwierig ist, lassen sich in Europa einige grobe Entwicklungen darstellen (vgl. im Folgenden Hook, 2010; Sayer, 2010): Erstens hat sich der zeitliche Umfang, den Frauen mit unbezahlter Hausarbeit verbringen, seit Mitte der 1960er Jahre stark reduziert. Zweitens ist der zeitliche Umfang, den Männer mit unbezahlter Hausarbeit verbringen, geringfügig angestiegen. Drittens verwenden Männer weniger Zeit als Frauen für zeitlich inflexible Routinetätigkeiten wie z. B. Kochen oder Waschen. Das gilt vor allem für Länder, in denen es ausgedehnte Elternzeiten gibt. Viertens bestehen bei beiden Geschlechtern im internationalen Vergleich derart große Unterschiede im durchschnittlichen zeitlichen Umfang für unbezahlte Hausarbeit, dass die Veränderungen bei Männern über die Zeit teilweise marginal erscheinen. So verbrachten Männer in Ostdeutschland, Zeitverwendungsdaten zufolge, im Jahre 1965 ebensoviel Zeit mit Kochen wie Männer in Großbritannien im Jahre 2000. Allerdings gilt das nicht analog für den zeitlichen Umfang, den Frauen jeweils mit Kochen verbrachten, und somit auch nicht für den relativen Anteil der Männer an dieser Tätigkeit. Relativ zu den Frauen entsprechen diese Werte einem Anteil von 18% in Ostdeutschland 1965 und von 27% in Großbritannien 2000 (Hook, 2010, S. 1498-1499). Bei der Hausarbeit insgesamt findet man ähnliche Variationen, die zwischen einer Stunde pro Tag in Schweden im Jahre 2001 und zwei Stunden und 45 Minuten in Ostdeutschland im Jahre 1965 liegen. Lange Zeit übernahmen Männer, wenn sie Hausarbeit machten, zumeist bestimmte, sogenannte Nichtroutine-Tätigkeiten, wie Heimwerken, Reparaturen, Gartenarbeit, Autowäsche, Verhandlungen mit Behörden und das Ausfüllen der Steuererklärung. Routinetätigkeiten, wie das Kochen, Saubermachen und Wäsche waschen, wurden im Vergleich dazu viel seltener von Männern übernommen (Sayer, 2010). Diese Gewichtung bei der unbezahlten Arbeit von Männern hat sich im Zeitverlauf jedoch in vielen europäischen Ländern umgedreht: In Großbritannien, Frankreich und den Niederlanden verbrachten Männer zu Beginn des neuen Jahrtausends mehr Zeit mit Routinetätigkeiten (ca. 45 Minuten pro Tag) als mit Nichtroutinetätigkeiten (ca. 30-38 Minuten). In Schweden ist die Balance heute mit 35 und 36 Minuten pro Tag in etwa ausgeglichen. Dennoch leisten auch in diesen Ländern die Frauen nach wie vor den weitaus größeren Teil der Routinetätigkeiten.

Sayer (2010) zeigt, dass bei der Aufteilung von Erwerbs- und Hausarbeit sowohl innerhalb als auch zwischen wohlfahrtsstaatlichen Regimen, wie etwa Esping-Andersen (1990) sie unterscheidet, deutliche Diskrepanzen bestehen. In dieser Typologie zählen beispielsweise (West-) Deutschland, Frankreich und Österreich zu den konservativen Wohlfahrtsstaaten, die ein vergleichsweise hohes Maß an sozialer Sicherung propagieren und lange Zeit das Ernährermodell institutionell stützten. Großbritannien zählt zu den liberalen, marktorientierten Wohlfahrtsstaaten, in denen der Staat institutionell deutlich weniger in die Gestaltung innerfamilialer arbeitsteiliger Prozesse eingreift als das beim konservativen Modell der Fall ist. Norwegen, Dänemark und Schweden stehen für die sozialdemokratischen, egalitär eingestellten nordischen Länder Europas, in denen der Staat seit längerem explizit die egalitäre Arbeitsteilung von Frauen und Männern institutionell fördert. In der neueren Literatur werden zudem die osteuropäischen Transformationsländer gesondert betrachtet. Dabei zeichnet sich immer deutlicher ab, dass diese Länder kein einheitliches wohlfahrtsstaatliches Cluster bilden, sondern sich in den letzten beiden Jahrzehnten institutionell in sehr unterschiedliche Richtungen entwickelt haben. Auch die südlichen Länder Europas, wie Spanien, Italien und Portugal werden aufgrund ihrer nur rudimentären wohlfahrtsstaatlichen Strukturen und ihrer Betonung der Familie als Institution sozialer Sicherung als gesonderter Typus betrachtet. Bei aller berechtigter

Kritik an der Grundtypologie Esping-Andersens (z. B. Orloff, 1993; Sainsbury, 1999) zeigen die empirischen Arbeiten von Sayer (2010) und anderen, dass das Eingreifen der Wohlfahrtsstaaten unterschiedlichen Typus in die Arbeitsmarkt- und Familiengesetzgebung nach wie vor Unterschiede bei der geschlechts-spezifischen Arbeitsteilung produziert. Relative Unterschiede bei der Zeit-verwendung von Männern und Frauen für Erwerbs- und Hausarbeit entsprechen dabei den regime-spezifischen Clustern eher als absolute Zeitverwendungsmasse.

Aktuell variiert die Zeitverwendung für Hausarbeit – Routine- und Nicht-routinetätigkeiten zusammengenommen – zwischen den europäischen Ländern beinahe ebenso stark wie zwischen den Geschlechtern (Tabelle 1).[2] Frauen in Polen verwenden mit 27,3 Stunden pro Woche die meiste Zeit für Hausarbeit. Sie arbeiten doppelt so lange im Haushalt wie Frauen in Norwegen, die im Vergleich mit anderen Frauen in Europa am wenigsten Zeit für den Haushalt aufwenden. Vergleicht man die Mittelwerte für Frauen mit denen der Männer im gleichen Land, so fällt auf, dass die Mehrarbeitszeit von Frauen nicht etwa zu entsprechend geringeren Hausarbeitsstunden für Männer führt. Zwar verbringen Frauen in allen Ländern ausnahmslos sehr viel mehr Zeit mit Hausarbeit als Männer; jedoch verbringen Männer in Ländern, in denen Frauen viel Zeit für Hausarbeit aufwenden, selbst ebenfalls viel Zeit für Hausarbeit. Eine deutliche Ausnahme bildet Spanien, wo Frauen durchschnittlich mehr als das Dreifache der Männer an Zeit für Hausarbeit aufwenden. Dicht dahinter folgt die Schweiz. Die Schweiz und Spanien sind auch diejenigen europäischen Länder, in denen Männer am wenigsten Zeit für Hausarbeit aufwenden. Den höchsten Stunden-aufwand berichten Männer in Estland.

---

[2] Routine- und Nichtroutinetätigkeiten werden in den ESS Daten nur gemeinsam abgefragt. Konkret erläutert der Interviewer den Respondenten, dass Hausarbeit Dinge wie „Kochen, Abwaschen, Saubermachen, Wäschewaschen und -pflege, Einkaufen, Erhaltung von Haus und Grund, aber nicht Sorgearbeit für Kinder oder Freizeitaktivitäten" einschließt (European Social Survey, 2010, S. 76; eigene Übersetzung).

Tabelle 1: Durchschnittliche Zeitverwendung für Hausarbeit, Stunden/ Woche. 2011

	Frauen		Männer		Relation der
	Mittelwert	SD	Mittelwert	SD	Mittelwerte*
Polen	27,3	17,5	12,6	11,1	2,2
Ungarn	26,4	15,5	11,5	10,9	2,3
Slowenien	25,3	15,0	12,9	13,8	2,0
Bulgarien	23,9	11,1	10,5	8,5	2,3
Tschechische Rep.	22,8	14,7	10,3	8,9	2,2
Spanien	22,7	15,1	6,9	7,5	3,3
Estland	21,0	13,0	14,3	11,6	1,5
Belgien	20,4	12,7	8,7	8,6	2,3
Deutschland (West)	20,0	11,3	8,2	8,0	2,4
Portugal	19,5	12,0	6,1	7,1	3,2
Deutschland (gesamt)	19,3	11,4	8,7	8,1	2,2
Schweiz	18,6	10,4	6,9	6,0	2,7
Irland	18,2	15,5	7,6	7,5	2,4
Deutschland (Ost)	17,5	10,8	9,6	8,2	1,8
Niederlande	17,4	12,2	8,3	7,8	2,1
Frankreich	16,4	11,7	7,0	7,5	2,3
Großbritannien	15,7	11,4	8,1	8,0	1,9
Finnland	15,5	12,3	8,7	7,4	1,8
Schweden	15,5	9,2	9,8	6,6	1,6
Dänemark	14,6	8,3	7,9	6,8	1,8
Norwegen	13,8	7,7	7,3	5,6	1,9

Quelle: Eigene Berechnungen. Daten: ESS Daten, Runde 5 (2011).
* Frauen/ Männer.

Auch innerhalb von Paaren finden wir gegenwärtig eine deutlich ausgeprägte geschlechtsspezifische Arbeitsteilung bei der Hausarbeit (Abbildung 1). Der Mehrzeitaufwand von Frauen variiert dabei zwischen etwas mehr als sechs Stunden pro Woche in Schweden, Finnland, Dänemark und Norwegen, und einem Mehraufwand von über 14 Stunden pro Woche in Polen, Ungarn und Spanien. Die nordischen Länder des sozialdemokratischen wohlfahrtsstaatlichen Typs zeigen also die egalitärsten Arbeitsteilungsmuster bei Paaren.

Abb. 1: Durchschnittliche Geschlechterdifferenz der Zeitverwendung für Hausarbeit in Paaren, (Mehrzeitaufwand von Frauen) Stunden/ Woche, 2011

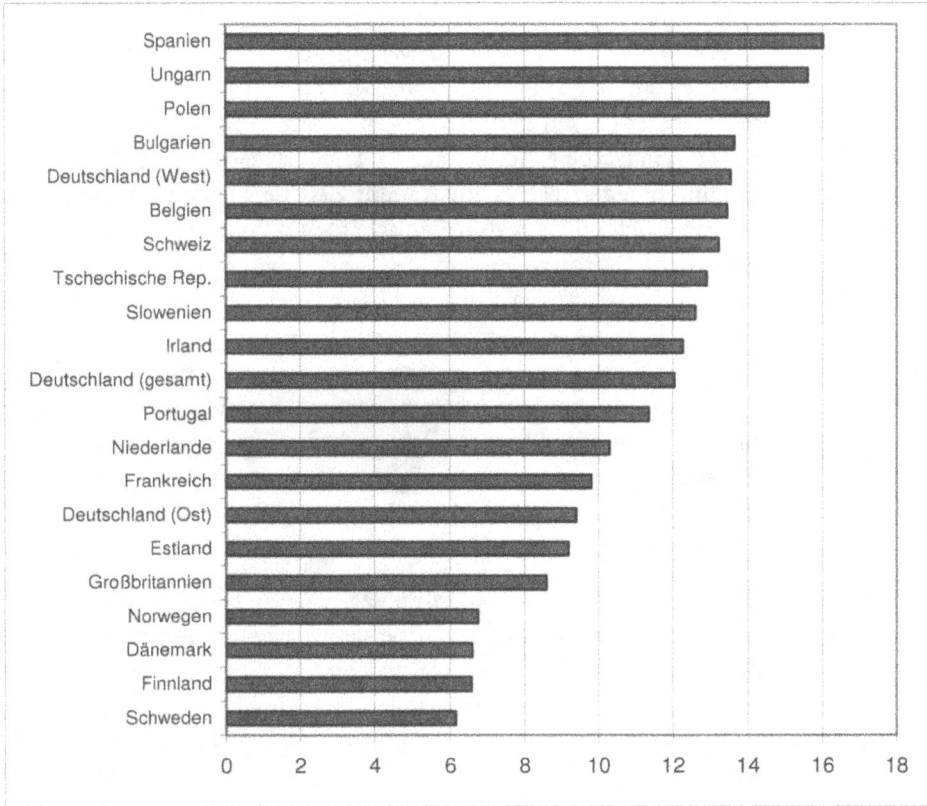

Quelle: Eigene Berechnungen. Daten: ESS Daten, Runde 5 (2011).

Bemerkenswert ist, dass Deutschland bezogen auf die Arbeitsteilung im Haushalt noch immer zweigeteilt ist. Paare, die in den neuen Bundesländern wohnen, gehören im europäischen Vergleich zum egalitärsten Drittel der Länder, während Paare, die in Westdeutschland leben, zum traditionellsten Drittel gehören. Diese Ergebnisse reflektieren die grundlegenden Unterschiede in der Geschichte der geschlechtsspezifischen Arbeitsteilung im geteilten Deutschland vor der Wiedervereinigung (Künzler et al., 2001).[3] Die Ergebnisse für Deutschland illustrieren, dass die historische Entwicklung zum Verständnis der geschlechtsspezifischen Arbeitsteilung im Haushalt unbedingt berücksichtigt werden muss. Sayers Zeittrendanalysen deuten an, dass es zumindest in einigen Ländern (darunter Großbritannien, die Niederlande und Norwegen) seit Mitte der 1980er Jahre nicht zu einer weiteren Annäherung von Männern und Frauen bei der Hausarbeit gekommen ist (Sayer, 2010). Obwohl Paare Abbildung 1 zufolge in diesen Ländern die Hausarbeit heutzutage vergleichsweise egalitär aufteilen, wenden Frauen dennoch jeden Tag deutlich mehr Zeit für Hausarbeit auf als ihre Partner. Neuere Untersuchungen weisen jedoch darauf hin, dass die Diagnose eines ausgesetzten Geschlechtsrollenwandels, wie etwa England (2006) sie formulierte, zu pessimistisch ausfällt. Die augenscheinliche Starre geschlechts-spezifischer arbeitsteiliger Arrangements im Aggregat scheint empirisch zumindest teilweise der Vermischung von Kohorten- und Lebensphaseneffekten geschuldet. Erstens sind ältere Generationen generell deutlich weniger egalitär eingestellt als jüngere (Lück, 2009) und teilen auch die Hausarbeit traditioneller (Hank & Jürges, 2007). Zweitens teilen jüngere Kohorten die Erwerbs- und Hausarbeit zumindest in frühen Phasen einer Partnerschaft deutlich egalitärer auf als in späteren Phasen. Männer widerstreben der Hausarbeit also nicht per se.

Diese neuen Muster der Arbeitsteilung in jungen Paaren traditionalisieren sich jedoch im Beziehungsverlauf stark. So teilen beispielsweise verheiratete Paare im Durchschnitt ihre Arbeit traditioneller auf als nichtverheiratete Paare (Sayer, 2010). Die Heirat selbst hat allerdings keinen unabhängigen Einfluss auf die Hausarbeitsteilung, sondern der Effekt wird vermittelt über das Alter, die Bildung und den Erwerbsstatus der Partner (Künzler et al., 2001; Steinbach, 2004). Jungverheirate Paare praktizieren eine egalitärere Arbeitsteilung als lang verheiratete Paare. Einer deutschen Längsschnittstudie zufolge erledigen 43,6% jungverheirateter Paare die Hausarbeit zu gleichen Teilen (Grunow et al., 2007). Betrachtet man dieselben Paare nach 14 Ehejahren sind nur noch 13,7% übrig, die eine egalitäre Aufteilung der Hausarbeit praktizieren. Männer ziehen sich also im Beziehungsverlauf aus Haushaltstätigkeiten zurück.

Die Traditionalisierungstendenzen bei der Hausarbeit spiegeln sich ebenfalls auf dem Arbeitsmarkt und in den Einkommensverhältnissen von Paaren wider. Verheiratete Männer verbringen mehr Zeit in Erwerbsarbeit und verdienen – insgesamt und pro Stunde – mehr Geld als Unverheiratete („Marriage premium",

---

[3] Im Folgenden weisen wir, wenn die Daten es erlauben, die Statistiken sowohl für Gesamt-deutschland als auch getrennt nach neuen und alten Bundesländern aus.

z. B. Pollmann-Schult, 2010). Verheiratete Frauen verdienen im Durchschnitt weniger als Ledige. Dieser Effekt ist in Abhängigkeit des institutionellen Kontexts unterschiedlich stark (Sainsbury, 1999). Zum Beispiel bieten Steuersysteme, die wie in Deutschland ein Ehegatten- oder ein Familiensplitting vorsehen, Anreize für Einkommensungleichgewichte in Paaren. Da nach wie vor viele Frauen in Europa weniger verdienen als ihre Partner, resultieren Ehegatten- bzw. Familiensplitting darin, dass Frauen in größerer Zahl nach der Heirat ihren Erwerbsumfang reduzieren und flexiblere, in der Regel schlechter bezahlte Jobs annehmen. Die Verfügbarkeit von Teilzeitarbeitsplätzen unterscheidet sich im europäischen Vergleich jedoch deutlich (Abbildung 2).

Während etwa Länder wie die Niederlande Arbeitnehmerinnen und Arbeitnehmern das Recht auf Teilzeitarbeit gesetzlich garantieren, sind Teilzeitjobs in den osteuropäischen Ländern eine absolute Ausnahme. Den höchsten Anteil Teilzeit arbeitender Frauen finden wir in den Niederlanden (60%). Die Schweiz, derzeit das Land mit der zweithöchsten Teilzeitrate bei den Frauen, folgt mit einigem Abstand dahinter (46%). In den Transformationsländern Ungarn, der Slowakischen Republik und Bulgarien überschreitet der Anteil Teilzeit arbeitender Frauen nicht einmal die Fünf-Prozent-Marke. Besonders deutlich wird auch, dass Teilzeitarbeit ganz überwiegend eine Form der Erwerbstätigkeit von Frauen ist. Im europäischen Durchschnitt arbeiten 24% der Frauen aber nur 8% der Männer Teilzeit. Selbst in den Niederlanden, dem Land mit dem europaweit höchsten Anteil an teilzeitbeschäftigten Männern, liegt der Anteil bei lediglich 17%.

Abb. 2: Anteil erwerbstätiger Frauen und Männer in Teilzeitarbeit, 2009

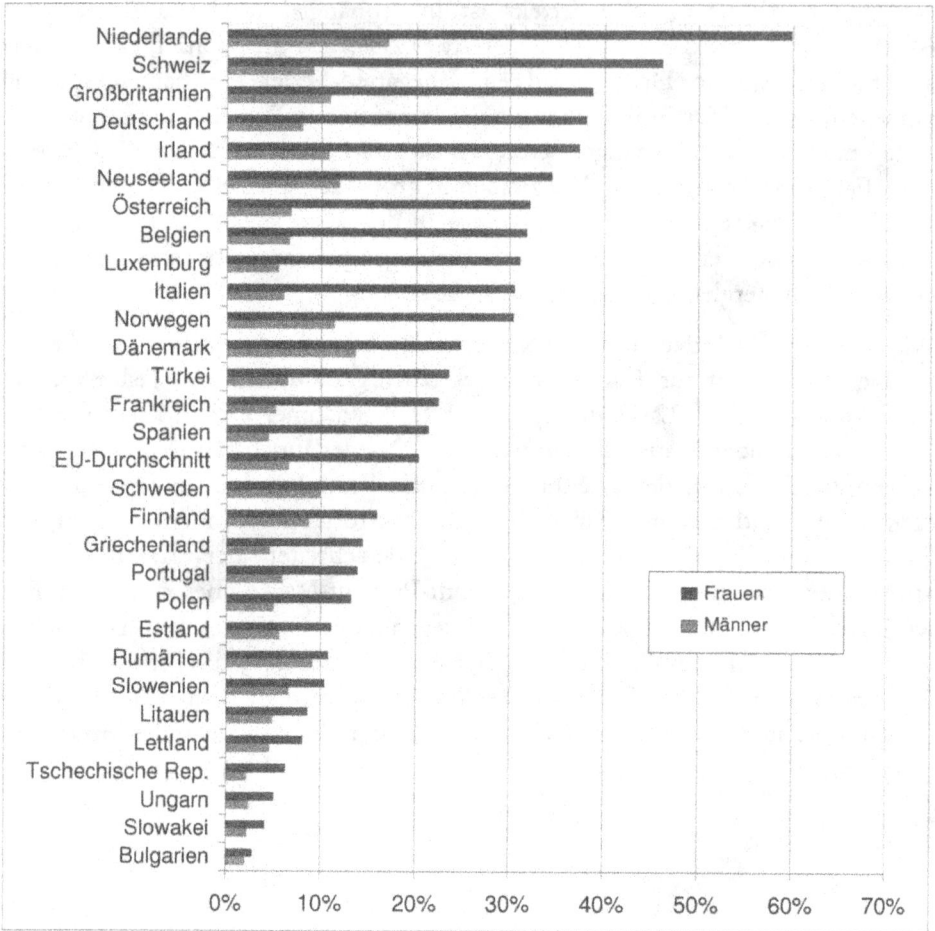

Quelle: OECD (2011), OECD Family Database, Paris. Daten: The European Labour Force Survey, 2010. Anteil erwerbstätiger Frauen und Männer die 30 Stunden oder weniger in ihrem Hauptberuf arbeiten.

Die Ausbreitung von Teilzeitarbeit unter Frauen in Europa wird als „universelle Modifikation der geschlechtsspezifischen Arbeitsteilung" verstanden (O'Reilly & Fagan, 1998, S. 1) – eine Entwicklung, von der Männer kaum berührt zu sein scheinen. Diese Betrachtung macht deutlich, dass Teilzeitarbeit für Frauen als Instrument gesehen wird, um im Beziehungsverlauf Erwerbsarbeit mit Sorgearbeit zu kombinieren. Entsprechend ist Teilzeitarbeit in Europa vor allem unter verheirateten Frauen mit Kindern verbreitet (Blossfeld & Drobnič, 2001), also in Familien mit erheblichem Sorgearbeitsumfang. Das heißt, dass Frauen vor allem dann von einem Vollzeit- in ein Teilzeitarbeitsverhältnis wechseln, wenn sie das erste Kind bekommen. Obwohl Sorgearbeit nicht allein auf die Pflege von Kindern beschränkt ist, ist die Sorge für das eigene Kind heutzutage häufig der erste Moment im Lebenslauf von Paaren, in dem die Norm und Praxis, dass beide Partner Vollzeitverdiener sind, aus Zeitgründen in Frage steht.[4] Dieser Befund wird auch von der aktuellen Arbeitsteilungsforschung bestätigt: Neuere Untersuchungen aus Deutschland, Großbritannien und der Schweiz zeigen übereinstimmend, dass die Geburt des ersten Kindes der Moment im Beziehungsverlauf ist, in dem die Neigung von Paaren besonders groß ist, von egalitären zu traditionellen Arbeitsteilungsarrangements bei der Erwerbs- und Hausarbeit zu wechseln (Elcheroth et al., 2011; Grunow et al., 2007, 2012; Kühhirt, 2012; Schober, 2011).

In der Zusammenfassung der bislang diskutierten empirischen Ergebnisse zeigt sich erstens, dass das Ausmaß der geschlechtsspezifischen Aufteilung von Erwerbs- und Hausarbeit in Europa extrem variiert. Die im Durchschnitt egalitärsten Geschlechterarrangements finden wir in den skandinavischen Ländern und in einigen der Transformationsländer. Die traditionellsten Arrangements finden wir in Westdeutschland, der Schweiz und den mediterranen Staaten, die in der Typologie wohlfahrtsstaatlicher Regime auch dem konservativen bzw. familialistischen Regime zugeordnet werden. Zweitens zeigt der aktuelle Stand der Forschung, dass das Gesamtbild eines nur geringfügig veränderten Verhaltens von Männern bei der Hausarbeit darauf zurückzuführen ist, dass ältere Kohorten ihre Arbeit derzeit seltener egalitärer aufteilen als jüngere, und dass anfänglich geschlechteregalitäre Formen der Aufteilung von Erwerbs- und Hausarbeit im Beziehungsverlauf zugunsten geschlechterdivergenter Arbeitsformen aufgegeben werden. Junge Paare gehen sozusagen bezogen auf die Realisierung egalitärer Geschlechterideale zunächst zwei Schritte vor und im Beziehungsverlauf eineinhalb Schritte wieder zurück. Dieser Befund impliziert, dass Männer – entgegen Englands (2006) These – prinzipiell sehr wohl dazu bereit und in der Lage sind, traditionell weiblich konnotierte Tätigkeiten auszuführen. Viele von ihnen hören jedoch im Beziehungsverlauf damit auf, diese Haushaltstätigkeiten zu verrichten. Woher rühren diese Traditionalisierungstendenzen?

---

[4] Die Notwendigkeit der Sorge für ältere Angehörige, speziell die Eltern oder den Partner, tritt im Durchschnitt erst später in den Lebens- und Beziehungsverläufen ein. Der Bedarf nach formeller und informeller Pflege erhöht sich vor allem für Menschen über 70 (Bolin et al., 2008). Entsprechend sind deren Sorgearbeit leistende Kinder und Schwiegersöhne/-töchter im Durchschnitt weit über das durchschnittliche Erstgeburtsalter hinaus.

3. Traditionalisierungsfaktoren und der Übergang zur Elternschaft

Grunow und Baur (2013) zeigen, dass individuelle Einstellungen zur männlichen Reproduktionsarbeit eine wichtige Rolle für die Beteiligung von Männern an der Hausarbeit spielen. Im europäischen Vergleich deutet sich an, dass Paare im Beziehungsverlauf ihre individuellen Einstellungen den gesamtgesellschaftlichen Rahmenbedingungen anpassen und entsprechend vor allem in Wohlfahrtsstaaten, die Paaren wenig Unterstützung für Sorgearbeit zuteil werden lassen, langfristig traditioneller werden (Bühlmann et al., 2010). Ferner nutzen Männer Gelegenheitsstrukturen, wie die Anwesenheit anderer Haushaltsmitglieder (speziell Frauen) dazu, sich aus der Hausarbeit zurückzuziehen (Grunow & Baur, 2013). Längsschnittuntersuchungen zeigen, dass dabei geschlechtsspezifische Ressourcenverhältnisse keinen nennenswerten Einfluss haben (Grunow et al., 2007, 2012; Kühhirt, 2012; Schober, 2013). Stattdessen sind es einschneidende Familienereignisse, wie die Geburt eines Kindes, die zu einer veränderten Arbeitsteilung in Paaren führen. Dieses Muster gilt sowohl für den Bereich der Sorge- und Hausarbeit als auch für den Bereich der Erwerbsarbeit.

Die Geburt eines Kindes stellt gegenwärtig eine wichtige Zäsur in der geschlechtsspezifischen Erwerbs- und Hausarbeitsbalance von Paaren in Europa dar (Bühlmann et al., 2010). Das hängt damit zusammen, dass Paare in dieser Situation erstmals mit einem erheblichen Maß an Sorgearbeit konfrontiert werden. Längsschnittuntersuchungen für Deutschland, Dänemark und Schweden zeigen, dass sich nach wie vor, vor allem Frauen bei der Geburt eines Kindes zumindest temporär aus dem Arbeitsmarkt zurückziehen und dass sich dieser Effekt trotz steigender Bildung und Erwerbsbeteiligung der jüngeren Kohorten nicht verringert hat (Grunow, 2006; Grunow et al., 2011). Dieses Muster variiert jedoch aufgrund der höchst unterschiedlichen Elternzeit- und Elterngeldpolitiken deutlich zwischen den europäischen Ländern (Abbildung 3).

Abb. 3: Anteil erwerbstätiger Frauen und Männer in Elternzeit mit Kind unter einem Jahr, 2006

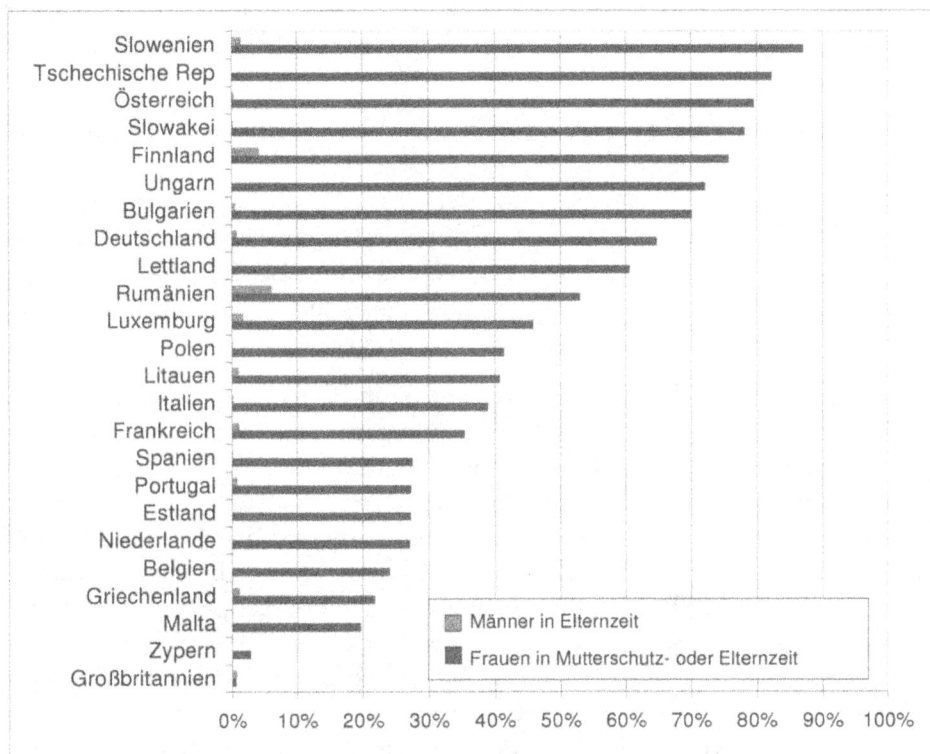

Quelle: OECD (2011), OECD Family Database, Paris.
Daten: The European Labour Force Survey, 2006.

Slowenien hat mit 87% den höchsten Anteil erwerbstätiger Mütter mit Kindern unter einem Jahr in Mutterschutz- oder Elternzeit, Großbritannien mit unter einem Prozent den geringsten. In Schweden (nicht abgebildet) liegt aktuellen Untersuchungen zufolge die Inanspruchnahme von erwerbstätigen Müttern im ersten Jahr sogar bei über 90% (Grunow et al., 2011).

Die Inanspruchnahme gesetzlich garantierter Sorgezeiten durch erwerbstätige Väter ist in Europa fast durchweg verschwindend gering (Abbildung 3). Die höchsten Anteile finden wir in Finnland, Luxemburg, Slowenien und Frankreich. Diese Länder geben Vätern familienpolitischen Anspruch auf bezahlte Väter-monate (OECD, 2011). Ergänzend zu den in Abbildung 3 dargestellten Werten ist anzumerken, dass in Deutschland nach Einführung der sogenannten Väter-monate im Jahre 2007 ein sprunghafter Anstieg von Vätern in Elternzeit zu verzeichnen ist. So bezogen im ersten Quartal des Jahres 2010 24% der Väter eines neugeborenen Kindes Elterngeld (Statistisches Bundesamt, 2011). Die durchschnittliche Dauer der Inanspruchnahme lag bei 3,4 Monaten. Eine ähnliche Entwicklung hat auch in Schweden nach Einführung des Vatermonats 1995 stattgefunden.

Im Jahre 2004 nahmen 43% der schwedischen Väter Elternzeit in Anspruch; die durchschnittliche Dauer betrug 31 Tage (Duvander & Andersson, 2006). Trotz dieser Entwicklungen ist deutlich, dass der Übergang zur Elternschaft deutliche geschlechtsspezifische Effekte auf Erwerbsunterbrechungsmuster hat. Die nationalen Unterschiede zwischen den europäischen Ländern hängen zudem deutlich mit Kriterien der Anspruchsberechtigung, der Dauer und der finanziellen Kompensationsraten gesetzlicher Sorgezeiten zusammen.

In ihrer europäischen Studie zur Arbeitsteilung in Paaren bezeichnen Elcheroth, Bühlmann und Tettamanti (2011) den Übergang zur Elternschaft als „biografischen Bruch" („moment de rupture biographique", ebd., S. 17), der mit Spannungen zwischen vorherrschenden egalitären Werten und tatsächlichen Praktiken einhergeht. Ähnlich argumentieren Grunow, Schulz und Blossfeld (2007), dass Paare durch die Geburt eines Kindes eine Verschiebung des für sie geltenden normativen Bezugsrahmens erfahren: weg von der „Zweiverdiener mit geteilter Haushaltsführungs"-Norm hin zur Norm der „sorgenden Mutter mit Familienernährer". Diese Verschiebung hin zu einer traditionelleren, geschlechterdivergenten Ernährer- und Haushaltsführungsnorm resultiert aus der abrupten, zeitweiligen Übernahme der Vollzeit-Mutter-Rolle. Besonders wenn Frauen ihre Erwerbstätigkeit durch lange Phasen in Elternzeit unterbrechen, führt dies zur Verstärkung der männlichen Ernährerrolle. Letztere resultiert aus dem zusätzlichen Einkommensbedarf junger Familien, speziell wenn die Inanspruchnahme von Sorgezeiten (wie Elternzeit) mit Einkommensverlusten einhergeht, die der erwerbstätige Partner zu kompensieren sucht. Wichtig ist hierbei, zu betonen, dass empirischen Längsschnittuntersuchungen zufolge selbst Paare, in denen zum Zeitpunkt der Schwangerschaft die Frauen mehr verdienen als ihre Männer, zu einer traditionellen Aufteilung der Sorgearbeit neigen – und als Konsequenz daraus auch zu einer traditionellen Aufteilung von Haus- und Erwerbsarbeit. Verschiebungen in der Einkommensbalance von Paaren resultieren also aus der Entscheidung darüber, die Sorgearbeit traditionell aufzuteilen, und nicht umgekehrt.

Abb. 4: Anteil Frauen in Partnerschaften, deren Beitrag zum Haushaltseinkommen etwa 50 Prozent oder mehr beträgt, 2011

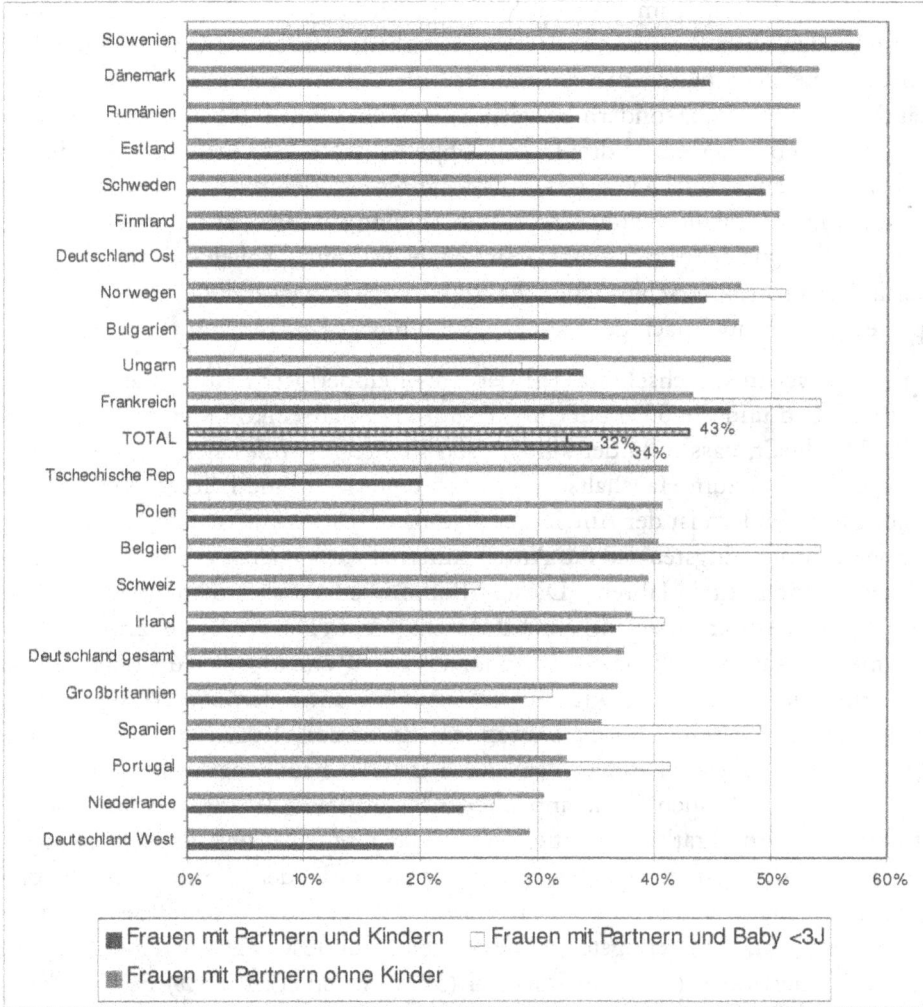

Quelle: Eigene Berechnungen. Daten: ESS Daten, Runde 5 (2011). Frauen (Beitrag zum Haushaltseinkommen 50% oder mehr): n = 4413; Frauen (Beitrag zum Haushaltseinkommen weniger als 50%): n = 7066; Frauen ohne Kinder im Haushalt n = 5350; Frauen mit Kind unter drei Jahren im Haushalt n = 927; Frauen mit Kindern im Haushalt (ohne Altersbeschränkung), n = 6129.

Einen Eindruck von der Veränderung der geschlechtsspezifischen Einkommensbalance in Paaren im Beziehungsverlauf vermittelt Abbildung 4. Dargestellt ist jeweils unter allen Frauen, die mit einem Partner zusammen leben, der Anteil derer, deren Beitrag zum Haushaltseinkommen etwa 50% oder mehr beträgt.[5] Diese Frauen werden im Folgenden als „Familienernährerinnen" bezeichnet. Die Anteilswerte der „Familienernährerinnen" werden nicht nur differenziert nach Ländern ausgewiesen, sondern es werden auch die Frauen, die mit einem Partner zusammen leben, jeweils in drei Untergruppen aufgeteilt: Frauen ohne Kinder im Haushalt, Frauen mit Kind unter drei Jahren im Haushalt und Frauen mit Kindern im Haushalt (ohne Altersbeschränkung). Trotz der Limitationen, die durch die Querschnittsdatenstruktur gegeben sind, sollen diese Gruppen zumindest grob unterschiedliche Phasen in Beziehungsverläufen nachzeichnen; speziell jene vor und nach der Familiengründung (vgl. Bühlmann et al., 2010).

Im europäischen Durchschnitt liegt der Anteil kinderloser Frauen, die mit einem Partner leben und die 50% oder mehr zum Haushaltseinkommen beitragen, bei 43%. Das heißt, dass 57% der kinderlosen Frauen, die mit einem Partner leben, weniger als 50% zum Haushaltseinkommen beitragen. Innerhalb der Gruppe der Frauen mit Kindern ist der Anteil der „Familienernährerinnen" mit 34% deutlich geringer. Am geringsten ist ihr Anteil innerhalb der Gruppe von Frauen mit Kindern unter drei Jahren. Dieser Befund entspricht dem theoretischen Argument, dass der Übergang zur Elternschaft mit einer Verschiebung der Einkommensbalancen in Richtung Traditionalisierung einhergeht. Am höchsten ist der Anteil der „Familienernährerinnen" mit 57% unter den kinderlosen Frauen in Slowenien. Dahinter folgen Dänemark, Rumänien, Estland, Schweden und Finnland. In all diesen Ländern liegt der Anteil der Familienernährerinnen unter den kinderlosen Frauen bei knapp über 50%. Auffällig ist, dass es sich hierbei um die sozialdemokratisch orientierten skandinavischen Wohlfahrtsstaaten sowie um einige der osteuropäischen Transformationsländer handelt. In beiden Clustern ist die Erwerbstätigkeit von Frauen seit vergleichsweise langer Zeit eine politische Norm. Am geringsten ist der Anteil kinderloser Familienernährerinnen in den Niederlanden (31%), in Portugal (32%), in Spanien (35%) und in Westdeutschland (29%).

---

[5] Die Frage im ESS Fragebogen lautet „Around how large a proportion of the household income do you provide yourself? Please use this card." Die Antwortkategorien lauten „None", „Very small", „Under a half", „About half", „Over a half", „Very large", „All", (Refused) und (Don't know) (European Social Survey, 2010, S. 48). Aus diesen Antworten wurden die Kategorien „About half", „Over a half", „Very large" und „All" zusammengefasst, um die „Familienernährerinnen" zu identifizieren.

In den meisten europäischen Ländern verringert sich der Anteil der Familienernährerinnen in der Gruppe von Frauen mit Kleinkindern unter drei Jahren im Vergleich zu der Gruppe der Kinderlosen drastisch. Diese Verschiebung entspricht der These des „biografischen Bruchs" (Elcheroth et al., 2011) beim Übergang zur Elternschaft; zumindest wenn davon ausgegangen werden kann, dass die Vergleichsgruppen unterschiedliche Beziehungsstadien durchlaufen und wiederspiegeln. Einen umgekehrten Trend sehen wir allerdings in Norwegen, Frankreich, Belgien, Irland, Spanien und Portugal. Da in dieser eng definierten Gruppe landesspezifische Fallzahlen um n=50 vorkommen, könnten die Gründe für dieses abweichende Muster entweder substantiell oder zufällig sein.[6] Erhellend ist in diesen sechs Ländern deshalb der Vergleich der kinderlosen Frauen mit der größeren Gruppe von Müttern allgemein (Frauen mit Kindern im Haushalt). Hier ist der Anteil der „Familienernährerinnen" bei den Müttern im Vergleich zu den Kinderlosen nur in Frankreich leicht erhöht. In den anderen Ländern ist der Anteil gleich (Belgien und Portugal) oder geringer (Norwegen, Irland und Spanien).

Im europäischen Durchschnitt ist in der Gruppe der Frauen mit Kindern im Haushalt der Anteil der Familienernährerinnen gegenüber den Müttern mit Kindern unter drei Jahren nur leicht erhöht. Auffällig sind aber die großen landesspezifischen Unterschiede. Betrachten wir die Gruppe von Frauen mit Kindern im Haushalt als diejenige Gruppe, die im Familienzyklus durchschnittlich am weitesten fortgeschritten ist, so sehen wir, dass der Anteil der „Familienernährerinnen" in manchen Ländern in späteren Familienphasen das gleiche Niveau erreicht wie bei den Kinderlosen. Das ist z. B. in Slowenien, Schweden, Belgien und Portugal der Fall. In anderen Ländern bleibt ein deutlicher Unterschied zwischen den Gruppen bestehen, so zum Beispiel in Deutschland, der Tschechischen Republik und den Niederlanden. Insgesamt bestätigen diese Befunde – bei aller Vorsicht, die aufgrund der Querschnittsdatenstruktur und der Fallzahlen in der Gruppe mit Kind unter drei Jahren geboten ist, – also andere aktuelle Untersuchungen, die schlussfolgern, dass zwischen den europäischen Ländern große Unterschiede bezüglich des Ausmaßes der Traditionalisierung im Familienbildungsprozess und im weiteren Beziehungsverlauf bestehen (Bühlmann et al., 2010; Elcheroth et al., 2011).

---

[6] In den beiden anderen Vergleichsgruppen liegen die landesspezifischen Fallzahlen weitaus höher.

4. Stärke und Umkehrbarkeit traditioneller Arrangements im weiteren Beziehungsverlauf

Besonders bedeutsam für die Frage nach der Stärke und Umkehrbarkeit traditioneller Beziehungsarrangements sind aktuelle Befunde zu elternschafts- bedingten Lohneinbußen („motherhood-wage-penalty" bzw. „fatherhood premium"). Denn hier zeigen sich die Gründe für mittel- und langfristige Verschiebungen in den Einkommen von Paaren. Gash (2009) zeigt zum Beispiel, dass die „motherhood penalty" in Ländern mit generösen Unterstützungs- leistungen für erwerbstätige Mütter, z. B. die flächendeckende staatliche Versorgung mit qualitativ guten und günstigen Kinderbetreuungseinrichtungen, deutlich geringer ausfällt als in Ländern mit konservativen oder liberalen Politiken, wo die Kinderbetreuung weitgehend dem Markt oder den Familien selbst überlassen wird.

Väter verdienen im Durchschnitt mehr Geld als kinderlose Männer (z. B. Petersen et al., 2007) und auch hier gibt es Anzeichen für länderspezifische Vari- ationen im Vorkommen und im Ausmaß des Vaterschaftsbonus (Boeckmann, 2008). Für Mütter kommt es, Berechnungen auf Basis der Luxemburg Income Study zufolge, über alle untersuchten Länder hinweg zu mindestens 5% Einkommensverlust pro Kind.[7] Eine Ausnahme bilden Finnland, Ungarn, Irland und Schweden, wo sich keine signifikanten Einkommenseinbußen finden lassen (Misra et al., 2011). Speziell öffentlich geförderte Kinderbetreuung für Kinder von null bis zwei Jahren und die staatliche Unterstützung von Sorgezeiten für Väter sind mit signifikant niedrigeren Lohnsanktionen für Mütter verknüpft (Misra et al., 2011). Die Dauer von Elternzeiten für Mütter hat demgegenüber einen U-förmigen Effekt: kurze und sehr lange Unterbrechungen verstärken die Lohneinbußen. Damit begünstigen sowohl besonders lange als auch besonders kurze gesetzliche Sorgezeiten eine langfristige Traditionalisierung im weiteren Beziehungsverlauf.

Übereinstimmend mit dieser Überlegung zeigen Bühlmann et al. (2010) in ihrer Analyse von Erwerbs- und Hausarbeitsmustern in Europa, dass sich Elternpaare in liberalen Regimen (Großbritannien, Irland und Schweiz), die jungen Eltern wenig wohlfahrtsstaatliche Unterstützung zukommen lassen, langfristig in nicht- egalitären Arbeitsteilungsarrangements einrichten. In sozialdemokratischen Regimes hingegen (Dänemark, Finnland, Norwegen und Schweden) ist der

---

[7] Diese Berechnungen beziehen sich auf 21 Länder in Ost- und Westeuropa, Nordamerika sowie Israel und Australien (Misra et al., 2011).

Schub in Richtung Traditionalisierung deutlich geringer und auch reversibel. Die postkommunistischen und konservativen Wohlfahrtsstaaten weisen diesen Analysen zufolge mehr Heterogenität in den biographischen Übergängen von Eltern im weiteren Beziehungsverlauf auf (Bühlmann et al., 2010).

Die Heterogenität bezüglich der Umkehrbarkeit traditioneller Erwerbs- und Hausarbeitsmuster in den Transformationsländern spiegelt sich auch bei der Zeitverwendung für Familienarbeit wieder (Abbildung 5). Der Begriff Familienarbeit umfasst hier die persönliche Pflege von Kindern (Sorge) und Erwachsenen (Pflege), aber auch die Beaufsichtigung sowie Tätigkeiten, wie Vorlesen, Gespräche und Fahrdienste.

Innerhalb der 15 dargestellten Länder, für die sich vergleichbare Zeitverwendungsdaten für Familienarbeit finden lassen, rangiert Slowenien unter den vier Ländern mit dem größten prozentualen Sorgeaufwand für Frauen mit zwei oder mehr Vorschulkindern im Haushalt: Slowenische Frauen mit zwei oder mehr Kindern im Vorschulalter verbringen knapp 20% eines 24-Stundentages mit Sorgearbeit. Im Gegensatz dazu sind dies in Lettland lediglich 11%. Den prozentual größten Anteil an Sorgearbeit in dieser Kategorie leisten jedoch Britinnen, Deutsche und Finninnen mit über 20% pro Tag. Auch innerhalb der Gruppe von Frauen mit einem Kind im Vorschulalter führen Britinnen (mit 16%) und Deutsche (mit 14%) bezüglich ihres Zeitaufwands für Kinderbetreuung und -versorgung. Männer verwenden einen deutlich geringeren Teil ihrer Zeit für diese Tätigkeiten. Für diejenigen Männer mit Kindern im Vorschulalter liegt der Anteil zwischen 3% pro Tag in Lettland und 9% in Schweden.

Geschlechterunterschiede im relativen Zeitaufwand für Familienarbeit finden sich auch bei kinderlosen Paaren, obwohl Haushalte mit Kindern Tabelle 5 zufolge den deutlich größeren Sorgeaufwand haben. In der Gruppe Kinderloser sind Betreuungszeiten für pflegebedürftige Erwachsene als Anteil der täglichen Zeitverwendung erfasst. Männer in Belgien (0,6%), Spanien (0,7%) und Italien (0,8%) verbringen den geringsten Teil ihrer Zeit mit der Versorgung und Pflege anderer erwachsener Personen. In Belgien verbringen auch kinderlose Frauen relativ wenig Zeit mit Familienarbeit (1,2%). Der Anteil ist am höchsten für Frauen in Großbritannien (mit 3,1%). Ähnlich wie bei der Hausarbeit zeigt sich, dass ein hoher Zeitaufwand für Frauen nicht unbedingt eine Entlastung der Männer bedeutet, sondern dass diese Zahlen das Resultat unterschiedlicher Pflege-Regime sind. Nationale Unterschiede beim Umfang individueller Sorgezeiten von Männern und Frauen hängen davon ab, wie Pflege und Sorgearbeit wohlfahrtsstaatlich organisiert sind.

Abb. 5: Prozent Zeitverwendung für Familienarbeit nach Anzahl von Kindern im Vorschulalter, 1999-2006[8]

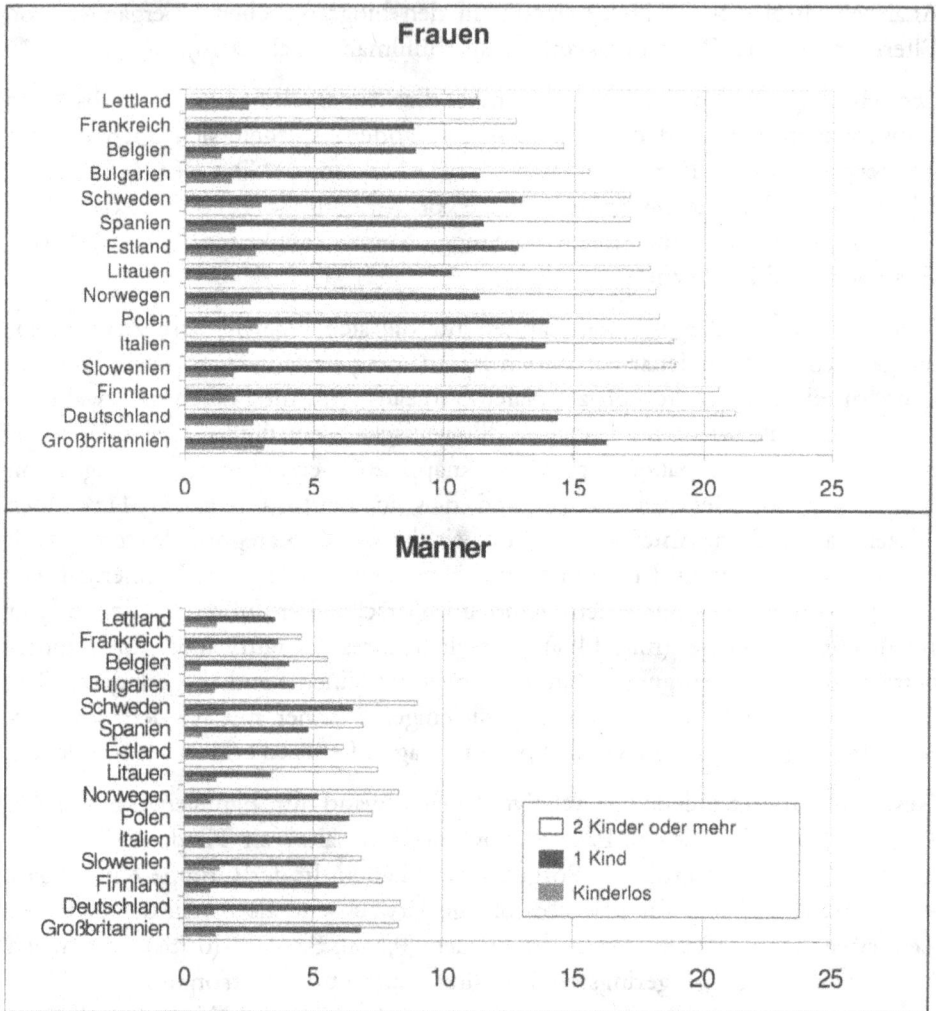

Quelle[9]: OECD (2011), OECD Family Database, Paris.

[8] Jahr: Frankreich 1999; Estland, Finnland, Ungarn 2000; Norwegen, Slowenien, Schweden, Großbritannien 2001; Deutschland 2002; Italien, Lettland, Litauen, Spanien 2003; Polen 2004; Belgien 2006.

[9] Daten: HETUS, auf Basis nationaler Zeitverwendungsstudien, Prozentualer Anteil an einem 24-Stundentag. Alter der Respondenten 25-44 Jahre.

Der gesetzliche Anspruch auf Pflegezeiten für ältere Angehörige ist für Arbeitnehmerinnen und Arbeitnehmer in Europa stark begrenzt. Er beschränkt sich normalerweise auf besonders schwer erkrankte Personen und auf sehr kurze Zeiträume (Bettio & Plantenga, 2004). Die Verbreitung und finanzielle Unterstützung von Heimplätzen für pflegebedürftige ältere Menschen und von mobilen Pflegediensten variiert ebenfalls stark. Simonazzi (2009) zufolge bewegen sich gegenwärtig alle europäischen Pflegeregime in dieselbe Richtung: Sie vergrößern den Anteil an Pflege zuhause („home care"), sie vergrößern den Anteil an privaten Pflegeleistungen („private provision"), und sie setzen zunehmend auf monetäre Transfers („cash benefits"). In Ländern, in denen die Pflege stark privatisiert ist, begünstigt das Auftreten eines Pflegefalls in Familien die geschlechtsspezifische Arbeitsteilung (Bettio & Plantenga, 2004). Da eine starke Verbindung zwischen Pflege-Regimen und Mustern weiblicher Erwerbstätigkeit besteht, sind Frauen im mittleren Lebensalter ganz besonders von diesen politischen Entwicklungen betroffen (Bettio & Plantenga, 2004; Lyon & Glucksmann, 2008). Dabei kommt es vor allem in den südeuropäischen Ländern vielfach zum Arbeitsmarktausstieg von Frauen im erwerbsfähigen Alter (25-59 Jahre) wegen ihrer Sorgeverantwortung. 39% der Frauen dieser Altersgruppe in Griechenland, 38% der Frauen in Spanien und 37% der Frauen in Italien geben an, aufgrund von Sorgearbeit nicht erwerbstätig zu sein. In Irland liegt der Anteil mit 42% am höchsten. In den Niederlanden, Großbritannien, Deutschland, Belgien und Österreich ist der Anteil nicht-erwerbstätiger Frauen aufgrund von Sorgearbeit deutlich geringer (zwischen 15% und 20%). Dafür ist in diesen Ländern der Anteil derjenigen Frauen vergleichs-weise hoch, die aufgrund von Sorgearbeit nur teilzeiterwerbstätig sind. Am geringsten scheint der Konflikt zwischen Erwerbsarbeit und Sorgearbeit in den Skandinavischen Ländern zu sein. Hier liegt der Anteil von Frauen, die aufgrund von Sorgearbeit in Teilzeit arbeiten oder nicht erwerbstätig sind, bei weit unter 10% (Bettio & Plantenga, 2004).

Der Zusammenhang zwischen privaten informellen Pflegeleistungen für kranke und ältere Familienangehörige in den Lebens- und Beziehungsverläufen von Paaren ist bislang kaum europäisch vergleichend untersucht worden. Logisch wäre aber, dass im Beziehungsverlauf derjenige Partner berufliche Zuge-ständnisse an die Versorgung pflegebedürftiger erwachsener Angehöriger macht, der auch in früheren Phasen in der Beziehungs- und Familienbildung Sorge-arbeiten zulasten der eigenen Berufstätigkeit übernommen hat. Dabei handelt es sich, wie dieser Beitrag gezeigt hat, ganz überwiegend um Frauen.

5. Schlussbetrachtung und Fazit

Gegenwärtig leisten Frauen in Europa noch immer den weitaus größten Teil an unbezahlter Haus- und Familienarbeit in Paaren: zwischen sechs und 16 Stunden an Hausarbeit pro Woche. Gleichzeitig sind inzwischen fast die Hälfte der Frauen mit Partner ohne Kind „Familienernährerinnen", die durch ihre Erwerbstätigkeit 50% oder mehr des Haushaltseinkommens beitragen (43% im EU Durchschnitt). Im Beziehungsverlauf sind es jedoch nach wie vor am häufigsten die Frauen, die berufliche Einbußen in Kauf nehmen, um Sorge- und Pflegearbeit für Familienangehörige zu leisten. Entgegen der These des ausbleibenden Geschlechtsrollenwandels zeigt sich, dass diese Muster in manchen Ländern teilweise durchbrochen worden sind. Dies betrifft vor allem die sozialdemokratisch organisierten, skandinavischen Länder. Anstatt mit einer „stalled revolution" haben wir es in Europa gegenwärtig mit einem Prozess zu tun, in dem junge Paare zunächst „zwei Schritte vor" in Richtung einer egalitären Arbeitsteilung gehen; jedoch gehen sie im Beziehungsverlauf einen bis anderthalb Schritte wieder zurück. Egalitäre Formen der Arbeitsteilung sind in einigen Ländern vergänglicher als in anderen.

Der Beitrag zeigt, dass die geschlechtsspezifische Aufteilung von Erwerbs-, Haus- und Familienarbeit in Partnerschaften eng miteinander verzahnt sind. Veränderungen in einem Bereich ziehen Veränderungen in anderen Bereichen nach sich und führen im Beziehungsverlauf oftmals zur Verfestigung traditioneller arbeitsteiliger Muster. Wie stark sich diese Muster in einzelnen Ländern ausprägen und inwiefern sie umkehrbar sind, hängt deutlich davon ab, wie sich bezahlte und unbezahlte Arbeiten im Lebenslauf miteinander vereinbaren lassen. Insofern kommt dem institutionellen Kontext eine zentrale Bedeutung für die geschlechtsspezifische Arbeitsteilung – gerade im häuslich-privaten Bereich zu. Anlass für Verschiebungen bei der geschlechtsspezifischen Arbeitsteilung sind häufig Familienereignisse, die, vermittelt durch konkrete sozialpolitische Regeln und kulturelle Normen, bis dahin im Paar geltende, institutionell überformte geschlechtsspezifische Zuständigkeiten ablösen. Vor diesem Hintergrund diskutiert der Beitrag die Konsequenzen von Eheschließung, Elternschaft und Pflegebedarf mit Blick auf die unterschiedlichen europäischen Kontexte.

Kinderlose Partner sind heutzutage in den meisten europäischen Ländern normalerweise beide vollzeitberufstätig und teilen entsprechend unbezahlte Haushaltstätigkeiten untereinander auf. Dabei spielen kulturelle Unterschiede und die historische Entwicklung arbeitsteiliger Arrangements im europäischen

Vergleich eine wichtige Rolle. Die skandinavischen und einige der osteuropäischen Länder, in denen die Vollzeitverdienernorm bereits eine längere Tradition hat, weisen im Durchschnitt auch die geringsten Unterschiede bei der Arbeitsteilung für Hausarbeit im Paar auf.

Für Paare mit Kindern stellt der Übergang zur Elternschaft heute eine Schlüsselphase der geschlechtsspezifischen Arbeitsteilung dar, die für die Arbeitsteilung im gesamten weiteren Beziehungsverlauf prägend sein kann. Einerseits sind Sorgezeiten für das neugeborene Kind notwendig, andererseits sind Paare an den Lebensstandard zweier Vollzeiterwerbseinkommen gewöhnt und benötigen nach der Geburt eines Kindes eher mehr als weniger Geld. Insofern wird die Frage nach der Aufteilung der Sorgearbeit in vielen europäischen Ländern indirekt zur Frage, wer zukünftig der Familienernährer sein wird. Familienpolitiken wie der geschlechtsspezifische Anspruch auf bezahlte Sorgezeiten, Elterngeldzahlungen, die sich eng am Erwerbseinkommen des sorgenden Partners orientieren, die breite Verfügbarkeit qualitativ hochwertiger Kinderbetreuungseinrichtungen für Kleinkinder und Arbeitszeitregelungen, die verschiedene Work-Family-Arrangements ermöglichen, sind in dieser Phase zentrale Stellgrößen für die Arbeitsteilung in Paaren. In Ländern wie Schweden, Finnland und Norwegen, mit generös kompensierten, mittellangen Elternzeiten und umfangreichen Kinderbetreuungseinrichtungen ist Elternschaft bezogen auf die geschlechtsspezifische Arbeitsteilung weniger folgenreich als in Ländern mit sehr langen Elternzeiten und wenig Unterstützung für die Versorgung von Kleinkindern. Länder wie Slowenien, Polen und die Tschechische Republik, in denen Mütter nach der Geburt eines Kindes zunächst relativ lange in Elternzeit bleiben und danach in Vollzeiterwerbstätigkeit zurückkehren, zeigen im Vergleich zu den skandinavischen Ländern eine weitaus traditionellere Hausarbeitsteilung. Hier scheint sich im Beziehungsverlauf also eine besonders ausgeprägte Doppelbelastung für Frauen einzustellen.

Im weiteren Beziehungsverlauf begünstigen Verschiebungen in der Einkommensbalance von (Eltern-)Paaren eine weitere Traditionalisierung geschlechtsspezifischer Zuständigkeiten, wenn Familienereignisse – zum Beispiel der Pflegebedarf eines Angehörigen – eintreten. Pflege- und Sorgezeiten werden in Europa nach wie vor ganz überwiegend von Frauen geleistet; oftmals zu Lasten ihrer eigenen Berufstätigkeit. Europäische Staaten schaffen hier unterschiedliche Rahmenbedingungen um Pflege zu organisieren, zu externalisieren und mit Erwerbstätigkeit in verschiedenem Umfang zu vereinbaren. Wiederum sind es die skandinavischen Länder, die Paaren den größten Spielraum bieten, um Pflege zu organisieren. Die südeuropäischen Länder, die in geringstem Maße staatliche Unterstützung leisten, bieten die kleinsten Spielräume, um Familien-

arbeit und Erwerbsarbeit miteinander zu vereinbaren. In Ländern, die Sorgearbeit institutionell ausblenden oder als Zuständigkeit in den Familien definieren,
zeigen sich die traditionellsten Muster geschlechtsspezifischer Arbeitsteilung in
Europa.

Diese Ergebnisse bestätigen die Ausgangsthese dieses Beitrags, dass aktuelle Veränderungen und Beharrungstendenzen in den Geschlechterarrangements nur im
Kontext politischer und institutioneller Rahmenbedingungen verstanden werden
können. Aus den präsentierten Überlegungen folgt auch, dass Untersuchungen
aus dem Bereich vergleichender Sozialpolitik gut daran täten, die Implikationen
sozialpolitischer Rahmenbedingungen zukünftig noch stärker unter Berücksichtigung von Pfadabhängigkeiten in den Lebensverläufen von Individuen,
Paaren, Eltern und deren Kindern zu untersuchen.

Literatur

Bettio, F. & Plantenga, J. (2004). Comparing Care Regimes in Europe. *Feminist Economics, 10* (1), 85-113.

Bittman, M. et al. (2003). When Does Gender Trump Money? Bargaining and Time in Household Work. *American Journal of Sociology, 109* (1), 186-214.

Boeckmann, I. (2008). *The Impact of Co-Residential Fatherhood on Men's Earnings.* Arbeitspapier vorgestellt im Rahmen des RC28 Spring Meetings in Florenz.

Blossfeld, H.-P. & Drobnič, S. (2001). *Careers of Couples in Contemporary Societies: From Male Breadwinner to Dual Earner Families.* Oxford: Oxford University Press.

Bolin, K. et al. (2008). Informal and formal care among single-living elderly in Europe. *Health Economics, 17* (3), 393-409.

Bonke, J. et al. (2005). The Timing and Flexibility of Housework and Men and Women's Wages. In D. S. Hamermesh & G. A. Pfann (Hrsg.), *The Economics of Time Use* (43-77). Amsterdam: Elsevier.

Bühlmann, F. et al. (2010). The Division of Labour Among European Couples: The Effects of Life Course and Welfare Policy on Value-Practice Configurations. *European Sociological Review, 26* (1), 49-66.

Davis, S. N. & Greenstein, T. N. (2009). Gender Ideology. Components, Predictors, and Consequences. *Annual Review of Sociology, 35* (2009), 87-105.

Duvander, A.-Z. & Andersson, G. (2006). Gender equality and fertility in Sweden: A study on the impact of the father's uptake of parental leave on continued childbearing. *Marriage and Family Review, 39*, 121-142.

Elcheroth, G. et al. (2011). Valeurs égalitaires et pratiques sexuées:une approche biographique et comparative. In D. Joye et al. (Hrsg.), *Parcours de vie et insertions socials* (105-125). Zürich: Seismo.

England, P. (2006). Toward Gender Equality: Progress and Bottlenecks. In F. D. Blau et al. (Hrsg.), *The Declining Significance of Gender* (245-264). New York: Russell Sage Foundation.

European Social Survey (2010). *ESS Round 5 Source Questionnaire.* (Round 5, 2010/11) London: Centre for Comparative Social Surveys – City University London.

Gash, V. (2009). Sacrificing Their Careers for Their Families? An Analysis of the Penalty to Motherhood in Europe. *Social Indicators Research, 93* (3), 569-586.

Grunow, D. (2006). *Convergence, Persistence and Diversity in Male and Female Careers: Does Context Matter in an Era of Globalization? A Comparison of Gendered Employment Mobility Patterns in West Germany and Denmark.* Opladen: Barbara Budrich.

Grunow, D. et al. (2011). Familienpolitik, Bildung und Berufskarrieren von Müttern in Deutschland, USA und Schweden. *Kölner Zeitschrift für Soziologie und Sozialpsychologie, 63* (3), 395-430.

Grunow, D. & Baur, N. (2013). Die Korrespondenz von normativen Vorstellungen und Handeln. Das Beispiel männlicher Hausarbeit. *Comparative Population Studies* (im Erscheinen).

Grunow, D. et al. (2007). Was erklärt die Traditionalisierungsprozesse häuslicher Arbeitsteilung im Eheverlauf: soziale Normen oder ökonomische Ressourcen? *Zeitschrift für Soziologie, 36* (3), 162-181.

Grunow, D. et al. (2012). What determines change in the division of housework over the course of marriage? *International Sociology, 27* (3) 289-307.

Johansson, T. & Klinth, R. (2007). Caring Fathers. The Ideology of Gender Equality and Masculine Positions. *Men and Masculinities 2007*, Online publiziert unter: http://jmm.sagepub.com/content/early/2007/03/09/1097184X06291899.

Hank, K. & Jürges, H. (2007). Gender and the division of household labor in older couples. *Journal of Family Issues, 28* (3), 399-421.

Hochschild, A. R. & Machung, A. (1989). *The second shift: Working parents and the revolution at home*. New York: Viking Penguin.

Hook, J. L. (2010). Gender Inequality in the Welfare State: Sex Segregation in Housework, 1965-2003. *American Journal of Sociology 115* (5), 1480-1523.

Knijn, T. & Smit, A. (2009). Investing, Facilitating, or Individualizing the Reconciliation of Work and Family Life: Three Paradigms and Ambivalent Policies. *Social Politics, 16* (4), 484-518.

Krüger, H & Levy, R. (2001). Linking life courses, work, and the family: Theorizing a not so visible nexus between women and men. *Canadian Journal of Sociology, 26* (2), 145-166.

Kühhirt, M. (2012). Childbirth and the Long-Term Division of Labour within Couples: How do Substitution, Bargaining Power, and Norms affect Parents' Time Allocation in West Germany? *European Sociological Review, 28* (5), 565-582.

Künzler J. et al. (2001). *Gender Division of Labour in Unified Germany*. Tilburg: Tilburg University Press.

Lamb, M. E. (Hrsg.) (2004). *The role of the father in child development*. New York: Wiley.

Lück, D. (2009). *Der zögernde Abschied vom Patriarchat. Der Wandel von Geschlechterrollen im internationalen Vergleich*. Berlin: edition sigma.

Lewis, J. et al. (2008). Patterns of Development in Work/Family Reconciliation Policies for Parents in France, Germany, the Netherlands, and the UK in the 2000s. *Social Politics, 15* (3), 261-286.

Lyon, D. & Glucksmann, M. (2008). Comparative Configurations of Care Work across Europe. *Sociology, 42* (1), 101-118.

Misra, J. et al. (2011). Work-family policies and the effects of children on women's employment hours and wages. *Community, Work & Family, 14* (2), 139-157.

Nave-Herz, R. (2004). *Ehe- und Familiensoziologie: Eine Einführung in Geschichte, theoretische Ansätze und empirische Befunde*. Weinheim: Juventa.

OECD (2011). *OECD Family Database*. OECD, Paris. Online publiziert unter: http://www.oecd.org/social/family/database.

O'Reilly, J. & Fagan, C. (Hrsg.) (1998). *Part-time prospects: an international comparison of part-time work in Europe*. London: Routledge.

Orloff, A. S. (1993). Gender and the Social Rights of Citizenship: The Comparative Analysis of Gender Relations and Welfare States. *American Sociological Review, 58* (3), 303-28.

Petersen, T. et al. (2007). *From Motherhood Penalties to Fatherhood Premia: The New Challenge for Family Policy.* Berkeley, CA: Institute for Research on Labor and Employment – University of California. IIIRWPS Arbeitspapier 154-07. Online publiziert unter:
http://repositories. cdlib.org/iir/iirwps/iirwps-154-07.

Pollmann-Schult, M. (2011). Marriage and Earnings: Why Do Married Men Earn More than Single Men? *European Sociological Review, 27* (2), 147-163.

Sainsbury, D. (1999). Gender, Policy Regimes, and Politics. In D. Sainsbury (Hrsg.), *Gender and Welfare State Regimes* (245-276). Oxford: Oxford University Press.

Sayer, L. (2010). Trends in Housework. In J. Treas & S. Drobnič (Hrsg.), *Dividing the Domestic. Men, Women & Household Work in Cross-National Perspective* (19-38). Stanford: Stanford University Press.

Schober, P. S. (2013). The Parenthood Effect on Gender Inequality. Explaining the Change in Paid and Domestic Work When British Couples Become Parents. *European Sociological Review, 29* (1), 74-85.

Simonazzi, A. (2009). Care regimes and national employment models. *Cambridge Journal of Economics, 33* (2), 211-232.

Statistisches Bundesamt (2011). Elterngeld steht bei Vätern und Müttern hoch im Kurs. Pressemitteilung Nr. 321 vom 6.9.2011. Online publiziert unter:
http://www.destatis.de/jetspeed/portal/cms/Sites/destatis/Internet/DE/
Presse/pm/2011/09/PD11__321__22922.psml

Steinbach, A. (2004). Wie Paare sich die Arbeit teilen. In Staatsinstitut für Frühpädagogik, IFP (Hrsg.), *Familienhandbuch.* Online publiziert unter:
https://www.familienhandbuch.de/cms/Familienforschung-Arbeitsteilung.pdf

Sabine Toppe

Bedeutung von Elternschaft und deren Ausgestaltung durch Frauen und Männer

1. Einleitung: Elternrollen in Europa im Spannungsfeld gesellschaftlicher Normen und individueller Handlungsansätze

Im gesellschaftlichen Diskurs um Familie und Elternschaft dominieren gegenwärtig Themen wie die Veränderung von familialen Lebensformen in den letzten Jahrzehnten (Ecarius, 2007; Schneider, 2009; Kapella et al., 2009), die Bildungsbedeutsamkeit von Familie und Eltern (Brake, 2008; Büchner & Brake, 2006; Lange & Xylander, 2011b) und ein europaweit erkennbarer Trend des Wandels von Handlungserwartungen und -optionen im Rahmen von Elternrollen (Gerhard et al., 2003; BMFSFJ, 2005). Der Familienreport 2011 des Bundesministeriums für Familie, Senioren, Frauen und Jugend (BMFSFJ, 2012c) beschäftigt sich mit diesen Veränderungen und mit den politischen Zielen in den Bereichen „Lebensqualität für Familien", „bessere Vereinbarung von Familie und Beruf", „Zeit für Verantwortung in der Familie", „Entwicklung und Determinanten der Väterbeteiligung" und „gute Entwicklung von Kindern" (BMFSFJ 2012a, S. 5/6). Als Reaktion auf seine Veröffentlichung verkündete im Januar 2012 die Frankfurter Rundschau die „Revolution in der Familie" und begründete diese mit Änderungen in der Vaterschaft: „Die Zeit alleinverdienender Väter ist vorbei, denn das Familienbild der Deutschen hat sich verändert" (Frankfurter Rundschau, 2012). Die Berliner TAZ zog aus den Ergebnissen des Familienreports das Resümee: „Der deutsche Muttermythos verblasst" (TAZ, 2012). Ist also aktuell im Zuge des fortschreitenden gesellschaftlichen Wandels ein historisch bedeutsamer Wandel von Mutter- und Vaterrollen beobachtbar? In den fachlichen Diskursen herrscht weitgehend Einigkeit, dass sich die Rollen von Müttern und Vätern angesichts massiver gesellschaftlicher wie ökonomischer Entwicklungen europaweit im Umbruch befinden (Lück, 2009).

Insbesondere die größere Bildungsbeteiligung und die Emanzipationsbestrebungen von Frauen, Veränderungen auf dem Arbeitsmarkt und in den Systemen der sozialen Sicherung haben in den letzten Jahrzehnten einen bedeutsamen Einfluss auf den Wandel von Mutter- und Vaterrolle und die real gelebten Geschlechterverhältnisse ausgeübt. Den in vielen Ländern Europas bereits länger andauernden grundlegenden Umbruch in der Ausgestaltung von Mutter- und Vaterrollen belegen eine ganze Reihe aktueller Veröffentlichungen (Schneider, 2002; BMFSFJ, 2009; BMFSFJ, 2012a; Böllert & Peter, 2012; Lutz, 2012). Sie machen deutlich, dass Elternschaft – im Sinne eines sozial definierten Status wie auch als Beziehungsverhältnis zwischen Eltern und ihren Kindern verstanden – heute als deutlich voraussetzungsreicher und anspruchsvoller wahrgenommen wird als noch vor wenigen Jahrzehnten. So zählen zu den veränderten Rollenerwartungen und Aufgaben, mit denen Eltern sich konfrontiert sehen, Wandlungen in den Einstellungen gegenüber Kindern und eine damit verbundene „Pädagogisierung von Elternschaft", eine gesteigerte Aufmerksamkeit für familiale Bildungsprozesse, und eine Etablierung neuer Leitbilder wie das der „neuen Väter". Lassen sich einerseits viele Belege für diese Modernisierungsthese finden, sprechen andererseits eine Reihe von Befunden mit Blick auf die Ausgestaltung von Elternschaft auch immer wieder für eine Tradierung von Rollenbildern und Alltagspraxen. Es muss hier deshalb sorgfältig zwischen Rollenbildern, strukturellen Rahmenbedingungen für Familien und realen Handlungen von Müttern und Vätern differenziert werden. Insbesondere familiäre Rollenbilder befinden sich aktuell in einem vielschichtigen Wandlungsprozess, indem zu beachten gilt, wann von Familie als Strukturelement von Gesellschaft im Sinne eines historisch und kulturell wandelbaren Systems persönlicher und fürsorgeorientierter Generationen- und Geschlechterbeziehungen die Rede ist, und wann konkret von Eltern bzw. Vätern oder Müttern in all ihrer Vielfalt, die nicht leichtfertig mit dem Gesamtkontext Familie zusammen gedacht bzw. gleichgesetzt werden können.

Eltern in Europa bewegen sich also aktuell in einem Spannungsfeld von Rollenerwartungen und konkreten Handlungsformen, das durch gesamtgesellschaftliche Entwicklungen wie durch nationale Besonderheiten in Bezug auf kulturelle Kontexte und Leitbilder sowie durch politisch gestaltete Strukturen geprägt ist. „Grob lassen sich die Gesellschaften Europas in ein Nord-Süd-Gefälle einsortieren, bei dem die skandinavischen Länder besonders egalitär und die mediterranen Länder besonders traditionell organisiert sind" (Lück, 2009, S. 41). In Deutschland sind zusätzlich nach wie vor Unterschiede zwischen West- und Ost-Deutschland zu berücksichtigen, wobei West-Deutschland in Bezug auf die Geschlechterrollen eher zu den Mittelmeeranrainerstaaten zu zählen ist, „die innerhalb Europas als vergleichsweise patriarchalisch gelten" (Lück, 2009, S. 42). Vor dem Hintergrund europäischer wie nationaler Differenzen und Gemeinsamkeiten thematisiert dieser Beitrag die sich verändernden Mutter- und Vaterrollen, dahinter stehende Leitwerte und die reale lebensweltbezogene Umsetzung dieser Rollen in ausgewählten Handlungsfeldern. Kulturell verankerte Leitbilder, wie das der „guten Mutter" oder des „neuen Vaters" bilden zusammen mit politisch strukturierten ökonomischen Rahmenbedingungen den Kontext, in dem elterliches Handeln stattfindet. Der hier zugrunde gelegte Rollenbegriff geht von typifizierten Erwartungen an Mütter und Väter aus und berücksichtigt, dass sich diese historisch wie inhaltlich verändern und so immer wieder neu abgesichert werden. Rollenerwartungen und praktizierte Rollenarrangements können dabei durchaus auseinanderdriften (Grunow, 2007, S. 58). Handlungsanforderungen an Eltern und Handlungskompetenzen von Eltern sind im Sinne von Intersektionalität (Riegel, 2010), von diversen Differenzierungslinien geprägt, besonders was die Geschlechterfrage betrifft. So verdeckt allein der Begriff Elternschaft grundlegende Unterschiede von Mutterschaft und Vaterschaft und eine immer noch verbreitete hohe Mütterzentrierung von Familie, mit den entsprechenden nationalen Unterschieden (Kortendiek, 2010, S. 442).

Zum Aufbau des Beitrags

Die notwendige Unterscheidung zwischen gesellschaftlichen Rahmenbedingungen für Eltern und individuellen Gestaltungsleistungen der Eltern-Kind-Beziehung bildet den Rahmen des Beitrags und unterteilt ihn im weiteren Verlauf in zwei große Kapitel. Zunächst rückt nach der Einleitung unter Punkt 2. mit der Überschrift „Erwartungen an Mütter und Väter im Zuge des familialen Wandels seit den 50er Jahren (,golden age of marriage')" die Mutter- und Vaterrolle bzw. der Wandel von gesellschaftlichen Leitbildern in den Fokus, mit besonderer Aufmerksamkeit auf das aktuelle Thema Bildung und Familie. Im Mittelpunkt des dritten Kapitels mit der Überschrift „Ausgestaltung von Elternschaft" steht die Auslegung und Ausgestaltung von Mutter- und Vaterrollen, wesentliche Punkte sind hier das konkrete Alltagshandeln von Müttern und Vätern sowie die Arbeitsteilung von Eltern angesichts der Herausforderung der „Vereinbarkeit von Beruf und Familie" für beide Eltern. Das abschließende Fazit im vierten Kapitel nimmt dann noch einmal besonders drängende gesamtgesellschaftliche Anforderungen und politische Notwendigkeiten in einer gesamteuropäischen Perspektive in den Blick.

Eine besondere Anforderung bei der Betrachtung von Elternrollen, ihrer Entwicklung und Ausgestaltung in Deutschland und Europa liegt bezogen auf

Deutschland in der Notwendigkeit einer Differenzierung zwischen Ost- und Westdeutschland (BMFSFJ, 2010), neben einer Differenzierung zwischen den europäischen Staaten. Grundsätzlich einzubeziehen sind Fragen von Schicht- bzw. Milieuzugehörigkeiten und sozialen Ungleichheiten (Hradil, 2005; Hillmert, 2011), von Generationenzugehörigkeit (Lettke & Lange, 2007) und Altersstufen von Kindern (Wittmann et al., 2011; Rauschenbach & Bien, 2012) sowie von Familienformen. Aufgrund der Breite der Thematik von Elternrollen in Europa wird bezüglich dieser umfassenden Kategorien auf die angegebene Literatur verwiesen (BMFSFJ, 2012b), wenn ausgewählte Aspekte im Text nur angerissen werden können.

2. Erwartungen an Mütter und Väter im Zuge des familialen Wandels seit den 50er Jahren („golden age of marriage")

Den zeitlichen Ausgangspunkt der Betrachtung von Mutter- und Vaterrollen im folgenden Kapitel bildet die historisch einmalige Situation des so genannten „golden age of marriage". In den späten 50er und frühen 60er Jahren des 20. Jahrhunderts zeichnete sich dieses durch eine hohe Heiratsneigung, eine hohe und frühe Fertilität sowie durch die hohe Wertschätzung der „vollständigen" Familie mit einer klaren Arbeitsteilung zwischen den Geschlechtern aus (Mühling & Schwarze, 2011, S. 13). Von diesem Familienarrangement und -leit- bild ausgehend stellt sich der nachfolgende familiale Wandel in Deutschland und anderen westeuropäischen Ländern seit den 1960er Jahren als durchgreifende Veränderung dar. Er ist geprägt von einer Neuordnung der Geschlechter, einem erheblichen Rückgang von Heirats- und Fertilitätsraten, ansteigenden Schei- dungszahlen und der Zunahme von nichtehelichen Lebensgemeinschaften und anderen Lebensformen außerhalb des Rahmens der bürgerlichen Kleinfamilie. Diese Trends werden gemeinhin „routinemäßig unter die Begrifflichkeiten der Pluralisierung, Destandardisierung oder Deinstitutionalisierung gefasst oder auch mit wertenden Begriffen wie dem ‚Zerfall der Familie' belegt" (Bastin et al., 2012, S. 3; Nave-Herz, 1997; Peuckert, 2008).

2.1. Veränderungen von Elternrollen

Der Wandel von Familie und besonders von Elternrollen lässt in einer gesamt- europäischen Perspektive in den letzten 50 Jahren gemeinsame Trends wie den „Durchbruch von Klein- und Kleinstfamilien – als auch bedeutsame Unter- schiede – etwa in Zeitpunkt und Form der Familiengründung – erkennen" (Höpflinger & Fux, 2008, S. 57). Nach Höpflinger und Fux ist eine Kombination von gesamteuropäischen Entwicklungen und nationalen Differenzen in Zusammenhang mit der Tatsache zu betrachten, dass familialer Wandel neben sozioökonomischen Faktoren in bedeutsamer Weise von sozio-kulturellen Werten und Traditionen bestimmt wird. So ist in Italien bis heute der Großteil der Verantwortung der Familie überlassen, erst allmählich werden Väter durch neue Erziehungszeitregelungen stärker in die Kinderbetreuung einbezogen (Stauber, 2011, S. 55). Konvergenzen finden sich aktuell auch „hinsichtlich des Geburtenrückgangs in allen europäischen Ländern, der Neustrukturierung insbesondere der weiblichen Lebensverläufe auf Grund des angestiegenen Erstgeburtsalters, der geringeren Kinderzahl und der dramatisch angestiegenen Lebenserwartung ebenso (…) hinsichtlich der Zeitorganisationen des Alltags einschließlich der Arbeitsteilung zwischen Mann und Frau." (BMFSFJ, 2005, S. 106/107). Besonders in den west- und südeuropäischen Ländern hat sich die Frauenerwerbstätigkeit und damit vielfach auch die Erwerbstätigkeit von Müttern erhöht, womit zwangsläufig familial-berufliche Vereinbarkeitsfragen und Formen außerfamilialer Kinderbetreuung an Aktualität gewonnen haben. Parallel wurden patriarchale Familiennormen zurück gedrängt, in der Praxis blieb gleichzeitig die geschlechtsspezifische familiale Arbeitsteilung weitgehend bestehen. „In einem gewissen Sinn ergab sich ein asymmetrischer familial-beruflicher Rollenwandel, da die erhöhte Erwerbstätigkeit von Familienfrauen nicht von einer parallelen Erhöhung familialer Arbeiten seitens von Männern begleitet war." (Höpflinger & Fux, 2008, S. 66). Im Rahmen dieses Gesamttrends sind milieu- und regionalspezifische Differenzen und nationale Unterschiede zu beobachten.

Europäische Familien sind besonders durch die Pluralität familialer Lebensformen und durch ein Nebeneinander traditioneller wie moderner Werthaltungen und Strukturmerkmale charakterisiert. Die statistische Dominanz der traditionellen (Kern-)Familie mit verheirateten Eltern, die zusammen mit ihren leiblichen Kindern wohnen und wirtschaften, wird auch in Deutschland schwächer (BMFSFJ, 2012c, S. 22ff.). „Besonders die klassische, bürgerliche Kernfamilie, in der die Mutter überwiegend oder ausschließlich Hausfrau ist und der Vater die Ernährer-Rolle innehat, hat empirisch beträchtlich an Bedeutung verloren. Gleichzeitig nehmen die Abweichungen von jener als klassisch erachteten Familienform zu." (Nave-Herz, 2012, S. 39). Hierzu zählen die zunehmende Verbreitung alternativer Lebensformen wie nichteheliche und gleichgeschlechtliche Lebensgemeinschaften mit Kindern und Alleinerziehende. So sind aktuell knapp drei Viertel der Familien in Deutschland Ehepaare mit Kindern, in den Großstädten und den ostdeutschen Bundesländern machen alternative Familienformen mittlerweile schon knapp die Hälfte aller Familien aus (Statistisches Bundesamt, 2012b, S. 53f.). Zur momentanen Debatte um die Pluralisierung von familialen Lebensformen (Schwab & Vaskovics, 2011) ist anzumerken, dass in der vorindustriellen Zeit eine viel größere Pluralität von Familienformen wahrnehmbar ist als heute: Es gab mehr Ein-Elternfamilien, Stief-, Adoptions-, Patchwork- und Pflegefamilien, die Entstehungsgründe waren überwiegend Verwitwung und Nichtehelichkeit statt Trennung und Scheidung (Nave-Herz, 2012, S. 39/40). Es gibt eine grundsätzliche Kritik am Begriff der Pluralisierung von Familienformen (Maihofer, 2004), die u. a. mit einer (unterschwellig an der „Normalfamilie" orientierten) Fokussierung auf Problemlagen begründet wird, wie sie etwa in einer immer noch einseitigen Problematisierung von Alleinerziehenden unter dem Vorzeichen des Armutsdiskurses zu finden ist (Ziegler, 2011). Inzwischen liegen zahlreiche Forschungsbeiträge zur unterschiedlichen Gestaltung von Elternschaft vor, wie beispielsweise Studien zu gleichgeschlechtlichen Elternpaaren (Rupp, 2008).

Neben der Pluralisierung familialer Lebensformen und dem Wandel der Familie ist besonders die Krise (Mühlfeld & Viethen, 2009) oder der etwaige Zerfall der Familie (Lenz, 2009) ein wiederkehrendes Thema. Von einem Zerfall von Familie kann empirisch allerdings nicht die Rede sein (Andresen et al., 2011, S. 209). So waren Erziehungs- und Bildungsaspirationen von Eltern und besonders von gut qualifizierten Müttern selten so hoch wie heute, ebenso wie die Bereitschaft, sich an den Bedürfnissen und dem Wohlbefinden von Kindern zu orientieren (Andresen, 2007). „In der Familienforschung sollte demnach kritische Distanz zur populistischen Verfallsgeschichte von Familie und Erziehung Maßstab sein, ohne jedoch einem harmonisierenden Bild der heutigen Familie das Wort zu reden." (Andresen et al., 2011, S. 209).

2.2. Kulturelle Leitbilder „gelingender" Elternschaft

Wenn im Folgenden von kulturellen Leitbildern bzw. Familienleitbildern die Rede ist, so handelt es sich hier um gesellschaftliche Konstrukte, die anzeigen, wie das Familienleben idealerweise gestaltet wird bzw. gestaltet werden sollte. Unter Leitbildern werden in der Regel normativ aufgeladene Frauen-, Männer- und Familienbilder verstanden, die mehr oder weniger realitätsangepasst sind und die gesellschaftlichen Erwartungen, aber eben auch das individuelle Handeln prägen. Leitbilder sind gesellschaftlich konstruiert, sie sind „Ergebnisse von Vereinbarungen und Zuschreibungen, die Sinn vermitteln und Orientierungen schaffen, aber auch gleichzeitig soziale Anforderungen und Normen vorgeben" (Popp, 2009, S. 91). Familien-Leitbilder bündeln auf spezifische Weise gesellschaftliche Vorstellungen und Handlungsorientierungen von Familie, und sie enthalten besondere Spannungsbögen, weil sie einerseits „auf traditionelle, zu bewahrende und ideologisch aufgeladene gesellschaftliche Bestände" (Uhlendorff, 2009, S. 5) verweisen, und andererseits explizit zukunftsweisende Momente enthalten. So signalisieren aktuell in Deutschland zahlreiche soziale und rechtliche Reformen, wie die Vätermonate und das Elterngeld, das Pflegezeitgesetz oder das neue Unterhaltsrecht, eine Abkehr von dem bisher vorherrschenden traditionellen Geschlechterrollenmodell, das mit bestimmten polarisierten Rollenleitbildern für Männer und Frauen verknüpft ist. Das „männliche" Familienernährermodell (male breadwinner model) zeichnet sich durch eine asymmetrische Aufgabenteilung in Partnerschaft und Familie aus und beinhaltet die Rolle des Mannes als Erwerber des Lebensunterhalts, während der Frau die Herstellung des familialen Alltags obliegt. Dazu zählen aktuell nicht nur das Gros der Versorgungsaufgaben, sondern auch steigende Anforderungen in der Bildungsförderung von Kindern. „Die eigenständige Existenzsicherung und wirtschaftliche Autonomie von Frauen wird dadurch erschwert. Umgekehrt bleibt Männern durch die traditionelle Arbeitsteilung der Zugang zu der als weiblich definierten, ‚lebensdienlichen' Sorgearbeit versagt." (Hohnerlein & Blenk-Knocke, 2009, S. 13).

Da die handlungsleitenden Vorgaben von Leitbildern eng mit Werthaltungen verknüpft sind, „kann angenommen werden, das Veränderungen nicht kurzfristig eintreten, sondern eher längerfristige Wandlungsprozesse voraussetzen – nicht zuletzt deshalb, weil Leitbilder nicht eindimensional sind, sondern stets mehrere aufeinander bezogene Aspekte enthalten" (Woude et al., 2011, S. 109). So haben sich Frauen in den westlichen Industrieländern und in den staatssozialistischen Ländern „– wenn auch unter verschiedenen gesellschaftspolitischen Vorzeichen und in unterschiedlichem Tempo – von der traditionellen Hausfrauenrolle emanzipiert" (Klenner et al., 2011, S. 16) und streben verstärkt nach Individualität und ökonomischer Eigenständigkeit. Gleichzeitig existieren nach wie vor die Leitbilder einer fürsorglichen „guten Mutter" und eines abwesenden, beruflich engagierten Vaters, wenn auch mit einem Nord-Süd-Gefälle in Europa und ausgeprägten Ost-West-Differenzen in Deutschland. Dem real voran schreitenden Abschied vom männlichen Ernährer in der Industriegesellschaft und der Zunahme von Familienernährerinnen im Rahmen ansteigender Bildung und Arbeitsmarktaktivität von Frauen stehen noch immer die Macht und Wirksamkeit familialer Leitbilder und Geschlechterrollen im Sinne der bürgerlichen Kernfamilie gegenüber (Toppe, 2009), mit unterschiedlichen Folgen für Mütter und Väter. Besondere Bedeutsamkeit hat nach wie vor der Fortbestand der Ideologie der guten Mutter, die Zuschreibung einer primären Verantwortung für die Kinderbetreuung an Mütter wirkt dabei besonders zählebig. Diese Zuständigkeit erscheint auch heute weniger bindungstheoretisch hergeleitet als vielmehr durch Alltagserfahrungen pragmatisch verfestigt. Das „Wissen" um die Zuständigkeit von Müttern ist hier gepaart mit der unreflektierten Annahme, dass nur Mütter eine enge Bindung zu ihrem Kind haben und daher intuitiv auf die Bedürfnisse des Kindes reagieren können (Heidinger, 2010, S. 126ff.).

2.2.1. Die „gute Mutter"

Als harter Kern familialer Rollenerwartungen ist heute, zumindest was Deutschland bzw. genauer West-Deutschland betrifft, die primäre Zuständigkeit der Mutter für die Versorgung und Betreuung ihrer Kinder zu sehen. Diese Zuständigkeitserwartungen sind i.d.R. mit Erwartungen an eine umfängliche zeitliche und persönliche Verfügbarkeit verbunden, die ohne eine berufliche Auszeit und eine ausschließliche Konzentration auf das Kind kaum gedacht werden kann (Mühling et al., 2006). Die Ideologie der guten Mutter besitzt in den gesellschaftlichen Leitvorstellungen und im Selbstbild vieler Frauen in den alten, nicht jedoch so sehr in den neuen Bundesländern nach wie vor eine hohe Verbindlichkeit, wobei hier je nach Alter und Bildungsstand differenziert werden muss und zum Beispiel junge Studierende häufiger weniger traditionelle und stattdessen modernere Lebenskonzepte verfolgen (Böllert, 2012, S. 105). „Ausgehend von der Überzeugung, dass es für die gedeihliche Entwicklung des Kindes am besten sei, wenn es von seiner Mutter betreut wird, besitzt diese Norm, trotz entgegenstehender empirischer Befunde, nach wie vor in den gesellschaftlichen Leitvorstellungen und im Selbstbild vieler Frauen in den alten Bundesländern eine hohe Verbindlichkeit." (Schneider, 2002, S. 16). Seine Wirksamkeit entfaltet dieses Leitbild in (West-)Deutschland auf der Basis eines erwerbsarbeitszentrierten Wohlfahrtsregimes, einer vorrangigen Zuständigkeit der Familie für den Reproduktionsbereich und eines Mangels an Kinderbetreuungsmöglichkeiten. Die Orientierungskraft des alten Leitbildes wird durch weitere wohlfahrtsstaatliche Regelungen bis heute gestützt. Das offizielle sozialistische Frauenleitbild der DDR beschreiben Jutta Gysi und Dagmar Meyer als Pendant zum ostdeutschen Familienleitbild, wonach „die Frau über alle Phasen des Familienzyklus hinweg vollerwerbstätig sein und sich das häusliche Arbeitspensum mit dem Partner teilen sollte" (Gysi & Meyer, 1993, S. 140). Die „gute Mutter" in der DDR war diejenige Frau, die erwerbstätig und somit keine Hausfrau war und ihr Kind in einer öffentlichen Ganztageseinrichtung betreuen ließ. „Dabei war auch in der DDR die Sozialpolitik stärker auf Mutterschaft und Beruf und nicht etwa auf die Vereinbarkeit von Elternschaft und Beruf ausgerichtet" (Kortendiek, 2010, S. 444).

Die bestehenden großen Unterschiede im internationalen Vergleich bezüglich der Vorstellungen von einer „guten Mutter" zeigen sich besonders zwischen der familialistischen Tradition des westdeutschen konservativen Wohlfahrtstaats und dem (post-)sozialistischen Modell im Osten, aber auch beim Blick nach Frankreich (vgl. Dienel, 2003). „Frauen in Frankreich scheinen ihre Mutterschaft eher als Teil der eigenen Selbstverwirklichung zu betrachten, von deutschen Müttern wird hingegen eine gewisse Opferbereitschaft für ihre Babys erwartet, die zu einer intensiven Mutter-Kind-Beziehung und zu einem guten Gedeihen des Kindes führen soll." (Woude et al., 2011, S. 109/110). Anders als in Westdeutschland entspricht z. B. in Finnland, einem Wohlfahrtsstaat des „sozialdemokratischen" Typs mit ausgebauter Kinderbetreuung, eine mehrjährige Zeit der Betreuung der eigenen Kinder nicht den vorherrschenden kulturellen Vorstellungen über eine „gute Kindheit". Auch „junge Mütter in Frankreich oder Schweden (stellen, S.T.) die Vereinbarkeit von Erwerbsarbeit und Mutterschaft nicht in dem Maße in Frage wie ihre deutschen Nachbarinnen" (Kortendiek, 2010, S. 444). In den Niederlanden herrscht dagegen, in einigem Kontrast zum sonst vorherrschenden emanzipatorischen Selbstbild, ebenfalls eine starke Mütter-Ideologie und die Ablehnung der Vollzeit-Mutter ebenso wie die der externen Vollzeit-Kinderbetreuung. Das Resultat für die meisten jungen Mütter ist, um damit an dieser Stelle den konkreten Handlungsformen vorzugreifen, Teilzeit zu arbeiten und eine Teilzeit-Lösung für die Kinderbetreuung zu suchen (Stauber, 2011, S. 56).

Insgesamt verdeutlichen die internationalen Differenzen die historische Bedingtheit von Mutterbildern und ihre unterschiedliche soziale und kulturelle Konnotation. Inwieweit daneben insbesondere durch Zuwanderung und Migration unterschiedliche Selbstkonzepte von Mutterschaft zeitgleich in einer Gesellschaft wirksam sein können, haben Leonie Herwartz-Emden in der interkulturell angelegten Studie über Einwanderinnen aus der Türkei und über deutsche Aussiedlerinnen aus der ehemaligen Sowjetunion (Herwatz-Emden, 1995) und der sechste Familienbericht zu „Familien ausländischer Herkunft in Deutschland" (BMFSFJ, 2000) gezeigt.

2.2.2. Die „neuen Väter"

Während das Leitbild der „guten Mutter" eine nahezu jahrhunderte lange Tradition aufweisen kann (Toppe, 2009), prägen die Diskurse zu den „neuen Vätern" erst seit einem guten Jahrzehnt die Veröffentlichungen zu Leitbildern und zum Wandel von Vaterschaft im Rahmen einer sich zunehmend ausdifferenzierenden und expandierenden Forschung zu Vaterschaftskonzepten (Fthenakis & Minsel, 2002; Matzner, 2004; Baader, 2006; Mühling & Rost, 2007;

Kassner, 2008; Zerle & Krok, 2008; Tölke, 2008; Sabla, 2009). Zwei Themen scheinen hier besonders spannend zu sein: die Bedeutsamkeit von Vätern für die Entwicklung ihre Kinder und das Problem der neuen Doppelbelastung der Väter zwischen Berufsarbeit und väterlichem Engagement (Scholz, 2009, S. 92). Im Kern des aktuellen politischen und wissenschaftlichen Vaterschaftsdiskurses steht als Leitmotiv die Kritik an einem Leitbild, das den Vater nur als Ernährer der Familie betrachtet. Das „Neue" im Rahmen der „neuen Väter" wird darin gesehen, „dass diese Väter ein Verständnis von Vaterschaft entwickeln (und mitunter auch praktizieren), das sich mehr oder minder radikal von der Bestimmung des Vaters im Rahmen des Modells der sog. bürgerlichen Kleinfamilie unterscheidet. Dieses basiert bekanntlich auf einer klaren Trennung der Sphären der Produktion und der Reproduktion bzw. des Berufs und der Familie und sieht für den Mann die erste und für die Frau die zweite Sphäre vor, wobei diese Reihenfolge als Rangfolge zu verstehen ist. Zwischen Produktion und Reproduktion besteht ein hierarchisches Gefälle, das dem Mann die dominante Position im Geschlechterverhältnis zuweist." (Meuser, 2012, S. 64).

Kim-Patrick Sabla kritisiert den Begriff des „neuen Vaters", weil dieser einen großen Spielraum für Interpretationen bietet und weitestgehend diffus bleibt. Der „neue Vater" lässt sich am ehesten als Gegenpol zum so genannten traditionellen Vater konturieren: Er ist ein aktiver Vater, der sich in die Geburtsvorbereitung einbringt und mit dem Zeitpunkt der Geburt der Kinder einen gleichberechtigten Teil der Kindererziehung und der Aufgaben im Haushalt übernimmt. „Insgesamt ist er im Vergleich zu seinem Vorgänger besser in der Lage, die Balance von Familie und Erwerbsarbeit, von Erzieher und Ernährer für sich und andere familienfreundlicher zu gestalten" (Sabla, 2012, S. 229). Die aktuellen Befunde der Vaterforschung lassen im Hinblick auf die praktische Umsetzung einer solchen Vaterschaft derzeit noch Zweifel aufkommen. So hält es Rosemarie Nave-Herz trotz mancher Verhaltensänderungen von Vätern für verfrüht, von einem generellen Wandel der familialen Rollen zu sprechen (Nave-Herz, 2007, S. 61).

Elternschaft scheint aktuell einerseits durch eine faktisch immer noch recht traditionelle Arbeitsteilung geprägt zu sein – wenn auch mit zögerlichen Veränderungen (Wengler et al., 2008) –, während andererseits eine Angleichung normativer Erwartungen an Mütter und Väter erkennbar wird. So wächst der soziale Druck auf Väter, der Ernährerrolle die des erziehenden Vaters hinzuzufügen. Parallel zeigen mehrere Studien, dass das tradierte bürgerliche Vaterschaftskonzept des Familienernährers ein beträchtliches Beharrungsvermögen aufweist (Matzner, 2004). Auch Michael Meuser macht deutlich, dass das Ernährermodell als Orientierungsfolie noch nicht ausgedient hat und hierfür deutliche Indikatoren existieren. „Männer vollziehen, anders als Frauen, den Übergang zur Elternschaft in der Regel erst, wenn sie den Einstieg in den Arbeitsmarkt erfolgreich bewältigt haben." (Meuser, 2012, S. 72)

2.3 Pädagogisierung von Elternschaft

Als ein wesentliches Kennzeichen von moderner Familie und moderner Elternschaft gilt die verbreitete hohe Kindzentrierung und Individualisierung von Kindheit, die durch eine geringe Kinderzahl, wie sie zum Beispiel in Deutschland feststellbar ist (BMFSFJ, 2012c, S. 10ff.), bedingt wird. Familie in Deutschland kennt immer weniger eigene Geschwister-Systeme und ist auf eine umfassendere Präsenz von Eltern oder eines Elternteiles als Ansprechpartner angewiesen, sofern nicht auf andere private oder öffentliche Bezugssysteme zurückgegriffen wird. Anders sieht die Situation in Frankreich aus, wo neben der Geburtenrate (sie lag 2009 bei 2,01 Kindern pro Frau, Statistisches Bundesamt, 2012a, S. 40) auch die Erwerbstätigkeit von Müttern mit einem Kind unter drei Jahren mit 80% deutlich höher ist als in Deutschland und wo ein umfassendes öffentliches Kinderbetreuungs-, Bildungs- und Erziehungssystem bereit gehalten wird, das zu einem anderen Verhältnis zwischen Kindzentrierung und Kinddezentrierung geführt hat (Dienel, 2003). „Seit Anfang der siebziger Jahre hat sich das Muster der berufstätigen Mutter durchgesetzt. Der Zwei-Verdiener Haushalt ist in Frankreich das vorherrschende Leitbild." (BMFSFJ, 2005, S. 75)

Mit der modernen Kindzentrierung ist eine zunehmende Pädagogisierung und Professionalisierung der Elternrolle, besonders in West-Deutschland, verbunden. „Grundlage vieler Eltern-Kind-Beziehungen ist eine hoch emotionalisierte, partnerschaftlich-egalitäre Beziehung mit veränderten Erziehungszielen und -stilen. Selbständigkeit und Selbstverantwortung haben Gehorsam und Pflichtbewusstsein als wichtigste Erziehungsziele abgelöst. Autoritatives, d. h. offenes, am Leben der Kinder interessiertes Erziehungsverhalten, bei dem auch Regeln aufgestellt und kontrolliert werden, hat autoritäre Erziehung abgelöst, zumindest normativ." (Schneider, 2002, S. 16). Im Rahmen heutiger Elternschaft rückt die „Beziehungsorientierung" an die Stelle der „Aufgabenorientierung" vergangener Elternschaft (Peuckert, 2007, S. 50). Eltern beantworten kindliche Bedürfnisse nach einem liebevollen, akzeptierenden und unterstützenden Verhalten im Sinne elterlicher Wertschätzung, sie setzen dabei auch Grenzen, stellen Erwartungen an ihre Kinder und muten ihnen Forderungen zu, und sie geben ihnen genügend Spielraum, um selbst Erfahrungen machen zu können (Schneewind, 2012, S. 124). Nach Kränzl-Nagl und Mierendorff führt der hier skizzierte Trend zur Individualisierung dazu, „dass das einzelne Kind zunehmend als Individuum anerkannt wird – insbesondere Eltern stehen vor der zentralen Aufgabe, die Eigen-

und Selbständigkeit des Kindes zu fördern. Die Pädagogisierung der Kindheit nimmt immer stärker Züge einer individualistisch-orientierten Erziehung an: Damit gewinnen Erziehungswerte wie Selbstverwirklichung und -entfaltung an Bedeutung, während Werte wie Anpassung und Gehorsam an Relevanz verlieren" (Kränzl-Nagl & Mierendorff, 2007, S. 15).

Elternschaft ist dadurch in den letzten Jahrzehnten immer voraussetzungsvoller geworden und entwickelt sich zu einer zunehmend schwieriger zu bewältigenden Gestaltungsaufgabe. Gelingende Elternschaft bedeutet entweder ganz für die Kinder da zu sein oder die beschränkte Zeit mit den Kindern im Sinne von „Qualitätszeit" intensiv zu nutzen. „Kinder sind von früh an möglichst nicht nur im kognitiven, sondern auch sportlichen und motorischen Bereich anzuregen und systematisch zu instruieren." (Alt & Lange, 2012, S. 108)

Kränzl-Nagl und Mierendorff beschreiben das veränderte Eltern-Kind-Verhältnis als Entwicklung von der „Erziehung" zur „Beziehung" (weniger vom „Befehls- zum Verhandlungshaushalt") (Beham & Wilk, 1999) und betonen dabei, dass das generelle Machtgefälle zwischen Eltern und Kindern hier jedoch weitgehend unberührt bleibt (Kränzl-Nagl & Mierendorff, 2007, S. 16). Der Trend zur Pädagogisierung von Kindheit ist dabei nicht nur im Rahmen des Privaten beobachtbar, sondern erstreckt sich ebenso auf den institutionalisierten Freizeitbereich und den Betreuungsbereich: professionelle Lernprogramme lösen traditionelle Kindergruppen ab, Bildungskonzepte werden in vorschulischen Einrichtungen nach skandinavischem Vorbild stärker berücksichtigt, und der weitere Ausbau von außerfamiliärer Bildung wird gefordert, um die Förderung durch fachlich geschultes Personal effizienter zu gestalten und gleichzeitig zum Abbau sozialer Ungleichheiten beizutragen.

2.4 Der Bildungsauftrag von Eltern

Nicht zuletzt seitdem internationale Vergleichsuntersuchungen wie PISA, IGLU oder TIMMS die Botschaft transportiert haben, dass die Familie auf die Leistungen der Kinder einen weit stärkeren Einfluss ausübt als angenommen, wird der Familie ein großer Stellenwert in der Bildungsdebatte eingeräumt (Wissenschaftlicher Beirat für Familienfragen, 2002). Die Familie wie die soziale Herkunft bestimmen in Deutschland sehr viel mehr als in anderen Ländern die Bildungschancen und -zugänge von Kindern. Ludwig Liegle schreibt der Familie „eine fast schicksalhafte Bedeutung für die Erziehung und Bildung der Kinder" zu (Liegle, 2004, S. 2), die er unter anderem an den besonderen Spezifika von Familie als intimem Beziehungssystem festmacht. Familie kann hier nicht nur als Hintergrundvariable begriffen werden, sondern muss als zentrale Einflussgröße für Bildungsprozesse wahrgenommen werden (BMFSFJ, 2005b; Büchner & Brake, 2006). „Es ist die Familie, die entscheidende Voraussetzungen für den Erfolg von Lern- und Bildungsprozessen der nachwachsenden Generation schafft" (Wissenschaftlicher Beirat, 2005, S. 5), wenngleich sie auch nicht als der einzige gesellschaftliche Ort gelten kann, an dem dies geschieht. Die Familie gewinnt hier ihren Einfluss nicht nur über die soziale Herkunft der Eltern, sondern besonders auch durch alltägliche Kommunikations- und Vermittlungsprozesse zwischen Eltern und Kindern. „Dabei wird immer deutlicher, dass das Wissen und die Fähigkeiten, die das Individuum für die Bewältigung des Alltags, aber auch für die Konstruktion des eigenen Lebenslaufes benötigt, nicht im formalen Bildungssystem vermittelt werden, sondern an einer Vielzahl von Bildungsorten und Lebenswelten erworben werden müssen. Entsprechende Prozesse finden – insbesondere in den ersten Lebensjahren – zu einem erheblichen Teil in der Familie statt." (Smolka & Rupp, 2007, S. 219).

Der aktuelle Diskurs zum Zusammenhang von formeller, non-formaler und informeller Bildung (Rauschenbach, 2009) hat so in die Diskurse um Elternschaft Eingang gefunden und formuliert explizit einen Bildungsauftrag für Eltern, der sich nicht zuletzt aus der spezifischen Qualität von in der Familie erworbenen Kompetenzen ergibt (Büchner & Brake, 2006; Grundmann et al., 2003). Diese bilden eine Klasse von Fertigkeiten und Fähigkeiten, von Kompetenzen und Werthaltungen, die nicht im Rahmen des formalen Wissenserwerbs vermittelbar sind, sondern ganz überwiegend durch informelle Bildungsprozesse in der Familie erworben werden. Solche sozialen und personalen Kompetenzen und Wissensbestände lassen sich als Alltags- und Daseinskompetenzen bezeichnen (Krappmann, 2002). Barbara Stauber hat anschaulich gemacht, inwieweit im Kontext der neuen „Wissensgesellschaften" das Elternsein nichts Selbstverständliches mehr ist und ein hohes Maß an Reflexivität und eine große Bereitschaft, immer Neues zu lernen erfordert. „Die neue kulturelle Norm der informierten und kompetenten Elternschaft erscheint als beste Garantie für erfolgreiche Kinder", wobei dieser Erfolg – wie Stauber betont – oft auf den „formalen Erfolg im Bildungssystem" reduziert wird. (Stauber, 2011, S. 69). Elterliche Lernprozesse sind darüber hinaus in einer Vielzahl von Lebensbereichen gefordert, „von der quasi professionellen Herstellung gesunder Lebensbedingungen (Ernährung, Bewegung, Prophylaxe), über die Gestaltung von pädagogischen Beziehungen zu den Kindern, bis hin zu geglückten Aushandlungsprozessen in Geschlechterbeziehungen, einem erfolgreichen Kämpfen für Elternrechte und -interessen in Arbeitsbeziehungen, sowie einem guten Auftritt als aktive und engagierte Eltern in Bildungsinstitutionen." (Stauber, 2011, S. 70)

Die gesteigerte öffentliche Aufmerksamkeit gegenüber der Bedeutsamkeit von familialen Bildungsprozessen transportiert gleichzeitig eine Debatte über das Spannungsfeld von privater und öffentlicher Erziehungsverantwortung (Jurczyk & Oechsle, 2006), nicht nur was Ganztagsschulen oder Ganztagsbildung betrifft. Die Frage, wer bildet und betreut in welchem Umfang die Kinder bzw. inwieweit muss diese auch zeitlich flexibel gestaltet werden, ist abhängig vom Kindesalter, vom Angebot öffentlicher Betreuungsinstitutionen wie Kindertagesstätten, Ganztagsschulen oder Horteinrichtungen und von familialen, nachbarschaftlichen oder anderen Netzwerken.

3. Ausgestaltung von Elternschaft

Nachdem im vorausgegangenen Kapitel die Leitbilder und Anforderungen an Mütter und Väter im Fokus standen, beschäftigt sich der folgende Teil mit dem Alltag und den Handlungsformen von Eltern in ausgewählten Themenfeldern. Kernthemen sind dabei das „parentale Engagement von Eltern", im Sinne von Tätigkeiten für und mit Kindern (Walter & Künzler, 2002), die Bedeutung elterlicher Kompetenzen im Rahmen einer „Bildungswelt Familie" (Lange & Xylander, 2011b) sowie in nationaler wie internationaler Perspektive die Bewältigung von Anforderungen in Familie und Berufsleben. Besonders das Thema Vereinbarkeit von Familie und Beruf prägt aktuell die Debatten um Elternschaft in Deutschland wie in Europa (Klenner & Klammer, 2009; Lück, 2009; Pfau-Effinger, 2009; Mühling & Schwarze, 2011; Stauber, 2011). Insgesamt hat das Familienleben insbesondere auf Grund des Wandels der Frauenrolle tief greifende Wandlungsprozesse durchgemacht (Peuckert, 2007, S. 48), weshalb die Ausgestaltung der Mutterrolle hier besondere Aufmerksamkeit erfährt. Weitere Ausführungen zu den konkreten Handlungsformen von Müttern und Vätern finden sich im Kapitel 10 dieses Bandes unter der Überschrift „Aufteilung von Erwerbs-, Haus und Familienarbeit in Partnerschaften im Beziehungsverlauf".

3.1. „Parentales Engagement" von Müttern und Vätern

Eine ganze Reihe von Untersuchungen weisen inzwischen empirisch nach, dass die egalitäre Aufteilung von Elternaufgaben heute in vielen Partnerschaften einerseits als Ideal angesehen wird, elterliche Aufgabenteilung zwischen den Geschlechtern andererseits im Wesentlichen aber nur auf der Einstellungsebene ausgeglichener geworden ist und die zeitliche Belastung von Frauen durch Hausarbeit und Kinderbetreuung deutlich über der Belastung der Männer liegt (Klaus & Steinbach, 2002; Peuckert, 2005; Walter & Künzler, 2002; Wengler et al.,

2008). So fordern Wengler et al., die Aufteilung der Elternaufgaben in ihrer Diskrepanz zwischen Ideal und Wirklichkeit zu identifizieren, und machen gleichzeitig deutlich: „Untersuchungen speziell zum Thema Aufteilung von Elternaufgaben sind bisher nur in geringem Umfang vorhanden." (Wengler et al., 2008, S. 18).

Im Folgenden soll trotz einer eingeschränkten empirischen Basis der Frage nachgegangen werden, wie der Alltag und die Handlungsformen von Eltern aktuell konkret ausgestaltet werden und welche Unterschiede hier weiterhin zwischen Frauen und Männern in der Kinderbetreuung und den Aktivitäten mit Kindern bestehen. Wolfgang Walter und Jan Künzler bezeichnen diese Tätigkeiten für und mit Kindern „entsprechend der Konventionen der Elternschaftsforschung als parentales Engagement" (Walter & Künzler, 2002, S. 96). Sie erläutern weiter, dass im angelsächsischen Sprachgebrauch unter „parenting" der Prozesscharakter von Elternschaft verstanden wird, „der vor allem in der Familiengründungsphase und der Phase mit kleinen Kindern untersucht wird" (Walter & Künzler, 2002, S. 97). Dabei stehen zwei Themen im Vordergrund, die Spezialisierung der Eltern auf bestimmte Tätigkeiten und die Veränderung der Paarbeziehung. Mit dem Blick auf das Spannungsfeld von Geschlechter-Leitbildern und elterlicher Handlungspraxis kommen sie in Bezug auf Deutschland zu dem Schluss, dass in der deutschen Familiensoziologie die historische Veränderung der Elternschaft vorrangig als Wandel der Vaterrolle weniger mit Blick auf die Mutterrolle diskutiert worden ist (Matzner, 1989; Rerrich, 1990; Nave-Herz, 2007). Weiter stellen sie fest, dass der Grundbedarf an Kinderbetreuung durch die Mütter selbst oder durch ihre Organisation der Kinderbetreuung abgedeckt wird. Die Männer als Haupternährer ziehen sich zum großen Teil aus der Deckung dieses Bedarfs zurück. „Sie engagieren sich nur dann stärker in der Kinderbetreuung, wenn es ihren Präferenzen entspricht, wobei derartige Präferenzen nach wie vor auf eine Minderheit beschränkt bleiben. Bei den Müttern ist der Bedarf, der durch Kinder und ihre altersbedingten Betreuungsnotwendigkeiten gebildet wird, der einflußreichste Faktor." (Walter & Künzler, 2002, S. 110).

Die hier angesprochenen weiter zu verfolgenden Fragen des Zeitmanagements von Eltern waren bereits Thema in den Expertisen zum 7. Familienbericht der Bundesregierung und stellen inzwischen einen wichtigen Strang der aktuellen Familienforschung dar (Bauer, 2009; Heitkötter et al., 2009; Jurczyk et al., 2009). Internationale Zeitbudgetstudien zeigen, dass Frauen, ganz gleich ob sie erwerbstätig sind oder nicht, im Vergleich zu ihren Männern immer noch viele Zeitstunden mehr für Haushalt und Kinderbetreuung aufbringen. Diesbezüglich bleibt der „neue Vater" also wenig greifbar. Auf der anderen Seite gibt es empirische Evidenz dafür, dass Väter sehr viel mehr involviert sein wollten, wenn es ihre Erwerbssituation erlauben würde (Zerle & Krok, 2008). Detlev Lück hat herausgearbeitet, dass vor allem in Westdeutschland und in Südeuropa die „Vollzeit-Mutter" noch als die mit Abstand vorrangige Institution der Versorgung und Erziehung von (Klein-)Kindern gilt. „Wenn Kinder zur Welt kommen, unterbrechen viele Frauen ihre berufliche Karriere und nehmen wieder die herkömmliche Rolle als Mutter und Hausfrau an, nicht selten auf Dauer. Männer springen nicht in die Bresche. Wenn Kinder da sind, bleibt es in aller Regel Aufgabe der Frau, das Vereinbarkeitsproblem zu lösen". (Lück, 2009, S. 22/23). Fthenakis & Minsel (2002), die die gleichen Tendenzen in der LBS-Familien-Studie „Übergang zur Elternschaft" feststellen, sprechen in diesem Sinne von einer „Gleichberechtigungsfalle" beim Übergang zur Elternschaft.

Künzler et al. (2001) belegen in ihrer Untersuchung eine geringere Beteiligung von Männern an den Elternaufgaben und zeigen zum Beispiel, dass Männer in Paarbeziehungen ungefähr 21 Stunden pro Woche Zeit mit ihrem Kind verbringen, während das Kind im Vorschulalter ist. Für Frauen wurde in derselben Untersuchung ein Wochenpensum von 36 Stunden Aktivität mit einem Kind im Vorschulalter ermittelt. (Künzler et al., 2001; Wengler et al., 2008, S. 20). Nach Wengler et al. scheint die Beteiligung der Väter an der Erziehung und Betreuung ihrer Kinder in den letzten Jahren und Jahrzehnten zuzunehmen, sie ist dabei allerdings abhängig von der Partnerschaftsform und variiert mit dem Aufgabentyp. So ist die Arbeitsteilung zwischen Eltern „in nichtehelichen Lebensgemeinschaften stärker auf Egalität ausgerichtet als in Ehen" (Wengler et al., 2008, S. 81) und die Väter übernehmen anscheinend vermehrt die „Pleasure"-Aktivitäten, während die Versorgungsaufgaben des Kindes eher den Müttern zufallen. (Wengler et al., 2008, S. 20). Väter engagieren sich immer dort und intensiv, wo es ihnen Spaß macht und zum Feierabendvergnügen zählt. Entsprechende Zusammenhänge lassen sich nach Befunden des Eurobarometers 2003 auch auf der Einstellungsebene nachweisen (Mühling & Rost, 2006). Der Einfluss des Alters der Kinder bei der Aufteilung der Aufgaben ist bisher nicht ganz eindeutig. Für die Ressourcen Einkommen und Bildung zeigen sich nach Wengler et al. Geschlechterunterschiede hinsichtlich der Aufteilung von Elternaufgaben innerhalb einer Partnerschaft. So kann eine Frau mit zunehmendem Einkommen in Relation zu ihrem Partner mehr Elternaufgaben an ihren Partner abgeben. Eine höhere Bildung der Frau gegenüber ihrem Partner führt hingegen im Modell der Männer zu einer traditionelleren Aufgabenteilung (Wengler et al., 2008, S. 82).

Zu berücksichtigen ist bei diesen Ergebnissen in einer gesamteuropäischen Perspektive der Einfluss der Zusammensetzung des jeweiligen welfare-Mix in einem Land auf die Handlungsmöglichkeiten von Eltern, „mit besonderem Augenmerk auf den gesamten Bereich der Kinderbetreuungsmöglichkeiten, auf das jeweils dominierende Ernährermodell, auf Fragen einer arbeitnehmerseitigen Arbeitszeitflexibilität, auf das jeweils dominierende Vereinbarkeits-Modell und ihre Problematiken, auf Erziehungszeiten (und ihre Optionen für Väter) und auf das institutionelle Level der Geschlechtergerechtigkeit" (Stauber, 2011, S. 55).

3.2 Die Bildungswelt Familie

Familie ist ein äußerst bedeutsamer Bildungsort, im Sinne eines Backgrounds für die formale Bildungsbiographie und als Ort, an dem spezifische Wissensbestände und Haltungen von Eltern auf individuelle Weise vermittelt werden, dies ist in der Wissenschaft inzwischen relativer Konsens. Über die Bildungsprozesse in Familien sowie deren Konsequenzen liegen zunehmend empirische Forschungs-ergebnisse vor (Lange & Xylander, 2011b), wobei die Aussagen zu spezifischen Bildungsprozessen von Müttern bzw. Vätern in familialen Zusammenhängen im Einzelnen sich sehr spezifisch auf ausgewählte Bildungsprozesse im Rahmen von Medienrezeption (Lange & Xylander, 2011a, S. 73) oder Familienurlaub als Lern-zeit beziehen (Nentwig-Gesemann, 2007), um nur einige Beispiele zu nennen. Andreas Lange und Margret Xylander bezeichnen es als methodisches und theo-retisches Desiderat, den „Stellenwert, der den einzelnen Akteuren im Bildungs-spiel jeweils zukommt", genauer zu analysieren (Lange & Xylander, 2011a, S. 79).

Grundsätzlich kann festgehalten werden: „Bildung als Aneignung der Grund-voraussetzungen für den Zugang zur sozialen und kulturellen Welt vollzieht sich in der Familie über die Reziprozität der familialen Generationenbeziehungen und die Wechselseitigkeit des Gebens und Nehmens im Familienalltag und hat in erheblichem Umfang rückwirkenden Einfluss auf die sich bildenden Subjekte." (Büchner & Wahl, 2005, S. 360). Neuere Studien betonen die spezifische Qualität von in der Familie erworbenen Kompetenzen (Büchner & Brake, 2006; Grundmann et al., 2003). „Diese bilden eine Klasse von Fertigkeiten und Fähig-keiten, von Kompetenzen und Werthaltungen, die nicht im Rahmen des formalen Wissenserwerbs vermittelbar sind, sondern ganz überwiegend durch informelle Bildungsprozesse (in der Familie) erworben werden. Solche sozialen und personalen Kompetenzen und Wissensbestände lassen sich als Alltags- und Daseinskompetenzen bezeichnen" (Smolka & Rupp, 2007, S. 224; Krappmann, 2002). Zu diesen Kompetenzen zählen nach Smolka und Rupp ressourcen-bezogene Kompetenzen wie der Umgang mit finanziellen Mitteln, haushalts-bezogene Kompetenzen, Ernährungswissen, Mediennutzungskompetenzen und Beziehungs- und Erziehungskompetenzen (Smolka & Rupp, 2007). Im Zuge familialer Bildungsprozesse spielt der alltägliche Rahmen des Zusammenlebens der Familienmitglieder eine besondere Rolle, das Bildungsgeschehen läuft dabei im Sinne der „alltäglichen Lebensführung" ab. Quasi nebenbei vermitteln Eltern Grundlegendes, auch in den Bereichen Moral, Politik, Geschlecht und Generation (Lange & Xylander, 2011a, S. 66f.). Eine besondere Rolle spielt dabei die emotionale Prägung des Bildungsgeschehens (Minsel, 2007).

3.3 Vereinbarkeit von Familie und Beruf

Mit der Erosion des männlichen Ernährermodells stellt sich die Frage nach der Vereinbarkeit von Beruf und Familie für Mütter und Väter. Hierfür die struktu-rellen Rahmenbedingungen zu schaffen ist zu einer politischen und gesell-schaftlichen Herausforderung geworden. Zunehmend wird „die eigenständige Existenzsicherung von Frauen als Ziel von europäischer und deutscher Politik thematisiert" (Klenner et al., 2011, S. 3).

Sind Leitbilder zählebiger als die strukturellen Bedingungen, die ihnen zugrunde lagen, schreiben sie sich auch in neue Organisationsformen ein. Und so ist je nach soziokulturellem Hintergrund, Rechtstradition und politischer Orientierung „das überkommene Modell des männlichen Alleinernährers in unterschiedlicher landesspezifischer Ausprägung – zumindest phasenweise – weiterhin lebendig. Der empirische Befund in Europa zeigt dementsprechend einen jeweils länder-spezifisch ausgestalteten Pluralismus der Geschlechterarrangements, d. h. Frauen und Männer leben in unterschiedlichen Konstellationen der Verteilung von Erwerbs- und Familienarbeit." (Hohnerlein & Blenk-Knocke, 2009, S. 13). So dominiert zum Beispiel in Dänemark und Frankreich bei Paaren das Zwei-Vollzeit-Erwerbstätigen-Modell, in Großbritannien und Deutschland ist das Vollzeit-Teilzeit-Erwerbstätigen-Modell (modifiziertes Ernährermodell) beson-ders beliebt und in Italien herrscht noch das traditionelle Alleinernährermodell vor (BMFSFJ, 2008). Zu berücksichtigen ist hier allerdings, dass die tatsächlich gelebten Erwerbsarrangements von Paaren nicht immer auch den Einstellungen und Wünschen der Beteiligten entsprechen und gesellschaftliche und rechtliche Rahmenbedingungen auch nicht in allen Ländern eine freie Wahl zwischen Beruf und Familie zulassen. Trotz der Langlebigkeit der Erwerbsarrangements ist ein Wandel der Leitbilder zu beobachten. Spannend ist hier die Frage, warum das Ernährermodell, wenn auch modernisiert, gerade in Deutschland bis in die Gegenwart so prägend geblieben ist. Antworten finden sich sicherlich in der speziellen Geschichte der Herausbildung der bürgerlichen Familie in Deutschland und in der spezifischen Entwicklung des Bildungssystems (Richter, 2008).

Stellt sich einerseits die Frage, was kommt nach dem Ernährermodell (Leitner et al., 2004), und welche Geschlechterarrangements lösen das traditionelle männliche Ernährermodell ab, wird andererseits in Deutschland und einigen anderen Ländern Europas wie die Niederlande oder Italien an der Idee der „privaten Kindheit" (Andresen, 2011) ungebrochen festgehalten. Trotz der breiten Debatten um die Vereinbarkeit von Familie und Beruf und zur Ausweitung der Angebote zur Ganztagsbetreuung in Kindertagesstätten und im Schulbereich ist die Überzeugung – zumindest in West-Deutschland – nach wie vor verbreitet, dass Kinder unter drei Jahren ganztags und später zumindest am Nachmittag zuhause durch die Eltern, genauer gesagt die Mütter betreut werden sollten (World Vision e.V., 2007). Was in der DDR selbstverständlich war, dass Kinder ab einem bestimmten Alter von anderen Menschen als den Eltern betreut wurden, führt in der alten BRD auch heute noch zu hoch kontroversen öffentlichen Debatten. Eine Rolle spielt hier sicherlich die in Deutschland vorherrschende Ansicht, anders als zum Beispiel in Nordeuropa, dass familienexterne und damit öffentliche Kinderbetreuung vor allem zur Vereinbarung von Erwerbsarbeit und Elternschaft erforderlich ist. Sie basiert weniger auf einer kindheitsorientierten Überzeugung, dass Kinder die außerfamiliale Betreuung als Lern- und Erfahrungsraum brauchen (Honig, 2006).

Die Unterschiede im Rahmen der konkreten Handlungsanforderungen und -ausgestaltungen von Eltern fallen besonders ins Auge bei der Betrachtung der Lebensrealitäten von „West-" und „Ost-Müttern". In der DDR gehörte die Vollzeiterwerbstätigkeit von Frauen zu den expliziten gesellschaftspolitischen Zielen, sie wurde normativ für selbstverständlich erachtet und auf den unterschiedlichsten Ebenen entsprechend institutionell gefördert. Die Entwicklung zum Zweiverdienermodell hatte sich unter dem Einfluss des DDR-Leitbildes, flankiert durch den starken Ausbau ganztätiger Betreuungseinrichtungen für Kinder aller Altersgruppen, wesentlich früher und massiver vollzogen als in Westdeutschland. Vor der Wiedervereinigung waren neun von zehn Müttern berufstätig, und zwar überwiegend Vollzeit. Die meisten Frauen kehrten spätestens ein Jahr nach der Geburt eines Kindes ins Arbeitsleben zurück (Peuckert, 2008, S. 232). Die Brüche in den Erwerbsbiografien westdeutscher Mütter sind auf strukturelle und kulturelle Faktoren zurückzuführen, so etwa auf eine (nicht) ausreichende Zahl an Kita-Plätzen und auf kulturelle Leitbilder wie das der „guten Mutter". Mütter in Ost- und Westdeutschland erlebten, zum Teil vermittelt durch die Elterngeneration, ganz unterschiedliche Betreuungsarrangements. Die Folgen sind anhaltend unterschiedliche Elternschaftskonzepte in Ost- und Westdeutschland. „So meinen im Jahr 2002 immerhin noch 66% aller westdeutschen Frauen, dass Kleinkinder unter der Berufstätigkeit der

Mütter leiden (...), während dies nur von 39% der ostdeutschen Frauen vertreten wird" (Böllert, 2012, S. 105).

Diesem Spannungsfeld weiblicher Leitbilder und Lebensrealitäten steht gleichzeitig eher ein diffuses Vaterbild gegenüber, in dem einerseits Väter aktiver an der Erziehung partizipieren sollen, während ihnen andererseits der Erwerbsalltag nicht die erforderliche Flexibilität bietet. „Der Wandel des Rollenbilds vom Ernährer zum Erzieher kollidiert im Familienalltag mit den gestiegenen Ansprüchen im Berufsleben und der ganz aktuell zunehmend wichtiger werdenden Aufgabe, die Familie bei steigender Inflation und galoppierenden Preisen über Wasser halten zu können." (Alt & Lange, 2012, S. 108) In der sog. Väterstudie der Bertelsmann-Stiftung (Zerle & Krok, 2008), in deren Rahmen 1.803 Männer im Alter zwischen 15 und 42 Jahren befragt worden sind, formulierten die Männer, dass für sie die Möglichkeit, eine Familie ernähren zu können, die wichtigste Voraussetzung für eine Vaterschaft ist und sie es als ihre Aufgabe betrachten, den Lebensunterhalt für die Familie zu verdienen. Gleichzeitig sahen sie es als ihre Aufgabe, sich Zeit für die Kinder zu nehmen und diese zu betreuen, so gut es eben geht. Männer mit geringerem Bildungsabschluss zeigten eine größere Bereitschaft, ihren Beruf zugunsten der Zeit mit dem Kind zurückzustellen.

Die Vereinbarkeitsprobleme, die Eltern in Deutschland noch immer haben, sind in Nordeuropa nicht mehr zu beobachten. Hier werden Lebensmodelle mit einer neuen Balance im Lebenslauf sozial- und familienpolitisch sehr viel besser gestützt als im deutschen Wohlfahrtssystem. „Die vielfältigen Anforderungen an junge Erwachsene, wie ein hohes Investment in Bildung und Ausbildung, die Integration in hoch spezialisierte und ausdifferenzierte Arbeitsmärkte, die Entwicklung von ökonomischer und sozialer Unabhängigkeit von den Eltern, Lebenserfahrungen als Single, als Partner bzw. Partnerin in einer Lebensgemeinschaft und mit Elternschaft sind durch sozial- und bildungspolitische Rahmenbedingungen mit einer früheren Selbstständigkeit zeitlich besser in den Lebenslauf integriert als in Deutschland, und somit wird auch der soziale und zeitliche Druck in einer sehr kurzen Lebensphase geringer." (BMFSFJ, 2005, S. 109).

4. Fazit

Der Blick auf Mutter- und Vaterrollen in Europa, mit national unterschiedlichen sozialen und kulturellen Hintergründen, verschiedenen Staatssystemen und historischen Altlasten, verdeutlicht, dass in vielen europäischen Ländern beträchtliche Veränderungen im Bereich von Vater- und Mutterschaft statt-gefunden haben und noch stattfinden. Dazu zählen symbolische Repräsentationen wie etwa die „neuen Väter", die vor dem Hintergrund einer Veränderung der Vaterschaftskonzepte (vom Ernährer zum Erzieher) einer all-täglichen Lebenspraxis vorausgehen, auch wenn Zeit für Kinderbetreuung für immer mehr junge Männer ein Thema wird (Tölke, 2008). Und dazu zählen auch neue Bilder einer vielseitig belastbaren berufstätigen Mutter, die gerade auch junge Mütter, nicht zuletzt aufgrund eines Mangels an infrastrukturellen Bedingungen, unter beträchtlichen Druck setzen. Im Spannungsfeld von Privatheit und Öffentlichkeit scheint besonders die Frage nach Strategien für eine möglichst gelingende Verknüpfung von Fürsorge und Arbeit, von Familien- und Erwerbsleben von Bedeutung. Eine besondere Herausforderung bildet dabei die Wirkmächtigkeit von Leitbildern und kulturellen Grundmustern, die sich nur langsam an veränderte strukturelle Rahmenbedingungen anpassen.

Die Leistungen, welche im Rahmen privater Beziehungen von Müttern und Vätern erbracht werden, haben sich in den letzten Jahrzehnten ständig erhöht. Einfluss haben hier veränderte soziale Sicherungssysteme, die Armuts-gefährdungen von spezifischen Lebensformen wie Alleinerziehenden mit sich bringen (Alt & Bayer, 2012), die Kind-Zentrierung der Familie und die Pädago-gisierung von Kindheit sowie das Bildungssystem mit seinen Leistungs-anforderungen. Die Erwartungen an Eltern sind derart gestiegen, dass sie als Ursache für die zunehmende Kinderlosigkeit diskutiert werden, und Politik und Arbeitgeber- wie Arbeitnehmerverbände machen – zumindest in ihren Proklamationen – zunehmend Familienfreundlichkeit zum Markenzeichen von Wirtschaft. Leitsätze allein genügen hier allerdings nicht. Familienpolitische Maßnahmen, die auf die Integration von Frauen in den Erwerbsarbeitsmarkt zielen, können zudem nur dann zu einer tatsächlichen Vereinbarkeit von Familie und Beruf beitragen, wenn sie auch männliche Lebensvorstellungen und -realitäten berücksichtigen. Besondere Herausforderungen bestehen bei der Schaffung von familienfreundlichen Arbeitszeiten und Kinderbetreuungszeiten. Notwendig sind weiterhin qualitativ hochwertige, flexible und kostengünstige Kinderbetreuungsangebote, die nach aktuellen Anforderungsprofilen zunehmend in Richtung Kinderbildungseinrichtungen gehen. Entwicklungen in Nordeuropa können hier wegweisend sein. Die nordeuropäischen Staaten haben mit ihrer Überzeugung, Gleichheit als Leitgedanken ihrer Familienpolitik zu setzen, seit Beginn der 1990er-Jahre gezeigt, dass die Orientierung der Familienpolitik an Chancengleichheit der Geschlechter im Familienleben längst nicht mehr nur eine Forderung aus der Perspektive der Frauenpolitik sein kann. Ein solches Umdenken kann aber nur entwickelt werden, wenn die Überzeugung greift, dass Bildung, Erziehung und Betreuung von Kindern als gesamtgesellschaftliche Aufgaben zu betrachten sind. Neben der Entwicklung und dem Ausbau von familien- und geschlechterreflektierenden strukturellen und institutionellen Angeboten, die gleichermaßen ökonomische Ressourcen wie Zeitressourcen von Eltern berücksichtigen (BMFSFJ, 2012a), sind allerdings auch Veränderungen in den Köpfen von Eltern, von Vätern und Müttern unter Bezugnahme auf die Elternrollen notwendig. Solange es nach wie vor – unter Berücksichtigung nationaler wie internationaler Unterschiede – primär Mütter sind, die sich um die Kinder kümmern, und Väter – trotz aller Debatten und Publikationen über „neue Väter" – unreflektiert der tradierten Erwerbsorientierung folgen, werden Ungleichgewichte und geschlechterbezogene Nachteile im Erwerbsleben nicht beseitigt werden können.

Literatur

Alt, C. & Bayer, M. (2012). Aufwachsen in Disparitäten. Zur Armut von Kindern und ihren Folgen. In T. Rauschenbach & W. Bien (Hrsg.), *Aufwachsen in Deutschland AID:A – Der neue DJI-Survey* (110-118). Weinheim: Beltz.

Alt, C. & Lange, A. (2011). Erschöpft und ausgelaugt, und dann noch Kinder – Elternschaft zwischen Erwerbsarbeit und Familie. In R. Lutz (Hrsg.), *Erschöpfte Familien* (107-124). Wiesbaden: VS.

Andresen, S. (2007). Vom Missbrauch der Erziehung. In M. Brumlik (Hrsg.), *Vom Missbrauch der Disziplin. Antworten der Wissenschaft auf Bernhard Bueb* (76-99). Weinheim: Beltz.

Andresen, S. (2011). Was ist „private Kindheit"? Perspektiven der Forschung. In S. Wittmann et al. (Hrsg.), *Kinder in Deutschland. Eine Bilanz empirischer Studien* (63-73). Weinheim: Juventa.

Andresen, S. et al. (2011): Familien als Akteure der Ganztagsschule. Zusammenhänge und Passungsverhältnisse. *Zeitschrift für Erziehungswissenschaft, 14, Sonderheft 15.* Wiesbaden, 205-219.

Baader, M. S. (2006). Vaterschaft im Spannungsverhältnis zwischen alter Ernährerrolle, neuen Erwartungen und Männlichkeitsstereotypen. In M. Bereswill et al. (Hrsg.), *Vaterschaft im Wandel* (117-136). Weinheim: Juventa.

Bastin, S. et al. (2012). *Diversität von Familienformen in Ost- und Westdeutschland.* MPIDR Working Paper WP-2012-001.

Bauer, F. (2009). „Nicht viel Neues in Küche und Kinderzimmer". Zur Beharrlichkeit der traditionellen geschlechtsspezifischen Zeitverwendung in Deutschland und Großbritannien. In M. Heitkötter et al. (Hrsg.), *Zeit für Beziehungen? Zeit und Zeitpolitik für Familien* (235-257). Opladen: Barbara Budrich.

Beham, M. & Wilk, L. (1999). Eltern-Kind-Beziehungen. In Bundesministerium für Umwelt, Jugend und Familie (Hrsg.), *Zur Situation von Familie und Familienpolitik in Österreich. 4. österreichischer Familienbericht: Familie – zwischen Anspruch und Alltag* (233-253). Wien.

Böllert, K. & Peter, C. (Hrsg.) (2012). *Mutter + Vater = Eltern? Sozialer Wandel, Elternrolle und soziale Arbeit.* Wiesbaden: VS.

Böllert, K. (2012). Frauen in Familienverhältnissen: Zur Vereinbarkeit von Familie und Beruf. In K. Böllert & C. Peter (Hrsg.), *Mutter + Vater = Eltern?* (99-110). Wiesbaden: VS.

Brake, A. (2008). Der Wandel familialen Zusammenlebens und seine Bedeutung für die (schulischen) Bildungsbiographien der Kinder. In C. Rohlfs et al. (Hrsg.). *Kompetenz-Bildung. Soziale, emotionale und kommunikative Kompetenzen von Kindern und Jugendlichen* (95-126). Wiesbaden: VS.

Büchner, P. & Brake, A. (Hrsg.) (2006). *Bildungsort Familie. Transmission von Bildung und Kultur im Alltag von Mehrgenerationenfamilien.* Wiesbaden: VS.

Bundesministerium für Familie, Senioren, Frauen und Jugend, (Hrsg.) (2000). *Familien ausländischer Herkunft in Deutschland. Leistungen, Belastungen, Herausforderungen. Sechster Familienbericht.* Berlin: BMFSFJ.

Bundesministerium für Familie, Senioren, Frauen und Jugend, BMFSFJ (Hrsg.) (2003). *Wo bleibt die Zeit? Die Zeitverwendung der Bevölkerung in Deutschland 2001/02.* Wiesbaden.

Bundesministerium für Familie, Senioren, Frauen und Jugend, BMFSFJ (Hrsg.) (2005). *Familie zwischen Flexibilität und Verlässlichkeit – Perspektiven für eine lebenslaufbezogene Familienpolitik. Siebter Familienbericht.* Baden-Baden.

Bundesministerium für Familie, Senioren, Frauen und Jugend, BMFSFJ (Hrsg.) (2008). *Eigenverantwortung, private und öffentliche Solidarität – Rollenleitbilder im Familien- und Sozialrecht im europäischen Vergleich.* Baden-Baden.

Bundesministerium für Familie, Senioren, Frauen und Jugend, BMFSFJ (Hrsg.) (2009). *Rollenleitbilder und -realitäten in Europa: Rechtliche, ökonomische und kulturelle Dimensionen.* Dokumentation des Workshops, 20.-22. Oktober 2008. Forschungsreihe Band 8. Baden-Baden.

Bundesministerium für Familie, Senioren, Frauen und Jugend, BMFSFJ (Hrsg.) (2010). *Familie, Wissenschaft, Politik. Ein Kompendium der Familienpolitik.* Wissenschaftlicher Beirat für Familienfragen beim Bundesministerium für Familie, Senioren, Frauen und Jugend. Berlin.

Bundesministerium für Familie, Senioren, Frauen und Jugend, BMFSFJ (Hrsg.) (2011). *Neue Wege – Gleiche Chancen. Gutachten der Sachverständigenkommission an das Bundesministerium für Familie, Senioren, Frauen und Jugend für den ersten Gleichstellungsbericht der Bundesregierung.* Berlin.

Bundesministerium für Familie, Senioren, Frauen und Jugend, BMFSFJ (Hrsg.) (2012a). *Achter Familienbericht. Zeit für Familie. Familienzeitpolitik als Chance nachhaltiger Familienpolitik.* Berlin.

Bundesministerium für Familie, Senioren, Frauen und Jugend, BMFSFJ (Hrsg.) (2012b). *Alleinerziehende in Deutschland. Lebenssituationen und Lebenswirklichkeiten von Müttern und Kindern. Monitor Familienforschung. Beiträge aus Forschung, Statistik und Familienpolitik.* Berlin.

Bundesministerium für Familie, Senioren, Frauen und Jugend, BMFSFJ (Hrsg.) (2012c). *Familienreport 2011. Leistungen, Wirkungen, Trends.* Berlin.

Dienel, C. (2003). Die Mutter und ihr erstes Kind – individuelle und staatliche Arrangements im europäischen Vergleich. *Zeitschrift für Familienforschung, 15* (2), 120-145.

Ecarius, J. (2007). Familienerziehung. In J. Ecarius (Hrsg.), *Handbuch Familie* (137-156). Wiesbaden: VS.

Frankfurter Rundschau vom 09.01.2012. *Revolution in der Familie.* Online publiziert unter: http://www.fr-onlne.de/politik/familienreport-2011-revolution-in-der-familie, 1472596,11408270.html.

Fthenakis, W. & Minsel, B. (2002). *Die Rolle des Vaters in der Familie.* Schriftenreihe des BMFSFJ. Stuttgart: W. Kohlhammer.

Gerhard, U. et al. (Hrsg.) (2003). *Erwerbstätige Mütter. Ein europäischer Vergleich.* München: C.H. Beck.

Grundmann, M. et al. (Hrsg.) (2003). Milieuspezifische Bildungsstrategien in Familie und Gleichaltrigengruppe. *Zeitschrift für Erziehungswissenschaft, 6* (1), 25-45.

Grunow, D. (2007). Wandel der Geschlechterrollen und Väterhandeln im Alltag. In T. Mühling & H. Rost (Hrsg.), *Väter im Blickpunkt. Perspektiven der Familienforschung* (49-76). Opladen: Barbara Budrich.

Gysi, J. & Meyer, D. (1993). Leitbild: berufstätige Mutter – DDR-Frauen in Familie, Partnerschaft und Beruf. In G. Helwig & H. M. Nickel (Hrsg.), *Frauen in Deutschland 1945-1992* (139-165). Berlin: Akademie Verlag.

Heidinger, I. (2010). *Das Prinzip Mütterlichkeit – geschlechterübergreifende soziale Ressource. Gegenstandstheoretische und handlungsorientierte Perspektiven.* Wiesbaden: VS.

Heitkötter, M. et al. (2009). *Zeit für Beziehungen? Zeit und Zeitpolitik für Familien.* Opladen: Barbara Budrich.

Herwartz-Emden, L. (1995). *Mutterschaft und weibliches Selbstkonzept. Eine interkulturell vergleichende Untersuchung.* Weinheim: Juventa.

Hillmert, S. (2011). Soziale Ungleichheit und Familie. Von der Diagnose herkunftsbedingter Lebenschancen zur Analyse sozialer Reproduktion. In P. A. Berger et al. (Hrsg.), *Reproduktion von Ungleichheit durch Arbeit und Familie* (279-300). Wiesbaden: VS.

Hohnerlein, E.-M. & Blenk-Knocke, E. (2009). Einführung. In Bundesministerium für Familie, Senioren, Frauen und Jugend, BMFSFJ (Hrsg.), *Rollenleitbilder und -realitäten in Europa: Rechtliche, ökonomische und kulturelle Dimensionen* (13-18). Dokumentation des Workshops, 20.-22. Oktober 2008. Forschungsreihe Band 8. Baden-Baden.

Honig, M. S. (2006). Kindheiten. In A. Scherr (Hrsg.), *Soziologische Basics. Eine Einführung für Pädagogen und Pädagoginnen* (97-100). Wiesbaden: VS.

Höpflinger, F. & Fux, B. (2008). Familien – Intereuropäische Perspektive. In J. Ecarius (Hrsg.), *Handbuch Familie* (57-77). Wiesbaden: VS.

Hradil, S. (2005). *Soziale Ungleichheit in Deutschland.* Wiesbaden: VS.

Jurczyk, K. (2011). Privatheit, Familie, Kindheit. Anmerkungen zu einem ambivalenten Verhältnis. In S. Wittmann et al. (Hrsg.), *Kinder in Deutschland. Eine Bilanz empirischer Studien* (82-95). Weinheim: Juventa.

Jurczyk, K. et al. (2009). *Entgrenzte Arbeit – Entgrenzte Familie. Grenzmanagement im Alltag als neue Herausforderung.* Berlin: edition sigma.

Jurczyk, K. & Oechsle, M. (2006). Das Private neu denken. Umbrüche, Diskurse, offene Fragen. *ZiF-Mitteilungen,* (4), 7-18.

Kapella, O. et al. (Hrsg.) (2009). *Vielfalt der europäischen Familie.* Opladen: Barbara Budrich.

Kassner, K. (2008). Männlichkeitskonstruktionen von „neuen Vätern". In N. Baur & J. Luedtke (Hrsg.), *Die soziale Konstruktion von Männlichkeit* (141-164). Opladen: Barbara Budrich.

Klenner, C. & Klammer, U. (2009). Weibliche Familienernährerinnen in West- und Ostdeutschland – Wunschmodell oder neue Prekarität? In Bundesministerium für Familie, Senioren, Frauen und Jugend, BMFSFJ (Hrsg.), *Rollenleitbilder und -realitäten in Europa: Rechtliche, ökonomische und kulturelle Dimensionen* (55-80). Dokumentation des Workshops, 20.-22. Oktober 2008, Forschungsreihe Band 8. Baden-Baden.

Klenner, C. et al. (2011). *Flexible Familienernährerinnen – Prekarität im Lebenszusammenhang ostdeutscher Frauen?* Veröffentlichung des Wirtschafts- und Sozialwissenschaftlichen Institut (WSI) in der Hans-Böckler-Stiftung gemeinsam mit SowiTra. Düsseldorf.

Kortendiek, B. (2010). Familie: Mutterschaft und Vaterschaft zwischen Traditionalisierung und Modernisierung. In R. Becker & B. Kortendiek (Hrsg.), *Handbuch Frauen- und Geschlechterforschung. Theorie, Methoden, Empirie* (442-452). Wiesbaden: VS.

Kränzl-Nagl, R. & Mierendorff, J. (2007). Kindheit im Wandel. Annäherungen an ein komplexes Phänomen. *SWS-Rundschau, 47* (1), 3-25.

Krappmann, L. (2002). Kompetenzförderung im Kindesalter. *Aus Politik und Zeitgeschichte 9*, 14-19.

Kreyenfeld, M. & Geisler, E. (2006). Müttererwerbstätigkeit in Ost- und Westdeutschland. *Zeitschrift für Familienforschung, 18* (3), 333-360.

Künzler, J. et al. (2001). *Gender division of labour in unified Germany.* European Network on Politics and the Division of Unpaid and Paid Work. Tilborg: Tilborg University. Online publiziert unter: http://www.politikwissenschaft.uni-wuerzburg.de/fileadmin/06060101/na_rep.pdf

Lange, A. & Xylander, M. (2011a). Bildungswelt Familie: Disziplinäre Perspektiven, theoretische Rahmungen und Desiderate der empirischen Forschung. In Lange, A. & M. Xylander (Hrsg.), *Bildungswelt Familie. Theoretische Rahmung, empirische Befunde und disziplinäre Perspektiven* (23-94). Weinheim: Juventa.

Lange, A. & Xylander, M. (Hrsg.) (2011b). *Bildungswelt Familie. Theoretische Rahmung, empirische Befunde und disziplinäre Perspektiven.* Weinheim: Juventa.

Leitner, S. et al. (Hrsg.) (2004). *Wohlfahrtsstaat und Geschlechterverhältnis im Umbruch. Was kommt nach dem Ernährermodell?* Wiesbaden: VS.

Lenz, K. (2009). Haben Familien und Familiensoziologie noch eine Zukunft? In G. Burkart (Hrsg.), *Zukunft der Familie. Prognosen und Szenarien* (73-92). Zeitschrift für Familienforschung, Sonderheft 6. Opladen: Barbara Budrich.

Lettke, F. & Lange, A. (Hrsg.) (2007). *Generationen und Familien: Analysen – Konzepte – gesellschaftliche Spannungsfelder.* Frankfurt a. M.: Suhrkamp.

Liegle, L. (2004). Die Bedeutung der Familienerziehung. In Staatsinstitut für Frühpädagogik, IFP (Hrsg.), *Familienhandbuch.* Online publiziert unter: https://www.familienhandbuch.de/elternschaft/familie/die-bedeutung-der-familienerziehung

Lück, D. (2009). *Der zögernde Abschied vom Patriarchat. Der Wandel von Geschlechterrollen im internationalen Vergleich.* Berlin: edition sigma.

Lutz, R. (Hrsg.) (2012). *Erschöpfte Familien.* Wiesbaden: VS.

Maihofer, A. (2004). Was wandelt sich im aktuellen Wandel der Familie? In J. Beerhorst et al. (Hrsg.), *Kritische Theorie im gesellschaftlichen Strukturwandel* (384-408). Frankfurt a. M.: Suhrkamp.

Matzner, M. (1998). *Vaterschaft heute. Klischees und soziale Wirklichkeit.* Frankfurt a. M.: Campus.

Meuser, M. (2012). Vaterschaft im Wandel. Herausforderungen, Optionen, Ambivalenzen. In K. Böllert & C. Peter (Hrsg.), *Mutter + Vater = Eltern?* (63-80). Wiesbaden: VS.

Minsel, B. (2007). Stichwort: Familie und Bildung. *Zeitschrift für Erziehungswissenschaft, 10* (3), 299-316.

Mühlfeld, C. & Viethen, M. (2009). *Familie in der Krise? Familienwissenschaften im Spannungsverhältnis zwischen Zeitdiagnostik und Krisenszenarien.* Augsburg: Maro.

Mühling, T. & Schwarze, J. (2011). *Lebensbedingungen von Familien in Deutschland, Schweden und Frankreich. Ein familienpolitischer Vergleich.* Opladen: Barbara Budrich.

Nave-Herz, R. (2007). *Familie heute. Wandel der Familienformen und Folgen für die Erziehung.* Darmstadt: Wissenschaftliche Buchgesellschaft.

Nave-Herz, R. (2012). Familie im Wandel – Elternschaft im Wandel? In K. Böllert & C. Peter (Hrsg.), *Mutter + Vater = Eltern?* (33-49). Wiesbaden: VS.

Nentwig-Gesemann, I. (2007). Der Familienurlaub. Rituelle Praxis, Differenzbearbeitung und Lernprozesse. In C. Wulf et al. (Hrsg.), *Lernkulturen im Umbruch. Rituelle Praktiken in Schule, Medien, Familie und Jugend* (220-252). Wiesbaden: VS.

Peukert, R. (2007). Zur aktuellen Lage der Familie. In J. Ecarius (Hrsg.), *Handbuch Familie* (36-56). Wiesbaden: VS.

Peukert, R. (2008). *Familienformen im sozialen Wandel.* Wiesbaden: VS.

Pfau-Effinger, B. (2005): *Das deutsche Work Life Balance Regime im europäischen Vergleich.* Beitrag zum Internationalen Kongress „Femme Globale Geschlechterperspektiven im 21. Jahrhundert" vom 8.-10. September 2005, Berlin: Humboldt-Universität.

Popp, U. (2009). Das hegemoniale Familienleitbild zwischen anachronistisch-restaurativen Tendenzen und gegenwärtigen Familienrealitäten – Über Paradoxien in Medien und Alltagsdiskursen. In P. Villa & B. Thiessen (Hrsg.), *Mütter – Väter: Diskurse, Medien, Praxen* (90-106). Münster: Verlag Westfälisches Dampfboot.

Rauschenbach, T. & Bien, W. (Hrsg.). *Aufwachsen in Deutschland. AID:A – Der neue DJI-Survey.* Weinheim: Juventa.

Rauschenbach, T. (2009). *Zukunftschance Bildung. Familie, Jugendhilfe und Schule in neuer Allianz.* Weinheim: Juventa.

Rerrich, M. S. (1990). *Balanceakt Familie. Zwischen alten Leitbildern und neuen Lebensformen.* Freiburg: Lambertus.

Richter, M. (2008). Familien und Bildung. In K. Böllert (Hrsg.), *Von der Delegation zur Kooperation. Bildung in Familie, Schule, Kinder- und Jugendhilfe* (33-46). Wiesbaden: VS.

Rupp, M. (Hrsg.) (2011). *Partnerschaft und Elternschaft bei gleichgeschlechtlichen Paaren. Verbreitung, Institutionalisierung und Alltagsgestaltung.* Opladen: Barbara Budrich.

Sabla, K.-P. (2009). *Vaterschaft und Erziehungshilfen. Lebensweltliche Perspektiven und Aspekte einer gelingenden Kooperation.* Weinheim: Juventa.

Sabla, K.-P. (2012). Vaterschaft und Erziehungshilfen: Väter zwischen sozialen Rollenerwartungen und erlebten Erziehungsschwierigkeiten. In K. Böllert & C. Peters (Hrsg.), *Mutter + Vater = Eltern* (225-240). Wiesbaden: VS.

Schneewind, K. (2012). Erziehungsstile. In W. Stange et al. (Hrsg.), *Erziehungs- und Bildungspartnerschaften* (122-126). Wiesbaden: VS.

Schneider, N. (2002): Elternschaft heute. Gesellschaftliche Rahmenbedingungen und individuelle Gestaltungsaufgaben. Einführende Betrachtungen. In: N. Schneider & H. Matthias-Bleck (Hrsg.), *Elternschaft heute. Gesellschaftliche Rahmenbedingungen und individuelle Gestaltungsaufgaben* (9-21). Opladen: Leske+Budrich.

Schneider, N. (2009). Zur Vielfalt der europäischen Familie. Betrachtungen zum Einfluss von Leitbildern und Entwicklungen des Arbeitsmarktes auf die Gestaltung der Familie. In O. Kapella et. al. (Hrsg.), *Vielfalt der europäischen Familie* (39-51). Opladen: Barbara Budrich.

Scholz, S. (2009). Männer und Männlichkeiten im Spannungsfeld zwischen Erwerbs- und Familienarbeit. In B. Aulenbacher & A. Wetterer (Hrsg.), *Arbeit. Perspektiven und Diagnosen der Geschlechterforschung* (82-100). Münster: Westfälisches Dampfboot.

Schwab, D. & Vaskovics, L. A. (Hrsg.) (2011). *Pluralisierung von Elternschaft und Kindschaft, Familienrecht, -soziologie und -psychologie im Dialog.* Opladen: Barbara Budrich.

Smolka, A. & Rupp, M. (2007). Die Familie als Ort der Vermittlung von Alltags- und Daseinskompetenzen. In M. Harring et al. (Hrsg.), *Perspektiven der Bildung. Kinder und Jugendliche in formellen, nicht-formellen und informellen Bildungsprozessen* (219-236). Wiesbaden: VS.

Statistisches Bundesamt (Hrsg.) (2012a). *Geburten in Deutschland.* Wiesbaden.

Statistisches Bundesamt (Hrsg.) (2012b). *Statistisches Jahrbuch 2012 – Gesellschaft und Staat.* Wiesbaden.

Stauber, B. (2011). Übergänge in die Elternschaft. Vielfältige Gleichzeitigkeiten und Widersprüche. In A. Pohl et al. (Hrsg.), *Jugend als Akteurin sozialen Wandels* (49-80). Weinheim: Juventa.

TAZ (2012). *Vätermonate senken Scheidungsrate.* 6.1.2012. Online publiziert unter: http://www.taz.de/!85053/

Tölke, A. (2008). Verhalten sich ältere Väter anders als jüngere? *DJI- Bulletin (83-84),* 24-26.

Tölke, A. (2011). Erwerbsarrangements. Wie Paare und Familien ihre Erwerbstätigkeit arrangieren. In T. Rauschenbach & W. Bien (Hrsg.), *Aufwachsen in Deutschland. AID:A – der neue DJI-Survey* (201-214). Weinheim: Beltz.

Toppe, S. (2009). Rabenmütter, Supermuttis, abwesende Väter? – Familien(leit)bilder und Geschlechtertypisierungen im Kinderarmutsdiskurs in Deutschland. In P. Villa & B. Thiessen (Hrsg.), *Mütter – Väter: Diskurse, Medien, Praxen* (107-123). Münster: Westfälisches Dampfboot.

Uhlendorff, U. (2009). Einführung. In T. Marthaler (Hrsg.), *Erziehungsrecht und Familie: der Wandel familialer Leitbilder im privaten und öffentlichen Recht seit 1900* (5-6). Weinheim: Juventa.

Walter, W. & Künzler, J. (2002). Parental Engagement. Mütter und Väter im Vergleich. In N. Schneider & H. Matthias-Bleck (Hrsg.), *Elternschaft heute. Gesellschaftliche Rahmenbedingungen und individuelle Gestaltungsaufgaben* (95-120). Opladen: Leske+ Budrich.

Wengler et al. (2008). *Partnerschaftliche Arbeitsteilung und Elternschaft. Analysen zur Aufteilung von Hausarbeit und Elternaufgaben auf Basis des Generations and Gender Survey.* Materialien zur Bevölkerungswissenschaft Nr. 127. Wiesbaden: Bundesinstitut für Bevölkerungsforschung.

Wittmann, S. et al. (Hrsg.) (2011). *Kinder in Deutschland. Eine Bilanz empirischer Studien.* Weinheim: Juventa.

World Vision Deutschland (Hrsg.) (2007). *Kinder in Deutschland 2007.* Frankfurt a. M.: Fischer Taschenbuch Verlag.

Zerle, C. & Krok, I. (2008). *Null-Bock auf Familie? Der schwierige Weg junger Männer in die Vaterschaft.* Gütersloh: Bertelsmann-Stiftung.

Ziegler, H. (2011). *Auswirkungen von Alleinerziehung auf Kinder in prekärer Lage.* Bielefeld.

Detlev Lück und Waltraud Cornelißen

Geschlechterunterschiede und Geschlechterunterscheidungen in Europa – vorläufiges Fazit und Ausblick

Wie die Einleitung (Lück in diesem Band) ankündigt, bemüht sich dieser Band darum, den aktuellen Stand des Wissens zu Geschlecht als sozialem Konstrukt zusammenzutragen und zu sichten. Wie angekündigt, wirft die Erkenntnis, dass Geschlecht (auch) sozial konstruiert ist, zahlreiche Fragen auf, mit denen sich unterschiedliche Disziplinen befassen und mitunter widersprüchliche Befunde vorlegen und umstrittene Antworten anbieten. Wie ebenfalls angekündigt soll nun, am Ende des Bandes, der Versuch unternommen werden, die Erkenntnisse der verschiedenen Beiträge noch einmal zu sichten und zusammenzufassen.

Wie viel Biologie und wie viel soziale Konstruktion steckt in dem, was uns als weiblich oder männlich begegnet?

Dass Geschlecht (auch) sozial konstruiert wird, ist unbestreitbar und (fast) unbestritten. Dass diese Konstruktionen an biologische Merkmale, nämlich an den geschlechtlichen Dimorphismus anknüpfen, ist offensichtlich. Allerdings ist für manche die Bipolarität von Geschlecht selbst schon eine soziale Konstruktion. Wie bedeutsam die biologischen Grundlagen auf der einen und die sozialen Konstruktionsprozesse auf der anderen Seite sind, ist ein Streit zwischen den Disziplinen bzw. zwischen den theoretischen Perspektiven.

Aus Sicht der Biologie erscheint der geschlechtliche Dimorphismus natürlich, weil auf ihm Fortpflanzung und Evolution beruhen. Ausnahmen von der Regel sind zwar bekannt und anerkannt, bleiben aber Ausnahmen, da der Fortpflanzungsakt weder ohne diese zwei Geschlechter auskäme noch für ein drittes Geschlecht eine Rolle vorsieht.

Die Sozialwissenschaften haben ein anderes Thema. Sie interessieren sich nicht für das Naturgegebene. Für sie ist jedoch interessant, „was jeweils als ‚natürlich‘ gilt" (Küppers, 2012, S. 3). Es gibt allerdings innerhalb der Sozialwissenschaften differente Auffassungen darüber, ob die Dichotomie „weiblich" und „männlich" ein rein soziales Phänomen ist oder ob die soziale Konstruktion auf biologisch gegebenen Differenzen beruht.

Weite Teile der Sozialwissenschaften verweisen (meist ohne dies zu diskutieren) auf die Biologie und unterstellen mit ihr die Dichotomie als Regelfall. Im Sinne der Sex-Gender-Differenzierung gestehen sie zwar dem (der Soziologie zufolge) instinktarmen Wesen Mensch zu, dass er alles, was Frauen und Männern jenseits einer Grundausstattung an primären und sekundären Geschlechtsmerkmalen an Charakteristika zugeschrieben wird, sozial konstruiert und kulturell überformt – ähnlich wie er am „natürlichen" kalendarischen Lebensalter eines Menschen Erwartungen zum Beispiel an dessen körperliche oder geistige Fitness, seine Einstellungen oder seine Lebensführung festmacht. Die Dichotomie der Geschlechter jedoch wird, dieser Perspektive zufolge, von ihm als biologische Tatsache vorgefunden. Zugestanden wird ferner, dass es vereinzelt vorkommt, dass eine Kultur ein drittes Geschlecht unterscheidet oder die Geschlechtszuweisung in Einzelfällen schwierig ist. In der gelegentlich beobachtbaren Varianz der Grenzziehung zwischen zwei oder mehr Geschlechtern und in den Irritationen bei der Geschlechtszuweisung in einzelnen Fällen wird jedoch kein Grund gesehen, daran zu zweifeln, dass die soziale Kategorisierung der Geschlechter an eine real gegebene biologische Dualität anknüpft. Aus dieser Perspektive ist es der erwartbare Regelfall, dass in einer Gesellschaft auch kulturell zwei Geschlechter unterschieden werden. Bestätigung findet diese Perspektive in der vergleichsweise geringen Zahl der Ausnahmen im Laufe der Kulturgeschichte und der begrenzten Zahl von Menschen, deren Zuordnung medizinisch uneindeutig ist.

Grundlegend anders wird die Kategorie Geschlecht aus strikt konstruktivistischer Perspektive betrachtet, wie sie in der Geschlechtersoziologie weit verbreitet ist. Diese Perspektive ignoriert mögliche „natürliche" Unterschiede zwischen „männlich" und „weiblich" und interessiert sich stattdessen für die soziale Herstellung der Aufteilung der Menschheit in zwei Geschlechter. Sie betrachtet diesen Herstellungsprozess als kulturell und sozial hoch voraussetzungsvollen Akt, dessen Ergebnis keineswegs zwingend ist. Als Beleg für die Berechtigung dieser Perspektive kann ins Feld geführt werden, dass bereits die Medizin mehrere Kriterien für die Zuordnung von Menschen zu einem Geschlecht bereit hält – das chromosomale, das gonadale, das hormonelle und das morphologische Geschlecht –, die im Einzelfall zu widersprüchlichen Geschlechtszuweisungen führen können.

Was die Eigenschaften betrifft, die in einem Milieu jeweils als weiblich oder männlich gelten, so gibt es zumindest innerhalb der Sozialwissenschaften einen relativ breiten Konsens darüber, dass Zuschreibungsprozessen eine sehr große Bedeutung zukommt. Doch auch hier gibt es Kontroversen hinsichtlich der genauen Relation von Konstruktion und genetischer Prädisposition (vgl. Euler & Lenz in diesem Band). Insbesondere die Soziobiologie neigt dazu, den genetischen Prädispositionen eine zentrale Rolle zuzuschreiben. Konstruktivistische

Ansätze neigen eher dazu, den möglichen genetischen und hormonellen Einfluss auf die Herausbildung geschlechterdifferenter Interessen, Neigungen und Kompetenzen zu negieren.

Beleg für die Bedeutung sozialer Konstruktionsprozesse ist vor allem der Umstand, dass die Zuschreibungen von Eigenschaften zu unterschiedlichen Zeiten erstaunlich variabel sind (Opitz-Belakhal in diesem Band). Das Alltagswissen bietet in jeder Kultur ein Repertoire von Annahmen darüber, welche Eigenschaften, Neigungen und Kompetenzen beim weiblichen Geschlecht einerseits und beim männlichen andererseits (angeblich) in besonderem Maße ausgeprägt sind. Diese Zuschreibungen können unabhängig von biologisch-genetischen Unterschieden als Stereotype existieren und als solche tatsächliche, empirisch messbare Unterschiede erzeugen, indem sich Menschen erwartungskonform und damit dem Stereotyp entsprechend verhalten. Das Stereotyp kann sich auch dadurch selbst bestätigen, dass Männer und Frauen ihrem jeweiligen Stereotyp entsprechend wahrgenommen werden, ohne dass diese Wahrnehmungen durch wissenschaftliche Messungen verifiziert werden könnten.

Eine besondere Relevanz als Ansatzpunkt für die Konstruktion von Geschlecht hat zweifellos der Körper. Er signalisiert sein Geschlecht im Alltag nicht über primäre, sondern allenfalls über sekundäre Geschlechtsmerkmale, mehr noch über deren Inszenierung und Überzeichnung durch Körperhaltung, Körpertraining, Körperpflege, Kleidung, Frisur und Schminke. An einige körperliche Unterschiede, die allerdings nur gradueller Natur sind und keineswegs nur genetisch bedingt sind, kann trefflich angeknüpft werden, um Frauen und Männern unterschiedliche Rollen und Positionen in einer Gesellschaft zuzuweisen. Männer sind zum Beispiel tendenziell größer gewachsen als Frauen und verfügen im Durchschnitt über mehr Muskelmasse und weniger Fettgewebe. Dies macht sich in unterschiedlichen Mittel- und Anteilswerten bemerkbar, wobei sich die Merkmalsverteilungen aber überlappen und die Unterschiede innerhalb jedes der beiden Geschlechter in der Regel größer sind als die mittleren Unterschiede zwischen Frauen und Männern. An solche Unterschiede kann angeknüpft werden, um generalisierende Annahmen über die Eignung von Frauen und Männern für jeweils spezifische Aufgaben- und Leistungsfelder zu begründen. Aus graduellen körperlichen Unterschieden werden so im Alltagswissen essentialistische Aussagen. Ähnliches gilt für statistisch oft nur schwer belegbare graduelle Unterschiede hinsichtlich psychischer Dispositionen von Frauen und Männern. Das Alltagswissen über diese (vermeintlichen) Unterschiede kommt ohne wissenschaftliche Bestätigung aus. Es bestätigt sich selbst in vielen alltäglichen Praktiken, in denen Frauen und Männer ihre möglicherweise gleichen Potenziale gewohnheitsmäßig auf unterschiedliche Weise aktualisieren und trainieren und indem sie mit jeweils geschlechtsspezifischen Erwartungen konfrontiert werden. Dabei ist zu beachten, dass sich Interaktionen im Rahmen vorstrukturierter Macht- und Herrschaftsverhältnisse vollziehen, die historisch gewachsen sind und situationsübergreifend wirksam werden (Villa, 2000, S. 91).

Unklar bleibt beim Stand der Forschung, wie viele und welche Unterschiede im Einzelnen wirklich empirisch belegbar sind. Sie sind offenbar im Wandel. Insbesondere bezogen auf die (angeblich) unterschiedlichen psychischen Dispositionen wird diskutiert, inwieweit erhobene Unterschiede auf unterschiedlichen Potenzialen der Geschlechter beruhen und inwieweit sie durch die Orientierung der Befragten oder Beobachteten an geschlechtsspezifisch variierenden Erwartungen entstehen oder Beobachtungen entspringen, die ihrerseits unreflektiert einen Geschlechterbias beinhalten (Hagemann-White, 1984; Roloff & Metz-Göckel, 1995). Ferner wird diskutiert, ob einzelne belegbare Unterschiede ausschließlich biologischen Ursprungs sind oder ob sie im Laufe des Lebens von Mädchen und Jungen bzw. Frauen und Männern durch geschlechtsspezifische Neigungen oder Anforderungen erworben werden oder unterentwickelt bleiben. Geschlechterpolitisch brisant ist, dass statistisch belegbare (und selbst unbelegte) Unterschiede zwischen den Geschlechtern im privaten Alltag wie in der Berufswelt pauschalisiert und zu Vorurteilen gegenüber einzelnen Frauen und Männern umgemünzt werden. Diese statistische Diskriminierung lässt sich in einer meritokratischen Gesellschaft wie der unseren nicht legitimieren. Sie lässt sich allerdings auch schwer bekämpfen. In großer Zahl vollzogen generiert sie eine strukturelle Chancenungleichheit, die beispielsweise Frauen von Leitungspositionen fernhält, möglicherweise auch Männer von sozialen Berufen. Infolgedessen wird bereits die Aspiration von Frauen und Männern, die bei der Planung ihres Lebens- und Berufsweges versuchen Diskriminierungen zu umgehen, in geschlechtertypische Bahnen gelenkt. Unter anderem auf diese Weise wird die bestehende Geschlechterordnung stabilisiert und legitimiert.

Die Frage, wie viel Biologie und wie viel soziale Konstruktion in dem steckt, was uns als weiblich oder männlich begegnet, wird sich möglicherweise nie abschließend beantworten lassen (vgl. Euler & Lenz in diesem Band). Wir können allerdings feststellen, dass viele Geschlechterkonstruktionen, die noch vor einigen Jahrzehnten unhinterfragt waren, in der scientific community, aber auch in der Politik und im Alltag zumindest in bestimmten Milieus fragwürdig geworden sind. Dass Männer besser als Frauen geeignet seien, rational zu entscheiden und in großem Rahmen Verantwortung zu übernehmen, wird heute in Europa wahrscheinlich nur noch von einer Minderheit unhinterfragt angenommen, und eine Reihe von Spitzenpolitikerinnen demonstriert das Gegenteil. Doch in vielen Bereichen, insbesondere in der Wirtschaft, scheint die Verteilung von Positionen, Macht und Ressourcen genau das noch zu unterstellen. Es kann bezweifelt werden, dass die Dominanz von Männern in Spitzenpositionen auf einer Auswahl der Qualifiziertesten beruht; es erscheint offensichtlich, dass in Rekrutierungsverfahren geschlechterstereotype Zuschreibungen wirksam werden und dass dadurch Männer – oder zumindest ein besonderer Typus von Mann – begünstigt werden.

Zur Beschränkung des gesellschaftlichen Einflusses von Frauen trägt nicht nur die Diskriminierung von Frauen im Beruf bei, sondern auch die Tatsache, dass Fürsorglichkeit nach wie vor als weibliche Eigenschaft und private Fürsorge als Frauendomäne gelten. Dadurch erscheinen Frauen noch heute aus der Sicht vieler Partner, aber auch vieler Frauen selbst prädestiniert, Familienaufgaben zu übernehmen. Aus der Sicht von Arbeitgebern gelten junge Frauen entsprechend als langfristig wenig verlässlich. Von Männern wird umgekehrt erwartet, dass sie durch ihre Partnerinnen von familialer Verantwortung weitgehend freigestellt sind, einem Unternehmen also besonders loyal, zeitlich umfangreich und flexibel zur Verfügung stehen. Frauen sind in diesem Prozess nicht nur Opfer tradierter Zuschreibungen, sondern auch Mittäterinnen. Auch durch ihre familienbedingte Erwerbsunterbrechung und die Reduktion ihrer Erwerbsarbeit werden die Stereotype ständig bestätigt. Ihre Distanzierung von allzu großer beruflicher Verantwortung kann sehr polemisch als „Feigheit der Frauen" bezeichnet werden (Mika, 2011). Wahrscheinlich steht hinter dem beruflichen Rückzug von Frauen oft aber der Versuch, mit dem Rückgriff auf überkommene Muster der Arbeitsteilung, Konflikte und Widerstände zu umgehen und sich und der eigenen Familie unter den gegebenen Rahmenbedingungen ein Stück Lebensqualität zu erhalten.

Wie sehen die Zuschreibungen dessen, was als weiblich und als männlich gilt, in unserer Gesellschaft aus?

Was ist in unserer Gesellschaft – hier und heute – „weiblich", was ist „männlich"? Diese Gegenwartsdiagnose fällt ambivalent und widersprüchlich aus.

Auf der einen Seite sind die heutigen Zuschreibungen in Deutschland, wie auch in anderen Ländern Europas, in vielerlei Hinsicht die, die sich in der bürgerlichen Kernfamilie im Zuge von Industrialisierung und Moderne entwickelt und in den 50er Jahren des 20. Jahrhunderts besonders akzentuiert haben. Hausarbeit und Kindererziehung fallen (auch) heute (noch) tendenziell in die Zuständigkeit von Frauen, Erwerbsarbeit in die von Männern. Frauen wird eher ein Talent für den Umgang mit Menschen, Männern eher ein Talent für den Umgang mit Technik nachgesagt. Frauen gelten als emotionaler, disziplinierter, zurückhaltender, Männer als rationaler, undisziplinierter und aggressiver (Kasten, 2003; Eckes, 2001; Buchmann & Kriesi, 2012; Pfau-Effinger, 2011; Neusel, 2005, S. 80). Die Stereotype machen sich in allen Lebensbereichen bemerkbar. Im Arbeitsmarkt führen sie dazu, dass es typische Frauenberufe wie den der Erzieherin und typische Männerberufe wie den des Baumaschinenführers gibt (vgl. Busch in diesem Band). In der Paarbiografie führen sie dazu, dass sich (ohne eine hinreichende Infrastruktur zur öffentlichen Kinderbetreuung) Frauen mit der Familiengründung tendenziell zugunsten der Kinderbetreuung aus dem Berufsleben zurückziehen und Männer tendenziell stärker in die Rolle des „Familienernährers" hineinbegeben (vgl. Grunow sowie Toppe in diesem Band).

Auf der anderen Seite wurden in Europa Normen der Gleichberechtigung etabliert, die die konventionellen Rollenzuweisungen in Frage stellen. In vielen Milieus und Handlungsfeldern sind geschlechtsspezifische Zuschreibungen dabei zu verblassen, und Erwartungen an Frauen und Männer haben sich angeglichen. In einigen Bereichen sind stereotype Formen der Aufgabenteilung gesellschaftlich verpönt und/oder rechtlich unzulässig, was allerdings wiederum nicht heißt, dass sie nicht unterschwellig wirksam bleiben. Auffallend ist: Das Spektrum von Zuschreibungen an Frauen hat sich erweitert bis hin zur Akzeptanz vormals „männlicher" Attribute. Die Konturen erweiterter Männerbilder zeichnen sich dagegen nur schwach ab.

Charakteristisch für die heutige Zeit ist eine Widersprüchlichkeit aus Fortbestand komplementärer Zuschreibungen und patriarchaler Strukturen auf der einen und der Idee von Geschlechtergleichheit auf der anderen Seite. So verdienen Frauen auch heute nach wie vor weniger als Männer. Gleichzeitig gibt es heute jedoch eine öffentliche Debatte, die dies problematisiert, als Missstand bewertet, und beispielsweise am „equal pay day" ritualisiert anprangert. Einerseits ist es auch heute meist die Frau, die nach einer Geburt (den größeren Teil der) Elternzeit nimmt; andererseits wurde eine Elternzeitregelung eingeführt, die diese Selbstverständlichkeit mit Hilfe von „Vätermonaten" aufzubrechen versucht. Einerseits sammelt die Sozialforschung lange Listen von Befunden, die eine Ungleichheit der Geschlechter dokumentieren; andererseits verhandelt sie dies unter dem Blickwinkel der sozialen Ungleichheit und nicht mehr als eine funktionale Notwendigkeit oder evolutionäre Errungenschaft, wie noch Parsons (1973) und Durkheim (1999, S. 101ff.).

In den westlichen Gesellschaften kursieren konkurrierende Männer- und Frauenbilder, die einerseits die Komplementarität der Geschlechter und andererseits deren Egalität betonen. Die Akteure des Wandels sind auch nicht immer eindeutig zu bestimmen: Frauen wünschen sich mehr Gleichheit als Männer. Aber es sind keineswegs nur oder alle Männer, die an den patriarchalen Strukturen festhalten, und keineswegs nur oder alle Frauen, die sie infrage stellen. Zur Unübersichtlichkeit trägt bei, dass Einstellungen mancher sozialer Gruppen egalitärer sind als ihr Verhalten. Oder sind es nur die in der Interviewsituation geäußerten, sozial erwünschten Einstellungen, die egalitärer sind? Das Leben als Single oder in kinderlosen Partnerschaften scheint sich eher an egalitären Prinzipien zu orientieren als das in Familien, das Leben im akademischen oder urbanen Milieu eher als das in bildungsfernen Schichten bzw. im ländlichen Raum. Atheisten streben oft eine andere Geschlechterordnung an als gläubige Katholiken, linke politische Parteien eine andere als konservative.

Wie lässt sich die Situation zusammenfassen? Erleben wir einen Wandel der Geschlechterordnung, in dem herkömmliche Zuschreibungen an Orientierungskraft verlieren? Erleben wir die Gleichzeitigkeit verschiedener Geschlechterordnungen, die von verschiedenen Teilen der Gesellschaft getragen werden und miteinander um Gültigkeit ringen? Erleben wir eine Umbruchsituation von einer komplementären hin zu einer egalitären Geschlechterordnung, im Zuge derer sich Ambivalenzen und Gegensätze als vorübergehende Begleiterscheinungen einstellen? Wohl eine Mischung aus alledem. Dass sich der Wandel der vergangenen Jahrzehnte in Deutschland in den kommenden Jahrzehnten weiter fortsetzen wird, ist unter anderem deswegen anzunehmen, weil dieser Wandel in vielen spätmodernen Gesellschaften zu beobachten ist und Deutschland (insbesondere West-Deutschland) dabei gegenüber manch anderem Land in der Entwicklung zurückliegt. Dass es dabei sowohl treibende als auch beharrende Kräfte und somit Konflikte zwischen verschiedenen gleichzeitig existierenden Geschlechterordnungen gibt, wird an politischen Kontroversen deutlich, wie der um das Betreuungsgeld oder um eine Quotenregelung für die Aufsichtsräte börsennotierter Unternehmen. Wahrscheinlich erleben wir einen langwierigen, von Konflikten begleiteten Umbruchprozess von der komplementären Geschlechterordnung der 50er Jahre hin zu einer – vergleichsweise – egalitären Gesellschaft. Wann und wo der Endpunkt dieses Prozess erreicht sein wird, lässt sich heute allenfalls erahnen.

Welche Theorie ist geeignet, um Geschlecht zu beschreiben?

Eine Verständigung darüber, wie Geschlechterdifferenzen entstehen und warum sie welche Folgen nach sich ziehen, fällt leichter und fällt präziser aus, wenn wir die zu Grunde liegenden Mechanismen konzeptionell fassen können. Dies gilt bei vielen Fragen: Folgt beispielsweise das Muster der Nord-Süd-Unterschiede in Europa der ökonomischen Lage der Staaten oder ihrer konfessionell-religiösen Prägung (oder hat sie ganz andere Ursachen)? Haben bildungsabhängige Unterschiede, zum Beispiel die unterschiedlich starke Berufsorientierung von Frauen in unterschiedlichen Bildungsgruppen, mit dem unterschiedlichen Humankapital und ökonomischer Nutzenmaximierung zu tun oder mit milieuspezifischer Sozialisation und einer stärkeren Reflexion der Genderproblematik (oder mit etwas völlig anderem)? Folgt die Frauenerwerbsquote dem Wunsch von Frauen nach Unabhängigkeit und Selbstverwirklichung oder der Nachfrage nach Arbeitskräften auf dem Arbeitsmarkt? Inwieweit folgen verschiedene Gesellschaften einem einheitlichen oder ähnlichen Entwicklungsmustern? Inwieweit schreiben sie historisch-kulturell geprägte Eigenheiten fort? Und wie viel Zufall oder Kontingenz kommt durch das zustande, was einzelne historische Persönlichkeiten mit ihren politischen Entscheidungen oder mit ihrem gesellschaftspolitischen Engagement ins Rollen gebracht haben?

Auch auf diese Fragen gibt es keine eindeutigen Antworten. So legitim es ist, sich in einer einzelnen wissenschaftlichen Studie mit einem bestimmten eingegrenzten Forschungsgegenstand auf ein bestimmtes theoretisches Modell zu stützen und so zu einer eindeutigen Interpretation zu gelangen, so deutlich zeigt doch die Zusammenschau der wissenschaftlichen Forschung, dass es eine Verzahnung vieler Mechanismen ist, die zu dem führt, was wir als Geschlecht wahrnehmen (vgl. Cornelißen in diesem Band). Natürlich kann eine charismatische und rhetorisch begabte Persönlichkeit Dinge in Gang setzen, die ohne sie so nicht in Gang gekommen wären. Doch das gelingt nur, wenn es ein Publikum gibt, das bereitwillig zuhört, bzw. eine Wählerschaft, die sie unterstützt. Natürlich sind der Verlauf der Geschichte und das Ergebnis individueller Aushandlungsprozesse im Detail auch zufällig. Aber die Häufung und Regelmäßigkeit bestimmter Ergebnisse berechtigt dazu, Rahmenbedingungen auf der Makro-Ebene einen wesentlichen Beitrag zuzuschreiben. All das gilt in der Geschlechterdiskussion ebenso wie in jeder anderen sozialwissenschaftlichen Debatte.

Der Konstruktivismus macht begreiflich, dass es jenseits aller genetischen Vorgaben (mehr oder weniger kontingente) Vorstellungen dessen gibt, was weiblich und was männlich ist und wie Menschen in eine Ordnung aus zwei Geschlechtern eingelassen sind. Er erinnert uns dabei gleichzeitig daran, dass keine noch so mächtige gesellschaftliche Rahmenbedingung das Phänomen Geschlecht deterministisch erklären kann, sondern dass die Interaktionen einzelner Menschen daran stets mitwirken. Ohne den sozialen Kontext der Interaktion mit zu berücksichtigen, kann der Konstruktivismus allerdings nicht erklären, dass es systematische Variationen von Geschlechterordnungen gibt. So kann es kein Zufall sein, dass sich in der westlichen Welt bis zur Mitte des 20. Jahrhunderts ein ganz bestimmtes relativ einheitliches Muster herausgebildet hat und dass dieses danach wieder – wiederum relativ einheitlich – zugunsten einer Angleichung der Geschlechter unter Druck geraten ist. Auf die Frage, wo nach den entscheidenden Rahmenbedingungen zu suchen sei, ob eher in den politischen und ökonomischen Anreizsystemen oder eher in der Kultur, antwortet Pfau-Effinger (in diesem Band) mit „sowohl als auch". Erst das Zusammenspiel aus verschiedenen Rahmenbedingungen gibt zusammen mit der alltäglichen Konstruktion von Geschlecht in Interaktionen eine befriedigende Erklärung ab. Auch auf die Frage, warum gesellschaftliche Rahmenbedingung die individuellen Aushandlungsprozesse (tendenziell) in bestimmte Bahnen lenken – ob das daran liegt, dass Menschen von ihrem sozialen Umfeld dazu genötigt werden, sich an bestimmte gesellschaftlich vereinbarte Regeln zu halten, oder daran, dass sie bei der strategischen Entscheidung über den besten Weg, die eigenen Ziele zu verwirklichen, in einer bestimmten Situation zu bestimmten Ergebnissen kommen – lautet die Antwort „sowohl als auch".

Es ist nicht der Sinn von theoretischen Modellen, uns mit der Erkenntnis zurückzulassen, dass die Welt undurchschaubar kompliziert ist. Vielmehr sollen Theorien die komplexen realen Zusammenhänge bewusst auf eine grob vereinfachende Auswahl von Annahmen reduzieren, die es uns erlaubt, eindeutige Diagnosen, Hypothesen und mitunter auch Prognosen zu formulieren. Im Einzelfall ist das zweckmäßig und angemessen: Wenn es beispielsweise um die Frage geht, ob die Einführung von „Vätermonaten" im Elternzeitgesetz, die Einführung oder Abschaffung eines finanziellen Anreizes oder die Bereitstellung einer Infrastruktur kurzfristig zu einer Verhaltensänderung führt, so bieten sich ggf. Rational Choice-Ansätze als Erklärung an. Wenn es beispielsweise um die Frage geht, warum verschiedene soziale Milieus, Religionsgemeinschaften oder ethnische Minderheiten unter gleichen politischen, ökonomisch und infrastrukturellen Bedingungen unterschiedliche Verhaltensmuster zeigen, so bieten sich Geschlechterrollen- oder andere kulturalistische Ansätze zur Erklärung an. Wenn nach der Genese des selbstverständlichen Ineinandergreifens von Alltagsroutinen gefragt wird, so bieten sich praxeologische Ansätze an. Die Wahl einer Theorie kann und sollte also mit dem konkreten Erkenntnisinteresse variieren und von Fall zu Fall unterschiedlich getroffen werden. Für viele Fragestellungen werden allerdings alle einfachen Theoriemodelle zu kurz greifen. Dann bietet es sich an, einen Theorie-Mix zu verwenden und in den Modellen etwas mehr von der Komplexität und Unübersichtlichkeit der realen Zusammenhänge zuzulassen.

So oder so dürfen Theorien nicht in Konkurrenz zueinander gedacht oder gar als ideologische Bekenntnisse missverstanden werden, unter denen es ein „richtig" und ein „falsch" gibt. Sie müssen komplementär zueinander gesehen werden. Jede Theorie beschreibt einen Teil der komplexen Realität; mehrere Theorien in der Zusammenschau sind nötig, um die komplexen realen Zusammenhänge zumindest zu erahnen. „Die" Theorie, die geeignet wäre, um Geschlecht zu beschreiben, kann es nicht geben.

Was bedeutet dies für den Umgang mit Geschlecht in der Wissenschaft?

Dass sich Geschlechterunterschiede und Geschlechterunterscheidungen in nahezu allen Lebensbereichen bemerkbar machen, war und bleibt Grund für viele wissenschaftlichen Disziplinen, sich mit Geschlecht auseinanderzusetzen und es in unterschiedlichsten Forschungskontexten zumindest mit zu thematisieren. Dabei ist es hilfreich, dass verschiedene Disziplinen und verschiedene Schulen das Phänomen Geschlecht und dessen Wandel mit unterschiedlichen Fragestellungen, Methoden und theoretischen Perspektiven erforschen. Um allerdings einem besseren Verständnis tatsächlich näher zu kommen, sollten sie mit ihrer jeweiligen Perspektive auf einen zuweilen aufkommenden alleinigen Gültigkeitsanspruch verzichten und sich weniger als Konkurrenz zu anderen Perspektiven und eher als komplementäre Ergänzung begreifen. Sie sollten stärker reflektieren, welchen Aspekt von Geschlecht sie beleuchten und in welcher Weise ihre Betrachtung an andere anschlussfähig ist, um so zu einem gemeinsamen Verständnis anstatt zu einander widersprechenden Deutungen zu gelangen.

Gegenüber der Gesellschaft hat Wissenschaft die Verantwortung, ihren Beitrag zum Abbau von Geschlechterdiskriminierung zu leisten. Das kann sie zunächst dadurch tun, dass sie Diskriminierung identifiziert und dass sie die Mechanismen offenlegt, die einerseits zu Diskriminierung führen und die andererseits geeignet sein könnten, diese zu reduzieren. Solche Mechanismen aufzudecken, wird immer schwieriger, weil Diskriminierung formal rechtlich kaum noch möglich ist. Diskriminierung ist oft unbemerkt in den alltäglichen Routinen und Stereotypen wirksam. Dort aber wird sie kaum reflektiert. Aufgrund der hohen Deutungsmacht von Wissenschaft lastet eine große Verantwortung auf ihr, nicht ihrerseits an der Konstruktion von Geschlechterstereotypen mitzuwirken und somit potenziell zur Geschlechterdiskriminierung beizutragen. Solche Effekte empirischer Forschung entstehen allzu leicht, wenn zum Beispiel bei der Auswertung von Befragungsergebnisses stereotypes Wissen von Befragten als Wissen über die Wirklichkeit reproduziert wird oder wenn in Daten Geschlechterdifferenzen Beachtung finden, ohne andere Diffenzierungen zusätzlich in den Blick zu nehmen und ohne die soziale Genese der Geschlechterdifferenzen zu reflektieren.

Jede Behauptung eines Geschlechterunterschiedes in der scietific community ist grundsätzlich in der Lage, im Sinne des „Doing Gender" diesen Geschlechterunterschied erst herzustellen oder ihn noch einmal zu bestätigen. Ähnlich wie Paul Watzlawick (Watzlawick et al., 1985, S. 53) für die Kommunikation festgestellt hat, dass man nicht nicht kommunizieren kann, muss man wohl für Geschlecht feststellen, dass es unmöglich ist, nicht an der Konstruktion, Rekonstruktion oder Dekonstruktion von Geschlecht mitzuwirken. Das gilt für jeden einzelnen Menschen, aber für Wissenschaft in besonderer Weise. Reflexivität, Selbstzweifel und Zurückhaltung, insbesondere bei jeder Form der Naturalisierung von Geschlecht, sind daher Tugenden, die der wissenschaftlichen Geschlechterdebatte gut anstehen.

Literatur

Buchmann, M. & Kriesi, I. (2012). Geschlechtstypische Berufswahl: Begabungs-zuschreibungen, Aspirationen und Institutionen. In R. Becker & H. Solga (Hrsg.), *Soziologische Bildungsforschung* (256-280). Kölner Zeitschrift für Soziologie und Sozial-psychologie, Sonderheft 52. Wiesbaden: Springer VS.

Durkheim, É. (1999). *Über soziale Arbeitsteilung. Studie über die Organisation höherer Gesellschaften.* Frankfurt a. M.: Suhrkamp (orig. 1893).

Eckes, T. (2001). Ambivalenter Sexismus und die Polarisierung von Geschlechter-stereotypen. *Zeitschrift für Sozialpsychologie, 32* (4), 235-247.

Hagemann-White, C. (1984). *Sozialisation: weiblich – männlich?* Opladen: Leske+Budrich.

Kasten, H. (2003). *Weiblich – Männlich. Geschlechterrollen durchschauen.* München: reinhardt.

Küppers, C. (2012). Soziologische Dimensionen von Geschlecht. *Aus Politik und Zeitgeschichte, 62* (20-21), 3-8.

Mika, B. (2011), *Die Feigheit der Frauen. Rollenfallen und Geiselmentalität. Eine Streitschrift wider den Selbstbetrug.* Gütersloh: C. Bertelsmann.

Neusel, A. (2005). Technik und Gender. In A. Spellerberg (Hrsg.), *Die Hälfte des Hörsaals. Frauen in Hochschule, Wissenschaft und Technik* (75-95). Berlin: edition sigma.

Parsons, T. (1973): *Beiträge zur soziologischen Theorie.* Hrsg. von D. Rüschemeyer. Neuwied: Luchterhand (orig. 1954).

Pfau-Effinger, B. (2011): Familienkulturelle Modelle zu Geschlechterrollen und Kinderbetreuung. In R. Polak (Hrsg.), *Zukunft. Werte. Europa. Die Europäische Wertestudie 1990-2010: Österreich im Vergleich* (253-282). Wien: Böhlau.

Roloff, C. & Metz-Göckel, S. (1995): Unbeschadet des Geschlechts ...: das Potentiale-Konzept und Debatten der Frauenforschung. In A. Wetterer (Hrsg.), *Die soziale Konstruktion von Geschlecht in Professionalisierungsprozessen* (263-286). Frankfurt a. M.: Campus.

Villa, P. (2000): *Sexy bodies. Eine soziologische Reise durch den Geschlechtskörper. Geschlecht und Gesellschaft.* Band 23. Opladen: Leske+Budrich.

Watzlawick, P. et al. (1985). *Menschliche Kommunikation. Formen, Störungen, Paradoxien.* Bern: Huber (orig. 1967).

Adressen der Autoren

Anne Busch
Universität Hamburg
Fakultät Wirtschafts- und Sozialwissenschaften
Fachbereich Sozialökonomie
Juniorprofessur für Soziologie, insbesondere Arbeit, Organisation und Gender

Welckerstr. 8
20354 Hamburg

Telefon: 040-42838-8764
E-Mail: Anne.Busch@wiso.uni-hamburg.de
Internet: http://www.wiso.uni-hamburg.de/professuren/
arbeit-organisation-gender/jun-prof-dr-anne-busch/

Waltraud Cornelißen
Deutsches Jugendinstitut e.V. (DJI)
Abt. Familie und Familienpolitik

Nockherstr. 2
81541 München

Telefon: 089-62306-283
E-Mail: cornelissen@dji.de
Internet: http://www.dji.de/cgi-bin/Mitarbeiter/homepage/
mitarbeiterseite.php?mitarbeiter=24

Jochen Drewes
Freie Universität Berlin
Fachbereich Erziehungswissenschaft und Psychologie
AB Public Health: Prävention und psychosoziale Gesundheitsforschung (PPG)

Habelschwerdter Allee 45
14195 Berlin

Telefon: 030-838-55716
E-Mail: jochen.drewes@fu-berlin.de
Internet: http://www.ewi-psy.fu-berlin.de/einrichtungen/
arbeitsbereiche/ppg/mitarbeiter/jdrewes/

Harald A. Euler
Crumbacher Straße 39
34253 Lohfelden

Telefon: 0561-517242
E-Mail: euler@uni-kassel.de
Internet: http://www.prof-harald-euler.de

Daniela Grunow

Goethe-Universität Frankfurt am Main
Fachbereich Gesellschaftswissenschaften
Institut für Soziologie
Professur für Soziologie, Schwerpunkt Quantitative Analysen gesellschaftlichen Wandels

Grüneburgplatz 1
60323 Frankfurt am Main

Telefon: 069-798-36535
E-Mail: grunow@soz.uni-frankfurt.de
Internet: http://www.fb03.uni-frankfurt.de/44692678/home

Bettina Hannover

Freie Universität Berlin
Fachbereich Erziehungswissenschaft und Psychologie
AB Schul- und Unterrichtsforschung

Habelschwerdter Allee 45
14195 Berlin

Telefon: 030-838-56950
E-Mail: bettina.hannover@fu-berlin.de
Internet: http://www.ewi-psy.fu-berlin.de/einrichtungen/
arbeitsbereiche/ewi-psy/mitarbeiter_innen/Hannover_B/

Dieter Kleiber

Freie Universität Berlin
Fachbereich Erziehungswissenschaft und Psychologie
AB Public Health: Prävention und psychosoziale Gesundheitsforschung (PPG)

Habelschwerdter Allee 45
14195 Berlin

Telefon: 030-838-55729
E-Mail: dieter.kleiber@fu-berlin.de
Internet: http://www.ewi-psy.fu-berlin.de/einrichtungen/
arbeitsbereiche/ppg/mitarbeiter/dkleiber/

Karl Lenz
Technische Universität Dresden
Philosophische Fakultät
Institut für Soziologie
Lehrstuhl für Mikrosoziologie

Helmholtzstr. 10
01069 Dresden

Telefon: 0351-463-33476
E-Mail: karl.lenz@tu-dresden.de
Internet: http://tu-dresden.de/die_tu_dresden/fakultaeten/
philosophische_fakultaet/is/mikro/lenz

Detlev Lück
Bundesinstitut für Bevölkerungsforschung (BiB)

Friedrich-Ebert-Allee 4
65185 Wiesbaden

Telefon: 0611-75-2866
E-Mail: detlev.lueck@bib.bund.de
Internet: www.bib-demografie.de/lueck

Claudia Opitz-Belakhal
Universität Basel
Departement Geschichte

Hirschgässlein 21
CH – 4051 Basel

Telefon: ++41-(0)61-295-9662
E-Mail: claudia.opitz@unibas.ch
Internet: http://dg.philhist.unibas.ch/departement/personen/
person-details/profil/person/opitz/

Birgit Pfau-Effinger
Universität Hamburg
Fakultät Wirtschafts- und Sozialwissenschaften
Institut für Soziologie
Lehrstuhl für Sozialstrukturanalyse

Allende-Platz 1
20146 Hamburg

Telefon: 040-42838-3810
E-Mail: Birgit.Pfau-Effinger@wiso.uni-hamburg.de
Internet: http://www.wiso.uni-hamburg.de/professuren/
institut-fuer-soziologie/personal/professorinnen/birgit-pfau-effinger/

Inga Pinhard

Die Internate Vereinigung e.V.

Kaiserstr. 4
60311 Frankfurt

Telefon: 069-920378-62
E-Mail: pinhard@die-internate.de
Internet: www.die-internate-vereinigung.de

Sabine Toppe

Alice Salomon Hochschule Berlin
University of Applied Sciences

Alice-Salomon-Platz 5
12627 Berlin

Telefon: 030-992-45-517
E-Mail: toppe@ash-berlin.eu
Internet: http://www.ash-berlin.eu/index.php?dozid=1018&id=791

Ilka Wolter

Freie Universität Berlin
Fachbereich Erziehungswissenschaft und Psychologie
AB Schul- und Unterrichtsforschung

Habelschwerdter Allee 45
14195 Berlin

E-Mail: ilka.wolter@fu-berlin.de
Internet: http://www.ewi-psy.fu-berlin.de/einrichtungen/arbeitsbereiche/
ewi-psy/mitarbeiter_innen/zz_ehemalige_Mitarbeiter_innen/Wolter_I/

www.ingramcontent.com/pod-product-compliance
Lightning Source LLC
Chambersburg PA
CBHW050629280326
41932CB00015B/2580